"一带一路"国情文化丛书
"YIDAIYILU" GUOQING WENHUA CONGSHU

阿富汗概论

■ 缪敏 王静 何杰 ◎ 编著

中国出版集团
世界图书出版公司

图书在版编目（CIP）数据

阿富汗概论 / 缪敏，王静，何杰编著. —广州：
世界图书出版广东有限公司，2016.7
　ISBN 978-7-5192-1583-5

　Ⅰ.①阿… Ⅱ.①缪… ②王… ③何… Ⅲ.①阿富汗
—概况 Ⅳ.①K937.2

中国版本图书馆 CIP 数据核字（2016）第 159801 号

阿富汗概论

策划编辑：	刘正武
责任编辑：	张东文
出版发行：	世界图书出版广东有限公司
	（地址：广州市新港西路大江冲 25 号　邮编：510300
	网址：http://www.gdst.com.cn　E-mail：pub@gdst.com.cn）
发行电话：	020-84451969　84459539
经　　销：	各地新华书店
印　　刷：	广州大洋图文数码快印有限公司
版　　次：	2016 年 7 月第 1 版　2016 年 7 月第 3 次印刷
开　　本：	787 mm × 1092 mm　1/32
字　　数：	345 千
印　　张：	13.75
	ISBN 978-7-5192-1583-5 / K·0309
定　　价：	42.00 元

版权所有　侵权必究
咨询、投稿：020-84460251　gzlzw@126.com

解放军外国语学院亚非语系
《"一带一路"国情文化丛书》编辑委员会

主　任：钟智翔
副主任：孙衍峰　邓　兵
编　委：（以姓氏拼音为序）
　　　　蔡向阳　何朝荣　黄　勇　金京淑　金英今　兰　强
　　　　廖　波　刘吉文　吕春燕　祁广谋　沈志兴　孙卫国
　　　　谭志词　唐　慧　王　昕　王　宗　谢群芳　易朝晖
　　　　尹湘玲　余富兆　于在照　张立明

前　言

亚洲是世界上面积最大的洲，有48个国家和地区，人口总数超过40亿，约占世界总人口的三分之二。亚洲有大小1000余个民族，占世界民族总数的80%。亚洲东依太平洋，北面靠北冰洋，南临印度洋，西以乌拉尔山、乌拉尔河、里海、高加索山脉、黑海、土耳其海峡及爱琴海为界与欧洲分隔，西南面隔亚丁湾、德曼海峡、红海与非洲相邻，东北隔白令海峡与北美洲相望。由于幅员辽阔、资源丰富、人口众多，亚洲的战略地位十分重要。

亚洲拥有悠久的历史和灿烂的文化。作为世界三大宗教的佛教、基督教和伊斯兰教均源自亚洲。世界四大文明古国中的三个——中国、印度及古巴比伦国都曾在这片土地上创造过辉煌的文化。源自亚洲的发明创造曾为整个世界带来了巨大福祉，闪耀着人类智慧的光芒。历史上，亚洲的政治、经济及文化发展曾在世界上占有举足轻重的地位。作为儒家思想发祥地的中国雄踞东亚，文泽四海；印度文明影响下的南亚次大陆独树一帜，历史悠久；昔日的阿拉伯帝国及奥斯曼帝国横跨三洲，气势磅礴。绵延万余里的丝绸之路不仅是精美商品的"传输带"，更是促进不同文明相互交流的纽带。今天的亚洲拥有全球最为多元的文化。东亚、东南亚、南亚、西亚、中亚及北亚六大地区各具特色，社会文化形态迥然。

自古以来，中国与亚洲其他国家就有着十分密切的联系。新中国成立后，中国政府奉行睦邻友好的和平外交政策，正确处理了与其他亚洲国家的关系。随着冷战的结束，良好的国际大气候为中国稳定周边环境提供了机遇。目前，亚洲国家在中国的对外关系中处于基础性地位。同时，亚洲国家在经济上也是中国对外开放、开展互利合作的重要伙伴。因此，密切与亚洲各国的关系，对于中国构建稳定、和谐的周边环境意义重大。

在资本、信息与技术快速流动的今天，中国正在以一种更为开放的心态融入世界。在此背景下，越来越多的国人希望进一步认识亚洲，了解世界。有鉴于此，解放军外国语学院亚非语系凭借1952年立系以来自身亚洲语种专业的优势，积60余年的办学经验，组织编写了这套《"一带一路"国情文化丛书》。本丛书包括多册亚洲国家概论和地区概论，分别对亚洲各国和各地区的国情与社会文化进行了阐述，以便能为读者提供一个较为客观的全面了解亚洲国家国情文化的渠道。

参加本丛书编撰工作的人员均为解放军外国语学院亚非语系的专家学者。他们精通英语及亚洲国家语言，曾赴语言对象国学习与工作，熟悉相关国家文化。在编写过程中，他们采用第一手资料，使丛书内容具有较强的可信度与权威性。由于受资料和学术水平等诸多因素的限制，书中所表述的观点难免有疏漏和不当之处，敬请广大读者不吝批评指正。同时，我们也衷心希望今后能有更多更好的亚洲国家国情研究成果问世。

解放军外国语学院亚非语系
《"一带一路"国情文化丛书》编辑委员会
2016年5月于古都洛阳

目 录

引 言 ··· 1

第一章 自然地理 ·· 7
 第一节 地理状况 ··· 8
 第二节 自然资源 ·· 16
 第三节 人口与行政区划 ·· 24

第二章 历史简况 ·· 47
 第一节 古代简史 ·· 47
 第二节 近代简史 ·· 60
 第三节 现代简史 ·· 66

第三章 民族与习俗 ·· 79
 第一节 民族 ·· 79
 第二节 风俗习惯 ·· 87
 第三节 传统节会 ·· 101

第四章 宗教信仰 ·· 107
 第一节 伊斯兰教 ·· 107

第二节　原始信仰 ·············· 117
　　第三节　其他宗教 ·············· 124

第五章　文学艺术 ·············· 129
　　第一节　语言与文学 ·············· 129
　　第二节　音乐与舞蹈 ·············· 149
　　第三节　电影戏剧 ·············· 152
　　第四节　绘画、雕塑和建筑 ·············· 154
　　第五节　传统工艺 ·············· 160

第六章　教育和文化事业 ·············· 165
　　第一节　教育事业 ·············· 165
　　第二节　文化事业 ·············· 185

第七章　政治制度 ·············· 195
　　第一节　政治发展进程 ·············· 195
　　第二节　国旗、国徽、国歌 ·············· 201
　　第三节　宪法 ·············· 203
　　第四节　国体与政体 ·············· 212
　　第五节　国民议会和大支尔格会议 ·············· 213
　　第六节　国家机构 ·············· 220
　　第七节　司法制度 ·············· 224
　　第八节　政党制度 ·············· 226

第八章　国民经济 ·············· 233
　　第一节　经济发展简史 ·············· 233
　　第二节　主要经济部门 ·············· 238
　　第三节　经济发展前景 ·············· 270

目录

第九章 军事与国防 …… 275
- 第一节 军队简史 …… 275
- 第二节 当前军情概述 …… 279
- 第三节 军种与兵种 …… 284

第十章 对外关系 …… 293
- 第一节 外交政策 …… 293
- 第二节 与中国的关系 …… 301
- 第三节 与世界主要国家的关系 …… 317
- 第四节 与周边邻国的关系 …… 329
- 第五节 与国际组织的关系 …… 343

第十一章 中阿友好关系 …… 351
- 第一节 古代中阿友好往来 …… 351
- 第二节 近现代中阿友好关系 …… 366
- 第三节 当代中阿友好关系 …… 369

第十二章 阿富汗社会问题 …… 375
- 第一节 阿富汗毒品问题 …… 375
- 第二节 阿富汗难民问题 …… 388
- 第三节 塔利班运动 …… 395
- 第四节 阿富汗妇女问题 …… 406

参考文献 …… 421
后 记 …… 427

引 言

阿富汗位于亚洲中西部，处于西亚、中亚和南亚的交叉地带，一直是东西方重要的通道，战略地位十分重要。阿富汗国土面积为647500平方千米，是一个多山的国家，全境五分之四的面积为山地和高原。高大雄伟的兴都库什山脉从东北部的帕米尔高原向西南斜贯阿富汗全境，将阿富汗分为南北两个部分，有"阿富汗的脊梁"之称。阿富汗东部和中部的广大山区被三个低地平原区所环绕，此外西部和西南部还有大片的沙漠地区。阿富汗主要有四大水系，大部分河流都发源于兴都库什山脉。阿富汗虽位于亚热气候带，但因远离海洋，海拔又高，属典型的大陆性干旱与半干旱气候，干燥少雨，冬季潮湿寒冷，夏季炎热干燥，年温差和日温差均较大。阿富汗境内蕴藏着丰富的矿产资源，已探明有煤、石油、天然气、铜、铁、锂、金、铬、稀土、青金石、大理石和盐等1400多种矿藏，且大部分处于未开发状态。

阿富汗是一个多民族国家，有20多个民族。普什图族是阿富汗最大的民族，占全国总人口的42%，塔吉克族占27%，此外，还有哈扎拉族、乌兹别克族、艾玛克族、土库曼族、俾路支族等。据阿富汗中央统计局估计，截至2013年，阿富汗的人口总数约2700万，人口增长率为2.03%，其中城市人口607.4万，占22.5%，农村人口1942.6万，占71.9%。阿富汗境内98%的居民是穆斯林，另有极少数的锡克教徒和犹太教徒。穆斯林中80%—90%是逊尼派，其余为什叶派。

阿富汗是一个历史悠久的国家。根据考古研究发现，至少52000年前已有早期人类在阿富汗生活。公元前2000年至前1500年，雅利安人的一个分支从中亚向南渡过阿姆河，进入阿富汗，并扎根于兴都库什山南北山麓。公元前550年左右，波斯阿契美尼德族的居鲁士大帝占领了阿富汗，建立了阿契美尼德王朝。此后，古希腊人、古印度人、塞种人、大月氏人、贵霜和嚈哒人等其他外族相继入侵，东西方文明开始在阿富汗交融。7世纪中叶，阿拉伯人开始征服阿富汗，伊斯兰教也在此时传入，并逐渐取代了阿富汗原有的佛教和袄教等宗教。9世纪初，阿富汗大部分地区被阿拉伯人占领。9世纪和10世纪，在阿富汗不同的地区分别建立起了新的独立王朝，他们仅在名义上承认巴格达哈里发的地位，阿拉伯帝国的统治已经名存实亡。1220年，蒙古人夺取中亚后进入阿富汗。13世纪到14世纪初，蒙古统治者为巩固被占领的土地，向这些地区移居了许多蒙古游牧民，这个移民过程对阿富汗中部哈扎拉贾特地区民族的演变产生了很大影响。14世纪末至15世纪，阿富汗又遭到了信仰伊斯兰教的突厥征服者帖木儿的侵袭。15世纪末，帖木儿帝国分裂后，帖木儿的后裔查希尔丁·穆罕默德建立了莫卧儿王朝。18世纪初，当外族势力走向衰落之际，阿富汗人开始建立了一些局部独立的自主政权。

1747年10月，阿赫马德在阿富汗部落酋长和宗教领袖会议中被推举为国王，创建了杜兰尼王朝，阿富汗近代民族独立国家由此建立。阿赫马德第一次把所有阿富汗人联合在一个国家之中,"阿富汗人"不仅指普什图部落,而且开始用来指所有生活在阿富汗这片土地上的民族和部落。1772年10月,阿赫马德去世。杜兰尼王朝在王子们的争战中分崩离析。18世纪末19世纪初,阿富汗等中亚国家成为近代欧洲列强争夺印度的战略通道。1838年10月1日,英国入侵阿富汗,第一次英阿战争爆发。由于阿富汗人的顽强抵抗加上严酷的自然条件,英军几乎全军覆没,以惨败告终。19世纪后半期,沙俄和英国在阿富汗的争夺加剧。1878年11月,英军兵分三路入侵阿富汗,第二次英阿战争爆发。英军的入侵依然遭到阿富汗人的强烈反抗。1881年4月,虽然英国以失败告终并撤出了军队,但仍控制了阿富汗的外交。

1880年,阿卜杜尔·拉赫曼上台。通过铁血手段,阿富汗重新实现了统一。1919年,阿马努拉登基,宣布阿富汗独立,不承认任何外国特权。英印当局拒绝承认阿马努拉政权,5月3日,英印军队向阿富汗边防军开枪,第三次英阿战争爆发。阿富汗军队英勇抗击英国侵略军,并取得节节胜利。通过这次战争,阿富汗终于赢得了国家的完全独立。1929年10月,纳第尔·汗被推选为阿富汗新国王,建立了阿富汗历史上最后一个王朝——穆沙希班王朝。1933年11月,纳第尔·沙赫遇刺身亡后,其子穆罕默德·查希尔在叔父们的扶持下继位,成为穆沙希班王朝最后一位君主。查希尔在位期间是阿富汗社会缓慢发展却相对和平的40年。

1973年7月,前首相穆罕默德·达乌德发动政变,建立了阿富汗共和国。1978年4月,人民民主党发动军事政变,推翻了达乌德的统治,建立阿富汗民主共和国,塔拉基掌权。1979年9月,阿明发动政变,夺取政权。同年12月,苏联入侵阿富汗，随后建立亲苏的卡尔迈勒政权和纳吉布拉政权。1989年12月，苏联撤军。1992年3月，纳吉布拉交出政权，各游击队组织开始抢占地盘，阿富汗陷入内战。之后，在联合国的斡旋下，阿富汗伊斯兰共和国建立，但各派别依然没有停止内斗。1994年塔利班异军突起，1996年9月塔利班攻占喀布尔，建立政权。1997年10月，塔利班改国名为"阿富汗伊斯兰酋长国"，实行伊斯兰统治。

2001年"9·11"事件后，塔利班政权在美国军事打击下垮台。在联合国主持下，阿富汗启动战后重建的"波恩进程"。2001年12月，阿富汗成立临时政府。2002年6月，阿富汗成立过渡政府。2004年1月，阿富汗颁布新宪法，定国名为"阿富汗伊斯兰共和国"，10月，卡尔扎伊当选阿首任民选总统。2009年11月，卡尔扎伊再度当选总统。2014年9月，经过大半年的曲折选举后，阿什拉夫·加尼当选阿富汗新总统。

中阿友谊源远流长。早在两千多年前西汉外交家张骞就奉旨出使西域，到达了如今阿富汗的北部地区，成为阿富汗和中国睦邻友好的第一位使者。此后，中国史书不断有阿富汗地区的记载，阿富汗历代的统治者与中国历代的统治者之间多有往来，民间的文化、经济往来也时有记载，两国的友好交往不断增进。1949年中华人民共和国成立后不久，阿富汗便承认了新中国。1955年1月20日，两国建交，并相互在首都设立大使馆。自建交以来，中阿两国一直恪守和平共处五项原则，相互尊重、相互信任、相互支持，传统友谊不断加深。2002年阿富汗启动和平重建进程以来，中阿关系掀开新的一页。2012年，中阿两国建立起战略合作伙伴关系。两国政治互信不断加强，双边合作不断拓展和深化，睦邻友好的全面合作伙伴关系顺利发展。阿富汗坚定奉行一个中国政策，承认中华人民共和国政府是代表全中国的唯一合法政府，坚定支持中方在台湾、涉藏、涉疆等涉及中国核心利益的重大问题上的立场。中国尊重阿富汗独立、主权、领土完整和国家统一，尊重阿富汗人民根据自身国情选择的发展道路，支持阿富汗民族和解进程，并相信，有阿富汗人民的决心和其国际地区伙伴的支持及合作，阿富汗一定会早日实现和平、稳定与发展的目标。

第一章 自然地理

阿富汗位于亚洲中西部，处于西亚、中亚和南亚的交叉地带，地处东经 60°31′—75°、北纬 29°35′—38°40′之间，一直是东西方重要的通道，战略地位十分重要。阿富汗国土面积为 647500 平方千米[①]，东部和南部与巴基斯坦为邻，边界线长 2430 千米；北部自西向东分别与土库曼斯坦、乌兹别克斯坦和塔吉克斯坦接壤，边界线分别长达 744 千米、137 千米和 1206 千米；东北部的瓦罕走廊与中国接壤，边界线长 76 千米；西部与伊朗接壤，边界线长 936 千米。阿富汗从最南端到最北端直线距离约为 563 千米，东西最宽处约为 1238.9 千米。

---

① 阿富汗国土面积说法不一。阿富汗中央统计局（Central Statistics Organization of Afghanistan）编写的《2013—2014年度阿富汗统计年鉴》（*Afghanistan Statistical Yearbook 2012-2013*）中关于阿富汗国土面积的说法也前后不一，人口部分提到的国土面积是 652864 平方千米，农业发展部分则是 652230 平方千米；中国外交部发布的《阿富汗国家概况》，认为阿富汗国土面积是 647500 平方千米，见 http://www.fmprc.gov.cn/mfa_chn/gjhdq_603914/gj_603916/yz_603918/1206_603920/；美国中央情报局发表的《世界各国手册——阿富汗》（2013年），认为阿富汗国土面积是 652230 平方千米，见 https://www.cia.gov/library/publications/the-world-factbook/geos/af.html。

第一节 地理状况

一、地形地貌

阿富汗是一个多山的国家，全境五分之四的面积为山地和高原，49%的地区位于海拔2000米以上。高大雄伟的兴都库什山脉从东北部的帕米尔高原向西南斜贯阿富汗全境，将阿富汗分为南北两个部分，有"阿富汗的脊梁"之称。阿富汗东部和中部的广大山区被3个低地平原区所环绕，分别是北部的突厥斯坦平原、西北的赫拉特—法拉低地、西南的赫尔曼德河谷—锡斯坦盆地，此外西部和西南部还有大片的沙漠地区。

（一）东部和中部山区

阿富汗东部和中部的广大山区主要是兴都库什山脉及其衍生山脉和平行山脉。这一区域地形相当复杂，高山、河流以及高原山地相间分布。兴都库什山脉绝大部分位于阿富汗境内，东北—西南走向，平均海拔约4500米，长约1600千米，宽约320千米，是帕米尔高原、喀喇昆仑山和喜马拉雅山向西的延伸部分。兴都库什山始于阿富汗东北角的帕米尔山结，而后穿越巴基斯坦进入阿富汗境内，在阿富汗西部逐渐化为低矮的山岭。兴都库什山从东到西共分为三段，东段在帕米尔南侧，从卡兰巴卡山口起，沿阿富汗—巴基斯坦边境到多拉山口止，为整个山系中最高的一段，有20多个海拔7000米以上的高峰，其中海拔7690米的蒂里奇米尔峰（Tirajmir）是整个山脉的最高峰。中段从多拉山口到哈瓦克山口，地势稍低于东段，海拔从4500米

第一章 自然地理

到6000米，有几个6000米以上的山峰。西段山脉呈扇形缓缓向阿富汗靠近伊朗的赫拉特城散开，山脉逐渐降低为丘陵，海拔为3500米到4000米，其中的萨朗山口和希巴尔山口是阿富汗南北通行的重要通道。苏莱曼山位于阿富汗东部和东南部，总长700千米，平均海拔3200米，是阿富汗和巴基斯坦的分界线。苏莱曼山有众多山口，其中的开伯尔山口和博兰山口是连接阿富汗和巴基斯坦的重要贸易通道。

东部和中部的广大山区可分为六个小区域，分别是瓦罕走廊—帕米尔山结、巴达赫尚山区、中部高山地区、东部高山区域、南部山地和北部山地。瓦罕走廊—帕米尔山结四分之三以上的区域海拔超过3000米，众多山峰海拔超过6000米，常年被积雪和冰川覆盖。巴达赫尚山区高山陡峭险峻，最高峰超过6000米，大部分山峰在4000—5000米之间。中部高山地区是从希巴尔山口穿越巴巴山向西南方向呈扇形延伸，最高峰海拔在4000—5000米之间。东部高山区域地形复杂，有海拔6000米左右的高山，也有非常狭窄的山谷。主要的山谷有喀布尔山谷、科希斯坦—潘杰希尔山谷、戈尔班德山谷和努里斯坦山谷。南部山地主要是东北—西南走向的山脉的延伸，海拔2500—3000米，在这些山脉之间有广阔的冲积平原，季节性的河道也是无处不在，在一些内流河冲积平原和盆地上有小片的沙丘地带。北部山地是由高原地带和山麓丘陵组成，一些山峰海拔超过3000米，主要的山脉有班德突厥斯坦山（Band-e Turkestan）、帕罗帕米苏斯山（Paropamisus）、恰加尔山（Kuh-e Changar）[①]和菲罗兹山（Firoz Kuh），主要的山谷从西向东是穆尔加布山

---

① "Kuh"在达里语中的意思是"山"。

谷（Murghab）、班德阿米尔山谷（Band-e Amir）、安达拉卜—赛甘—苏尔赫河山谷（Andarab-Sayghan-Surkhab）和昆都士山谷。

（二）北部突厥斯坦平原

突厥斯坦平原位于兴都库什山脉北部山地与阿富汗北部边界之间，主要为山麓平原和阿姆河流域的冲积平原，平均海拔约370米，土质主要为黄土，其间分布有少量的可移动的沙丘和盐田。这一地区由于地势平缓、水资源丰富、农业灌溉条件好，是阿富汗主要的粮仓。

（三）西北赫拉特—法拉低地

赫拉特—法拉低地是伊朗高原呼罗珊地区的自然延伸。这一区域地势相对较低，向西和西南倾斜，海拔约1000米，有宽阔干旱的冲积平原、干盐湖盆地、低矮的丘陵和山脉，还有大量的冲积扇和干燥的沙漠冲积层。

（四）西南赫尔曼德河谷—锡斯坦盆地

赫尔曼德河谷—锡斯坦盆地是一个冲积平原，海拔约500—600米，周围是多石沙漠。从中部山区发源的赫尔曼德河系横贯这片区域的中心地带。赫尔曼德河注入赫尔曼德湖（Hamun-e Helmand），从而浇灌锡斯坦内流盆地。在多雨年，赫尔曼德河注入季节性的咸水湖——格蒂泽瑞湖（Gowd-e Zereh）。

（五）西部多石沙漠地区

多石沙漠地区主要由达什特卡什沙漠（Dasht-e Kash）和达

什特马尔戈沙漠（Dasht-e Margo）组成，平均海拔约 700 米。这里干燥缺水，荒凉贫瘠，地表是沙漠砾石表层。

（六）西南部沙漠地区

这一地区由雷吉斯坦沙漠（Registan）、达什特普格达尔沙漠（Dast-e Poghdar）和达什特阿尔布沙漠（Dast-e Arbu）组成，地貌特征与西部多石沙漠地区相似，但有更多固定和流动的沙丘。这一地区的沙主要来自干涸的赫尔曼德河谷—锡斯坦盆地和西部多石沙漠地区。

二、河流

阿富汗大部分河流都发源于兴都库什山脉，河水主要来源于雨雪。阿富汗有句民谚："不怕无黄金，唯恐无白雪。"阿富汗河流的枯水期为盛夏和初冬，丰水期为春天和初夏，这时大量冰雪融化造成阿富汗发生大量水灾。阿富汗大部分河流穿过高海拔地区细长陡峭的山谷，水流湍急，河水中还带有大量的淤泥。阿富汗主要有四大水系——阿姆河水系、赫尔曼德河—阿尔甘达卜河水系、喀布尔河水系和哈里河水系，其中只有喀布尔河水系有河流汇入印度河，最终注入大海。

（一）阿姆河水系

阿姆河古称乌浒河（Oxus River），发源于帕米尔高原上的冰川，流经阿富汗，向北流向土库曼斯坦，最后注入咸海，全长 2400 千米（阿富汗境内有 1100 千米），阿富汗境内的流域面积超过 9 万平方千米，是阿富汗与北方邻国的界河。阿姆河在源头被称为瓦罕河（Ab-i-Wakhan），在帕米尔河（Ab-i-Pamir）

流入后，变成了喷赤河（Ab-i-Panja），科克恰河（Kukcha）汇入喷赤河后才被称为阿姆河。阿姆河上游河水比较湍急，到了法扎巴德以西96千米的科克恰河口，水流便慢慢缓和起来。由于河水蒸发和被大量用于灌溉，阿姆河中游和下游的流量减少。在汛期来临时，阿姆河上游河水会夹杂大量的雪和冰，同时携带大量的碎石。阿姆河的支流主要有科克恰河和昆都士河。科克恰河长320千米，是阿富汗河流中水流最湍急的，难以用于灌溉。昆都士河长480千米，水流较为平缓，是沿岸各个城市用水和农业灌溉的主要来源。

（二）赫尔曼德河—阿尔甘达卜河水系

赫尔曼德河发源于兴都库什山南部山地，自东北向西南方向相继穿越兴都库什山脉、阿富汗西南地区后至伊朗边境，然后急转向北，注入锡斯坦盆地的赫尔曼德湖和萨比里湖（Hamun-I-Sabiri），全长约1300千米，流域面积占阿富汗国土面积的40%，是阿富汗境内最大、最长的河流。赫尔曼德河主要的支流有卡吉河（Kaj Rud）[①]、特林河（Terin）和穆萨堡河（Rud-e Musa Qala）。阿尔甘达卜河是赫尔曼德河—阿尔甘达卜河水系另外一条主要的河流。它全长560千米，流域面积约300平方千米，主要的支流是阿尔加斯坦河（Arghastan）、杜里河（Duri）和塔尔纳克河（Tarnak）。

（三）喀布尔河水系

喀布尔河发源于阿富汗中部山地，自西向东相继穿过喀布尔

---

① "Rud"在达里语中的意思是"河"。

第一章　自然地理

山谷和贾拉拉巴德低地,在大约350千米处越出阿富汗进入巴基斯坦,最后流入印度河。喀布尔河水系是阿富汗唯一一条与海洋相通的河流。喀布尔河上游主要的支流是卢格尔河和潘杰希尔河,下游主要的支流是拉格曼河和库纳尔河。

（四）哈里河水系

哈里河发源于兴都库什山脉中部山区的巴巴山,向西流经阿富汗约650千米,然后向北流去,构成阿富汗与伊朗的北部边界,最后消失在土库曼斯坦境内的卡拉库姆沙漠（里海附近）。哈里河全长850千米,流经富饶的赫拉特平原,流域总面积为3.93万平方千米。卡奥河（Kao Rud）是哈里河唯一主要的支流。

三、气候

阿富汗虽位于亚热气候带,但因远离海洋,海拔又高,属典型的大陆性干旱与半干旱气候,干燥少雨,冬季潮湿寒冷,夏季炎热干燥,气温年、日较差都大,大部分地区年日照总时数超过3000小时。东部靠近贾拉拉巴德的部分区域受到南亚季风的影响,表现为亚热带季风气候。

阿富汗大部分地区的气温随海拔增高而降低。就年温差而言,夏季,阿富汗大部分地区温度为35℃。西南部的锡斯坦盆地温度更高;贾拉拉巴德盆地、阿姆河流域和西南部大部分地区的平均温度在32—35℃,受季风影响,贾拉拉巴德的最高气温可达49℃;坎大哈、法拉、赫拉特和突厥斯坦平原的大部分地区平均温度在29—32℃。冬季,贾拉拉巴德盆地、西南和东南部大部分地区温度比全国平均温度高6℃;突厥斯坦平原地区平均温度在0—3℃;中部山区、冰雪覆盖的东北部地区以及瓦罕走廊—帕米尔山结地区温度可降到 -15℃ 以下，最低气温可到 -30℃。阿富汗年均昼夜温差达 25—28℃，有种突然从夏天进入冬天的感觉，反之亦然。南部沙漠地区，白天气温高达 49℃，晚上比较凉爽，可达 16℃；北部荒漠地区，白天温度为 10℃，晚上气温直降到 -23℃。

表 1-1　阿富汗主要城市月平均气温（单位：摄氏度）

	喀布尔		坎大哈		赫拉特		马扎里沙里夫	
	最高值	最低值	最高值	最低值	最高值	最低值	最高值	最低值
1 月	5	-7	12	0	9	-3	8	-2
2 月	6	-6	15	2	12	-1	11	0
3 月	13	1	22	7	18	4	16	5
4 月	19	6	28	12	24	9	24	11
5 月	24	9	34	16	30	13	31	17
6 月	30	12	39	20	35	18	37	23
7 月	32	14	40	23	37	21	39	26
8 月	32	14	38	20	35	19	37	24
9 月	29	9	34	14	31	13	32	17
10 月	22	4	28	9	25	7	25	9
11 月	15	-1	21	3	18	1	16	3
12 月	8	-5	15	1	12	-1	11	0
年平均气温	20	4	27	11	24	9	24	11

阿富汗大部分地区处于干旱地带，降水量较少，年平均降水量只有 240 毫米。大部分降水出现在当年 10 月到次年 5 月，即冬、春两季。总的来说，阿富汗的降水量随着海拔升高而增加。锡斯坦盆地降水量大约 0—50 毫米，南部平原地区为 50—100 毫米，贾拉拉巴德盆地和突厥斯坦平原大部分地区降水量

为 100—200 毫米，中部山区、贾拉拉巴德以南（受印度洋季风影响）、巴达赫尚北部降水超过 400 毫米，部分山地地区超过 1000 毫米。帕尔万省的萨朗县是全国降水量最高的地区，其海拔将近 4000 米。

表 1-2 阿富汗主要城市每月降水情况（单位：毫米）

	喀布尔	坎大哈	赫拉特	马扎里沙里夫
1 月	34	54	52	29
2 月	60	42	45	35
3 月	68	41	55	44
4 月	72	19	29	28
5 月	23	2	10	11
6 月	1	0	0	0
7 月	6	2	0	0
8 月	2	1	0	0
9 月	2	0	0	0
10 月	4	3	2	4
11 月	19	7	11	14
12 月	22	20	36	22
年均降水量	312	191	239	186

气团对阿富汗的气候也有一定的影响。夏季，南亚季风带来的热带气团影响着阿富汗东南部地区的气候变化，有时这些气团会进入阿富汗中部与南部，使得当地温度升高、雨水增多。北部平原和南部低地沙漠之间强烈的温度和气压差异造成季节性的强风，影响着阿富汗西部。这股强北风从 6 月一直吹到 9 月，号称"120 日风"，经常伴有高温、干旱和强烈的沙尘暴。冬季则受到亚洲高压的北风和中纬度气旋影响。

根据阿富汗各地区的气温和降水情况，阿富汗的气候分类为干旱气候（B）、夏干温暖气候（Cs）、冷温带气候（D）和极地气候（E）。根据干燥程度和热量条件，阿富汗分布着四种类型的干旱气候，分别是低纬度热荒漠气候（BWh）、温带冷荒漠气候（BWk）、低纬度热草原气候（BSh）和中纬度冷草原气候（BSk）。低纬度热荒漠气候主要分布在贾拉拉巴德盆地和西南部地区。温带冷荒漠气候主要分布在突厥斯坦平原阿姆河流域和西南部低纬度热荒漠气候的高山边缘地区。低纬度热草原气候主要分布在贾拉拉巴德盆地周围的高海拔区域。中纬度冷草原气候分布较广，从喀布尔到加兹尼，穿过赫拉特，向北折回马扎里沙里夫和昆都士，在中部山区形成了一个巨大的圆环，瓦罕走廊也有分布。夏干温暖气候，又称为地中海式气候，主要分布在巴达赫尚、喀布尔以北以及赫拉特与马扎里沙里夫之间的高海拔区域，夏季干燥，冬季多雨湿润。冷温带气候主要分布在中部高山地区，以全年温度较低为其特征。极地气候主要分布在高山冻原和冰川地带。

第二节 自然资源

一、矿产

阿富汗境内蕴藏着丰富的矿产资源，已探明有煤、石油、天然气、铜、铁、锂、金、铬、稀土、青金石、大理石和盐等1400多种矿藏，且大部分处于未开发状态。据美国地质调查局最新报告显示，阿富汗地区蕴藏了价值1万亿美元的矿产资源。阿富汗矿业和石油部则表示其矿产资源总价值超过3万亿美元。

（一）煤

阿富汗北部东自巴达赫尚、西至赫拉特的煤矿带长达 700 多千米，含煤区域面积达 3.5 万平方千米，目前已探明有 9 处大型煤矿床。主要的煤矿有巴格兰省的卡尔卡尔—杜德卡什（Karkar-Dudkash）煤矿、纳赫林（Nahrin）煤矿、阿什普什塔（Ashpushta）煤矿，萨曼甘省的达拉苏夫（Darra-i-suf）煤矿，巴米扬省的哈瓦贾甘季（Khawaja Ganj）煤矿和赫拉特省的萨布扎克—赫拉特（Sabzak-i-Herat）煤矿。

（二）石油和天然气

据美国地质调查局、阿富汗地质调查局 2006 年的联合评估，阿富汗拥有总计大约 34 亿桶石油储量、4530.7 亿立方米天然气、5.62 亿桶天然气凝析油。北部地区的阿姆河盆地（Amu Darya）已探明天然气储量为 700 亿立方米，石油储量为 1 亿桶，主要包括朱马（Juma）、巴希库尔德（Bashikurd）、杰尔科杜克（Jer Koduq）、霍贾布兰（Khoja Bolan）、詹格勒科兰（Jangle-e-Kolan）、伊提姆塔格（Etym Tag）、胡贾古戈尔达克（Khuja Goger Dak）等大型天然气田和安古特（Angut）、阿克达尔亚（Aq Darya）、卡什卡里（Kashkari）、巴扎尔哈米（Bazarkhami）、扎马鲁德赛（Zamarudsay）、阿里古勒（Alli Gul）等油田。据估计，阿富汗—塔吉克盆地石油储量近 15 亿桶，天然气储量为 3000 亿立方米，库什卡盆地天然气储量约 110 亿立方米。西部的提尔普勒盆地（Tirpul）和南部的赫尔曼德（Helmand）、卡塔瓦兹（Katawaz）等地区，目前都还处于勘探阶段，部分地区已经被证明存在数量可观的油气资源。

（三）铜矿

阿富汗是一个铜矿资源相当丰富的国家，铜矿在各地均有分布，且大部分都没有开发。从喀布尔省延伸到卢格尔省的铜矿带长达110千米，由艾娜克、达尔班德、贾弗哈尔等3个大型层状矿床和94个类似的原生型铜呈矿现象构成，以岩浆型铜矿为主，品位在0.6%以上的矿石储量估计在10亿吨以上，是世界上现已探明的巨型铜矿之一。最具开采价值的是位于喀布尔市以南的艾娜克铜矿，该铜矿面积约6平方千米，已探明矿石总储量约7亿吨，平均品位1.65%，约1/3的储量品位高达2.37%，铜金属总量估计达1133万吨。达尔班德铜矿床集中在7000米厚度的硅化云母质大理岩中，矿石铜品位0.58%—1.55%，预测铜储量在100万吨以上。阿富汗境内还发现有加兹尼省的扎尔卡尚（Zarkashan）、查布尔省的昆达连（Kundalyan）、萨尔普勒省的巴尔赫河（Balkh Ab）、赫拉特省的塞达（Shaida）等铜矿床，以及约300个体现铜矿体的呈矿现象和呈矿点。

（四）铁矿

阿富汗已发现的铁矿主要分布在巴米扬省、巴达赫尚省、巴格兰省和坎大哈省。位于巴米扬省哈吉加克地区的铁矿延伸总长达600千米，有16个分离的矿体，矿石品种以赤铁矿和磁铁矿为主，探明储量5亿吨，预测总储量达18亿吨，平均品位达到63%，但矿区大部分处于近4000米的高海拔地区，交通不便，开发相当困难。斯亚达拉（Sya Dara）铁矿位于哈吉加克以东，有大量的分离矿体，矿体呈东北—西南走向，长达10千米，厚

15—30米，矿石品种以磁铁矿为主，品位在60.8%—67.7%，预测品位在65%的铁矿储量达4亿吨。巴达赫尚省和坎大哈省还探明了储量约1.78亿吨的岩浆型铁矿，品位在47%—68%。

（五）锂矿

阿富汗的锂矿资源储量与目前世界上锂矿资源最丰富的玻利维亚[①]相当，有可能成为"锂矿业的沙特阿拉伯"。努里斯坦省的帕鲁恩（Paroon）锂矿矿脉厚20—40米，延伸1—1.5千米，锂辉石含量约15%—35%，矿石锂品位1.5%，估计含300万吨氧化锂。努里斯坦省贾马纳克（Jamanak）锂矿矿石品位1.83%，氧化锂储量45万吨。楠格哈尔省的帕斯古什塔（Pasghushta）锂、钽、铌、锡矿预测含氧化锂约120万吨，这些资源均未被开发。

（六）金矿

阿富汗的金矿主要分布在塔哈尔省、加兹尼省、查布尔省、巴达赫尚省和坎大哈省，金矿类型为砂金和脉状金矿。最著名的是塔哈尔省北部的萨姆迪（Samty）金矿，该金矿矿体长约9000米，宽约2000米，矿砂总量约7000万立方米，黄金储量约30吨。不过该矿已开采多年，接近枯竭。加兹尼省的扎尔卡尚铜金矿，矿区长400—600米，宽约11—75米，黄金储量7.7吨。查布尔省的昆达连铜、钼、金、银矿有3个矿床，总长155米，厚度2.59—3.89米，矿石含金量0.9克/吨，黄金储量估计为1.1吨。巴达赫尚省的维卡杜尔（Vekadur）金矿，矿体平均厚2米，长300米，矿石含金量4.1克/吨，黄金储量估计为960千克。

---

① 玻利维亚锂矿资源储量基础约为540万吨，占全球一半。

(七)铬铁矿

阿富汗最大、最著名的铬铁矿区位于喀布尔市以南35千米卢格尔省的穆哈马德阿加县,该矿区有两个主要的矿床,相距10千米,矿体长约65千米,宽45千米,储量约18万吨。其中约15%的高品位矿石含55.9%的氧化铬,铬和铁比例为3.5∶1,其余矿石的氧化铬含量低于45%。霍斯特省的斯佩尔凯(Sperkay)铬铁矿有10个矿体,矿体长110米,厚度1—10米,氧化铬含量43.11%—53.48%,铁含量5.57%—7.23%。喀布尔东北的萨菲山(Kohi Safi)和帕尔旺省的朱尔加提(Jurgati)也发现有大量的铬铁矿。

(八)稀土

阿富汗已探明的稀土矿位于南部赫尔曼德省雷吉斯坦沙漠汗奈欣(Khanneshin)死火山。该矿区面积约0.74平方千米,蕴藏丰富的镧、铈和钕等轻稀土元素,品位2.77%的矿石储量2.18亿吨,品位3.28%的矿石储量1540万吨,足以匹敌美国加利福尼亚的帕斯山或中国内蒙古的白云鄂博等世界级稀土矿区中的轻稀土储量,可能成为世界上历来最大的稀土矿藏。

(九)非金属类矿产

阿富汗的非金属类矿产以宝石、盐和大理石为主。阿富汗的宝石主要有青金石、红宝石、祖母绿,产区主要集中在巴达赫尚省、喀布尔省、帕尔万省和努里斯坦省。阿富汗青金石矿产储量和产量居世界之首。位于巴达赫尚省基兰-穆恩詹(Kiran Wa Munjan)县的萨雷桑(Sary Sang)矿床累计储量1300吨。由于矿区海拔 3500 米，常年温度较低，开采工作只能在 6 月到 9 月之间进行，年均产量 0.9 吨。喀布尔省的杰格达拉克山谷（Jegdalak）是红宝石和蓝宝石的重要产区，该矿区宝石储量中红宝石储量占 15%，粉红色蓝宝石储量占 75%，蓝宝石储量占 5%。帕尔万省的潘杰希尔河谷是祖母绿的主要产区，矿区海拔 3000—4000 米，长 16 千米，宽 3 千米，晶体长 1—1.5 厘米，厚 0.2—0.3 厘米，大的晶体长 5 厘米，曾开采出重达 100 克拉的祖母绿。努里斯坦省是阿富汗重要的宝石产区，出产有碧玺、绿宝石、海蓝宝石、锂辉石和紫锂辉石。

阿富汗盐类储量丰富，塔哈尔省的纳马克河（Namak Ab）岩盐矿床直径有 915 米，厚度达 12.2 米，储量估计为 1.3 亿吨。此外，塔哈尔省的塔克恰哈纳（Taqcha Khana）、卡拉夫甘（Kalafgan）、恰勒（Chal）三个盐矿年均产量分别为 6 万吨、1.1 万吨、3000 吨。阿富汗许多地区都分布着大理石，喀布尔、卢格尔、瓦尔达克、巴达赫尚、赫拉特、赫尔曼德和楠格哈尔等省出产的大理石品质最好。

二、植物

根据阿富汗的地质、地形和气候，植被分布划分为北部的突厥斯坦平原、中部山区、南部沙漠、中部草原和半荒漠、东部和东南部地区等 5 个区域。

（1）突厥斯坦平原地区主要分布着杨树、柳树、撑柳以及谷底和河岸的芦苇。在海拔稍高的区域还分布有一年生窄叶杂草和地下芽植物。在高海拔地区分布有灌木蒿和阿月浑子树。梭梭分布在湿润的地区，在盐渍土上分布着耐盐植物。

（2）中部山区气候干燥，分布着大量的莴属和少叶多刺的铺地植物。扁桃主要分布在半荒漠地区，低海拔区域分布着禾本科植物，高海拔地区分布着高山草甸和冻原植物。该区域还分布有西黄蓍胶树、刺柏和桦树。

（3）南部沙漠地区气候炎热干燥，分布着大量耐旱、耐盐植物，如蒿属植物、沙拐枣、梭梭、霸王等。在沙漠地区靠近地下水的区域分布着梭梭、三芒草、海蓬子、撑柳和其他藜科植物。扁桃、阿月浑子和李子树在该区域相邻的山峰上也有分布。

（4）中部草原和半荒漠地区主要分布有蒿属植物、禾本科植物、地下芽植物、扁桃和少量阿月浑子树。

（5）东部和东南部地区气候变化多样，因此植被分布多样。温暖干燥的低地分布着大量亚热带灌木和不同的开花植物。山区雨水较多，分布有桦树、刺柏、橡树、阿月浑子树、杏树、白蜡树、橄榄树、胡桃树和桤木等常绿硬叶乔木。在高海拔地区分布有松树、雪松、冷杉、落叶松和紫杉等针叶树。

三、动物

阿富汗动物种类比较丰富。在阿富汗帕米尔高原地区，发现了马可波罗羊和西伯利亚虎的踪迹。野生山羊、雪豹、雪鸡、野兔和棕熊是阿富汗中部高山地区的动物群落。努里斯坦和哈扎拉贾特山区也有雪豹。北部突厥斯坦平原有许多草原动物群落，如鬣狗、狐狸和欧黄鼠。南部和西南部的沙漠地区生活着瞪羚、野猪等动物群落。南部地区还有猫鼬、豹、猎豹等动物群落。努里斯坦和帕克蒂亚茂密的森林地带可看到大量的恒河猴。其他常见的动物包括：盘羊、獾、紫羔羊、白鼬、狼、红鹿、沙鼠、囊地鼠、豪猪、大颊鼠、猬、跳鼠、猞猁、鼹鼠、猫鼬、野驴、水獭、豺狼、狞猫、箭猪、雪貂、臭猫、鼩鼱、松鼠、老虎和黄鼠

第一章 自然地理

狼。此外，阿富汗还有气质高贵的阿富汗猎犬。阿富汗猎犬，又名喀布尔犬，是现存最古老的猎犬犬种之一，4000年前阿富汗的绘画中即有该犬的画像。阿富汗猎犬体重在30千克左右，身高约71厘米，被毛厚实、细腻、柔滑，尾巴卷曲。阿富汗猎犬靠眼力追踪猎物，直线奔跑速度快，具有快速平稳地横穿崎岖地形的能力。在接近猎物的时候，它可敏捷地跳跃和快速地扭转，并拥有持久的耐力以继续进行艰难的追踪，一直被阿富汗牧羊人用于追踪狩猎。如今，阿富汗猎犬由于时尚复古的外观和高贵的气质，已成为"贵族"的代名词。在许多国家，阿富汗猎犬是唯一一种可以进入五星级酒店的犬种。

阿富汗鱼类繁多，很多河流里可以发现鳟鱼的影子。在阿富汗北部的河流里还发现有德国褐鳟。兴都库什山中的大多数河流里有各类鲤鱼。在阿姆河以及阿富汗北部的其他河流里，有许多鲶鱼。淡水蟹遍布阿富汗的河流和溪流。

虽然阿富汗是一个干旱国家，但由于横跨印度和中亚的鸟类栖息地带，这里栖息着大量的野生鸟类。阿富汗有400种鸟类，其中60%的鸟类常年栖息在阿富汗，其余为候鸟。鹧鸪是阿富汗分布最广的猎鸟，它红嘴、红腿，有小鸡大小，供猎食。其他常见的鸟类有山鹑、野鸡、鹳、鹤、八哥、野鸭、鹅、白头翁、天堂鸟、翠鸟、金翅雀、云雀、麻雀、鹰、隼、鹌鹑、猫头鹰、夜莺和燕子。

在濒危物种保护方面，阿富汗国家环境保护局（Afghanistan's National Environmental Protection Agency）发布了阿富汗首份物种保护名录。这份保护名录包含33个物种，其中哺乳动物20种、两栖动物1种、鸟类7种、植物4种、昆虫1种。雪豹、棕熊等著名的物种，以及一些鲜为人知的物种，如帕格曼蝾螈（Paghman Salamander）、鹅喉羚、猎隼、捻角山羊、喜马拉雅榆等均在这份保护名录之内。

第三节 人口与行政区划

一、人口

阿富汗最后一次人口普查是 1979 年进行的人口和住房普查，之后再未进行正式的人口普查，人口总数不确定。20 世纪 60 年代末，人口大约为 1470 万，人口增长率为 2%—2.5%。1999—2000 年度[①]，塔利班政权在联合国的帮助下进行了一次人口调查，当时人口总数估计已达 2300 万。据美国中央情报局估计，2013年，阿富汗总人口达 3110 万，人口增长率为 2.25%，人口出生率达 3.9%，死亡率为 1.44%，男女比例为 1.05：1，人均寿命 50.11 岁。据阿富汗中央统计局估计，2012—2013 年度，阿富汗的人口总数约 2700 万，人口增长率为 2.03%。其中城市人口 607.4 万，占 22.5%；农村人口 1942.6 万，占 71.9%；游牧民 150 万，占 5.6%。男性 1304.4 万人，女性 1245.6 万人[②]。

阿富汗人口主要集中在喀布尔省（395 万）、赫拉特省（178 万）、楠格哈尔省（143.6 万）、巴尔赫省（124.5 万）、坎大哈省（115.1 万）和加兹尼省（116.8 万），尼姆鲁兹省、潘杰希尔省和努里斯坦省人口较少，分别为 15.6 万、14.6 万和 14 万人。阿富汗全国人口密度平均为 39 人/平方千米。其中，喀布尔省人口密度最大，平均每平方千米 873 人；尼姆鲁兹省人口密度最小，平均每平方千米 4 人。

---

① 当年的 3 月 21 日到次年的 3 月 20 日。
② 下面的统计数据均指 2550 万的城市和农村人口，150 万的游牧民不包括在内。

第一章 自然地理

阿富汗人口最大的特点就是年龄结构趋于年轻化，15岁以下的人口高达1170万，占总人口的46.1%，是世界上15岁以下人口比例最高的国家，15—29岁的人口占23.9%，30—65岁的人口占26%，65岁以上的人口只占4%。2011年底，阿富汗婴儿死亡率为7.4%，相比2001年下降了49.7%，5岁以下孩子死亡率为10.2%。其中，东部地区婴儿和5岁以下孩子的死亡率最低，分别为5%和6.5%；西部地区最高，分别为8.9%和12.7%。[1]

自20世纪90年代中期起，连年的战乱导致阿富汗成为世界上最大的难民国，有800多万阿富汗难民分布在全球70多个国家。[2] 阿富汗难民主要集中在巴基斯坦和伊朗，因为阿富汗与这两个国家在地理、民族、宗教上有着紧密联系。不过，塔利班政权垮台后，伊朗、巴基斯坦等国对阿富汗难民采取了较为严格的遣返措施，在国际社会的帮助和阿富汗政府的鼓励下，数万难民开始重新返回阿富汗。据统计，2001—2002年度到2012—2013年度，约474万难民返回阿富汗，其中仅2001—2002年度就有近183.5万难民返回阿富汗。

表1-3　2001—2002年度到2012—2013年度返回阿富汗的难民家庭和难民数量统计表

年度	巴基斯坦		伊朗		其他国家		合计	
	家庭	人	家庭	人	家庭	人	家庭	人
2001—2002	281402	1565066	37231	259792	2273	9679	320906	1834537
2002—2003	58942	332183	22240	142280	205	1176	81387	475639

---

[1] 其余地区婴儿和5岁以下孩子的死亡率：首都（中央）地区为6.6%和9%；中部高原地区为8.6%和12.2%；北部地区为8.6%和12.2%；东北地区为7.1%和9.9%；南部地区为5.4%和7.1%；西南部地区为8.7%和12.4%。

[2] 中国驻阿富汗大使馆经济商务参赞处：《阿富汗寻求停止难民遣返》，http://af.mofcom.gov.cn/aarticle/jmxw/200801/20080105332717.html。

(续表)

年度	巴基斯坦		伊朗		其他国家		合计	
	家庭	人	家庭	人	家庭	人	家庭	人
2003—2004	66554	383321	68262	377151	115	650	134931	761122
2004—2005	79234	449391	11532	63559	65	1140	90831	514090
2005—2006	24046	133338	913	5264	103	1202	25062	139804
2006—2007	56335	357635	1388	7054	71	721	57794	365410
2007—2008	45062	274200	641	3656	68	628	45771	278484
2008—2009	8414	48320	1069	6028	21	204	9504	54552
2009—2010	17357	104331	1474	8487	28	150	18859	112968
2010—2011	8777	49733	3701	18733	115	23	12593❶	68489❷
2011—2012	14167	79435	2881	15035	17	83	17065	94553
2012—2013	5393	30388	1181	8247	24	131	6598	38766
合计	665683	3807341	152513	915286	3105	15787	821301	4738414

注：❶此处有误。阿富汗中央统计局编写的《2012—2013年度阿富汗统计年鉴·人口》中的统计数字为12501，但根据前面的数据相加，此处应为12593。❷此处有误。阿富汗中央统计局编写的《2012—2013年度阿富汗统计年鉴·人口》中的统计数字为68581，但根据前面的数据相加，此处应为68489。

资料来源：阿富汗中央统计局，http://cso.gov.af/Content/files/Population(3).pdf。

二、行政区划

根据《阿富汗伊斯兰共和国宪法》和《地方管理政策》规定，阿富汗行政区划分为省（province）、市①（municipality）、

---

① 阿富汗地方管理独立理事会（Independent Directorate of Local Governance）2010年出台的《地方管理政策》（Sub-national Governance Policy）中规定，市是仅次于省的一个独立的行政单元，市与各个省和县之间以及各个市之间并无任何行政关系。申请建市的条件：所辖区域不小于50平方千米，人口不少于20000人，财政上能独立提供基本的公共设施和服务。依据财政收入、人口和所辖区域，市分为直辖市（provincial municipality）和自治市（district

县（district）①和村（village）四级，省分为县，县分为村，较大的市分为区（nahia），市是完全独立的行政单元。截至2010年，阿富汗有34个省，153个市（34个直辖市和119个自治市），364个县，37769个村。②根据地理因素，阿富汗的34个省可以分为8大区域，分别是首都（或称中央）、中部高原、东部、东南、南部、西部、北部和东北等地区。

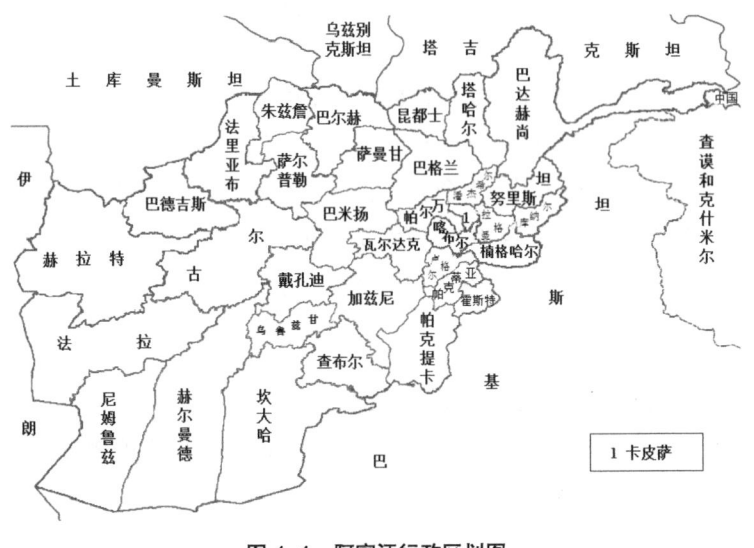

图 1-1　阿富汗行政区划图

municipality），目前阿富汗每个省的省会城市为直辖市。除首都喀布尔市受总统办公室的行政监管外，其余的市均接受地方管理独立理事会的监管。但由于目前法律和制度的缺失，许多直辖市和自治市还接受来自省长办公室的监管。在一些情况下，自治市还受到直辖市或者县的监管。

① 部分县的中文译名参考了马金祥等编《世界分国地图：阿富汗 巴基斯坦》，北京：中国地图出版社，2002年。

② Independent Directorate of Local Governance of Afghanistan, *Sub-national Governance Policy*, http://jawzjan.gov.af/Content/Media/Documents/SNGP-English-Afghanistan30720119262524553325325.pdf.

(一)首都地区(中央地区)6 省[1]

1. 喀布尔省

喀布尔省位于阿富汗东部,面积 4523.9 平方千米,人口 395 万,省会在喀布尔市(Kabul)。喀布尔省下辖巴格拉米(Bagrami)、恰哈尔阿斯亚卜(Chahar Asyab)、代赫萨布兹(Deh Sabz)、法尔扎(Farza)、古尔达拉(Guldara)、伊斯塔里夫(Istalif)、卡拉坎(Kalakan)、哈吉贾巴尔(Khaki Jabbar)、米尔巴恰科特(Mir Bacha Kot)、穆萨伊(Musayi)、帕格曼(Paghman)、卡拉巴格(Qarabagh)、沙卡尔达拉(Shakardara)、苏鲁比(Surobi)等 14 个县,省域内有米尔巴恰科特、卡拉巴格和苏鲁比等 3 个自治市。喀布尔省是阿富汗人口第一大省,赫尔曼德河、赫里河与喀布尔河都发源于此。

2. 卡皮萨省

卡皮萨省位于阿富汗的东北部,素有喀布尔"门户"之称,面积 1908 平方千米,人口 42 万,省会在马哈茂德埃拉基市(Mahmud Raqi)。卡皮萨省下辖阿拉赛(Alasay)、赫萨阿瓦勒科赫斯坦(Hissa-i-Awal Kohistan)、赫萨杜乌米科赫斯坦(Hissa-i-Duwumi Kohistan)、科赫班德(Koh Band)、尼季拉卜(Nijrab)、塔加卜(Tagab)等 6 个县,省域内有阿拉赛、赫萨阿瓦勒科赫斯坦、赫萨杜乌米科赫斯坦、尼季拉卜、塔加卜等 5 个自治市。

---

[1] 省级行政区面积和人口均根据阿富汗中央统计局编写的《2012—2013 年度阿富汗统计年鉴》整理,各直辖市和自治市的人口和面积包含在内。

第一章 自然地理

3. 卢格尔省

卢格尔省位于阿富汗东部，面积 4568 平方千米，人口 37.3 万，省会在普勒阿拉姆市（Pul-i-Alam）。卢格尔省下辖阿兹拉（Azra）、巴拉基巴拉克（Baraki Barak）、恰尔赫（Charkh）、哈尔瓦尔（Kharwar）、胡希（Khoshi）、穆哈马德阿加（Mohammad Agha）等 6 个县，省域内有巴拉基巴拉克、恰尔赫、胡希、穆哈马德阿加等 4 个自治市。

4. 潘杰希尔省

潘杰希尔省位于阿富汗东北部，面积 3771.6 平方千米，人口 14.6 万，省会在巴扎拉克市（Bazarak）。潘杰希尔省下辖乌纳巴（Unaba）、达拉（Dara）、海恩季（Khenj）、帕尔扬（Paryan）、鲁哈（Rukha）、舒图勒（Shutul）等 6 个县。该省于 2004 年从帕尔万省独立出来，著名人物有抗苏将领"潘杰希尔雄狮"——阿赫马德·沙赫·马苏德。

5. 帕尔万省

帕尔万省位于阿富汗东部，面积 5715.1 平方千米，人口 63.2 万，省会在恰里卡尔市（Charikar）。帕尔万省下辖巴格拉姆（Bagram）、古尔班德（Ghorband）、贾巴勒萨拉季（Jabal Saraj）、科赫萨菲（Kohi Safi）、萨朗（Salang）、赛义德海勒（Sayed Khel）、希赫阿里（Shekh Ali）、辛瓦里（Shinwari）、苏尔赫帕尔萨（Surkhi Parsa）等 9 个县，省域内有巴格拉姆、古尔班德和贾巴勒萨拉季等 3 个自治市。

6. 瓦尔达克省

瓦尔达克省因普什图族瓦尔达克部落大多居住在此而得名,位于阿富汗东部,面积10348.3平方千米,人口56.8万,省会在迈丹城市(Maydan Shahr)。瓦尔达克省下辖恰基瓦尔达克(Chaki Wardak)、戴米尔达德(Day Mirdad)、赫萨阿瓦利比赫苏德(Hisa-i-Awali Bihsud)、贾加图(Jaghatu)、贾勒雷兹(Jalrez)、马尔卡兹比赫苏德(Markazi Bihsud)、尼尔赫(Nirkh)、赛义达巴德(Saydabad)等8个县,省域内有赛义达巴德1个自治市。

(二)中部高原地区2省

1. 巴米扬省

巴米扬省位于阿富汗中部,面积18029.2平方千米,人口42.6万,省会在巴米扬市(Bamyan)。巴米扬省下辖卡赫马尔德(Kahmard)、潘贾卜(Panjab)、赛甘(Sayghan)、希巴尔(Shibar)、瓦拉斯(Waras)、亚考朗(Yakawlang)等6个县,省域内有潘贾卜、卡赫马尔德和亚考朗等3个自治市。该省景色优美,是哈扎拉族的主要居住地,曾是著名的佛教圣地,出土了大量犍陀罗艺术品。

2. 戴孔迪省

戴孔迪省位于阿富汗中部,以盛产高品质杏仁而闻名,面积17501.4平方千米,人口43.9万,省会在尼利市(Nili)。戴孔迪省下辖盖提(Gaiti)、吉扎卜(Gizab)、伊什塔尔赖(Ishtarlay)、卡季兰(Kajran)、哈迪尔(Khadir)、米拉姆尔(Miramor)、桑吉塔赫特（Sangi Takht）、沙赫里斯坦（Shahristan）等8个县。戴孔迪省于2004年3月从乌鲁兹甘省划出建省，省内居民以哈扎拉族为主，仅吉扎卜县居住有大量普什图族。

(三) 东部地区4省

1. 库纳尔省

库纳尔省位于阿富汗东部，与巴基斯坦接壤，面积4925.9平方千米，人口42.9万，省会在阿萨达巴德市（Asad Abad）。库纳尔省下辖巴尔库纳尔（Bar Kunar）、恰帕达拉（Chapa Dara）、乔凯（Chawkay）、丹加姆（Dangam）、达拉佩奇（Dara-i-Pech）、加兹阿巴德（Ghazi Abad）、哈斯库纳尔（Khas Kunar）、马拉瓦拉（Marawara）、纳兰格－巴迪勒（Narang Wa Badil）、纳里（Nari）、努尔加勒（Nurgal）、赛加勒－希勒坦（Shaygal Wa Shiltan）、萨尔卡尼（Sarkani）、瓦塔普尔（Wata Pur）等14个县。该省86%的面积为山地，95%的人口为普什图族。

2. 拉格曼省

拉格曼省位于阿富汗东部，盛产水果和蔬菜，面积3977.9平方千米，人口42.4万，省会在米特拉姆市（Mihtarlam）。拉格曼省下辖阿林加尔（Alingar）、阿里辛格（Alishing）、道拉特沙赫（Dawlat Shah）、卡尔加伊（Qarghayi）等4个县，省域内有阿林加尔、阿里辛格和卡尔加伊等3个自治市。

3. 楠格哈尔省

楠格哈尔省位于阿富汗东部，与巴基斯坦接壤，面积7641.1平方千米,人口143.6万,是阿富汗人口第三大省,省会在贾拉拉巴德市(Jalalabad)。楠格哈尔省下辖阿钦(Achin)、巴提科特(Bati Kot)、比赫苏德(Bihsud)、恰帕尔哈尔(Chaparhar)、达拉努尔(Dara-i-Nur)、迪赫巴拉(Dih Bala)、杜尔巴巴(Dur Baba)、古什塔(Goshta)、赫萨拉克(Hisarak)、卡马(Kama)、胡格亚尼(Khogyani)、科特(Kot)、库兹库纳尔(Kuz Kunar)、拉勒普尔(Lal Pur)、穆赫曼德达拉(Muhmand Dara)、纳兹扬(Nazyan)、帕奇尔-阿加姆(Pachir Wa Agam)、鲁达特(Rodat)、希尔扎德(Sherzad)、辛瓦尔(Shinwar)、苏尔赫鲁德(Surkh Rod)等21个县,省域内有巴提科特、恰帕尔哈尔、加尼海勒(Ghani Khel)、卡马、胡格亚尼、鲁达特、苏尔赫鲁德、图尔哈姆(Torkham)等8个自治市。

4. 努里斯坦省

努里斯坦省位于阿富汗东北部、兴都库什山南麓,东与巴基斯坦接壤,面积9266.7平方千米,人口14.1万,省会在帕鲁恩(Paroon)市。努里斯坦省下辖巴尔吉马塔勒(Bargi Matal)、杜河(Du Ab)、卡姆德什(Kamdesh)、曼杜勒(Mandol)、努尔加拉姆(Nurgaram)、瓦马(Wama)、瓦加勒(Waygal)等7个县。该省是由拉格曼省北部与库纳尔省北部于1989年合并而成的。

(四)东南地区4省

1. 加兹尼省

加兹尼省位于阿富汗东部,面积22460.5平方千米,人口116.9万，省会在加兹尼市（Ghazni）。加兹尼省下辖班德河（Ab Band）、阿季里斯坦（Ajristan）、安达尔（Andar）、迪赫亚克（Dih Yak）、戈兰（Gelan）、吉鲁（Giro）、巴赫拉姆沙赫德（Bahram-i-Shahid）[①]、贾古里（Jaghuri）、霍贾乌马里（Khwaja Umari）、马利斯坦（Malistan）、穆库尔（Muqur）、纳瓦（Nawa）、纳乌尔（Nawur）、卡拉巴格（Qarabagh）、拉希丹（Rashidan）、瓦加兹（Waghaz）、瓦利穆哈马德沙赫德（Wali Mohammad Shahid）、扎纳汗（Zana Khan）等18个县，省域内有贾古里和穆库尔两个自治市。

2. 霍斯特省

霍斯特省位于阿富汗东南部，与巴基斯坦联邦直辖部落地区相邻，面积4235.3平方千米，人口54.7万，省会在霍斯特市（Khost）。霍斯特省下辖巴克（Bak）、古尔布兹（Gurbuz）、贾吉迈丹（Jaji Maydan）、曼杜扎伊（Mandozai）、穆萨海勒（Musa Khel）、纳第尔沙赫科特（Nadir Shah Kot）、卡兰达尔（Qalandar）、萨巴里（Sabari）、沙姆勒（Shamul）、斯佩拉（Spera）、塔尼（Tani）、特雷扎伊（Tere Zayi）等12个县，省域内有萨巴里和德瓦曼达沙姆勒（Dwamanda Shamul）两个自治市。该省于1995年从帕克蒂亚省分出，省内99%的居民为普什图族，社会的基本结构以部落为主体。

3. 帕克蒂亚省

帕克蒂亚省位于阿富汗东部，与巴基斯坦接壤，面积5583.2平方千米，人口52.5万，省会在加德兹市（Gardez）。

[①] 该县原名为贾加图（Jaghatu）。

帕克蒂亚省下辖阿赫马达巴德（Ahmadabad）、恰姆卡尼（Chamkani）、丹德-帕坦（Dand Wa Patan）、贾吉（Jaji）、贾尼海勒（Jani Khail）、拉贾阿赫马德海勒（Laja Ahmad Khel）、赛义德卡拉姆（Sayed Karam）、什瓦克（Shwak）、乌扎扎德兰（Wuza Zadran）、祖尔马特（Zurmat）等10个县，省域内有阿尔尤卜贾吉（Aryub Jaji）、恰姆卡尼、赛义德卡拉姆、祖尔马特等4个自治市。

4. 帕克提卡省

帕克提卡省位于阿富汗东南部，与巴基斯坦接壤，面积19515.9平方千米，人口41.4万，省会在沙兰市（Sharan）。帕克提卡省下辖巴尔马勒（Barmal）、迪拉（Dila）、加扬（Gayan）、古马勒（Gomal）、贾尼海勒（Jani Khel）、马塔汗（Mata Khan）、尼卡（Nika）、乌姆纳（Omna）、萨尔哈乌扎（Sar Hawza）、萨鲁比（Sarobi）、图尔乌（Turwo）、乌尔贡（Urgun）、瓦扎霍（Waza Khwa）、乌尔马迈（Wor Mamay）、亚赫亚海勒（Yahya Khel）、优素福海勒（Yosuf Khel）、扎尔贡城（Zarghun Shahr）、兹鲁克（Ziruk）等18个县，省域内有萨鲁比和乌尔贡两个自治市。

（五）南部地区5省

1. 赫尔曼德省

赫尔曼德省位于阿富汗西南部，南与巴基斯坦俾路支省相邻，面积58305.1平方千米，是阿富汗面积和鸦片种植面积最大的省，人口88万，省会在拉什卡尔加市（Lashkargah）。赫尔曼德省下辖巴格兰（Baghran）、迪舒（Dishu）、加尔姆希尔（Garmser）、卡贾基（Kajaki）、雷吉汗尼欣（Reg-i-Khan Nishin）、穆萨堡（Musa Qala）、纳德阿里（Nad Ali）、纳赫里萨拉季（Nahri Saraj）、纳瓦巴拉克扎伊（Nawa-i-Barakzayi）、瑙扎德（Nawzad）、桑金（Sangin）、瓦希尔（Washer）等 12 个县，省域内有纳赫里萨拉季和纳瓦巴拉克扎伊两个自治市。

2. 坎大哈省

坎大哈省位于阿富汗南部，与巴基斯坦接壤，面积 54844.5 平方千米，人口 115.1 万，省会在坎大哈市（Kandahar）。坎大哈省下辖阿尔甘达卜（Arghandab）、阿尔季斯坦（Arghistan）、达曼（Daman）、戈拉克（Ghorak）、哈克雷兹（Khakrez）、马鲁夫（Maruf）、梅旺德（Maywand）、米亚尼欣（Miya Nishin）、尼什（Nish）、潘季瓦伊（Panjwayi）、希加（Shiga）、沙瓦利科特（Shah Wali Kot）、绍拉巴克（Shorabak）、斯平布尔达克（Spin Boldak）、扎里（Zhari）等 15 个县，省域内有阿尔甘达卜、布尔达克（Boldak）、哈克雷兹、梅旺德、潘季瓦伊、扎里等 6 个自治市。该省公共交通便利，有大量的花园和果园，盛产葡萄、西瓜和石榴。

3. 尼姆鲁兹省

尼姆鲁兹省位于阿富汗西南部，西接伊朗，南邻巴基斯坦，面积 42409.5 平方千米，人口 15.7 万，省会在扎兰季市（Zaranj）。尼姆鲁兹省下辖恰哈尔布尔贾克（Chahar Burjak）、恰汗苏尔（Chakhansur）、康镇（Kang）、哈什鲁德（Khash Rod）等 4 个县，省域内有哈什鲁德 1 个自治市。该省经济以贸易和农业为主，达什特马尔戈沙漠占据了该省大部分面积。

4. 乌鲁兹甘省

乌鲁兹甘省位于阿富汗中部，面积 11473.7 平方千米，人口 33.4 万，省会在塔林科特市（Tarin Kot）。乌鲁兹甘省下辖乔拉（Chora）、代赫拉乌德（Deh Rawud）、哈斯乌鲁兹甘（Khas Uruzgan）、沙赫迪哈萨斯（Shahidi Hassas）等 4 个县。该省由于文化和民族上与南部的坎大哈省联系密切，被视为南部省份。

5. 查布尔省

查布尔省位于阿富汗南部，1963 年从坎大哈省划出建省，与巴基斯坦接壤，面积 17471.8 平方千米，人口 28.9 万，省会在卡拉特市（Qalat）。查布尔省下辖阿尔加汗达卜（Argahandab）、阿特加尔（Atghar）、戴乔潘（Daychopan）、哈卡尔（Kakar）、米赞（Mizan）、瑙巴哈尔（Naw Bahar）、沙赫乔伊（Shah Joy）、沙姆勒扎伊（Shamulzayi）、辛凯（Shinkay）、塔尔纳克-贾勒达克（Tarnak Wa Jaldak）等 10 个县。

（六）西部地区 4 省

1. 巴德吉斯省

巴德吉斯省位于阿富汗西北部，与土库曼斯坦接壤，面积 20794 平方千米，人口 47.2 万，省会在瑙堡市（Qala-i-Naw）。巴德吉斯省下辖卡马里河（Ab Kamari）、巴拉穆尔加卜（Bala Murghab）、戈尔马奇（Ghormach）、贾万德（Jawand）、穆库尔（Muqur）、卡迪斯（Qadis）等 6 个县，省域内有巴拉穆尔加卜、戈尔马奇和卡迪斯等 3 个自治市。该省是阿富汗手工地毯的产区之一，也是阿富汗最不发达的省份之一。

第一章 自然地理

2. 法拉省

法拉省位于阿富汗西部，与伊朗接壤，面积49339.1平方千米，人口48.2万，省会在法拉市（Farah）。法拉省下辖阿纳尔达拉（Anar Dara）、巴克瓦（Bakwa）、巴拉布卢克（Bala Buluk）、古利斯坦（Gulistan）、哈克埃萨菲德（Khaki Safed）、拉什－朱瓦因（Lash wa Juwayn）、普尔恰曼（Pur Chaman）、普什特鲁德（Pusht Rod）、卡堡（Qala i Kah）、希卜科赫（Shib Koh）等10个县。

3. 古尔省

古尔省位于阿富汗中部偏西北，面积36657.4平方千米，人口65.7万，省会在恰赫恰兰市（Chaghcharan）。古尔省下辖恰尔萨达（Charsada）、道拉亚尔（Dawlat Yar）、杜莱纳（Du Layna）、拉勒－萨尔詹加勒（Lal Wa Sarjangal）、帕萨班德（Pasaband）、萨加尔（Saghar）、沙赫拉克（Shahrak）、泰瓦拉（Taywara）、图拉克（Tulak）等9个县。

4. 赫拉特省

赫拉特省位于阿富汗西部，西邻伊朗，北接土库曼斯坦，面积55868.5平方千米，人口178万，是阿富汗人口第二大省，省会在赫拉特市（Hirat）。赫拉特省下辖阿德拉斯坎（Adraskan）、奇什提沙里夫（Chishti Sharif）、法尔西（Farsi）、古里安（Ghoryan）、古勒兰（Gulran）、古扎拉（Guzara）、因吉勒（Injil）、卡鲁赫（Karukh）、科赫桑（Kohsan）、库什克（Kushk）、库什基库赫纳（Kushki Kuhna）、奥贝（Obe）、普什图扎尔贡（Pashtun Zarghun）、信丹德（Shindand）、仁达詹（Zinda Jan）

等15个县，省域内有阿德拉斯坎、奇什提沙里夫、法尔西、古里安、古勒兰、古扎拉、因吉勒、卡赫斯坦（Kahestan）、卡鲁赫、库什克、库什基库赫纳、奥贝、普什图扎尔贡、信丹德、图尔贡迪（Torghundi）、仁达詹等16个自治市。

（七）北部地区5省

1. 巴尔赫省

巴尔赫省位于阿富汗北部，古称"巴克特里亚"，与乌兹别克斯坦和塔吉克斯坦接壤，是阿富汗重要的粮仓之一，面积16186.3平方千米，人口124.5万，省会在马扎里沙里夫市（Mazari Sharif）。巴尔赫省下辖巴尔赫（Balkh）、恰哈尔布拉克（Chahar Bolak）、恰哈尔肯特（Chahar Kint）、奇姆塔勒（Chimtal）、道拉塔巴德（Dawlatabad）、迪赫达迪（Dihdadi）、卡勒达尔（Kaldar）、胡勒姆（Khulm）、基辛迪赫（Kishindih）、马尔姆勒（Marmul）、纳赫里沙赫（Nahri Shahi）、绍勒加拉（Sholgara）、绍尔特帕（Shortepa）、扎里（Zari）等14个县，省域内有巴尔赫、道拉塔巴德、胡勒姆、绍勒加拉等4个自治市。

2. 法里亚布省

法里亚布省位于阿富汗北部，北部与土库曼斯坦接壤，面积20797.6平方千米，人口94.8万，省会在迈马纳市（Maymana）。法里亚布省下辖阿勒马尔（Almar）、安德胡伊（Andkhoy）、比勒奇拉格（Bilchiragh）、道拉塔巴德（Dawlat Abad）、古尔兹万（Gurziwan）、哈尼恰哈尔巴格（Khani Chahar Bagh）、霍贾萨布兹普什（Khwaja Sabz Posh）、科赫斯坦（Kohistan）、普什图科

第一章 自然地理

特（Pashtun Kot）、卡拉姆库勒（Qaramqol）、凯萨尔（Qaysar）、库尔甘（Qurghan）、希林塔加卜（Shirin Tagab）等13个县，省域内有阿勒马尔、安德胡伊、比勒奇拉格、道拉塔巴德、霍贾萨布兹普什、凯萨尔、希林塔加卜等7个自治市。

3. 朱兹詹省

朱兹詹省位于阿富汗北部，与土库曼斯坦接壤，面积11291.5平方千米，人口51.2万，省会在希比尔甘市（Shibirghan）。朱兹詹省下辖阿克恰（Aqcha）、达尔扎卜（Darzab）、法扎巴德（Fayzabad）、哈姆亚卜（Khamyab）、哈妮卡（Khaniqa）、霍贾杜科赫（Khwaja Du Koh）、马尔德延（Mardyan）、明加吉克（Mingajik）、卡尔金（Qarqin）、库什特帕（Qush Tepa）等10个县，省域内有阿克恰、达尔扎卜、霍贾杜科赫、明加吉克等4个自治市。该省是阿富汗天然气的主要产区。

4. 萨曼甘省

萨曼甘省位于阿富汗北部，面积13437.8平方千米，人口36.9万，省会在艾巴克市（Aybak）。萨曼甘省下辖达拉苏夫巴拉（Dara-i-Sufi Balla）、达拉苏夫帕延（Dara-i-Sufi Payan）、费尔鲁兹纳赫奇尔（Feroz Nakhchir）、哈兹拉特苏丹（Hazrati Sultan）、胡拉姆－萨尔巴格（Khuram Wa Sarbagh）、鲁伊杜阿卜（Ruyi Du Ab）等6个县，省域内有达拉苏夫帕延和哈兹拉特苏丹两个自治市。该省经济以农业和矿业为主，是阿富汗阿月浑子和煤矿的重要产区。

5. 萨尔普勒省

萨尔普勒省位于阿富汗北部，面积 16385.6 平方千米，人口 53.2 万，省会在萨尔普勒市（Sari Pul）。萨尔普勒省下辖巴尔赫河（Balkh ab）、古斯范迪（Gosfandi）、科赫斯塔纳特（Kohistanat）、桑格恰拉克（Sangcharak）、赛亚德（Sayyad）、苏兹马堡（Sozma Qala）等 6 个县，省域内有巴尔赫河、古斯范迪、桑格恰拉克、苏兹马堡等 4 个自治市。该省于 1988 年由巴尔赫省、朱兹詹省和萨曼甘省的一部分合并而来，经济以矿业和农业为主。

（八）东北地区 4 省

1. 巴达赫尚省

巴达赫尚省位于阿富汗东北角，与塔吉克斯坦、中国、巴基斯坦接壤，是青金石的重要产区，面积 44835.9 平方千米，人口 90.5 万，省会在法扎巴德市（Fayzabad）。巴达赫尚省下辖阿尔甘季霍（Arghanj Khwa）、阿尔古（Argo）、巴哈拉克（Baharak）、达拉伊姆（Darayim）、达尔瓦兹（Darwaz）、达尔瓦兹巴拉（Darwazi Bala）、伊什卡希姆（Ishkashim）、朱尔姆（Jurm）、哈什（Khash）、霍汗（Khwahan）、基兰－穆恩詹（Kiran Wa Munjan）、基什姆（Kishm）、科赫斯坦（Kohistan）、库夫河（Kuf Ab）、拉季斯坦（Raghistan）、沙赫尔布祖尔格（Shahri Buzurg）、希格南（Shighnan）、什基（Shiki）、舒哈达（Shuhada）、塔加卜（Tagab）、提什坎（Tishkan）、瓦罕（Wakhan）、乌尔杜季（Wurduj）、亚夫塔里苏夫拉（Yaftali Sufla）、亚姆甘（Yamgan）、亚万（Yawan）、泽巴克（Zebak）

第一章　自然地理

等 27 个县，省域内有巴哈拉克、达拉伊姆、朱尔姆、基什姆等 4 个自治市。

2. 巴格兰省

巴格兰省位于阿富汗北部，面积 18255.2 平方千米，人口 86.4 万，省会在普勒胡姆里市（Puli Khumri）。巴格兰省下辖安达拉卜（Andarab）、巴格兰贾迪德（Baghlani Jadid）、达哈纳古里（Dahana-i-Ghuri）、迪赫萨拉赫（Dih Salah）、杜希（Dushi）、法兰格－加鲁（Farang wa Gharu）、古扎尔加赫努尔（Guzargahi Nur）、辛詹（Khinjan）、霍斯特－菲灵（Khost wa Firing）、霍贾赫季兰（Khwaja Hijran）、纳赫林（Nahrin）、普勒赫萨尔（Puli Hisar）、塔拉－巴尔法克（Tala Wa Barfak）等 14 个县，省域内有巴格兰马尔卡兹（Baghlan-i-Markazi）、巴格兰萨纳提（Baghlan-i-Sanaty）、布尔卡、达哈纳古里、迪赫萨拉赫、杜希、辛詹、霍斯特－菲灵、纳赫林等 9 个自治市。

3. 昆都士省

昆都士省位于阿富汗北部，北与塔吉克斯坦相邻，面积 8080.9 平方千米，人口 95.4 万，省会在昆都士市（Kunduz）。昆都士省下辖阿里阿巴德（Ali Abad）、阿尔奇（Archi）、恰哈尔达拉（Chahar Dara）、伊玛目萨赫布（Imam Sahib）、汗纳巴德（Khan Abad）、卡赖扎勒（Qalay-i-Zal）等 6 个县，省域内有阿里阿巴德、阿尔奇、恰哈尔达拉、伊玛目萨赫布、汗纳巴德、卡赖扎勒等 6 个自治市。该省经济以种植业和家畜养殖业为主，是阿富汗主要的粮食产区。

4. 塔哈尔省

塔哈尔省位于阿富汗东北部，与塔吉克斯坦相邻，面积12457.8平方千米，人口93.4万，省会在塔卢坎市（Taluqan）。塔哈尔省下辖巴哈拉克（Baharak）、班吉（Bangi）、恰赫河（Chah Ab）、恰勒（Chal）、达尔卡德（Darqad）、达什特堡（Dashti Qala）、法尔哈尔（Farkhar）、哈扎尔苏姆奇（Hazar Sumuch）、伊什卡米什（Ishkamish）、卡拉夫甘（Kalafgan）、霍贾巴哈乌丁（Khwaja Baha Wuddin）、霍贾加尔（Khwaja Ghar）、纳马克河（Namak Ab）、鲁斯塔克（Rustaq）、瓦尔萨季（Warsaj）、延吉堡（Yangi Qala）等16个县，省域内有班吉、恰赫河、达尔卡德、达什特堡、法尔哈尔、伊什卡米什、卡拉夫甘、霍贾巴哈乌丁、霍贾加尔、鲁斯塔克、延吉堡等11个自治市。该省经济以农业和矿业为主，是阿富汗小麦、水稻、煤矿、盐和建筑材料的重要产区。

三、主要城市

（一）喀布尔市

喀布尔市是阿富汗的首都、喀布尔省省会、全国最大的城市，是阿富汗政治、经济、文化和军事中心，人口328.9万。

喀布尔位于阿富汗东部喀布尔河谷，在阿斯马伊山（Asmai）与希尔·达尔瓦扎山（Sher Darwaza）之间，坐落在海拔1850米的高原上。喀布尔历史悠久，有近5000年的历史，自古就是印度至中亚、欧洲贸易路线上的重镇，在不同民族和文化间的社会与文化交流方面发挥过极为重要的作用。1775年，阿赫马德·沙赫·杜兰尼的儿子帖木儿·沙赫把他的宫廷从坎大哈迁到喀布尔，喀布尔成为现代阿富汗的首都。1919年，喀布尔正式成为直辖市。

美丽的喀布尔河从城中穿过，把喀布尔分为旧城和新城。市内著名的建筑景观有古尔罕娜塔、迪尔库沙塔、萨拉达特宫、巴拉·希萨尔城堡、蔷薇宫、达尔阿曼宫、沙希杜沙姆施拉寺、巴布尔花园、前国王纳第尔·沙赫的陵墓、国家博物馆、考古博物馆、喀布尔大学等，还有喀布尔高尔夫俱乐部、喀布尔城市之心等休闲娱乐和大型购物中心。城南的扎赫祠，是伊斯兰教什叶派创始人阿里的衣冠冢。每到阿里的诞辰日，这里就要举行宗教仪式活动。阿卜杜尔·拉赫曼清真寺（又称喀布尔大清真寺），2001年开始修建，2012年正式落成，可容纳1万人，是阿富汗最大的清真寺之一。

喀布尔是全国的公路和航空枢纽、对外贸易的集散地。以喀布尔为中心的环形公路网可通往全国各地，喀布尔到巴基斯坦、伊朗和中亚国家都有公路相连。喀布尔国际机场有多条国际航线通往中东、中亚、俄罗斯、印度和巴基斯坦。

（二）坎大哈市

坎大哈市是阿富汗第二大城市、坎大哈省省会、阿富汗南部重要城市，人口约49万（2012年），主要民族为普什图族。坎大哈海拔约1000米，阿尔甘达卜河流经其西部，曾是杜兰尼王朝建立时的首都。

坎大哈是阿富汗南部重要的交通枢纽，坎大哈国际机场有多个航班飞往迪拜和周边国家。坎大哈附近农业发达，盛产葡萄和石榴，是全国重要的农产品集散地。新建的工业园主要涉及钢铁铸造、塑料制品、石油生产、大理石生产和食品生产等行业。

坎大哈历史悠久，分为旧城和新城两部分，市内和市郊主要的人文景观有米尔瓦伊斯·霍塔克陵墓、杜兰尼王朝陵寝、坎大哈博物馆、穆巴拉克清真寺、梅旺德古战场等。

（三）赫拉特市

赫拉特市位于阿富汗西部哈里河河谷，是阿富汗第三大城市、赫拉特省省会，人口约44万（2012年），主要民族为塔吉克族。赫拉特作为文化和经济中心至少已有2000年的历史，在波斯文化史上具有举足轻重的地位。

赫拉特有许多自然人文景观，如赫拉特城堡、塔拉基公园、吉哈德博物馆。历史上许多著名统治者和诗人，如贾米、霍贾·阿卜杜拉·安萨里、米尔瓦伊斯·萨迪克等的陵墓均在赫拉特。赫拉特是伊斯兰教圣地之一，城内有古老的清真寺遗迹，著名的礼拜五清真寺建于13世纪，可容8万人，是世界上最大的清真寺之一。

（四）马扎里沙里夫市

马扎里沙里夫，意即"神圣陵园"，位于阿富汗北部阿姆河平原中心，是阿富汗第四大城市、巴尔赫省省会，人口约38万（2006年）。马扎里沙里夫的经济以农业为主，盛产各种瓜果、棉花和丝织品，同时也是阿富汗北部主要的商业中心和紫羔羊皮的最大集散地，有少量石油和天然气开采。城中有公路通往喀布尔、赫拉特、昆都士等城市，有公路和铁路通往乌兹别克斯坦。马扎里沙里夫城内著名的景点有壮观的哈兹拉特阿里陵墓、毛拉纳·贾拉鲁丁文化公园、塔什库尔干宫殿，2006年还发现了一批希腊文化遗址。

第一章　自然地理

图 1-2　阿富汗主要城市

第二章　历史简况

第一节　古代简史

一、早期文明

阿富汗历史文化悠久，早在 10 万年前的旧石器时代早期就有原始人类生活于此。1966 年，考古学家在阿富汗东北部巴达赫尚省巴巴·达尔维什地区的库尔山谷的一个山洞里，发现了大量人类的右颚骨碎片，表明至少 52000 年前在阿富汗已有早期人类生活。在兴都库什山北部丘陵地区发现的距今 35000—15000 年前的旧石器时代中晚期遗址中，上万件石器和骨器被发掘。阿富汗北部巴尔赫城南的阿克·库普卢克遗址显示出，可能早在 9000 年之前的新石器时代，当地的居民就已经开始耕种和放牧。

有考古证据表明，在公元前 3000 年至前 2000 年之间，阿富汗这片土地上就已经产生了较发达的城市文明，考古学家根据历史遗迹及出土文物的形制推测，当时的城市居民可能与生活在印度河流域的民族或生活在美索不达米亚平原的民族有相互往来。喀布尔西南的哈瓦克山口附近地区在古代曾是中东、中亚和印度交通的十字路口，在这里发现的霍什·塔帕遗址的年代可追溯到公元前 2300 年，其中出土的金银器上有中东、印度和中亚地区动物的图案。

公元前 2000 年至前 1500 年，雅利安人的一支从中亚向南渡过阿姆河进入阿富汗，并扎根于兴都库什山南北山麓，他们的语言后来演变成阿富汗国语——普什图语和达里语，很多阿富汗人可能就是雅利安移民的后裔。根据印度古老文献《吠陀经》的记载，雅利安人以部落、氏族和家族为单位，起初来到阿富汗的雅利安人都是游牧民，以放牧为主。定居在北部中心城市巴尔赫的雅利安人与中国、印度和波斯都有一定的贸易活动。

二、前伊斯兰教时期

（一）阿契美尼德王朝

有历史学家认为，最早征服阿富汗领土的是中东的亚述人（公元前 8 世纪），紧随其后的是伊朗北方的米底人，但他们对阿富汗的影响有限。公元前 550 年左右，波斯阿契美尼德族的居鲁士大帝打败米底人，占领了阿富汗这一军事、交通要地，并继续开疆拓土，建立了世界历史上第一个试图统治整个东西方世界的帝国——阿契美尼德王朝，开始了长达 220 年的帝国统治。此时，阿富汗地区被分成数个总督辖地，包括巴克特里亚（阿富汗北部）、阿里亚（赫拉特）、阿拉霍西亚（坎大哈、拉什卡尔加和奎达）、大夏（巴尔赫）、萨塔吉迪亚（加兹尼）和犍陀罗（喀布尔、贾拉拉巴德和白沙瓦）。琐罗亚斯德教[①]是这一时期人民信仰的主要宗教，传说是由出生在阿富汗的琐罗亚斯德于公元前 6

---

① 琐罗亚斯德教在中国历史上被称为"祆教"或"拜火教"。

世纪创建的。阿契美尼德帝国的居鲁士二世(公元前529年—前522年在位)看到了琐罗亚斯德教教义对帝国的建立和扩张具有利用价值,于是在他的政治庇护下,琐罗亚斯德教开始在阿富汗和波斯普及,现代阿富汗阳历的月份名称仍沿用琐罗亚斯德教的叫法。在居鲁士二世统治期间,一些被征服的国家相继脱离帝国,帝国统治受到威胁。公元前522年,大流士通过流血政变登上帝位,他重组国家省份和军队,继续对外扩张,重新巩固了帝国的统治。阿富汗在阿契美尼德帝国长达两个世纪的统治时期,基本上完成了从无阶级社会向阶级社会的转变,波斯文明通过阿富汗同印度文明产生了交融。然而,庞大的阿契美尼德帝国实际上只是一些不同的生活方式和语言的部落和民族的集合体,其统治缺乏稳固的根基,随着地方贵族们的经济实力增强,本来就存在着种族、语言、生活方式差异的各个地区的政治独立愿望也逐步加强,这些不稳定的因素最终导致了阿契美尼德王朝的覆灭。

(二)希腊巴克特里亚时期

公元前4世纪上半叶,希腊马其顿国的亚历山大大帝率领8万希腊马其顿军队开始东征,公元前331年,在高加米拉战役中战胜了阿契美尼德王朝大流士三世的波斯军队,随后控制了阿富汗地区,阿富汗进入了希腊巴克特里亚时期。这一时期根据其统治者和疆域的不同,可以分为3个王国,即希腊马其顿亚历山大王国、希腊塞琉古王国和希腊巴克特里亚王国(希腊大夏王国)。战胜阿契美尼德王朝之后,亚历山大的统治维持了7年,其中4年是在阿富汗度过的。他把城市反抗的居民变成奴隶,导致了奴隶制在阿富汗的巩固,他修建了10座城池,还迎娶了巴克特里亚的公主罗珊娜。亚历山大在阿富汗修建的10座城池都以"亚历山大"命名，包括赫拉特的阿里亚·亚历山大城、在经过法拉向锡斯坦推进的途中建立的法拉·亚历山大城、坎大哈附近的阿拉霍西亚·亚历山大城、卡皮萨的高加索·亚历山大城、拉格曼的尼卡亚·亚历山大城和喀布尔贝格拉姆附近的苏姆·亚历山大城等。亚历山大在经过的每处城堡和要塞都留下了希腊民众和驻军来驻守，其中不乏学者和艺术家，他们逐渐同当地的居民融合，两种文化互相影响。虽然亚历山大在阿富汗的征服运动是短暂的，但是他带来的古希腊文化的影响却持续了几个世纪。

亚历山大死后，其松散的帝国被分割开来，塞琉古（公元前358年—前281年）接管了从地中海到印度河的波斯世界，建立了希腊塞琉古王国。公元前4世纪末，塞琉古东渡印度河，与印度孔雀王朝国王旃陀罗笈多的军队对阵，最后以失败告终，塞琉古被迫与旃陀罗笈多达成协议，兴都库什山以南的阿富汗地区被归入了孔雀王朝的版图，印度雅利安人的文化和政治影响第一次到达了印度河西岸和兴都库什山之间的广大地区，佛教也随之从印度传入阿富汗。自此，印度佛教文化同希腊文明在阿富汗产生了碰撞和交融，形成了独特的"希腊—佛教"文化。在伊斯兰教到来之前，阿富汗的艺术始终保持了"希腊—佛教"艺术的学派和风格。

约公元前3世纪中期，巴克特里亚的希腊裔总督狄奥多图斯二世脱离塞琉古自封为希腊—巴克特里亚国王，控制兴都库什山以北的全部阿富汗和中亚的一片条状区域。后来，国王欧提德姆向兴都库什山南部发兵，并且最终将其统治延伸到印度洋，但是由于希腊上层统治者与当地居民之间的矛盾无法调和，这个国家终未能建立起一个稳定的国家体制。公元前2世纪至前1世纪,希腊—巴克特里亚国家被从东部迁徙来的塞种人和大月氏人所灭。希腊巴克特里亚在阿富汗统治的两个多世纪里,那些影响过整个中亚的希腊文化、艺术、科学、文学和语言被引进了阿富汗,并在阿富汗达到了一个辉煌时期。

(三)塞种王国、大月氏王国和贵霜王国的更替

塞种人最早居住在伊犁河、楚河流域,公元前177年—前176年被大月氏驱逐,向西迁徙到兴都库什山以南的德兰吉亚纳(今锡斯坦)、阿拉库吉亚(今坎大哈)和犍陀罗一带。公元前140年左右,以大夏部落为盟主的4个部落组成的塞种部落联盟占领希腊巴克特里亚王国,建立了塞种巴克特里亚王国(塞种大夏王国)。

公元前70年左右,大月氏人南渡阿姆河,征服了塞种王国,建立了大月氏巴克特里亚王国。大月氏统治大夏后,采用分治管理体制,在所占领的国土上设立了五个"翕侯"[①]。公元1世纪中期,贵霜翕侯丘就却征服了其他翕侯,占领了大月氏王国直接统治的大夏西部地区,建立了贵霜王国,并且开始向印度西北部的希腊印度王国扩张。贵霜王国是继希腊巴克特里亚国家之后,在阿富汗这片土地上的又一个统一国家。贵霜王国全盛时期的版图南起恒河的贝拿勒斯,北至阿姆河,东起塔里木盆地,西到伊朗,囊括了整个阿富汗、中亚大部分地区和印度西北部。贵霜王国在国王迦腻色迦统治时期(公元120—144年在位)达到了鼎盛,夏都定都于巴格拉姆,冬都定都于富楼沙(今白沙瓦)。当

---

① 中国史书的称呼。

时贵霜王国同罗马、安息和中国并称四大强国。迦腻色迦本是琐罗亚斯德教教徒，后改信佛教，其统治时期兴建了数量众多的佛教寺庙，佛教得到广泛传播，贵霜成为仅次于印度比哈尔邦的第二大佛教中心。贵霜王国统治时期，政治稳定，以灌溉农业和手工业为基础的经济蒸蒸日上，城市居民点兴盛，特别是国际贸易得到了广泛发展，所有的陆路贸易通道都集中于阿富汗境内，"丝绸之路"走向繁荣。公元220年之后，由于波斯的萨珊人和印度北部地方势力的兴起，贵霜王国日渐衰落。

（四）嚈哒汗国和萨珊王朝的统治

贵霜王国衰落后，公元3世纪中期，阿富汗的西部和北部被纳入波斯萨珊王朝（224—651年）的控制之下，兴都库什山以南地区则由基达拉家族（贵霜人的后代）统治。5世纪初，沿锡尔河南下的嚈哒人（白匈奴）南渡阿姆河占领了基达拉家族统治下的吐火罗和巴克特里亚，于425年建立了嚈哒汗国（425—566年）。建国后，嚈哒人又征服了喀布尔、巴达赫尚、克什米尔、旁遮普等地，把国家的政治疆土从中亚延伸到了印度的北部。他们所到之处，城市被夷为平地，居民惨遭屠杀。由于国家是靠武力扩张建立起来的，各地区之间没有共同的经济基础，也得不到各地民众的支持，到6世纪下半叶嚈哒汗国迅速衰落。嚈哒汗国统治时期，战争不断，经济不景气，文化萧条，大城市中心开始衰落，取而代之的是土地贵族的城堡，阿富汗逐步向封建社会过渡。嚈哒人信奉琐罗亚斯德教，反对佛教，在其统治时期阿富汗各地的佛教文化都或多或少受到了破坏。

公元563—566年，中国西北部另一大民族——突厥人，联合萨珊波斯击败嚈哒人，结束了嚈哒汗国的统治，并以阿姆河为界分别统治了嚈哒汗国的疆土，阿姆河以北属突厥人，阿姆河以南归萨珊王朝统辖，现代阿富汗全境被划入萨珊王朝的版图。从此时起，到7世纪阿拉伯人入侵之前的一百年间，阿富汗境内存在着由基达拉人和嚈哒人建立的许多互相冲突的地方小国。7世纪初，萨珊王朝实际控制了阿富汗大部分地区，并把这里分成若干省份，分别由出身于基达拉和嚈哒的总督管理。嚈哒和突厥对阿富汗的统治是伴随着中央游牧民族的大迁徙而来的，这个大迁徙改变了阿富汗及其周围地区的民族面貌，而且给民族的起源与形成带来了重大影响。公元651年，阿拉伯人征服波斯，萨珊王朝灭亡，阿富汗陷入混乱状态。

三、从阿拉伯人的入侵到阿富汗国家建立时期

（一）阿拉伯人的入侵

嚈哒汗国灭亡之后的近一个世纪里，阿富汗没有统一的中央政权，数目不详的地方统治者各占一方领土，各自为政。西部的锡斯坦、赫拉特及其周围地区处于伊朗萨珊王朝的统治之下；兴都库什山北部地区被突厥人势力所控制；中部的古尔—巴米扬山区和兴都库什山南部到阿尔甘达卜和塔尔纳克两河流域、查布尔以及喀布尔河流域的犍陀罗，分别由原贵霜王朝和嚈哒王朝的统治者或其他地方势力进行统治。公元7世纪初，伊斯兰教在阿拉伯半岛兴起，阿拉伯人打着伊斯兰教的旗帜，在先知穆罕默德从圣地麦加迁到麦地那之后的近百年里，征服了东西方的很多地区，其中包括波斯和中亚大部。约公元650年左右，阿拉伯军队吞并了阿富汗西南的锡斯坦地区。661年，倭马亚王朝在巴格达建立，统治者对外继续进行大规模的征伐。公元700年左

右，锡斯坦的一支阿拉伯军队吞并了赫拉特和巴尔赫，同时，另一支阿拉伯军队夺取了坎大哈，并最终占领了喀布尔。阿拉伯人的入侵遭到了阿富汗各民族激烈的反抗，为征服阿富汗强悍的部落人民，阿拉伯军队至少耗费了近两个世纪的时间。武力征服虽然不顺利，但是阿拉伯人传播伊斯兰教的活动却深深地影响着阿富汗的文化和社会，伊斯兰教真主唯一、真主万能、人类平等和兄弟情谊等观念很快便深入人心，伊斯兰教逐渐取代了阿富汗的佛教和袄教等宗教信仰。伊斯兰教被证明是阿富汗各个民族间最强有力的，有时也是唯一的统一因素[①]。阿拉伯帝国在阿富汗实行统治的一百多年时间里，尤其是倭马亚王朝时，对人民横征暴敛、掠夺财物，激起了人民的不满，全国各种形式的反抗斗争一直持续不断。虽然这种状况在阿巴斯王朝建立初期有所改观，但随着后来阿拉伯人恢复对呼罗珊地区的直接统治，局势变得更加紧张。

公元9世纪和10世纪，在阿富汗不同的地区分别建立起了新的政权，他们仅在名义上承认巴格达哈里发的地位，阿拉伯帝国的统治已经名存实亡。

（二）早期的伊斯兰本土王朝：塔希尔王朝、萨法尔王朝和萨曼王朝

阿巴斯王朝时期，阿富汗先后出现了几个半独立的小王国。

塔希尔王朝（821—873年）的建立者是波斯人塔希尔·伊本·侯赛因，他称王之前是哈里发马蒙指定的呼罗珊总督，管辖东方各省。821年，塔希尔宣布脱离阿巴斯王朝，名义上仍代表

[①] 沙伊斯塔·瓦哈卜、巴里·扬格曼：《阿富汗史》，北京：中国大百科全书出版社，2010年，第55页。

哈里发统治东方各省，实际上已经半独立。塔希尔王朝的统治区域包括河间地区、呼罗珊、巴尔赫、喀布尔和锡斯坦。塔希尔王朝是伊斯兰时期阿富汗人在自己的土地上建立的最早的王朝。

萨法尔王朝（873—903年）的建立者是雅库布·伊本·莱斯，861—871年，他率领军队赶走了塔希尔王朝在锡斯坦的地方长官，并以锡斯坦的扎兰季城为中心陆续占领了哈里发统治的东方各省，然后攻克喀布尔，占领赫拉特、巴尔赫、加兹尼、克尔曼和设拉子等地。873年，雅库布占领呼罗珊，推翻了塔希尔王朝的统治，建立了萨法尔王朝。

萨曼王朝（874—999年）的建立者是埃米尔·纳斯尔，他的爷爷萨曼·胡达曾是巴尔赫的一个地方长官。903年，纳斯尔的弟弟伊斯玛仪尔率军打败了萨法尔王朝的军队，赢得了萨法尔王朝所有辖地的统治权，萨法尔王朝覆灭。伊斯玛仪尔乘胜征服了大片领土，将阿富汗统一在一个稳定、宽容的穆斯林政权之下。

（三）加兹尼王朝

萨曼王朝统治后期，突厥族宫廷近侍阿尔普特金受到君主宠信，被擢升为禁军司令，961年被任命为呼罗珊总督。962年，阿尔普特金夺取今阿富汗境内的加兹尼地区自立，创建了加兹尼王朝。苏布克特金（阿尔普特金的女婿）于976年开始统治加兹尼地区，并且吞并了喀布尔河流域的土地，又联合突厥人倾覆了萨曼王朝。到997年，加兹尼王朝的疆土已北达阿姆河以北，东至白沙瓦，西抵呼罗珊。998年，苏布克特金的长子苏丹·马赫穆德（998—1030年）继位。在其统治期间，印度教被清除出阿富汗，阿富汗成为纯粹的伊斯兰国家。1002—1026年，马赫穆德17次远征印度，最远到达恒河的卡瑙吉，吞并以拉合尔为中心的旁遮普，使旁遮普从此成为穆斯林地区；他还北上联合喀剌汗朝共同消灭花剌子模；去世前他向西占领莱伊（今德黑兰南部）及哈马丹，从而建立起一个阿巴斯王朝以来版图最大的帝国。马赫穆德用战争所得把都城加兹尼建成了一个庞大而辉煌的城市，这里一度成为各类学者荟萃的伊斯兰教文化中心。马赫穆德是加兹尼王朝最伟大的统治者，在其统治的32年中加兹尼王朝达到极盛，成为在阿富汗本土统治的第一个穆斯林大国。马赫穆德去世后加兹尼王朝趋于瓦解，12世纪中叶兴起的古尔王朝把加兹尼王朝排挤到旁遮普。1186年，古尔王朝摧毁了加兹尼王朝在拉合尔的残余统治。

（四）古尔王朝和花剌子模

古尔原是阿富汗希尔曼德山谷与赫拉特之间的一座山的名字，这里地旷人稀，气候寒冷。居住在当地的向萨卜家族系从中亚地区迁徙来的突厥人，他们在加兹尼王朝鼎盛时期逐渐壮大，建立了古尔王朝，起初臣服于加兹尼王朝，到12世纪中叶独立，统治了67年。12世纪初开始，由于加兹尼王朝统治者的猜忌，两国交恶，纷争不断。1155年，阿拉乌丁·侯赛因·古里领兵在加兹尼城外打败了加兹尼的守军，占领并焚毁了加兹尼城，据说大火烧了七天七夜，城内王宫、图书馆、花园、学校和一些尖塔式建筑几乎无一幸存，阿拉乌丁因此被贬称为"世界焚烧者"。自1160年起，古尔王朝势力日强，国王贾亚苏丁·穆罕穆德·古里主要治理古尔王国本土，其弟穆伊祖丁·穆罕默德·古里则致力于开拓疆界。这时，古尔王朝的版图已包括阿富汗斯坦、伊朗的呼罗珊、吐火罗斯坦和印度大部分地区，伊斯兰教的影响从此也更加深入印度。古尔王朝遵奉伊斯兰教逊尼派教义，承认巴格达阿巴斯王朝的宗主权。

1202年，贾亚苏丁死后，其弟穆伊祖丁继位。1206年穆伊祖丁在出征印度的归途中被杀，此后古尔王朝处于分裂状态。1217年，突厥人花刺子模·沙赫的军队占领了包括巴尔赫、巴米扬、喀布尔和加兹尼等大城市在内的阿富汗大部分领土。但其统治还未稳固，就被蒙古人的入侵所打断。

（五）蒙古人的入侵

1216年，成吉思汗开始挥师进犯中亚，击溃了花刺子模的40万大军，占领布拉哈和撒马尔罕，然后南渡阿姆河进入阿富汗境内。1221年，蒙古人进军加兹尼时，在巴米扬受到了花刺子模·沙赫之子贾拉鲁丁领导的抵抗部队的顽强抵抗，蒙军伤亡惨重，成吉思汗盛怒之下摧毁了巴米扬城。之后，为防止加兹尼再成为贾拉鲁丁的抵抗基地，成吉思汗又下令毁灭了加兹尼城，刚从70年前古尔王朝的破坏中恢复过来的加兹尼，再次被夷为平地。1226年，蒙古军队占领赫拉特，在赫拉特前后屠城七日，接着又进攻和抢掠阿富汗的其他城市。蒙古人野蛮的侵略战争给阿富汗带来了空前的浩劫，城市几乎全被毁灭殆尽，无数居民惨遭杀戮，文明遭到严重破坏。从北方的赫拉特、巴尔赫到南部的加兹尼、坎大哈、锡斯坦和喀布尔，曾经繁华的大城市全部变得荒无人烟。13世纪到14世纪初，蒙古统治者为巩固对已占领土地的统治，向这些地区移居了许多突厥化的蒙古人和蒙古游牧民，这个移民过程对阿富汗中部哈扎拉贾特地区民族的演变产生了很大影响[①]。

---

① 张敏：《阿富汗文化和社会》，北京：昆仑出版社，2007年，第148页。

（六）帖木儿王朝

蒙古人的统治结束之后，14世纪末至15世纪，阿富汗又遭到了信仰伊斯兰教的突厥化的蒙古征服者帖木儿的侵袭。1370年，帖木儿自立为王，建立帖木儿王朝（1370—1507年），定都撒马尔罕。1381年，帖木儿开始远征伊朗和阿富汗。在阿富汗首先夺取了赫拉特，然后是法拉和锡斯坦，最后占领坎大哈，所到之处劫掠一空。在帖木儿帝国的建立过程中，当时周围所有强大的帝国无一能够迎其锋芒，经过三十多年的征服战争，一个领土从德里到大马士革、从咸海到波斯湾的大帝国建立了。帖木儿的征战，使得刚刚从蒙古人的铁蹄下恢复起来的中亚经济又遭到了一次破坏。帖木儿死后，他的儿子沙哈鲁在赫拉特继位，都城随即迁到赫拉特。沙哈鲁致力于在国内建立秩序、实现和平，抚平战争对国家造成的创伤，因此他和他的继位者们以赫拉特为中心，在阿富汗和中亚进行了一场近百年的文艺复兴运动，阿富汗的文学艺术在此时再次取得了辉煌的成就。1506年，帖木儿王朝最后一位国王苏丹·侯赛因·米尔扎死后，国家开始四分五裂。1507年，乌兹别克人穆罕默德·昔班尼（1451—1510年）率军攻击并占领了赫拉特，帖木儿王朝的统治结束了。

（七）莫卧儿王朝和萨法维王朝的争夺

16世纪初，帖木儿帝国分裂后，帖木儿的后裔、人称"巴卑儿"（老虎）的查希尔丁·穆罕默德被乌兹别克人逐出中亚后，率军南下占领阿富汗的喀布尔，1526年攻入印度北部击败国王苏丹·易卜拉欣·卢迪，占领德里，随后建立了莫卧儿王朝（1526—1858年）。因为阿富汗的许多部落拒绝向其屈服，查

第二章 历史简况

希尔丁·穆罕默德对他们进行了残酷的镇压。到 1530 年查希尔丁·穆罕默德去世时,莫卧儿王朝的领土几乎囊括整个印度次大陆和包括楠格哈尔、锡斯坦、喀布尔、坎大哈等大部分地区在内的阿富汗。

萨法维王朝(1502—1736 年)是由突厥人伊斯玛仪尔建立的统治伊朗的王朝,以伊斯兰教什叶派为国教。1501 年伊斯玛仪尔一世定大不里士为其首都,此后他继续扩张,1510 年占领了呼罗珊和赫拉特,1511 年乌兹别克人被逐到阿姆河以北。16 世纪末,阿巴斯一世统治时期,萨法维王朝在坎大哈与莫卧儿王朝展开了激烈的争夺,并从乌兹别克人手中夺取了赫拉特、坎大哈和巴尔赫。从 16 世纪到 18 世纪初,阿富汗一直处于莫卧儿和萨法维这两个王朝的占领与争夺之中,其结果是阿富汗西部为萨法维王朝所占领,东部各省则并入莫卧儿王朝的版图。

1709 年,普什图族吉尔查依部族首领米尔·瓦伊斯·汗趁萨法维和莫卧儿两个王朝衰微之际,联合坎大哈地区各部族首领同波斯人展开了英勇而机智的斗争,杀死波斯总督,打败了波斯讨伐军,宣布民族独立,在坎大哈建立了霍塔克王朝。其疆域西起法拉和锡斯坦,东到苏莱曼山区,北至加兹尼,基本上都是普什图族人聚居的地区。霍塔克王朝是阿富汗历史上第一个由阿富汗人自己当家做主的地区性政权,它的出现奏响了阿富汗民族独立运动的序曲。1738 年,伊朗国王纳第尔·沙赫攻占了坎大哈,霍塔克王朝结束。霍塔克王朝虽然短命,但却奠定了民族国家的基础,它的建立连同 18 世纪前期在阿富汗爆发的人民起义一起,加速了阿富汗民族独立国家的形成。

第二节 近代简史

一、杜兰尼王朝时期

1747年6月，纳第尔·沙赫遇刺身亡，在伊朗军队中服役的阿富汗军团司令、25岁的阿赫马德·杜兰尼，带领他的阿富汗部队从伊朗返回坎大哈。同年10月，在坎大哈召开的阿富汗各部落酋长会议上，阿赫马德被推举为阿富汗国王。阿赫马德·沙赫执政后，取国号为"杜尔-依-杜兰"（时代的珍珠），史称"杜兰尼王朝"，都城在坎大哈。为实现把阿富汗建成一个统一的民族独立国家的目标，阿赫马德·沙赫发动了一系列战争，通过这些战争，他不仅收复了阿富汗人的土地，还侵占和劫掠了印度的广大地区，扩大了阿富汗的疆土。杜兰尼王朝领土面积包括了今日的阿富汗斯坦、伊朗东北部、巴基斯坦以及印度旁遮普地区。

阿赫马德·沙赫是阿富汗统一国家的奠基人，也是阿富汗杰出的军事家和政治家。他通过反对异族压迫的战争实现了阿富汗的完全独立，并在国内建立了中央集权制的机构，把分散的阿富汗诸部落联合成一个统一的政权。从1747年建国开始，阿富汗有了自己独立而完整的历史。杜兰尼王朝仅次于奥斯曼帝国，是18世纪下半叶最伟大的穆斯林帝国。学者认为杜兰尼王朝是现代阿富汗斯坦国家的起源，而阿赫马德·沙赫·杜兰尼被阿富汗斯坦人列为现代阿富汗斯坦民族国家的创始者及国父。阿赫马德·沙赫·杜兰尼及他的后裔原本是普什图人阿布达里家族，后来被称为杜兰尼家族。

第二章 历史简况

阿赫马德·沙赫于约1773年逝世后，国家的统治权由其子帖木儿继承，杜兰尼王朝内部开始了争夺王位的斗争，国势因此渐趋衰弱。帖木儿·沙赫在赫拉特登基的同时，其长兄苏莱曼·米尔扎在贵族的支持下于坎大哈自立为王，帖木儿·沙赫起兵讨伐，最终平息了叛乱。1775年，帖木儿·沙赫将首都由坎大哈迁至喀布尔。在杜兰尼部落巴拉克查依家族的首领穆罕默德·帕延达·汗的协助下，帖木儿的统治至少得到了名义上的尊重。1793年帖木儿·沙赫逝世，他在世的23个儿子开始了争夺权力的斗争。首先继位的是他的第五个儿子扎曼·沙赫，帖木儿·沙赫的长子胡马雍首先起兵，但不久便失败。随后扎曼的弟弟马茂德在巴拉克查依人的支持下亦起兵反抗，扎曼·沙赫最终落入马茂德手中，马茂德·沙赫在1800年成为国王，而扎曼·沙赫则在英国人的帮助下逃往印度。马茂德·沙赫的统治并不长，国内的政教冲突最终使他下台。1803年舒佳·沙赫被拥上王位，但他的统治也同样不稳，1809年被马茂德·沙赫的军队打败，马茂德·沙赫重新成为国王。后来由于与巴拉克查依人交恶，马茂德·沙赫于1818年逃往赫拉特，喀布尔的王位经历了帖木儿·沙赫的另外两个儿子阿里（1818—1819年在位）和阿尤布（1819—1823年在位）的短暂统治。此时，杜兰尼政权已基本处于解体状态。

二、第一次、第二次抗英战争

（一）第一次抗英战争（1839—1842年）

杜兰尼王朝崩溃后，巴拉克查依首领穆罕默德·帕延达·汗的儿子们（穆罕默德查依兄弟）成为阿富汗的分治者，穆罕默德查依兄弟各据一方，为争夺最高权力使得阿富汗内战不已。没有统一的中央集权政府，各部落失去约束，各自为政，纷纷独立，阿富汗成为一个四分五裂的国家。

1837年，穆罕默德查依兄弟中最小的道斯特·穆罕默德打败其他竞争对手，创建了巴拉克查依王朝。正当他准备巩固政权时，已控制了大半个印度的英殖民者为把阿富汗拉入其军事同盟，不断对其进行间谍活动。沙俄也加紧对阿富汗的渗透，并骗取了阿统治者的信任，使其倒向了沙俄。英随即以"俄国威胁"为幌子，加紧进行战争准备，决心出兵阿富汗，企图扶植杜兰尼王朝前国王舒佳复辟，使其成为能按英国旨意办事的傀儡。1839年3月，英国侵略军取道信德和俾路支侵入阿富汗，4月25日占领了坎大哈。道斯特·穆罕默德向俄求援遭拒，只好逃到布哈拉避难。随后，在英军的维护下，舒佳在坎大哈加冕为阿富汗国王，成立傀儡政权。舒佳的军队及英军先后攻占了加兹尼和喀布尔。进驻喀布尔后，英军很快派兵占领并进驻了其他省、市。

阿富汗人民不能容忍英国对阿富汗的殖民统治，各地各部族的人民从开始时分散的自发性抵抗斗争，发展到有组织的抗英游击战争和大规模的民族起义战争。各地游击队依托有利地形，灵活机动地打击敌人，袭击英军哨所，切断敌人的交通补给线，收复重要城镇。英军在阿游击队沉重打击下，士气低落。1841年11月3—9日，喀布尔爆发起义，起义军攻占了喀布尔至巴拉·喜萨尔要塞间的全部据点。在喀布尔起义胜利的同时，道斯特·穆罕默德的儿子穆罕默德·阿可巴汗领导的抗英武装从北部向首都喀布尔挺进。进入喀布尔后，他被部落议会选举为抗英武装的领袖，并利用英国公使麦克诺顿收买起义领袖的阴谋，在谈判中杀死了麦克诺顿及其随从，英军被迫同意从喀布尔撤军。英军残部及随行人员1.6万人向贾拉拉巴德撤退。此后，抗英武

第二章　历史简况

装又包围了贾拉拉巴德和坎大哈，收复了加兹尼，英国傀儡政权彻底垮台，喀布尔起义成为阿富汗第一次抗英战争的转折点。1842年9月，英军借接回英国俘虏之机在喀布尔进行了3天烧杀抢掠的野蛮报复。1842年11月，英国侵略军经贾拉拉巴德市全部撤出阿富汗，返回印度。历时三年零八个月的阿富汗第一次抗英战争使英殖民者损失了3万余人，耗资1.5亿英镑，最后以阿富汗人民的胜利告终。

（二）第二次抗英战争（1878—1880年）

第一次抗英战争胜利后，道斯特重新执政。他对内实现了阿富汗短暂的统一，对外却与英国人于1855和1857年分别签订了《英阿白沙瓦条约》（即《贾姆鲁德条约》）及其补充条约，在法律上确认了英国对印度河右岸各省（原阿富汗东部各省）以及俾路支省的宗主权，为英国势力渗透进阿富汗开辟了道路。1863年，道斯特病逝，他的儿子希尔·阿里（1863—1879年在位）继位。但是经过十年的王位之争，直到1873年希尔·阿里才真正登上国王宝座。与此同时，19世纪70年代，沙俄与英国在中亚的争夺愈演愈烈，沙俄势力已直抵阿姆河畔，对阿富汗虎视眈眈；英国在1874年保守党执政后，积极推行对阿富汗的侵略政策。当时英、俄在近东亦发生激烈对抗，俄国人为迫使英国人在近东做出让步，调派军队到阿富汗边境，并派遣以斯托莱伊托夫将军为首的军事代表团到喀布尔，企图劝说阿富汗国王希尔·阿里与俄国结成同盟。英国人闻讯后，要求希尔·阿里接待以N.张伯伦将军为首的英国代表团，被希尔·阿里拒绝。希尔·阿里亲俄拒英的态度激怒了英国人，英国遂以此为借口，又发动了第二次侵略阿富汗的战争。

1878年11月20日,英国侵略军兵分三路,再次跨过了阿富汗边界。1879年初,希尔·阿里在俄国拒绝出兵援助后死于绝望之中,他的儿子亚库布汗继位后与英国签订了投降性质的《甘达马克条约》。条约规定阿富汗的对外关系由英国人控制,英国人在喀布尔设驻扎官,阿富汗的一部分领土和几个重要山口划归印度。英军的侵略行径和亚库布汗的投敌政策激起阿富汗人民的强烈反抗。1879年9月,喀布尔爆发人民起义,英国驻扎官署被围,英国侵略者再派大军占领喀布尔,屠杀阿富汗人民。英军的暴行更加激起阿富汗人民的无比义愤,起义遍及全国,希尔·阿里的次子阿尤布也在赫拉特掀起反英斗争。1879年到1880年初,英军同阿富汗人民起义军在加兹尼和喀布尔展开了争夺战。1880年7月27日,阿富汗起义军在梅旺德同英军发生激烈战斗,给英军以沉重的打击。英国人发现要用武力征服阿富汗是不可能的,于是变换手法,以控制阿富汗对外政策为条件,于8月11日把流亡归来的阿卜杜尔·拉赫曼扶上国王宝座。在拉赫曼的庇护下,英军安然无恙地撤离了阿富汗。阿富汗人民赢得了第二次抗英战争的最后胜利。

两次抗英战争在充分暴露了阿富汗统治阶级懦弱畏敌、卖国求荣的丑恶嘴脸的同时,也充分显示了阿富汗人民骁勇善战、不畏强敌的强悍性格。阿富汗人民用鲜血在民族斗争史上写下了光辉的一页。

三、再统一时期

(一)拉赫曼再次统一阿富汗(1880—1901年)

拉赫曼登上王位后,一方面镇压人民起义,清除反对力量,

第二章 历史简况

平定部落叛乱,统一了国家疆域;另一方面,进行了诸如整顿国家机构、改编军队、打破部落体系等一系列行政改革,建立起专制独裁的中央集权国家机构,这是阿富汗第一次建立起君主专制政体。对外,拉赫曼能够在英、俄两国间游刃有余,能够保住其疆界内的大部分领土;对内,通过铁血手段确保了国内的和平,让外来势力没有借口干涉阿富汗内政。这样,从1880年到1901年,阿富汗再次实现了统一的局面。拉赫曼统治后期,一度以牺牲部分国土为代价来避免战争,1893年11月12日,拉赫曼同英国人签订了丧权辱国的《杜兰协定》,接受了英、俄关于阿富汗东部边界的安排和英国划定的阿富汗南部边界,通过划定"杜兰线"强行将普什图人聚居区一分为二,一半位于当时的英属印度境内,另一半位于阿富汗境内,数百万普什图人被划入英国一侧。巴基斯坦独立后接管了英属印度的这一普什图族居住地区,也延续了巴阿领土争端问题,即"普什图尼斯坦"问题。1901年10月,拉赫曼在喀布尔病逝,他的长子哈比布拉继位。

(二)哈比布拉王朝(1901—1919年)

哈比布拉性情温和,思想开明,在他执政期间,阿富汗国内局势基本保持平静,他的统治地位也比较稳定。在他的鼓励和支持下,阿富汗国内的现代民族工商业开始缓慢发展,随之而来的是民族主义思潮和民族主义运动的萌芽,青年阿富汗派兴起。哈比布拉·汗在强大的内外压力下,坚持实行社会改革:设立国务会议处理部族事务;提倡学习西方技术,并且引进电气、汽车、西方医药和外科技术;修建道路、水电站,改善通信手段;创办多所学校,建立了一所用欧洲方法管理、适应阿富汗需要的军事学院;出版新闻周报,阿富汗在国家现代化的道路上迈出了最初的步伐。在哈比布拉·汗统治期间，阿富汗爆发了第一次立宪主义运动，运动以王宫里的自由主义者为中心，试图从内部进行改革，但由于成员的叛变，运动被镇压。在对外关系上，哈比布拉·汗于1905年同英国签署协定，继续遵守他父亲拉赫曼向英国人做出的许诺；1907年1月出访印度，与印度关系提升；第一次世界大战爆发后，哈比布拉·汗于1914年8月24日宣布阿富汗中立，拒绝向英国宣战，并于10月3日再次重申中立政策；同俄国依然没有正式的外交关系，只有贸易上的往来。1919年2月20日，哈比布拉·汗遇刺身亡。

第三节　现代简史

一、20世纪君主制时期

（一）阿马努拉政权（1919—1929年）建立和第三次抗英战争（1919年）

1919年2月20日，哈比布拉国王在拉格曼省山区狩猎宿营时遇刺身亡。第二天，随国王出猎的纳斯鲁拉（哈比布拉的弟弟）和哈比布拉的三子阿马努拉分别在贾拉拉巴德和喀布尔登基称王，由于阿马努拉发表全国讲话赢得了军队和政府官员的广泛支持，纳斯鲁拉遂向其写了效忠信，2月28日阿马努拉正式登基。

此时，阿富汗国内安定，经济复苏，民族资本主义开始萌芽；国际上，第一次世界大战后，印度民族解放运动高涨，牵制了英国的很大部分力量；俄国发生了十月革命。国际国内形势对阿富汗摆脱英国外交控制,争取彻底独立十分有利。阿马努拉登基后,宣布阿富汗独立,不承认任何外国特权,并采取联苏抗英的政策。阿马努拉政府把争取国家独立作为第一奋斗目标。1919年3月3日,阿马努拉致函英印总督,要求修改1905年英阿条约并另订一权利平等的新约。英印政府不但拒绝签订新约,还向阿富汗进行武力恫吓。为迫使英国接受阿富汗的独立要求,阿马努拉展开灵活自主的独立外交,在联合苏俄的同时,与印度民族主义者建立联系。1919年5月,阿马努拉号召发动圣战,派遣阿富汗军队进入英属印度领土,向英军发动了突然袭击,企图收复"杜兰线"以外和印度河附近的国土。5月3日,阿富汗军队占领了开伯尔山口附近的托克汉姆村并踏平了几个英国驿站,英国大吃一惊,英军也向边境线进发。5月7日,阿富汗政府颁布动员令,第三次抗英战争,也即阿富汗独立战争开始。阿富汗四万正规军分三路在开伯尔、瓦济里斯坦和坎大哈三个方向英勇抗击英国侵略军,并在瓦济里斯坦方向打败英军,包围塔勒要塞。同时,阿印边境普什图族抗英起义此起彼伏,加上印度的反英民族解放运动也不断高涨,英国陷入窘境,被迫放弃继续侵阿作战计划。1921年两国正式签订条约,英国承认阿富汗独立。由于经过事先部署并得到了苏俄和英印普什图战士的支持,阿富汗取得了辉煌战果,沉重打击了英国的殖民霸权。但同时由于前方作战与后方谈判脱节,阿马努拉6月3日宣布停火,失去了扩大战果的良机。1919年8月,阿英代表团在拉瓦尔品第签订和平条约,英国承认了阿富汗的独立。第三次抗英战争是一场民族解放战争,也被称为阿富汗独立战争,阿富汗人民通过这场战争赢得了国家的完全独立。为纪念这场胜利,8月19日被定为独立日,每年的这一天阿富汗政府都要举行庆祝活动,即使在塔利班政权时期也不例外。纪念日当天,首都喀布尔和各省省会都有群众游行、军事检阅、宴请活动、文艺和体育表演。

(二)巴恰·沙考叛乱和阿马努拉逊位

阿马努拉在位期间进行了一系列现代化改革,目的在于将落后封闭的封建主义国家转变成现代君主立宪国家,但是很多改革措施都触犯了传统社会和宗教的敏感部位,由于阿富汗社会经济极端落后,又缺乏一个强大的中央集权国家机器,改革面临来自宗教领导人和守旧分子的重重阻力。1927年12月到1928年7月,阿马努拉国王夫妇出访欧洲,决心回国后发动一场新的大规模改革。然而就在他访欧之时,国内正酝酿着一场叛乱的阴谋。1928年12月,喀布尔北边一伙塔吉克土匪的首领"巴恰·沙考"(背水夫之子)得到了当地农民的支持,穆斯林宗教首领们也决定利用巴恰·沙考反对阿马努拉·汗的政权。1928年12月13日,巴恰·沙考率领叛军偷袭喀布尔成功,阿马努拉逊位于长兄伊纳亚图拉后逃跑,阿马努拉时代结束。1929年1月19日,巴恰·沙考占领喀布尔并宣布自己为阿富汗埃米尔。

(三)纳第尔·沙赫统治时期(1929—1933年)

在英国休养的前阿富汗国防大臣纳第尔·汗获悉叛乱一事后,与他的胞弟哈希姆和瓦里一同潜回阿富汗,同他们最小的弟弟马茂德在霍斯特会合,商讨进攻喀布尔的计划。此时,巴恰·沙考敛财伤民的政策把国家的经济引进了死胡同,农民不再支持新政权,暴乱不断出现。1929年10月10日,纳第尔·汗攻克首都喀布尔。11月3日,沙考及其部下被处死。阿富汗恢复和平。

第二章 历史简况

1929年10月17日,纳第尔·汗在首都召开的部族领袖会议上被推举为国王,次年9月召开的大国民议会确认了他的国王地位,纳第尔·汗改名为纳第尔·沙赫,阿富汗历史上最后一个王朝建立了,西方史书通称其为"穆沙希班王朝"。纳第尔上台后,对内平定了各地的叛乱,对外积极发展与有关国家的关系。1931年,他同苏俄签订了新的中立和互不侵犯条约,同英国关系也大有改善,还积极发展与土耳其和伊朗的友好关系。1932年,他分别与伊拉克和沙特阿拉伯签订了友好条约。

尽管纳第尔·沙赫政权在对内对外两方面都取得了初步的成就,但却遭到一些激进知识分子和亲阿马努拉的贵族反对,这种对立关系进而演变成一场暴力冲突。1933年11月8日,纳第尔·沙赫在为解放中学的学生授奖时被一名学生开枪打死。在纳第尔·沙赫遇刺当天,他19岁的儿子穆罕默德·查希尔在他的叔父们的扶持下继位,成为穆沙希班王朝最后一位君主。

(四)查希尔时期的首相当政(1933—1963年)

由于查希尔继位时年纪尚幼,1953年以前国家实权实际掌握在先后担任首相的两位王叔哈希姆和马茂德手中。哈希姆当政时期,阿富汗的外交活动更加积极主动,谋求外国的经济、技术和军事援助成为外交的重要目标。哈希姆奉行中立政策,在二战中基本保持了中立。

二战结束后,阿富汗国内经济形势恶化,激进的知识分子提出结束独裁统治、建立民主政治的要求。1946年,哈希姆被迫辞职,"自由亲王"马茂德接任首相。马茂德上任后,一方面着手稳定经济形势,制定了七年经济发展计划;另一方面,在政治上实行了"自由主义议会"实验,但都以失败告终。在对外事务方面，马茂德政府仍然保持中立，同时积极加强与战后超级大国美国的关系。1946年，阿富汗加入联合国。1950年1月，阿富汗承认中华人民共和国。由于对杜兰线以东普什图人归属问题的分歧，阿富汗同巴基斯坦的关系恶化。

马茂德政府在经济、政治和外交方面面临的问题，引起了统治集团内部的激烈斗争。1953年9月，查希尔国王的堂兄穆罕默德·达乌德发动政变，迫使叔父马茂德辞职，自己接任首相。达乌德出任首相后，在经济上效法苏联，加强国家对经济的干预，制定了经济发展的两个五年计划，使国内经济建设有了较快发展；在政治上进行社会改革，促进了阿富汗的社会进步和资本主义关系的发展；在对外关系上主要依靠苏联的同时，多方争取外援。达乌德宣称执行和平、中立和不结盟的外交政策，但在"普什图尼斯坦"问题上态度强硬，致使阿富汗和巴基斯坦两国在1961年断交。

（五）十年"宪政"时期（1963—1973年）

20世纪60年代初的阿巴争端恶化了国内经济形势，加之达乌德的独裁统治和势力不断扩大，引起了社会各阶层的不满和国王的担心。在王室的压力下，达乌德于1963年3月辞职。随后，国王任命平民出身的穆罕默德·尤素福为首相，并于1964年10月1日颁布了旨在扩大民主的新宪法。在查希尔国王推行"民主政治"的十年当中，阿富汗政局动荡不定，党派迭起，八年里换了五届内阁。1968—1970年间，阿富汗还发生了空前的学潮和工潮。经济虽然取得了一定的发展，但是由于农业发展迟缓和1970—1971年大旱灾，经济危机逐步深化。经济和政治的双重危机，使得君主制岌岌可危。在外交方面，查希尔依然坚持确保国家的中立、和平的国际环境和争取外国大量投资的政策，同第三世界国家，尤其是邻国的关系有了长足发展。1963年8月，阿富汗同巴基斯坦恢复外交关系。查希尔企图通过发展同各国的关系，减少对苏联的依赖，进而摆脱苏联的控制的想法引起了苏联的警惕。国内的危机重重和苏联对查希尔外交政策的不满，导致了1973年政变的发生。此后，统治阿富汗226年的君主制灭亡了。

二、阿富汗共和国时期和抗苏战争

（一）达乌德成立共和国

1973年7月17日夜晚，蛰居在家十年的前首相达乌德在苏联的支持下，趁国王出国治病之机发动政变，夺取了国家政权。18日，阿富汗共和国宣告成立。达乌德复出后，对国家行政和社会经济等方面实行了一系列改革，制定和颁布了共和国宪法，实行土地改革并制定七年经济发展计划。但是同历届实行过改革的政府一样，这些措施大多有名无实，只是暂时地改善了社会经济、政治状况，而从前遗留下来的问题并没有得到根本解决。在外交政策上，达乌德仍以实现阿富汗的独立、自主和繁荣为目标，力图摆脱苏联的控制，使得阿富汗同苏联的关系日趋紧张。

（二）1978年政变和塔拉基、阿明的政权

人民民主党是1965年成立的阿富汗主要政党之一，后来由于党内政见分歧和阶级差异等原因分裂为人民派和旗帜派。达乌德上台后对这两派的取缔又促使两派于1977年秘密联合，为发

动政变夺权做准备。1978年4月，人民民主党发动武装政变，达乌德在总统府被打死。人民民主党人民派领袖塔拉基出任革委会主席兼政府总理，阿富汗民主共和国政权建立。塔拉基政权再次推出土改等社会经济改革措施，但成效依然不大；而对外则采取了全面亲苏的方针，与周边国家和美国的关系趋于恶化。

新政权内部，塔拉基同担任副总理兼外交部长的阿明在政见和权力上的矛盾日渐明显。1979年9月14日，在塔拉基杀阿明未遂的情况下，阿明调动部队进攻塔拉基所在的人民宫，杀死了塔拉基，政变夺权成功。阿明夺权后，对内极力镇压国内反政府武装，使得人民的反抗活动反而愈加激烈；对外改善同周边国家的关系，处处悖逆苏联，使阿苏关系恶化。

（三）苏联入侵和全民抗苏战争

阿富汗国内局势的混乱和阿明怠慢苏联的态度使苏联如坐针毡，苏联认识到，阿明政权不能实现苏联在阿富汗的利益。为了不失去阿富汗这一战略要地，苏联于是决定入侵阿富汗，消灭阿明。1979年12月25日，入侵行动正式开始。27日晚，苏联军队突然进攻阿明住所达洛蒙宫，阿明被击毙。苏联通过军事入侵方式悍然占领了喀布尔并宣称阿富汗发生政变，苏军系"应邀进入阿境"。28日起，苏军集结在边境的6个师，分东、西两路对阿富汗发动钳形攻势。东路3个师沿铁尔梅兹—马扎里沙里夫公路南下；西路3个师沿库什卡—赫拉特公路南下。次年1月2日，东西两路在坎大哈会师。一周内，苏联派兵占领了主要城市，控制了交通干线。

苏联扶植流亡在东欧的人民民主党旗帜派领导人卡尔迈勒组成傀儡政权，由卡尔迈勒担任阿富汗人民民主党总书记、阿富汗

第二章 历史简况

革命委员会主席和政府总理等职。但从它成立之初起,就因其傀儡性质遭到阿富汗人民的反对。阿富汗人民以罢市、罢课、游行示威和武装斗争等各种形式反抗苏联的侵略和统治,圣战战士们随着游击队活跃在各省,英勇顽强地打击着苏联侵略军。国际社会也强烈谴责苏联这一霸权主义行径,并给予阿富汗人民多方援助。1981年,其中的几个抵抗组织联合成立了阿富汗圣战者伊斯兰联盟,并开始接受美国、巴基斯坦、沙特阿拉伯和埃及等国的军事援助,在全国开展抵抗苏军入侵的斗争。苏军完成对阿富汗的占领后,将进攻矛头指向以反政府武装为主体的抵抗力量,先后于1980年2月、4月和6月发动三次大规模攻势,对喀布尔、昆都士、巴格兰以及库纳尔哈、楠格哈尔、帕克蒂亚等省的抵抗力量游击队展开全面"扫荡"。游击队利用熟悉地形等有利条件,广泛开展山地游击战,使苏军摩托化部队无法发挥其兵力、兵器优势,被迫停止全面"扫荡"。

全面"扫荡"失败后,苏军改变战术,在确保主要城市和交通线的同时,集中优势兵力、兵器对游击队主要根据地发动重点"清剿",企图切断游击队的外援渠道,歼灭游击队的有生力量。"清剿"的重点地区有潘杰希尔谷地、库纳尔哈、霍斯特、坎大哈等,其中对潘杰希尔的大规模"清剿"达8次之多。1982年5月和1984年4月,苏阿军队出动1个师2万余人,采取全面封锁、饱和轰炸、分进合击、机降突袭等战术,在飞机、坦克、大炮掩护下,向潘杰希尔游击队根据地发起猛烈进攻,一度占领该谷地。苏军和阿政府军的重点"清剿"遭到游击队顽强抵抗,在付出沉重代价后他们虽占领游击队一些根据地,但未能重创游击队的有生力量。"清剿"结束后,游击队又回到根据地。经几年战斗,游击队逐步发展壮大,武器装备得到改善,战斗力明显提高。至 1985 年底，侵阿苏军兵力达 12 万人，喀布尔政府军兵力为 7 万人，游击队则发展到 10 万人。

长期无法取得优势的侵略战争使得苏联疲惫不堪，1985 年 M．S．戈尔巴乔夫任苏共总书记后，开始寻求政治解决阿富汗问题的方法。1986 年 2 月，在阿富汗人民的顽强抵抗和世界舆论的强烈谴责下，苏联被迫表示，愿意通过政治谈判解决阿富汗问题。5 月，纳吉布拉代替卡尔迈勒，担任人民民主党总书记一职。12 月，纳吉布拉被任命为革命委员会主席。1988 年 4 月 14 日，在联合国秘书长德奎利亚尔主持下，巴基斯坦、喀布尔政权、苏联和美国在日内瓦签署协议，规定苏军从 5 月 15 日起的 9 个月内全部撤离阿富汗。历时 9 年的全民抗苏战争胜利了。苏军的入侵，给阿富汗人民带来了深重的灾难，大约 100 万人死于战火，600 万人被迫逃离家园，沦为难民。

三、内战时期

日内瓦协议让苏军撤出了阿富汗，但却未能就阿富汗的政治前途做出妥善安排。阿富汗国内长期存在的部落、民族和宗教矛盾，以及长年战乱造成的各派拥兵自重的局面，使阿富汗又陷入了一场内部战争中。

随着苏联的解体，1986 年由苏联扶上台的纳吉布拉政权失去了外部支持，抵抗力量趁机发起猛烈的政治攻势。1992 年 3 月，纳吉布拉交出政权。此后，各游击队组织开始抢占地盘，分别控制了各省。在这种紧张局势下，联合国派特使出面斡旋。阿富汗逊尼派七党联盟各派领导人在 4 月 24 日达成接管政权的《白沙瓦协议》。根据协议，4 月 28 日，伊斯兰民族解放阵线主席穆贾迪迪就任临时总统，宣告"阿富汗伊斯兰国"成立。6 月

28日，伊斯兰促进会主席布尔汉努丁·拉巴尼接管政权。拉巴尼执政后，阿富汗国内局势并没有稳定，党派和民族之间的矛盾越发激化，武装和流血冲突不断。加上外国的干预，阿富汗内战更加复杂化。

四、塔利班统治时期

在首都党派激烈争斗的同时，伊斯兰学生民兵组织即塔利班，在阿巴边境城市查曼成立。1995年1月，塔利班在其最高领导人穆罕默德·奥马尔的领导下发起代号为"进军喀布尔"的大规模战役，并取得重大胜利。1996年9月27日，塔利班武装攻入喀布尔，迅速占领了电台、电视台和总统府等制高点。以拉巴尼为首的塔吉克人和以杜斯塔姆为首的乌兹别克人，不愿让普什图人占多数的塔利班武装执掌中央政权，他们联合起来进行反攻，并于1996年10月联合其他派别成立了反对塔利班的"北方联盟"，但只控制着不到10%的领土。1997年5月，塔利班已控制了当时阿富汗30个省中的26个，并于同年改国名为"阿富汗伊斯兰酋长国"。它强烈呼吁国际社会承认"塔利班"政府的合法性，但只有巴基斯坦、沙特阿拉伯和阿联酋承认塔利班的合法性，并与其建立了外交关系。阿富汗在联合国的席位仍由拉巴尼流亡政府的代表拥有。

塔利班政权奉行伊斯兰原教旨主义思想，试图建立一个纯粹的伊斯兰国家。塔利班对伊斯兰教法规和法律进行了极端解释，他们主张以强硬手段执行伊斯兰法律，不容许任何人对伊斯兰圣典《古兰经》做出比较开明的解释。他们颁布的政策和法令包括：以伊斯兰制度为准则，建立伊斯兰国家；妇女衣着必须符合穆斯林的传统和要求，必须戴面罩，如果露出小腿，就要处以鞭刑；没有父亲、兄弟或丈夫陪同的妇女不得走出家门；不得同男人拉手；不得向男性店主购买商品；不得穿高跟鞋或穿走路时发出响声的鞋；禁止使用化妆品，如果染指甲，指甲就要被拔掉；即便在面罩里边也不得穿着带有挑逗性的艳丽服装；不许在公开场合说笑；不许参加体育运动和俱乐部的活动；不许在众人面前洗内衣；不得站在自家的阳台上，家庭的窗户玻璃都要涂上颜色，以防对外暴露；不得外出工作，女子学校停办，由专门的宗教人士接管；通奸者要被石头砸死；偷盗者要被砍手；喝酒者要被处以鞭刑；严格禁止听音乐，不许拥有和使用电视，不许玩牌，不许下棋，不许放风筝，不许养鸟；男人必须蓄胡须，所有人都要穿伊斯兰服装，戴帽子，所有塔利班都要戴缠头巾；所有人必须使用伊斯兰名字；保留或传阅非伊斯兰书籍的人要受到惩罚；禁止阅读带有插图的书籍，私人家中也不许保存；任何人不许在自家墙壁上悬挂画像和照片；非穆斯林人口要在自己的衣服上缝上一个黄色的条子，以便辨认；观看演出或体育比赛时不得鼓掌或欢呼，只许高呼"真主至大"。塔利班起初也禁止足球运动，但后来又解除了禁令，条件是天黑之后不许踢球，球员的胳膊和腿不得裸露。这些政令使得妇女地位急剧下降，国家教育和医疗体系都近于崩溃，阿富汗仍处于无休止的内战中。

五、阿富汗战争

塔利班上台后为国际恐怖主义头目本·拉登及其组织提供庇护和训练场所。2001年，美国发生了震惊世界的"9·11"恐怖主义袭击事件，美国政府要求塔利班交出"首要嫌疑人"本·拉登。在战争爆发之前大约一周，美国总统乔治·布什向塔利班政府发出最后通牒，要求他们把"基地"组织高层成员交给美国，

第二章 历史简况

释放所有被监禁的外国人，保护在阿富汗的外国记者、外交人员、支援人员，让美国人员检查所有训练营，证实它们全部被关闭。塔利班坚持：如果没有证据表明本·拉登参与了对美国的恐怖袭击，塔利班不会将本·拉登引渡给任何一方。后来他们提出把拉登移送到中立国，但乔治·布什拒绝这些条款。9月22日和25日，阿联酋和沙特阿拉伯相继宣布断绝与塔利班的外交关系，塔利班进一步受到孤立。2001年10月7日，美国和英国打响了针对阿富汗塔利班和本·拉登恐怖组织的第一枪，阿富汗战争爆发。参战的国家主要有美国以及英国、德国、波兰、捷克、斯洛伐克等北约国家，吉尔吉斯斯坦、日本、韩国、菲律宾等国为美军提供了后勤支援，并在战后派遣军队驻扎阿富汗（驻阿韩军在2007年发生韩国人质被绑架事件后撤离阿富汗）。12月7日，塔利班最高领导人奥马尔宣布放弃抵抗，命令坎大哈等地的塔利班部队向当地普什图族部落领导人组成的新政权缴械。坎大哈是塔利班的起兵之地和大本营，也是塔利班坚守的最后一个城市。塔利班在坎大哈的缴械，标志着塔利班对阿富汗统治的结束。

2001年12月22日，根据阿富汗各派达成的协议，阿富汗临时政府就职仪式在喀布尔举行，以卡尔扎伊为首的30人行政当局正式上任。这标志着塔利班政权的正式终结和一个新阿富汗的开始。2002年6月11—19日，阿富汗大国民会议在首都喀布尔举行，来自全国各省、各民族和部落的1600多名代表出席了会议。会议在总统人选、议会性质和组成、内阁权力分配等一系列重大问题上存在着很多矛盾和分歧，出现了严重的混乱和无政府状态。这次想问鼎总统宝座的各派势力的代表人物很多，加上西方势力插手，斗争非常激烈，幕后交易频繁。据报道，在会前卡尔扎伊向前国王查希尔、前总统穆贾迪迪和拉巴尼做了大量工作,美国也对他们施加了压力,最终使他们"出局"。在新国民议会的组成问题上,各部族、各派系的代表都从自身的利益出发,提出了许多对己有利的方案,难以达成共识。在国民议会和国家政权的性质问题上,各派系之间分歧也很深刻。

因此,这次大国民会议没有能够像人们所期待的那样产生出新的议会,对国家政体等许多重大问题也没有能够做出决议。尽管如此,选举还是产生了阿富汗过渡政府,卡尔扎伊当选过渡政府总统,并于19日宣誓就职。阿富汗过渡政府在重建国家、维护安全、发展经济以及发展对外关系等方面,均采取了一系列积极的措施,并取得了一定的成果。2004年1月4日,阿富汗制宪会议通过阿富汗新宪法,标志着阿富汗国家制度的重建步入正轨。同年10月9日,阿富汗总统选举在喀布尔举行,卡尔扎伊以绝对优势当选总统。2004年总统大选和2005年议会选举的成功举行,标志着阿富汗政治重建取得了阶段性进展,人民参政热情有所提高,政治体制在形式上完成过渡。2006年3月卡尔扎伊改组内阁后,人民院249席中,普什图族占113席,塔吉克族60席,哈扎拉族42席,乌兹别克族22席,[1]基本反映了阿民族构成现状,议会已成为各派陈述政治主张和发泄不满的场所,能够部分缓解民族矛盾。2008年10月,卡尔扎伊再度改组内阁,北方联盟和塔吉克族的势力都遭到了根本性的削弱,普什图人的势力得到进一步加强。2009年11月,卡尔扎伊在总统换届选举中再次胜出,继续领导阿富汗重建。

---

[1] "Afghanistan's New Legislature: Making Democracy Work", Crisis Group Asia Report, No.116, 15 May 2006, p.17.

第三章 民族与习俗

第一节 民族

一、民族分布

阿富汗全国共有 20 多个民族，有些民族还分为许多不同的部族，部族之下还有分支。阿富汗最大的民族是普什图（Pushto）族，占全国总人口的 42%，主要居住在阿富汗的东部和南部，在巴基斯坦境内也有大约 1800 万的普什图人；塔吉克族（Tajiks），占 27%，主要居住在东北部（巴达赫尚山区）和西部（赫拉特周围地区），还有一些居住在喀布尔；哈扎拉族（Hazaras），占 9%，13 世纪后从中亚来的蒙古人，居住于阿富汗中央高地，控制着喀布尔、加兹尼到赫拉特的山区；乌兹别克族（Uzbeks），占 9%，居住地域从东北的法扎巴德到西北的穆尔加布河一带；艾马克人（Aimaks），占 4%，突厥化蒙古人血统，居于阿富汗中部、西部；土库曼族（Turkmen），占 3%，突厥人后裔，居于北部、西北部；俾路支族（Baluchis），占 2%，居于锡斯坦和赫拉特之间；其他民族共占 4%，如基希尔巴什人（Kihill bash）、努里斯坦族（Nuristanis）、帕沙伊人（Pashay）、古加尔人（Gujjars）、帕米尔人（Pamiri）、阿拉伯人（Arabians）、犹太人（Jews）、锡克人（Sikh）、蒙古人（Mongol）、吉尔吉斯族（Kirghiz）、印度人（Indian）等等。

阿富汗如今的大部分种族是历史上外族入侵，与当地人融合形成的，各民族之间常有亲缘关系。今天的阿富汗人有着各式各样的面部特征，如地中海、东亚和南亚类型，这种现象恰好是许多征服民族经过或定居于此的印证。[①] 此外，除中部的哈扎拉族，许多民族的居住地都与境外邻国接壤，因此阿富汗境内也有许多跨界民族，如普什图族、塔吉克族、乌兹别克族、土库曼族、吉尔吉斯族、俾路支族等。

二、主要民族简况

（一）普什图族

普什图族是阿富汗最主要的民族，人口约1200万（2004年），较集中地生活在阿富汗的东部、中部和南部的广大地区，人口覆盖面积约占阿富汗总面积的90%以上；此外，在巴基斯坦的西北边境省和俾路支省也居住着数以千万计的普什图人。特殊的地理位置和充满硝烟的历史造就了普什图族强悍的体魄和爱憎分明的鲜明个性，被认为是中近东最富有健壮体格和不屈骑士精神的民族。作为阿富汗人口最多并且在政治上一度起主导作用的民族，普什图人对国家断断续续统治了两个世纪。被推翻的国王查希尔、塔利班领袖奥马尔、前总理希克马蒂亚尔以及阿富汗伊斯兰国前总统卡尔扎伊都是普什图人。

---

① 沙伊斯塔·瓦哈卜、巴里·扬格曼：《阿富汗史》，北京：中国大百科全书出版社，2010年，第12页。

第三章 民族与习俗

关于普什图族的族源，迄今尚未定论，主要有三种观点：根据传说，他们起源于阿富汗，是一个共同祖先凯斯·阿卜杜尔·拉希德的后裔；当代巴基斯坦的普什图学者认为，他们起源于早先来到这一地区的雅利安人，后来相继融合了不同时代来到这里的伊朗人、希腊人、塞种人、贵霜人、嚈哒人、突厥人、阿拉伯人和蒙古人等各个不同民族集团的血统；第三种观点认为，最原始的普什图人起源于雅利安人来到这里之前分布在从巴里黑至苏莱曼山区一带的古代居民，后来部分地融合了雅利安人和从中亚、西亚经这一地区入侵印度的各个人种集团。第二种观点似乎更为可信，据载，雅利安民族大约在公元前2000年至公元前1000年时发源于阿富汗境内的帕米尔、阿姆河和兴都库什山一带，雅利安人居住的地方称为"阿里亚纳"，这也是阿富汗的古名。从公元前4世纪开始，希腊的亚历山大、印度孔雀王朝的阿育王、大月氏人、阿拉伯人、蒙古的成吉思汗、印度的帖木儿王、波斯的纳第尔王都先后入侵过阿富汗，在这一过程中雅利安人融合了这些外来民族的血统特征，到公元11世纪逐渐形成了普什图族。

阿富汗地理的多样性，造就了很多不同文化的部落集团，按照血缘相近的胞族或氏族划分，各部族出于对一个共同的祖先、共同的领导（政治组织）、共同的土地的认定而结合在一起。一个部族的人民只对本部落负有义务，不认同其他部族。部族名称多以"扎伊"（诞生）、"海尔"（氏族）为结尾，阿布达里、吉尔扎伊和优素福扎伊是其中最大的三支部族，人口都在150万左右，阿布达里以坎大哈为基地，吉尔扎伊主要分布在喀布尔和坎大哈之间，传说其谱系均可上溯到传说中的祖先凯斯，优素福扎伊主要在巴基斯坦境内。这些大的部落由若干称为"赫尔"的部落分支（小部落）组成，部落分支又包含着若干建立在血缘关系之上的家族体系。部落酋长称"汗"或"马里克"，部落议事会是最高机构。普什图人长期以来，以这种氏族部落为社会基本结构特征，每一个部族都是一个有组织的团体，自给自足，就像是国中之国——既是行政单位（独立管理，并在自己地盘内征税）、生产单位，又是军事单位（人人有武器），同中央政府从外部强加的法律或义务有冲突。

普什图族主要的部族有：

（1）阿布达里：以伊斯兰时期第一个首领之名命名，包括普帕尔扎伊（著名人物有阿赫马德·沙赫、卡尔扎伊等）、阿里科扎伊、阿恰克扎伊和巴拉克扎伊（著名人物有杜斯特·穆罕默德）四个次部落，讲坎大哈方言。

（2）吉尔扎伊：主要居于喀布尔以东和加兹尼一带，其下包括图希、霍塔克（著名人物有米尔·瓦伊斯、沙赫·马赫穆德）、安达尔、苏莱曼海尔、阿里海尔、塔拉基（著名人物有努尔·穆罕默德·塔拉基）、哈鲁蒂、阿赫马德扎伊（著名人物有哈菲祖拉·阿明、纳吉布拉）、纳赛尔等诸部落，讲帕克蒂亚方言。

（3）其他部族：分布在坎大哈、查布尔等省的卡卡尔；分布在查布尔、加兹尼、帕克蒂亚和瓦尔达克等省的霍斯特瓦尔（含扎吉、扎德兰、曼格尔三个次部族）、塔奈、古尔巴兹、图里（什叶派）、瓦尔达克；分布在楠格哈尔等东部各省的辛瓦里、胡格亚尼、萨菲、穆曼德、达乌德扎伊、马蒙德、乌特曼海尔等。

（4）巴基斯坦境内部族：优素福扎伊、瓦齐尔、哈塔克、阿福里迪、萨拉尔扎伊，以及一部分马蒙德、吉尔扎伊、卡卡尔、辛瓦里、萨菲、阿恰克扎伊，讲白沙瓦方言。

普什图族在古时是游牧民族，后来逐渐定居各地。因此，普

第三章 民族与习俗

什图族的文化和思想起初主要建立于半游牧和游牧经济基础之上，后来受到农业经济的重大影响。由于经济发展的滞后，普什图族在使用宝剑、弓箭、战刀以及战术方面有较早的历史，但在文艺和文学创作方面发展较晚。虽然是穆斯林，但普什图族的文化根植于"普什图瓦里"（普什图法典）之中，伊斯兰教义只位居第二，对自己部族以及对普什图法典的狂热忠诚，往往导致普什图人的行为与伊斯兰教的教义发生冲突，而且无论二者何时产生分歧，最后总是民族传统占据上风。一个普什图人会这样描述自己："我首先是普什图人，其次是一个穆斯林，最后是阿富汗人。"他们认为普什图人的属性高于一切。

（二）塔吉克族

塔吉克族是阿富汗的第二大民族，人口800万（2005年），大约占阿富汗人口的三分之一，操达里语。塔吉克族的祖先是早期雅利安部落集团中的东伊朗诸游牧部落，公元前10世纪左右，其中一些部落开始定居于阿姆河两岸，其中巴克特里亚人分布在阿姆河上游，即现在的阿富汗、帕米尔和塔吉克斯坦山区。公元前7世纪，这里出现了早期的奴隶制国家——巴克特里亚，其后，希腊人、大月氏人和突厥人不断来到此处，在统治这里的同时也同当地居民相互融合，成为塔吉克民族的一个组成部分。当阿拉伯征服者在中亚定居下来之后，他们中的绝大多数人同当地居民相互融合，最终完成了塔吉克民族的形成过程。13—14世纪的塔吉克人建立了库尔特王朝，以赫拉特为首都，统治了144年，后被帖木儿推翻。

由于其受过教育的"人才"比例较大，且善于经商，因此塔吉克人构成了阿富汗城镇富裕阶层的主体，政治影响也较大。由于长期在城市定居，社区忠诚逐渐替代了部族组织。城市中有影响力的塔吉克人主要在政府部门、公共服务部门和贸易部门工作，并且常占主导地位。东北部山区也有一部分塔吉克人聚居，主要为农牧民，财产不多，部族组织不强，主要靠地缘认同团结在一起，比如居住于潘杰希尔谷地的塔吉克人称自己为"潘杰希尔人"。历史上很多塔吉克族的名人都出自东北部山区，抗击苏联的游击队领袖、人称"潘杰希尔雄狮"的马苏德就是其中之一。塔吉克族历来是普什图族最大的权力争夺者，但是近代史上只有过一次短暂的执政，即1929年1月塔吉克人帕恰·沙考领导军队占领喀布尔，自封"埃米尔·哈比布拉·汗·加齐"，但同年10月其统治即被推翻，沙考也被处死。

(三) 哈扎拉族

哈扎拉族是阿富汗的第三大民族，人口约500万，操达里语，属什叶派。从生理特征上看，哈扎拉人属于欧罗巴人种和蒙古人种的混合类型，具有蒙古人的体质特征——大脸庞、高颧骨、少胡须、斜眼角等等。经学者考证，哈扎拉人是成吉思汗及其后人西征后在阿富汗留下的驻屯兵的后裔，也是阿富汗唯一保留有蒙古人种特征的民族。2003年根据英国牛津大学遗传科学家赛克斯通过人类染色体和DNA样本的调查，其中三分之一的哈扎拉人具有成吉思汗和蒙古人的遗传基因。"哈扎拉"是波斯语，意为"一千"。早在13世纪上半叶，蒙古军队占领波斯和中亚一些地区后，就留下少量军队驻屯。后来，成吉思汗的孙子蒙哥·汗又以千户为单位派遣驻屯军到这里，这些军人的后代与当地的波斯人、塔吉克人、突厥人通婚，并融合、繁衍、发展。于是，"哈扎拉"就成了他们的称呼，意指"千户"的后裔。从

13世纪起,哈扎拉人就居住在阿富汗中央高地,控制着从喀布尔、加兹尼到赫拉特的山区,但是自从18世纪中叶现代阿富汗国家形成,哈扎拉人就屡屡受到阿富汗斯坦最大的民族普什图人的迫害,很多人从各个地方被迫逃到阿富汗贫瘠的中部山区,这一地区现在叫作"哈扎拉贾特"。哈扎拉贾特山区以巴米扬为中心,横跨阿富汗的多个省份,占阿富汗领土的三成。许多迁往城市的哈扎拉人成为低收入者,社会地位很低。

(四)突厥语民族

中亚突厥族向南征战时,在阿富汗兴都库什山以北形成了许多突厥语民族,包括乌兹别克族、土库曼族和吉尔吉斯族。其中乌兹别克族人口最多,约230万。乌兹别克族约形成于11世纪,是由河间地区的定居民族的后代、同突厥语诸族混合的塔吉克人以及原先居住在这一地区的突厥语诸族共同组成的,其形成过程经过了几个世纪,14世纪皈依伊斯兰教。阿富汗的乌兹别克族聚居地从东北的法扎巴德到西北的穆尔加布河一带[①],以农业为主、牧业为副,操乌兹别克语。

土库曼族与乌兹别克族几乎同期形成,沿阿姆河岸居住于西北部与土库曼斯坦接壤的边境地区,人口50万,以牧业为主、以农业为副,并以养紫羔羊著称,操土库曼语。

吉尔吉斯族,操吉尔吉斯语,主要居住于瓦汗走廊东部的两条高山谷地——大帕米尔山谷和小帕米尔山谷,过着与世隔绝的传统生活。

---

① 从东北的法扎巴德到西北的穆尔加布河一带又称"阿富汗土耳其斯坦"。

（五）俾路支族

俾路支族操俾路支语，半定居半游牧，人口约 25 万，主要分布在阿富汗西南部靠近巴基斯坦边境的几个省，如赫尔曼德、坎大哈、尼姆鲁兹和法拉赫省，或往来于锡斯坦和赫拉特省之间行商，或在锡斯坦湿地以捕鱼为生。与巴基斯坦境内的俾路支人属同一民族。

此外，大量游牧民的存在是阿富汗人口结构的一大特色，在世界上其他国家的游牧民正迅速减少的今天，阿富汗的游牧民人口数目变化不大且仍占据着重要的生态地位。据估计，阿富汗的游牧民人口数目大约在 200 万至 300 万之间，占全国总人口数的 10% 左右，他们绝大多数属于普什图族的各个部落，其次是俾路支族和少量吉尔吉斯族。普什图族和俾路支族的游牧民进行季节性的长距离流动，而生活在帕米尔山上的吉尔吉斯族游牧民主要是随着季节的变化，在当地的山区里从高处向低处进行垂直的移动。

阿富汗游牧民的冬季营地分布在三个不同的自然区域内：一是西南部和西部，从坎大哈以西向北延伸到赫拉特的干旱而贫瘠的半沙漠地带和山麓丘陵，这里有阿富汗最大的游牧民群体，讲普什图语坎大哈方言；二是西北部的巴德吉斯和北部的"阿富汗土耳其斯坦"的草原和丘陵地带，这里主要是农业区，土地通常能得到较好的灌溉，但有时冬季十分寒冷；三是东部和东南部沿阿富汗和巴基斯坦边界两侧较为潮湿的、受季风影响的地区。

阿富汗的游牧民不是孤立和原始的部落，他们在经济、政治、社会和文化关系中始终同其他人口紧密相连。游牧民可以为生活在偏僻山区里的居民带去布匹、食糖、茶叶、地毯、铁制工具、羊毛、皮革等食品和生活必需品，以及外界的信息；而山区居民则把粮食、蔬菜和水果卖给游牧民。这样，游牧民使得各个牧场与沿途的村庄之间建立起联系。

第二节　风俗习惯

一、着装习俗

阿富汗人的衣着较为混杂。传统的男性服装通常包括上衣、裤子、缠头巾、帽子和外套。上衣是名叫"通邦"的长衫，长至膝盖以下，裤子是"帕特龙"长裤，非常宽大，做这一套衣服需要费棉布或人棉绸7米至10米（也有20米一套的），有的上身还加上一件粗羊毛或粗布织制成的小坎肩，脚上穿"凉皮鞋"（一种名叫"恰帕利"的土制皮鞋）。缠头巾有黑色、白色、灰色或条格，越长越有风度。普什图人习惯将其一头搭在肩上，可挡风，遮尘土，又能用来包鸡蛋、糖、米、茶等，缠头巾里面戴一顶小圆帽，圆帽的种类不同，如扎德兰部落的小帽很高。城市里有不少人戴紫羔皮帽，北方突厥族人戴毡帽。政府机关中的男性官员在上班时大都穿西服，或者头戴紫羔皮帽，上身穿西装上衣，下身穿"帕特龙"长裤。男子一年四季的服装基本上无多大变化。

阿富汗妇女的民族服装比较正规，且花色和式样比较丰富多彩，因地而异。上身穿红、绿颜色的丝绸绣花长袖衫，下身穿黑色、白色或绿色的大灯笼裤，在裤脚上都镶有花边，头上和衬衫前胸部位都佩有许多金属制的小头饰、胸饰和币饰，使整个服装和扮相显得分外鲜艳和华丽。但这种服装只有出身富裕阶层的女子才穿得起，一般劳动妇女的衣着比较质朴，且大都是些粗衣布服。因为按照阿富汗的传统风习，妇女不得在自己的直系亲属以外的男人面前裸露面部和身体的其他任何部位，所以阿富汗妇女从进入青春期时起，外出须戴"面罩"——头帽与形如百褶裙的筒状长衫连为一体，面部呈网状，视线可透过网眼向外看，通常用亚麻布或丝绸制作，常见的颜色为青色，中部地区流行深绿色，坎大哈妇女多用暗红色。妇女穿戴上面罩，可遮蔽全身，只有在行走时才能露出双脚。农村的劳动妇女和游牧民的女子，为了便于参加体力劳动，不受这种风习的约束。

从20世纪50年代起，政府提倡解放妇女，穿戴面罩的现象开始在首都喀布尔等城市有所减少。最初脱掉面罩的妇女外出时通常身着长衫，穿高筒袜，戴手套、头巾和墨镜。稍后这种打扮逐渐被时髦的女装取代。保守社会势力的抵制和反对未能阻止这一潮流的发展。然而，到了90年代，尤其是塔利班夺权后，妇女又被重新要求穿戴面罩。游牧民的衣着与一般老百姓大体相同，只是男子爱扎黑色的缠头巾，穿土黄色的长衫长裤；妇女则爱穿深红色的素花连衣长裙（拖至脚背），头披黑色及肩的长披巾，遇见生人时，她们就用它来遮盖脸部，或转过脸去，避讳见人。富有牧主的主妇和年轻姑娘的穿着略显华丽和鲜艳，衣服上缝缀的各种币饰要比一般游牧民妇女为多。

二、饮食习俗

（一）主食和副食

阿富汗人的主食主要为大米、小麦和大麦等，做成各式抓饭、烤馕和其他面食。由于全国98%的人都信仰伊斯兰教，所以肉类以羊肉、牛肉和鸡肉为主。蔬菜种类不多，主要为洋葱、马铃薯、胡萝卜、西红柿、辣椒和豆类。

（二）水果和饮料

阿富汗盛产各种水果，产地遍及全国各省。水果种类繁多（据报载有70多个品种），主要有葡萄、西瓜、哈密瓜、苹果、梨、柑橘、杏子、桃、李子、樱桃、石榴、无花果等等。其中，以赫拉特和坎大哈的葡萄、巴达赫尚的苹果和梨、马查尔的哈密瓜、贾拉拉巴德的柑橘，以及坎大哈的石榴、葡萄尤为著名。这些水果除部分供国内食用外，大量对外出口，有些制成果干或水果罐头后销往国外。水果出口在阿富汗每年的外贸中约占30%，出口的干果有葡萄干、扁桃仁、杏干、桃干、核桃仁、阿月浑子和松子等。西瓜和哈密瓜还被空运往中东各国销售，在国内则售价较便宜。

茶是阿富汗人最喜欢的饮料，他们一日三餐都离不开茶。全国城乡和小村镇里到处设有大小茶馆和饭店，随时供应茶水。一般说来，城里人爱喝红茶，乡下人嗜好饮绿茶。喝第一杯茶时要加进少许白糖。居民多喜欢喝煮开的茶，而不太喝泡开的茶。

（三）特色佳肴

阿富汗的特色菜肴大体有各式抓饭、烤肉串配大饼、"奥夏克"、"婆朗尼"等。

1. 抓饭

阿富汗抓饭种类较多，有"恰劳"、"扒劳"和"考布利"等，都是油焖饭（或油炒饭），做法几乎大同小异，大致可分为甜味、咸味、油炒素饭等几种。其中，"恰劳"是一种用素油焖煮制成的白米饭，饭内含油量较少，饭粒洁白，呈长条形，略带咸味，十分可口；"扒劳"是一种荤味极重的油焖饭，饭粒硕长，呈黄油色，饭内夹有牛、羊肉块或鸡块，肉是事先烤制好后拌入饭内的，又香又鲜嫩，还能感到一种淡淡的咸味，又不觉得发腻；"考布利"也是一种油焖饭，饭内放有红葡萄干、杏仁、羊肉、阿月浑子、胡萝卜丝、薄荷等多种配料和作料，饭熟后香气扑鼻，并带有酸甜咸的味道，别有一番滋味。

2. 馕

"馕"是一种用泥土砖砌成的炉子贴烤焙制的面饼，即阿富汗居民食用的烤大饼，是面粉经加工调制（放入少量盐粒）后贴在大炉的炉壁里焙烤而成。刚出炉的大饼味道十分香美，松软可口，在宴席上则常被切成长方块当作面包，用来裹着"烤巴巴"（烤羊肉串）一起食用。但阿富汗广大贫苦的劳动人民往往每餐只能光吃这种干大饼和喝一些带糖的茶，以茶当菜。

3. "烤巴巴"

"烤巴巴"实际上不仅仅是烤羊肉串，还可选用鸡肉块、羊肉块和羊肝等，统称"烤巴巴"。在烤制以前，先将鸡肉或羊肉的精肉部分切成小块，经用酱油、大料等作料浸泡后取出，用铁条片串起来，加上洋葱后搁放在炽热的焦炭火盆架上烤制。每串一般有六块羊肉，其中有一块是"羊油"（专门取自绵羊尾巴部分的油脂），用以增加羊肉串上的油分。烤熟后趁热吃时，味道格外鲜嫩美味，阿富汗人都十分爱吃。

第三章 民族与习俗

4. 烤全羊

烤全羊是将绵羊去毛，去内脏、头、蹄，洗净后，在羊腹内塞进各种香料和作料后，把整个羊放在焦炭火上烤制。烤熟后，用刀片肉而食，肥嫩而鲜美。这道名菜通常在大型国宴或隆重的私人宴席上才能出现。

5. "奥夏克"和"婆朗尼"

"奥夏克"是阿富汗式的水饺，呈小三角形；"婆朗尼"是阿富汗式的春卷，呈扁平的扇形，用羊油煎熟食用。这两种食品都使用韭菜做馅，通常用作小吃或作为即兴食物招待客人。

此外，各种宴席上和旅馆中常见的菜肴还有"油炸鸡块土豆片"、"燉牛（羊）肉煮豌豆"、"烤火鸡、小鸡或鹌鹑"、"肉末煮通心粉"、"菠菜泥"，以及各种酸泡菜等；甜食有"费尔尼"（用牛奶、鸡蛋白、面粉等制成）、布丁、蛋糕，以及其他各式糕点等。

三、日常礼仪

阿富汗人民不但勤劳、勇敢，也有着东方民族传统的殷勤好客的习惯。无论在本国人之间或对外国客人，他们都能热情地接待。他们在彼此见面时，总要热烈地握手问好，一连串地说出诸如"萨拉马莱空"（你好!）、"呼勃斯梯"（您好吗?）等许多寒暄话，显得十分亲热；而亲朋好友相遇时，还彼此拥抱（左、右、左三次），并互亲脸颊。阿富汗人对长辈和老年人也十分尊敬，年少者见到其长辈时，常让长辈吻其前额或自己俯身上前捧吻长者的手背。许多阿富汗人热情招待登门拜访的来客，拿出自己仅有的或是最好的食品来款待客人，并以此感到体面和愉快，有钱人还时常用烤全羊来招待贵客。

阿富汗人中还有做客带朋友的习惯。在赴宴时，做客者有时喜欢带上两三个自己的朋友，被带往者被称为"食客"。

四、家庭

在阿富汗的家庭里基本上实行着一种封建宗法统治下的家长制。族长对部族内的大小事务拥有很大的支配权，父亲或祖父则是一家之长。男子在家里的发言权远远超过女子。丈夫死后，家事转由长子或死者的亲兄弟等人掌管。阿富汗人家庭中重男轻女的现象很严重，如庆贺生下男孩要比女孩热闹得多，生女孩被认为是"倒霉"和"不光彩"。在农村中，在获悉某户人家生了男孩，其亲朋和近邻就纷纷前往祝贺并向空中鸣枪。妻子和女儿只能分到一小部分遗产。妇女们深受政权、神权、族权和夫权的压迫和束缚。

阿富汗人在给自己孩子取名字时，通常是由父亲召集家里人商议，但父亲或祖父有决定权。在取得众人同意后，由父亲分发糖果，算是给孩子取了名字。毛拉或念经师的孩子则往往用"占卜"的办法来命名。许多阿富汗人经常取真主或先知的名字来作为自己孩子的名字。但也有很多父母喜欢给自己的孩子取上一个普什图人的英雄或历史上伟人的名字，如给孩子取"阿赫马德·沙赫"（阿富汗王国奠基人）、"米尔瓦伊斯"（古代有名的国王）、"阿克巴尔"（反英战争英雄）等人的名字。许多地区的人还喜欢用颜色或花朵的名字来作为自己子女的名字，如男孩名字中有叫"吐尔"的，意为"黑色的"，女孩名字中有叫"斯比娜"，意为"白色的"，"古尔"是花朵的意思，可用于男孩或女孩名,"哈吐尔"意即"郁金香花",仅用于女孩名。对女子最亲切的称呼有"古尔章"、"希琳章"等,意为"可爱的花"、"甜蜜的",对男子称"章"即可。

阿富汗人名的基本形式与其他阿拉伯国家基本相同,至少有两节,多的有三节、四节或更长的,包括父名、本人名、部落名等。如某人叫塞义德(父名)·阿卜杜尔(本人名)·霍塔克(部落名),他的两个哥哥的姓名分别是塞义德(父名)·马赫穆德(本人名)和塞义德(父名)·穆塔扎尔(本人名),而他们的父亲叫塞义德·马苏德。男子和女子的名字在构成上略有不同,阿富汗女子只有本人名,如阿富汗田径运动员梅波巴·阿迪亚(Mehboba Ahdyar)。原本阿富汗妇女没有姓氏,所以结婚后也没有改名改姓的情况。现代受到西方文化的影响,妇女结婚后也会像西方妇女那样改用夫姓,如卡尔扎伊的妻子珍纳特·克罗伊辛·卡尔扎伊(Zenat Quraishi Karzai)名字中的最后一节"卡尔扎伊"(Karzai)即为夫姓。

阿富汗人在互相称呼时,一般只称姓或名字加职衔,在正式的文书中一般要写姓名的全称。职衔主要有苏丹(Sultan)、汗(Khan)、沙(Shah)、大毛拉(Maulawi)等,已失去原有含义,逐渐转化为现代阿富汗人姓名的一个组成部分。

五、婚嫁习俗

阿富汗盛行包办婚姻。婚事通常由父母或族里长辈包揽做主。在乡下(城里也不鲜见),定亲时男家需付出巨额聘金(往往从几万阿尼至十几万阿尼),这实际上是一种买卖婚姻。这笔巨款对贫苦的青年是一个沉重的负担,有的为此借债,有的只能终身不娶。现在这种坏风俗在城市里正被逐渐破除,政府也开始宣传与各种不良的风俗习惯进行斗争的事例。阿青年男女也激烈反对包办婚姻，强烈要求婚姻自由。目前，城市青年中自由恋爱者日益增多，不少男女青年背着父母外出谈情说爱。但在乡间，封建包办婚姻仍很流行。而且阿富汗人家族观念十分浓厚，在父母做主下实行近亲（叔伯兄妹、堂兄妹、叔侄女之间）通婚的现象至今仍十分普遍（在前王室成员中更加如此）。另按伊斯兰教教义，阿富汗允许多妻制。因而一些富贾豪绅、恶霸地主拥有两至四个妻妾者仍屡见不鲜，而有钱老翁娶买少女为妻妾者也不属少数。但是，现在城里的中上层居民中，特别是受过教育的知识分子和高级官员大多趋向于一夫一妻。首都居民中的富有者在"新闻俱乐部"或其他高级饭馆举行新式婚礼的也逐渐见多。

传统婚礼通常包括三个步骤：议亲、定亲和结婚。在乡间，婚礼通常在新娘家里举行。结婚那天，新郎由其亲友陪同前往女家。婚礼开始时由毛拉念《古兰经》，然后写婚约。接着，新郎把包有金纸的宝塔形糖或其他甜食递给新娘，让新娘用舌头舔尝。接着，人们就围着新郎和新娘唱歌跳舞。婚礼结束后，新郎引着新娘回自己的家，一路上鸣枪奏乐不已。进入男方的家门后，新郎先将新娘引至炉灶边，给她吃些甜食。于是，新娘就成为男方家里的一个成员了。在喀布尔地区还流行着一种叫作"阿依纳·玛沙夫"（意即照镜子）的传统礼仪。即为了表示对新娘的礼貌，新郎在进门与新娘相见时不得立即直视或窥视新娘，而是让新娘面对着镜子坐着，新郎站在她背后，通过镜子互相观看。在某些落后的部族里还流行着一种名叫"加尔瓦尔"的风俗。当看中某部落的某个女子时，男方就到她家门前朝空放射数枪，然后与女方家长或通过媒人表示要娶那个女子。此种请求如遭婉拒，往往会引起部族的纠纷。

伊斯兰教规定男人有离婚的权利。男子抛弃妻子可以不需要任何特殊的理由。结婚时的彩礼可以作为妇女离婚后的生活保证,孩子属于丈夫,女方可以申请为两岁前的孩子喂奶,然后送还给孩子的父亲。没有得到父亲的许可,前妻不可以看望孩子。由于离婚对双方都是不体面的事,所以离婚的案子不是经常发生。依照伊斯兰教,寡妇有权自己决定是继续留在婆家,还是回娘家或者选择再婚。但实际上,尤其是在普什图族中间,寡妇只能继续留在亡夫家里守寡,因为丈夫家当初已经花了钱使她成为家庭中的一个成员,所以不能让她再嫁给别人。通常的做法是把她嫁给家里的其他男人,比如死者的弟兄。

六、丧葬习俗

男人死后,由其男性亲属为其洗埋体(亡人),一名毛拉为其向真主祈祷,讲述他生前是个好穆斯林,吟诵:"我们都属于真主,还归于真主。"('Inna 'lillahi wa 'inna'elayhi raj'un)。然后向遗体上撒玫瑰水。下葬必须在太阳落山之前,不能在晚上。如果在夜里去世,则在太阳升起之后要尽快下葬。由六名亲属(或朋友)用木床抬着遗体(城里用"木匣子")前往清真寺举行葬礼。遗体裹着白色葬衣,两个大脚趾绑在一起。由毛拉为其念经(有时不在清真寺而是在墓旁进行),诵经仪式持续两天。届时死者的男性亲戚朋友前往祈祷并向死者的男性家属表示抚慰;而女性亲戚朋友则前往死者的家里,由女性家属出面接待并接受来者对死者的哀悼和祈祷。女人的仪式与男子稍有不同,女人去世后,由女性亲属做洗礼。

墓坑深约1.8米,死者的脚朝着南方,头朝着北方,面向麦加,以便末日审判时,死者能面向圣城坐起来。头和脚的上方竖着石板，男子的墓石与尸体成垂直方向，女子为平行方向。下葬后第 14 天，死者的亲友要去上坟，点燃油灯或蜡烛。一周年要再次上坟。

七、普什图瓦里（约定俗成法）

普什图人是现在世界上仍保留了许多部落习俗残余的民族之一，而且这种部落社会习俗的残余，至今仍在影响着他们的思想和行为，成为其民族特征的重要内容。"普什图瓦里"是普什图族特有的道德和行为准则的统称，涵盖其日常生活的行为规范和道德准则、风俗习惯和民族心理等，是在继承古老的风俗习惯和道德传统的基础上形成的严厉的不成文法，它约定俗成的规范是普什图人彪悍骁勇、热情好客和质朴坦率的民族性格形成的根源，鲜明地体现了普什图族善良淳朴的民族本性，热爱民族、热爱自由，为维护民族利益不惜牺牲生命的英勇无畏，以及坚忍不拔的民族精神。作为普什图族的习惯法，"普什图瓦里"中也有一些如血族复仇之类的野蛮的旧传统，反映了当时社会的不开化和落后。1952 年，一位叫作哈代姆的阿富汗作家出版了一本名为《普什图瓦里》的书，第一次以文字形式对这部"法典"所涵盖的主要内容进行了概括和归纳，其主要内容包括：

（一）支尔格会议

普什图族的各个部落，都是以其成员对一个共同的祖先、共同的首领和共同的土地认同为基础。因此，部落头人和德高望重的长者在部落里享有很高的地位和影响力。部落成员总是按照他们的意志行事。每当部落遇到重大事务时，头人们便聚集在一起，用传统的"支尔格会议"形式进行讨论并做出相应决定。会议的参加者不需要通过选举产生，他们的资格是大家公认的。氏族和部落的族长会议通常在路旁大树底下召开。族长会议的主要职能是管理氏族、部落的内部事务，例如挑选新建清真寺的地址，惩罚本部落内对宗教不虔诚的人，解决部落械斗的纠纷，或者决定以武力反抗某一部落。族长会议还担负着把部落的决议和意见呈给最高权力机构，又将上面的决定和意见下达给部落的任务，并且有权采取行动。族长会议成员的地位与他是否获得全体成员的拥护、他本人的英勇和声望有着重大关系。"支尔格会议"上做出的决定具有绝对的权威性，任何人不可反对，否则会受到部落的严厉惩罚，如烧毁房屋，甚至处死。当国家面临重大事件时，例如选举或罢免埃米尔（国王）、修改宪法、决定战争等，国家元首或政府会出面召集"大支尔格会议"。"大支尔格会议"是按照与"支尔格会议"同样的原则和方式召开的全国性协商会议，相当于大国民会议，但不设常设机构。会议的参加者包括中央和地方的领导和各界的知名人士，总人数从一百人到几百人不等。阿富汗历史上召开过数次"大支尔格会议"，2004年1月召开的"大支尔格会议"通过了新的国家宪法，为推翻塔利班政权后举行第一次总统和议会选举准备了条件。阿富汗最新颁布的宪法中专门有章节对"大支尔格会议"的召开条件、参加者、权利等内容做出相关的规定，这是古老的"支尔格会议"随着时代发展的延伸，由此可见这一民族传统的重要性。

（二）勇敢善战

对于普什图人来说，传统的作战武器"战刀"的象征意义是勇敢、无所畏惧和无往不胜的精神。男人要表现出大丈夫气概和武士风度，在战场上视死如归，挥舞战刀，正面同敌人搏杀，决不当逃兵；否则，就不被看成是普什图人。谁在自己的后背上有伤口将永世抬不起头来，从战场上逃跑的胆小鬼死后不能安葬在穆斯林的墓地里。

（三）殷勤好客

不论何时何地，如果不能好好地招待客人，普什图人都会不高兴。旅人、路人，认识的、不认识的，只要来到部落或村子里，就是普什图人的客人，普什图人会以客人的到来为荣。他们对客人给予热情的接待，以丰盛的食物款待客人，陪客人聊天，关怀备至，一直到客人离开了他的家才算履行了自己应尽的义务。在乡村，村里或村外的清真寺旁都建有专门招待客人的地方，叫作"胡吉拉"，每个"胡吉拉"里摆放有二三十张床，床上被褥一应俱全，中央有炉灶，普什图人会陪客人在这里吃饭、聊天，甚至陪伴客人过夜。如果是作为部落的客人，按照习惯部落首领就要赠给他一把匕首或一件外衣，客人穿上首领赠送的衣服，可在这地区内受到保护。总之，每个到普什图人家里做过客的人都会有一种回到家的感觉。

（四）登门求助

当某人遇到危险时，可以逃到邻居家里或附近的部族去寻求援助。被求援者不得询问对方前来避难的原因，甚至当强盗、杀人犯或叛逆者逃进某个部族头人家里时，该头人不得拒绝接纳。这一传统是在11世纪加兹尼王朝的穆罕默德国王出猎时的一次遭遇之后沿袭下来的，相传，加兹尼王朝的国王苏丹·马赫穆德有一次外出打猎时，用箭射中一只山羊，受伤的山羊逃进一顶牧羊人的帐篷，年轻的牧羊人觉得它很可怜，把它抱入怀中。苏丹追至帐篷,命令牧羊人交出猎物,牧羊人一口拒绝并对国王说:"这只小羊是来向我寻求庇护的,不管你是谁,我都不会让它受到任何伤害。如果你真是国王,就应该尊重自己民族的风俗。"苏丹被牧羊人的回答说服了,转身离开了帐篷。这个传说表现了普什图人为避难者提供保护的民族传统,也正是因为这一传统,往往造成政府与部族以及部族和部族之间的摩擦和争执,在塔利班时期也成了本·拉登与塔利班勾结的借口和使他藏身于阿富汗的护身符。

(五)报复

普什图人爱憎分明,如果受人恩惠,一定要报答;同样,受人欺辱也一定要报复。普什图人报复心理强烈,一旦受到轻视、羞辱或侵犯,马上就要明白地讨回公道,"以牙还牙"或"以血洗血"。普什图族中有一句谚语"普什图人百年报仇不算晚",很像中国的"君子报仇,十年不晚"。血族复仇往往是因为妇女、金钱和土地所引起的,通常是杀死仇人就算复了仇。若是仇人自己死了,就要对他的兄弟进行报复,如果他的兄弟死了,就要对他的近亲报复,没有近亲,就要对他的整个部落报复。但在收获季节,或者在进行反对普什图人的共同敌人的武装斗争时,就要停止复仇。血族复仇,械斗频繁,往往造成生命财产的重大损失,成为现在阿富汗社会生活不稳定的一个因素。

(六)圣战

"圣战"指的是伊斯兰教徒以宗教的名义进行的战争。对于普什图族人民来说,进行圣战是一种非常神圣的宗教义务,一旦他们的家园受到外族侵略者或者宗教敌人的侵犯,每一个普什图人，不分男女老少，都要拿起武器，奔赴杀敌的战场，为真主献身。普什图人对"圣战"的理解突出地反映了他们崇尚自由、热爱家园、不怕牺牲、不屈不挠的民族精神。

（七）和解协议

在战争状态下，有关各方为了实现和解的目的，也会选择一种大家都能接受的方法，叫作"放置石头"。即由族长出面在冲突双方之间摆放一块大石头，让他们按照一定的方式去移动，以表达意愿结束冲突，或者是否愿意和解。卷入冲突的一方，如果愿意讲和，可以向对方送去几名人质，以示诚意。接受人质的一方会尽力给予款待，直到冲突完全平息，将人质体面地送还。

（八）保镖

普什图各个部落、家族或地域之间产生纠纷是经常的事。部落成员在处理自己内部关系时，通常使用的是一些大家共同认可的独特方式，来解决相互之间的纠纷和矛盾，以避免正面冲突，进而保全各自的尊严和荣誉。"保镖"是一种有效防止冲突的做法。矛盾双方需要正面接触时，可以邀请一名或几名同他们没有利害关系的"中间人"，来参与"陪同"或"护送"。只要他们在场，就能防止发生事端，使双方的人员和财产不致受到损失。

此外，还有善待人质、保持妇女的贞节等，都被普什图人视为与生命同等重要的义务。

八、历法

阿富汗年历同时使用3个体系：伊斯兰教历阳历，即"海杰里"（هجری قمری = ق،ﻩ）；（ش،ﻩ =هجری شمسی）；伊斯兰教历阴历（ق،ﻩ）；公历（عیسوی）。

伊斯兰教历阳历和阴历都是从伊斯兰教创始人穆罕默德（"先知"）自麦加迁都至麦地纳的那一年（即公元621年）开始计算的，阿富汗历新的一年是从公历的每年3月21日开始的。因此，将阿历折合成公历时需加上621年2个月零21天。例如，阿历阳历的1354年7月9日即为公元1975年10月1日；而阿历阳历1354年其阴历即为1396年。

3种体系的比照：公元2014年相当于太阳历1393年（1393 + 621 = 2014）；

公元2014年相当于太阴历1435年（1435 + 579 = 2014）。

第三节　传统节会

一、节日

阿富汗的节日分为纪念日与传统节日，传统节日中有不少是宗教节日，重要的有禁斋节、开斋节、古尔邦节和新年四个。

（一）"禁斋节"和"斋月"

这是一年一度的伊斯兰教的重要节日。"禁斋节"放假一天。"斋月"持续一个月，每年起始的日期不固定，但总是比上一年提前十天。"斋月"里，人们在白天不吃不喝，抽烟者也不抽烟，只是在日落后和日出前才进食（孕妇、旅行者、老弱病幼以及总统可不禁斋）。禁斋期间，各机关、工厂的工作时间比平时减少三个小时，学生上课时间也缩短。在"斋月"里，人们轮流去清真寺听经师朗读《古兰经》。政府每年还从埃及邀请两三名经师来喀布尔诵经（即波斯语的"哈塔姆"仪式），听完一遍约需七至十天时间（因念经的速度不等而异）。

（二）"开斋节"

"斋月"期满的第一天就是"开斋节"，又名"小节"。若开斋前夕的夜晚在圣地麦加的天气晴朗，可望到月亮，那么在接到来自沙特阿拉伯的通知后，即鸣炮开斋，否则要推迟开斋。开斋那天，由国家元首发表节日贺信并同伊斯兰教各国家领导人互致贺电。届时全国放假三天。在节日的第一天上午，国家元首偕同其他高级军政官员都去清真寺祈祷，全国各地的穆斯林也都去自己附近的清真寺做祈祷。在节日里，亲朋好友互相访问并宴请，庆贺节日。

（三）"古尔邦节"

"开斋节"后的两个月就是"古尔邦节"，又名"牺牲节"、"宰羊节"和"大节"，"大节"的节日气氛要比"小节"浓厚。届时全国放假四天，这是伊斯兰教中最重大的一个节日。节日第一天上午，国家元首等主要国家领导人也照例去清真寺做祈祷，然后总统在总统府里接受内阁部长及其他高级军政官员的节日祝贺（在专设本上签字）。在各地，穿着节日服装的人们也都涌向附近的清真寺去做节日祈祷。总统发表节日文告并与伊斯兰各国领导人互致贺电。

（四）"新年"

每年公历 3 月 21 日是伊斯兰教历新年，全国放假一天。这一天又称"农民节"和"植树节"。因为自新年后,农民开始春耕;城市的居民、官员、职工或学生也开展植树活动。新年的上午,人们换上新衣,孩子们则穿上红红绿绿的民族服装,纷纷涌向喀布尔市的"海尔好纳"庆祝区(在喀市近郊的一块开阔的山坡地)参加节日庆祝活动。庆祝活动的内容通常包括农业部长讲话、农民游行、抢羊比赛、跳"阿丹舞",等等。庆祝区内还有专供儿童玩乐的游戏场。

其他按政府规定放假一天的节日,有"先知阿舒拉纪念日"(伊斯兰阴历1月10日)、"先知诞辰"(5月14日)、"普什图尼斯坦国庆日"(8月31日)、"国民议会日"(10月15日)等。这样,阿全年的各种节日天数累计达19天。但是,由于按政府规定,每两个例假日中间间隔的那天也算放假,因此阿人民每年的节假日在20天以上。

二、赛诗会和叼羊比赛

(一)香橙花赛诗会

楠格哈尔等东部各省盛产橙子。5个世纪之前,扎希鲁丁·穆罕默德·巴卑儿在自己的《传记》中曾盛赞楠格哈尔地区的橙子树。20世纪初,埃米尔·哈比布拉·汗在贾拉拉巴德市郊建立了几座果园,栽的多为橙子树。60年代,在当地的国营农场上又增加了一批种植柑橘属植物的果园。于是,政府的新闻和文化部做出决定,每年3月底4月初橙子花盛开季节,在当地举行传统的野餐和赛诗会。来自全国的文人和诗人以及当地群众聚集一堂,赋诗对歌,展现自己的艺术才华。但是后来政府权力的更替使得社会风气越来越保守,战乱使得文化教育停滞不前，如今这一盛会已经没有了当初的活力。

（二）叼羊比赛

阿富汗古代的故事都离不开战争和对抗这个题材。人们的业余时间同样是在"战斗"中度过的，如摔跤、叼羊、斗鸡、斗鹌鹑、斗羊、斗骆驼、斗狗、刺长矛等等。还有一种游戏是放风筝，也常常是为了互相斗争，即用自己的风筝线切断别人的风筝线。叼羊比赛是最早起源于蒙古草原和中亚一带的一种传统的体育运动，在阿富汗北部的乌兹别克族、塔吉克族和土库曼族聚居的巴尔赫、法里亚布等各省中十分盛行，是当地人民群众最主要的体育和娱乐活动形式之一。每年秋收大忙过后，在犁过的平整的农田里开展这项运动，一直要持续到次年春耕开始之前。3月21日阿历新年时，要在北方最大城市马扎里沙里夫举行一次高水平的比赛。8月独立节期间，由各省选拔出来的冠军队汇集首都喀布尔，进行表演赛。

传统的叼羊比赛规则很不严格。参赛的两个队总人数从几十、几百直至上千人不等。场地的大小因参赛人数多少而异，最大时可达几平方千米。20世纪中期以来，阿富汗奥林匹克委员会为了保证正式比赛的安全，颁布了一些新的规定，限制每场比赛时间为1个小时，上下半场之间休息10分钟。如在一个小时内不分胜负，负责人可以决定继续比赛。场地规模为400米×350米。参赛队员为每队5—15人。比赛设总指挥1人，裁判长1人，裁判员2人。双方各出1名顾问。叼羊比赛的过程是：在场地一端的中央部分挖1个浅坑，内放1只斩去头的小牛（原本为羊，故称叼羊。后改用小牛。因为牛皮坚硬，更能经得起激烈的争抢或马蹄践踏），称为"开赛圈"。在该圈的两侧，分别设

第三章　民族与习俗

红、蓝两个"得分圈"，分属两队。在场地的另一端，距边线50米处划一条"折返线"，线上插着旗子。参赛队员策马立于"开赛圈"四周。骑在马上的裁判长鸣枪或吹哨子发令，或由比赛的发起人亲自出场发口令开赛。位于前列的骑手一起冲向"开赛圈"，争夺小牛，展开一场混战。竞赛包括3个步骤：握住、提起、放在指定地点。任何一方的骑手或主攻手如能从地上提起小牛，便立即将其横放在自己的马鞍之上，将牛腿压在自己腿下，口衔马鞭子，设法摆脱对方骑手的抢夺，在队友的掩护下纵马奔向远端的"折返线"。对方的骑手则奋力冲向前去阻断拼抢。一路上小牛可能几次易手。最终能携带小牛绕过旗子，返回出发点，并将其掷入己方"得分圈"内的，记得1分。终场时以总分决定胜负。故意用鞭子抽打或用手推拉对方骑手，均属犯规，裁判员视其情节轻重，罚其短时间下场直至取消其比赛资格。

叼羊起初并非游戏或运动，而是一种战法，即在亚历山大时期用来捕捉对方俘虏的技巧，后来用来对付入侵之敌，活捉敌人。据说在成吉思汗入侵时也曾经用过这一战法。为了战时应用，平时需要训练，用的是羊或牛的尸体，于是逐渐形成了一种民族游戏。参赛者（尤其是主攻手）要经过几年的训练，他应该既是技艺高超的骑手又是摔跤运动员。马匹也要经过精心挑选和严格训练，要强壮而有抗击力。因此，尽管这项运动十分激烈，也很惊险，但却极少发生伤亡事故。

其他的传统竞技项目还有赛马、长矛比赛、阿富汗式击剑表演、摔跤等等。从20世纪四五十年代起，在首都喀布尔的大中学校里开展了一些球类和田径运动。现代体育较强的项目有足球、篮球、排球、板球、摔跤和拳击等。相比之下，具有民族特色的传统竞技运动有更广泛的群众基础。

第四章　宗教信仰

宗教是阿富汗传统文化的基石，在阿富汗历史的不同时期都扮演了重要的角色。原始宗教对自然力量的崇拜，祆教（也称琐罗亚斯德教）对神的崇拜，佛教在伊斯兰教传入之前对阿富汗的社会和艺术发展产生了重要影响。伊斯兰教传入后，通过各种形式的宗教实践，在阿富汗的政治、文化和社会生活等各个方面都发挥着重大作用。可以说，伊斯兰教构成了阿富汗人精神生活的主体，但大量非伊斯兰和前伊斯兰的因素在当今的阿富汗土地上仍然有着极为广泛的影响。

第一节　伊斯兰教

阿富汗境内98%的居民是穆斯林，其中约80%—90%是逊尼派，其余则是什叶派。普什图族、塔吉克族、乌兹别克族等大都属于逊尼派，什叶派的主体是哈扎拉人。伊斯兰教不仅提供了一整套的信仰与道德体系，深深影响着人们的价值取向和思维定势，而且对于每个社会组织和个体的行为也具有极强的约束力。同时，在过去的一千多年中，阿富汗的大部分人文知识和智力活动主要是由宗教机构和宗教阶层予以传承的,因此,伊斯兰教无可避免地在阿富汗社会与政治生活的各个方面都留下了深深的印记。在一个像阿富汗这样的国家,民族的概念发育未久,国家与社会两相分离,人们只效忠于地方公社,伊斯兰教是唯一可以构成所有阿富汗人共性的东西,代表着阿富汗文化的基本特性。①

一、伊斯兰教在阿富汗的传播与发展

(一)伊斯兰教在阿富汗的传播

公元651年,阿拉伯远征军先后占领赫拉特和巴尔赫,萨珊王朝(224—651年)统治下的东伊朗(今阿富汗西部)落入阿拉伯人手中。从此,伊斯兰教开始在阿富汗地区传播。阿富汗境内山地和高原占全国面积的4/5,像努里斯坦这样的地区,完全与世隔绝,人们之间的交流和交往极为不便。此前在阿富汗的土地上存在着各种各样的宗教信仰,城镇与农业居民信奉佛教、印度教、祆教、基督教和犹太教,而大多数游牧部落则信奉部落原始宗教。当时阿富汗地区的大多数居民处在游牧或半游牧的状态中,氏族和部族制度的影响根深蒂固,部落首领在地方上拥有至高无上的权力。这样独特的地理与人文社会环境致使伊斯兰教在阿富汗的传播异常缓慢。

9世纪前期,阿巴斯王朝开始了逐渐瓦解的过程,帝国境内东西部地区出现许多地方政权。它在亚洲的诸多地方小国,大部分与阿富汗有关,其先后是塔希尔王朝(821—873年)、萨法尔王朝(873—903年)、萨曼王朝(874—999年)、加兹尼王朝

---

① 转引自东方晓:《阿富汗的伊斯兰教》,载《西亚非洲》,2005年第4期,第5页。

第四章 宗教信仰

（962—1186年）和古尔王朝（1000—1215年）。正是在这些波斯人和突厥人建立的王国统治时期，伊斯兰教才逐步完成了在阿富汗的广泛传播，实现了阿富汗地区的伊斯兰化。其中，萨曼王朝和加兹尼王朝的统治者对伊斯兰教在阿富汗的传播做出了最大贡献。

萨曼王国的建立者是巴尔赫附近的贵族，其祖先原为祆教的祭司，后来皈依伊斯兰教逊尼派，统治了阿富汗、河间地区和波斯大部分地区长达120多年。萨曼人对于伊斯兰的贡献主要表现在两个方面：一是突厥人的伊斯兰化，使突厥人也成为逊尼派的追随者，而突厥人在随后几个世纪中成为欧亚大陆接合部的主导性力量，并最终建立起横跨欧、亚、非大陆的奥斯曼帝国；其次是造就了波斯文化的复兴，并使波斯文化成了伊斯兰文化的组成部分。萨曼王国所有的国王都致力于波斯民族历史和艺术的发展。于是，像鲁达基和夏卡尔·巴尔赫等用波斯语写作的诗人开始出现。大量有影响的波斯文学作品的面世使古老的波斯文化焕发了新活力，从此"波斯文化的传统与阿拉伯文化传统相融合，波斯文化遗产成了伊斯兰文明不可分割的部分"[①]。伊斯兰文明的内涵也变得丰富多彩了。

公元10世纪末，萨曼王朝逐渐衰落，萨曼王国的突厥禁卫军队长阿尔普特金在乌浒水（阿姆河）以南建立了加兹尼王朝。从此，伊斯兰教在阿富汗的传播进入了逐渐完成的时期。加兹尼王朝的鼎盛时期，是苏丹·马赫穆德统治时期（998—1030年）。马赫穆德积极传播伊斯兰教，曾17次入侵印度，先后占领了旁遮普、木尔坦、克什米尔和信德的一部分。马赫穆德所到之处，

---

① 金宜久：《伊斯兰教史》，北京：中国社会科学出版社，1990年，第42页。

下令铲除印度教和佛教的神像与寺院，兴建清真寺。加兹尼王国所发动的带有强烈宗教色彩的战争，不仅使阿富汗境内那些长期维持独立、只在名义上接受和顺从伊斯兰教与阿巴斯哈里发的地方势力逐渐消失，还使印度西北的大片地区永久地变成了伊斯兰教逊尼派的势力范围。[1]

到了14世纪末，阿富汗处于信仰伊斯兰教的帖木儿王朝的统治之下。帖木儿王朝统治时期，是阿富汗人发生深刻变化的时期之一。阿富汗人由游牧向农耕定居逐步过渡，阿富汗部落也从宗法氏族关系过渡到封建关系。同时，帖木儿王朝时期，由于统治者崇尚艺术和文化，出现了文明开化局面，被称为"阿富汗的文艺复兴时代"。这次文艺复兴是日益笃信伊斯兰教文化的复兴，修缮和改建赫拉特大清真寺是它的标志性象征。

卡菲里斯坦，意为"异教徒之邦"，那里的居民一直信仰一个单一的天神造物主"伊姆拉"，但也承认其他各种神，并且还保留偶像崇拜。1895年，阿富汗国王阿卜杜尔·拉赫曼率军对卡菲里斯坦进行征服，使卡菲里斯坦皈依伊斯兰教并改名为努里斯坦，意为"光明之邦"。当地群众虽然皈依了伊斯兰教，但仍然保留着原始的信仰和文化方式。至此阿富汗全境都皈依了伊斯兰教。19世纪末，拉赫曼推行伊斯兰教法作为国家统一的律法，以取代各地的习惯法。

阿富汗人为什么放弃原有的宗教信仰接受伊斯兰教，这有多方面的原因。从政治上看，伊斯兰教充当了凝聚民族力量、共同抵御外敌的精神旗帜。在国内问题上，部族认同居主导地位，宗教归属居从属地位；一旦遭遇外敌入侵时，宗教因素往往上升到

---

[1] 东方晓：《阿富汗伊斯兰化进程刍议》，载《西亚非洲》，2005年第6期，第23页。

第四章 宗教信仰

主导地位，部族因素则会屈居从属地位。可以说，伊斯兰教"赋予了阿富汗居民在一个共同信仰下的凝聚力。各部族的原有尚武精神为宗教色彩的圣战所深化"[①]，成为阿富汗人在遭遇外敌入侵时使全国各民族团结一致、共同对外的精神旗帜。这在阿富汗建国后的三次抗英战争中，尤其是在反抗苏联入侵的斗争中有明显体现。从经济上看，皈依伊斯兰教，可以大大减轻经济负担。为了确保国家财政收入，哈里发确定了统一的税收制度。非穆斯林除缴纳什一税外，还需缴纳数额不等的人头税以及其他费用。许多群众最终皈依伊斯兰教就是为了避免缴纳高额的税费。此外，伊斯兰教的基本教义对阿富汗本地社会具有广泛的包容性和吸引力。伊斯兰教的道理简单明了，易于实行。任何人只要念过"万物非主，唯有真主，穆罕默德是真主的使者"这一证言，就被承认为"穆斯林"。没有繁冗的入教仪式，不限于什么地点，只要求有两个懂得《古兰经》的穆斯林作为证人就可以。伊斯兰教的哈乃斐学派对其他教派能持宽容态度，也允许教法之外的世俗政权的法律存在。传入阿富汗的伊斯兰教主要是哈乃斐学派，他们在传播过程中尊重和容忍当地的部落习惯法，使得伊斯兰教能够顺利传播。

（二）阿富汗伊斯兰教的本地化

阿富汗是苏菲主义的重要发源地。公元9世纪，阿富汗的赫拉特、契斯特和贾姆等城市是伊斯兰世界著名的苏菲活动中心，一大批著名的苏菲派诗人和学者应运而生，如霍贾·阿卜杜拉·安萨里（1006—1088年）、贾拉鲁丁·鲁米（1207—1273

[①] 彭树智、黄杨文：《中东国家通史·阿富汗卷》，北京：商务印书馆，2000年，第71页。

年)。鲁米的叙事诗《马斯纳维》，堪称神秘主义叙事诗的巅峰，鲁米与伊本·阿拉比和伊本·法里德被称为12世纪中叶至13世纪中叶伊斯兰世界最伟大的伊斯兰神秘主义思想巨匠。苏菲派的神秘主义在阿富汗民间有广泛的影响，往往渗入各派穆斯林的生活习俗之中。阿富汗主要受到纳格什班迪、卡迪里和契斯提等苏菲教团的影响。在民间的层面，阿富汗的苏菲主义自身已经发生了改变，吸收了一些完全有悖于伊斯兰教的内容。有的神秘主义者吸食麻醉品，有的靠占卜、驱魔、治病来换取生活来源，有的或长或短地处于"入神"状态，与疯子很难区别开来。在阿富汗的东部和跨边界的普什图部落区存在隐修式苏菲（Maraboutic Sufism）。与正统苏菲的导师（Pir）—穆里德（Murid）基于个人效忠的师徒关系不同，隐修式苏菲是集体效忠关系，即一个部族、部落对某个导师家族表示忠诚，而导师则通过祈神赐福（Barakat）使部族或部落得到真主的庇护。在隐修式苏菲里，赞念仪式是由导师及其家族代表信徒举行的，信徒与导师之间的个人关系较为松散，只需每年拜访一次导师，就可以表达对导师的忠诚。[①]

阿富汗的宗教阶层主要由毛拉、乌里玛、圣族或圣门后裔（"Sayyid"和"Khwaja"）和导师组成。大部分毛拉出生贫寒，没有显赫身世，接受了极为初级的宗教教育，只能进入乡村的某个清真寺。乡村清真寺没有多少财产，人们的宗教捐赠也很有限，毛拉只能通过为村民主持婚庆与丧葬仪式、在施行洗礼和割礼时进行祷告等方式赚取更多的收入。乌里玛大多没有显赫身世，从小就在宗教学校或清真寺接受基本的宗教教育，后来进入

[①] Asta Olsen, *Islam and Politics in Afghanistan*, London: Curzon Press, 1995, pp.51-53.

第四章　宗教信仰

较高级的宗教学校或者到国外的学校学习。他们主要以自己的宗教知识获取社会的尊重。赛义德指先知穆罕默德之女法蒂玛与阿里所生的后裔，霍贾是第一任哈里发艾布·伯克尔的后裔。圣族或圣门的后裔不一定接受过宗教教育，但因其不寻常的出生而获得人们的尊敬。导师有自己的信徒和追随者，在生前或是在过世后，一般会被门人弟子尊奉为圣徒，其陵墓往往被奉为圣墓，成为其追随者的朝拜地。导师一般是苏菲教团的教主，出生显赫，大部分是赛义德出身，因号称是信徒与真主之间的联络人而受人尊敬。在阿富汗，乌里玛、导师以及圣族和圣门的后裔并不是彼此排斥、互不相干的群体，在许多情况下，他们的身份是相互重叠甚至是合而为一的。

阿富汗主要的宗教设施包括清真寺、宗教学校、道堂（Khanaqah）以及圣墓（Ziarat）等。清真寺是穆斯林祷告和聚礼之处，著名的清真寺有赫拉特清真寺、蓝色大清真寺。阿富汗的宗教学校遍布全国，为伊斯兰教的传播培养基层的宗教骨干，也为宗教领袖发挥社会影响提供了制度保证。道堂是苏菲教团接受新弟子入会并举行入会仪式的场所，也是导师讲经授业、举行日常宗教仪式或祭祀活动的地方。圣墓则是圣徒的陵寝，许多圣墓有专门拜谒的日期，并有人主持拜谒活动。

二、阿富汗伊斯兰教的特点

阿富汗伊斯兰教具有广泛的兼容性，并呈现出文化的多元性。阿富汗的伊斯兰教不是一个大一统而是一个多元化的群体。这主要表现在阿富汗的伊斯兰教中大量融入原始宗教和前伊斯兰教的思想。阿富汗穆斯林大多属于逊尼派的哈乃斐教法学派，是四大教法学派中较为宽容的派别，较容易吸收当地文化和传统习俗。吸收和消化了埃及、希腊、美索不达米亚和波斯文明的阿拉伯伊斯兰文化，同阿富汗当地原有文化逐渐融合，这其中包括传统的社会习俗以及祆教、佛教、印度教和景教等已被阿富汗人民接受的宗教。此后，随着征服者和王朝的更迭，伊斯兰教又融入了波斯、突厥、蒙古等文明及其宗教元素，其文化内涵变得更加丰富多彩。

阿富汗伊斯兰教来源的多样性和复杂性，使其呈现出不纯正、不正统的特征。阿富汗的伊斯兰教保留了许多原始信仰的因素，有一些信仰或者行为甚至与伊斯兰经典所载明的原则相违背。比如，当地的穆斯林既信奉真主也祭拜鬼神，这有悖于伊斯兰教关于"除了真主，再无神灵"的教义；毛拉为病人"逐魔驱邪"，口念咒语体现了萨满教的文化遗风。阿富汗人认为梦是一种接受神赐智慧以及与真主交流的渠道，而这与真主通过穆罕默德降示最后的启示的伊斯兰思想是格格不入的。伊斯兰教义规定，禁止买卖麻醉品（如海洛因、鸦片等毒品），但阿富汗目前毒品交易十分猖獗，就是原教旨主义的塔利班也加入到其中。

三、伊斯兰教对阿富汗的影响

伊斯兰教是一种宗教信仰、意识形态和文化体系，其中又包含了大量道德文化和生活方式的教诲。它具有自成体系的哲学思想与教义、教法、教规制度和伦理道德规范，对阿富汗的政治和社会文化产生了很大影响。

（一）对政治的影响

伊斯兰教与国家政治紧密地融合在一起，成为维持和巩固政权的重要工具。阿富汗国王阿卜杜尔·拉赫曼，是阿富汗历史上

第四章　宗教信仰

第一位有意识、有目的地利用伊斯兰教为政治服务的统治者。阿卜杜尔·拉赫曼宣称，自己是由真主差遣来的，是为了把国家从第二次英阿战争后的混乱中解救出来；真主把这个荣耀赐给了他谦卑的仆人，并把其安置在一个能担负起责任的位置上……这都是为了（国家的）福祉和神圣的先知穆罕默德的真正的信仰。从此，对于阿富汗的民众和部落领袖来说，服从埃米尔的统治、自觉地维护中央权威是作为穆斯林的基本义务，而对于阿卜杜尔·拉赫曼来说，他的统治直接体现了真主的意志。1964年阿富汗的宪法规定：国王在宗教信仰上必须是伊斯兰教逊尼派哈乃斐教法学派穆斯林，必须按照哈乃斐教法学派的规定指导宗教仪式。2004年宪法规定：总统必须是穆斯林。在20世纪60—70年代全国议会选举中，伊斯兰教领袖始终是议会中人数最多的集团。

伊斯兰教为阿富汗人反抗外国侵略提供了宗教凝聚力。在阿富汗这个被部落、种族和地域分割得支离破碎的社会，伊斯兰教是唯一能够凝聚社会力量以共同反抗外敌的精神力量。第一次抗英战争前，阿富汗国王将称号"沙"改为"埃米尔·乌尔·穆宁"（Amir-ul-Mominin，即伊斯兰教信徒的领袖）。1839年，在英军第一次兵临喀布尔城下时，国王道斯特·穆罕默德手执《古兰经》，号召卫戍部队奋起抵抗。1880年，在第二次抗英战争的关键战役——梅旺德战役，一位名叫马拉莱的少女的歌声激励着阿富汗各部族战士，为赢得战役的胜利发挥了重要作用。马拉莱的歌曲中充满了伊斯兰教的精神力量，有句歌词是"亲爱的小伙子，倘若你在梅旺德不敢战斗，对着真主起誓，你便要落个懦夫的不好名声"。苏联入侵阿富汗后，阿富汗人在伊斯兰教的旗帜下展开了抗苏"圣战"，相继出现"阿富汗圣战者伊斯兰联盟"和"阿富汗伊斯兰革命联盟"。这使阿富汗的抗苏游击队基本上统一在伊斯兰教的旗帜之下,对聚合阿富汗各民族力量、最终夺取抗苏战争的胜利起到了重要作用。

(二)对社会文化的影响

阿富汗历史学家穆罕默德·阿里认为:"要细致地追溯伊斯兰文化对阿富汗的影响程度是不可能的,但是它的影响是无处不在,并且表现得栩栩如生,如诗如画。生活习俗、服饰风尚、烹调艺术、节日庆典、婚嫁丧娶,乃至日常生活的细节小事,都受到伊斯兰文化的熏陶。"①

伊斯兰教和《古兰经》的传入把阿拉伯语言和文字带了进来。阿拉伯人到来之前,阿富汗通用的语言有达里语(即吐火罗语)、普什图语、巴列维语和帕拉格里特语。随着强大的阿拉伯帝国的建立和伊斯兰教的传播,阿拉伯语言和文字的使用范围开始扩大,信奉伊斯兰教的人都必须能用阿拉伯语诵读《古兰经》原文。于是阿拉伯语逐渐成为整个阿富汗的通用语言。达里语和普什图语分别采用阿拉伯语的字形和书写方式,并确定了各自语言的字母表。达里语和普什图语还吸收了大量的阿拉伯语词汇,从而丰富了语言的词汇数量,增强了语言的表达能力。

伊斯兰教对阿富汗习俗方面的影响也较大。一个阿富汗婴儿降生后,通常是由父亲召集家里人商议孩子的名字,但是父亲或祖父对名字有决定权。阿富汗人会以真主的本性和德行命名,比如 Rahman(至仁者)、Wali(庇护者);以圣人或使者的名字命名,比如 Mohammad Karim Khalili(穆罕默德·卡里姆·哈利

---

① 彭树智、黄杨文:《中东国家通史·阿富汗卷》,北京:商务印书馆,2000年,第71—72页。

第四章　宗教信仰

利)、Adam Khan Gharibmal(阿丹·汗·阿里布马勒);以穆罕默德和四贤的亲属的名字命名,如 Amina(穆罕默德的母亲)、Hassan(阿里之子)。阿富汗男孩在幼年要举行"割礼";青年人结婚要请毛拉诵读"尼卡赫"①;在人们去世时,都按穆斯林丧葬习俗去处理。总之,从出生到逝世,都要按伊斯兰教的规定去做。

第二节　原始信仰

原始宗教是以相信万物有灵和灵魂不灭作为思想基础的。在这种思想基础上产生的原始宗教具有崇拜对象极为广泛的特点。从其崇拜形式来看,主要是对自然力和自然物的崇拜,对灵魂和灵物的崇拜等。阿富汗的原始宗教主要表现为精灵(Jinnd)崇拜、山羊崇拜和萨满教。在经历了千百年异质文化的冲击之后,阿富汗原始宗教仍深植于阿富汗社会并全方位地影响阿富汗人的生活方式,从阿富汗的风俗习惯中,仍可以看到原始宗教信仰的影子。

一、精灵崇拜

阿富汗原始人所生活的自然环境恶劣,气候干旱寒冷,在严酷的大自然面前,人们不能主宰自己的命运,只能任自然摆布。他们依赖自然界,同时又对它产生恐惧和崇拜心理,进而把自然界的万物,包括天地、日月、星辰、山川、湖泊,乃至动物和植

---

① "尼卡赫"即证婚词,主要援引《古兰经》中关于婚姻缔结的相关训诫,大意是:结婚是至行,祝愿双方婚姻幸福美满。

物人格化，认为"万物有灵"，从而形成了多种崇拜。精灵崇拜是万物有灵论的重要内容，至今在阿富汗还有相当大的影响。阿富汗人相信精灵经常出没于建筑物、坟墓和人迹罕至的公路，比如石头里居住着名叫"迪乌"（Div）的精灵。

阿富汗人相信，精灵有善恶之分，善良的精灵是白色的，邪恶的是黑色的。邪恶的精灵会以各种形式来危害人类。精灵会变成蛇或蝎子来咬人，能把人吓得灵魂出窍，能使人窒息而死，还能进入到人的肉体，使人精神失常。精灵会经常出没于人类的房屋，会通过移动物体、向人投掷石头或者摇动看不见的铃以暂时麻痹所有听见铃声的人等行为，来显示他们的存在。

阿富汗人会把许多自然疾病都归咎于精灵的行为。睡眠瘫痪症，俗称"鬼压床"（Jinnd Giriftan），即人突然睡醒后发现自己的身体无法移动、不能说话甚至发声。阿富汗人认为是人被精灵控制了，解救的唯一办法是强迫自己背诵清真言"万物非主，唯有真主，穆罕默德是真主的使者"，因为清真言能立刻消除精灵对人的控制并且把精灵驱赶走。

二、山羊崇拜

阿富汗东北部的达拉库尔（Darra-i-Kur）遗址是"山羊崇拜"时代文化遗存的重要代表，其年代在距今4000年以前。在三个坑葬中，出土了由驯化的山羊连接起来的骨架，其中两具骨架被故意砍去头，一具与三个小孩的骨骼碎片相连接。这种埋葬可能具有某种原始宗教仪式意义，与中亚地区自古至今一直存在的"山羊崇拜"习俗有关。山羊角也被发现于阿富汗的墓穴和神庙中。

在努里斯坦，山羊角被视为是声望的象征。房前或者人身上山羊角的数量多少意味着主人的身份高低，以及举行宗教庆典的数量多少。阿富汗的许多圣墓也都有山羊角作为装饰，通常山羊角会放置在旗杆或者单独一根杆的顶端，或者插在圣墓附近的土里。在阿富汗的传统里，山羊角还与受尊敬的勇士联系在一起。《王书》（又译《列王纪》）中把壮如牛的勇士描述为"羊角的拥有者"，因为他们戴着山羊角装饰的头盔。至今，阿富汗仍然流行着一个表达，"拿出你有角的东西"（Bring out Your Horned Ones），意思是"你的强项是什么"。

三、萨满教

萨满教是一种广泛分布于全世界的以万物有灵论为思想基础的古老而富有神秘色彩的原始宗教。"萨满"一词源自通古斯语"Saman"或"Vaman"，意思是"处于昂奋状态而手舞足蹈的人"。萨满可以是巫师、医师、牧师、神秘主义者或者诗人。萨满有两个基本特征，首要特征是昏迷术，也就是神灵附体（Possession）。宗教学家米尔奇·埃里希德在《萨满教——古老的昏迷术》里面指出：萨满教等于昏迷术，昏迷方式是萨满信仰的根本特征。萨满特点之二是过阴追魂，即萨满的灵魂可以离开躯体，到外界找亡灵，可以使亡灵与求魂者对话。[①] 萨满教与民间的生产习俗、饮食服饰、民间音乐、舞蹈、民间文学、杂技魔术、通灵催眠、治病医人、占卜预言、失物寻踪、祈福求安等思想观念以及宗教信仰，有着十分密切的关系，更为重要的是萨满教作为极具适应性的文化现象，在许多接受人为宗教的民族和地区，从第一次受到排挤而转入隐秘的那一刻开始就处于不断的变

---

① 徐义强：《萨满教的宗教特征与巫术的关系》，载《宗教学研究》，2009年第3期，第175页。

迁之中，从而有幸得以延续。① 阿富汗几乎全民是穆斯林这一事实，使得古老的萨满教的痕迹很难被发现。但是萨满教的信念和习俗已经成为阿富汗人社会生活的重要组成部分，尤其是与马兰格（Malang）和圣墓崇拜联系紧密。

(一) 马兰格

伊斯兰教与萨满文化在互惠互利，或者说是彼此利用的前提下进行了相互融合，亦即伊斯兰教为了能够顺利传播，吸收了萨满教的某些成分，而萨满教为了得以延续下去也披上了伊斯兰教的外衣。于是在阿富汗出现了萨满与毛拉或者苏菲双重身份、双重角色的人物——马兰格。

马兰格在阿富汗各地的含义有所不同，可以指巫师、乞丐、圣人、海兰达尔、术士、医生或者骗子。杜普雷曾这样描述阿富汗的马兰格："马兰格被认为是被真主的手摸过的人。有的裸露，四处流浪；有的穿着妇女的衣服；有的穿着形状奇特的衣服。阿富汗的马兰格四处流浪，沿途人们为他们提供食物，受到人们的尊敬。他们时常口中不停地念叨着莫名其妙的话语，声称是真主或者当地圣徒的话，他们背诵《古兰经》，但通常是不准确的。"马兰格通常的装束为：一件长袍、一条锁链、一条珠子项链、一根拐杖和挂在肩上的木钵或金属钵。虽然大多数马兰格宣称自己是苏菲教团的一员，在各种穆斯林名号下活动，以苏菲派的风格进行宗教仪式，但是就凭他们实施昏迷术这一点，就能与正统宗教神职人员区别开来。

马兰格通常通过治病、驱魔、下咒和解咒、占卜等来获取报

---

① 迪木拉提·奥迈尔：《当代哈萨克族的萨满教信仰》，载迪木拉提·奥迈尔主编《无萨满时代的萨满》，北京：民族出版社，2010年，第7—8页。

酬。在阿富汗，无论是城市还是农村，人们遇到头痛、耳朵痛等普通疾病时，由于负担不起现代医疗的费用，往往会找马兰格来医治。如果遇到一些现代医疗方法都不能治愈的疾病，阿富汗人就认为这是邪恶的精灵带来的，就会请马兰格来驱魔。马兰格会把写有《古兰经》经文的纸缝入布的褶边或皮革袋，让病人戴在脖子上或者别在衬衣上作为护身符。如果人出现精神抑郁、体重减轻、皮肤变黄等症状，那么阿富汗人会认为此人是被精灵吓得灵魂出窍了。治疗方法通常是带病人去圣墓找护身符，或者找"法力"高深的马兰格作为"灵魂领路人"来将病人的灵魂引回其肉体。当一个人想加害于他人时，会在受害人路经之处埋上豪猪的刺，再请马兰格召集恶魔给受害者及家庭带来混乱或血光之灾。下咒的另一种方法是马兰格把一块小羊羔油卷在一块布里，靠近方桌火盆或者土灶，同时口中反复念咒语，通过恶魔的力量让受害者变得消瘦，如同羊油在火盆旁慢慢融化一样。同样，当人们经历一系列离奇的不幸的事，比如牲口丢失、突然的疾病、家人相继死亡等，他们就会怀疑自己被下咒，便会请马兰格来解咒。马兰格首先会放一块人造水晶在热的煤上，口念咒语，请求精灵揭示犯罪分子的面目，然后"对症下药"。

（二）圣徒崇拜和圣墓崇拜

阿富汗的圣徒崇拜和圣墓崇拜是与萨满教相联系的宗教仪式遗产的一部分。圣徒通常是苏菲教团的导师、圣族或圣门的后裔，有时普通毛拉和游方苦行僧也可因其学识、人品或特异的行为举止以及有别于常人的能力而成为圣徒。这些人活着时受到人们尊敬，有的还有大批追随者和崇拜者，死后的陵墓则成为圣地，受到人们朝拜。圣墓通常为石冢，一般安放在烂泥糊成的小屋里，也有时候就是简单地四面高墙环绕，通常只有单扇门入口。圣墓周围会有高高的杆，杆或者附近的树上会挂上鲜艳的旗帜或者布，从而缅怀圣墓中的圣徒。圣墓遍布阿富汗的城市、农村和山区，喀布尔西北的伊斯塔里夫，山顶上全是圣墓。圣墓往往以埋葬于此的圣徒或者英雄的名字命名，一些圣墓只是埋葬了圣徒的遗物，比如头发、衣服，还有一些圣墓甚至是伊斯兰教传入前的佛教寺庙或者当地的生殖崇拜中心，大部分圣墓是完全不知来历的。

圣墓神圣不可侵犯，通常是不能搬迁或者拆毁的，因此一些圣墓恰好位于繁华的城市街道或者交通要道上。20世纪20年代，在阿马努拉国王的命令下，喀布尔要拓宽城市道路，需要对双剑圣墓（Ziarat-i-Shah-i-du-Shamshera）进行搬迁。根据传说，喀布尔曾经有一个勇士在被斩首后还继续同异教徒战斗，最后倒在了8千米外的地方。埋葬勇士尸体的地方后称双剑圣墓，距双剑圣墓约8千米是烈士圣墓（Ziarat-i-Shah-i-Shaheed），勇士的头埋葬于此。搬迁工作开始后，诸如铁锹和镐在铲土时突然全部覆盖着血、工人们开始用镐打自己的脚以及推土机在推圣墓外墙时翻倒等不祥的迹象出现，这使当地人认为圣墓绝对不能搬迁。于是，阿马努拉国王下令公路绕行圣墓，并且修建一座清真寺以纪念这个圣墓的神迹。

阿富汗人对圣徒和圣墓的崇拜是希望得到安拉的庇护和赐福，但在许多情形下是受到一些更为世俗和更为实用的动机的驱使。阿富汗人认为，因为有神灵居住在圣墓里，圣墓具有超自然力量。于是，阿富汗人在遇到困难或者危险时，会到圣墓寻求帮助。他们把丝带系在旗杆上，再把旗杆钉到地上或者锲入石冢的石头里，以此祈求圣墓超自然力量的保护。圣墓或者圣墓附近的

第四章 宗教信仰

一草一木、一砖一瓦，只要是能带走的东西都能成为人们所谓的护身符，起到辟邪、治疗蝎子叮咬、预防和治疗疾病或者交好运的功效。有的朝圣者从圣墓带走一点尘土，作为护身符来避邪；有的朝圣者从圣墓附近的树上摘一些树叶制成饮料，用来治病。

喀布尔机场附近的一个圣墓的尘土据说可以治疗百日咳。父母们带着他们的孩子来到圣墓，让孩子吃下一撮泥土。然后，圣墓的看门人会在小孩的脖子上挂上一个护身符。位于喀布尔—帕格曼公路旁的霍贾穆萨菲尔（Musafer）圣墓的砖，由于能够祛除困扰阿富汗家庭的蝎子而闻名全国。圣墓的看门人收集来这些砖，卖给朝圣者。朝圣者回到家后，把砖碾成粉，在每个房间撒上一些，剩下的砖粉缝入一个小布袋放到架子上。如果有人出现口吐白沫、抽搐或者面部扭曲，直至精神失常等症状，阿富汗人认为此人是被精灵附体。治疗方法是把病人带到位于贾拉拉巴德的因能驱除恶魔和治疗精神病而闻名全国的米亚里（Meally）圣墓。病人被链条绑起来，隔绝在一间黑黑的石室里。驱魔仪式一般在晚上进行，由圣墓看门人或者亲属雇的马兰格来主持。马兰格首先对石室进行消毒以消除所有恶魔的影响。随后，马兰格开始背诵《古兰经》中的部分章节，背诵常常持续到深夜。最后，他们用柳树枝鞭打病人从而驱除恶魔。

位于马扎里沙里夫的哈兹拉特阿里墓地能够治愈盲人和跛子。阿富汗人相信，人们也可以通过梦与圣墓中的神灵交流。在阿富汗流传着一个关于两兄弟做梦找到被绑架的妹妹的故事。穆哈马杜拉和恩亚图拉两兄弟是恰尔卡尔当地的乐师，他们的妹妹被绑架了，警察没有发现任何线索。两兄弟来到圣墓向真主祈祷，那晚两兄弟都梦到神灵告诉他们妹妹已经被杀害，应该让警察沿着一条街一家一家搜。根据这一线索，警方找到了女孩的尸体并抓到了凶手。

第三节　其他宗教[①]

阿富汗是一个多民族国家，多民族形成了宗教的多样性。除伊斯兰教外，阿富汗还拥有印度教、犹太教、基督教、锡克教、巴哈伊教等宗教信仰。

一、印度教

阿富汗的印度教可以追溯到公元前2000年印度原始公社瓦解时期的吠陀的宗教。公元前2000—前1000年，雅利安人由兴都库什山翻越帕米尔高原涌入印度河流域，并和当地的土著居民进行长期的斗争并且最终征服了他们。吠陀的宗教是雅利安人和印度河流域土著居民宗教信仰的混合物，它崇拜种种神化了的自然力量和祖先、英雄人物等。在公元前1000年，吠陀的宗教（后来被注入新的内容而成为婆罗门教以及在此基础上形成的印度教）得到印度北部大多数人以及相邻的阿富汗许多地区的人民的崇拜。

在伊斯兰教未传入阿富汗之前，阿富汗南部和东部的大部分居民信奉佛教和婆罗门教，从奉百神，有佛寺几百座、僧人1万多名。中国唐代高僧玄奘在他的《大唐西域记·漕矩吒国》中记载了当时阿富汗查布尔（Zabul）和扎明达瓦（Zamindawar）地区太阳神崇拜的情况：

[①] 教徒和宗教设施数量均来自 United States Department of State, *2012 Report on International Religious Freedom – Afghanistan*, 20th May 2013, http://www.refworld.org/docid/519dd4ec77.html.

"天祠数十，异道杂居，计多外道，其徒极盛，宗事穄（锄句反，下同）那天①。其天神昔自迦毕试国阿路猱山徙居此国南界穄那呬罗山②中，作威作福，为暴作恶。信求者遂愿，轻蔑者遭殃，故远近宗仰，上下祇惧。邻国异俗君臣僚庶，每岁喜辰，不期而会，或赍金银奇宝，或以牛马驯畜，竞兴贡奉，俱伸诚素。所以金银布地，羊马满谷，无敢觊觎。唯修施奉，宗事外道，克心苦行，天神授其咒术。外道遵行多效，治疗疾病，颇蒙痊愈。"

19世纪，大量的旁遮普和信德印度教徒商人随锡克教徒来到阿富汗，他们曾经垄断阿富汗的经济。苏联入侵阿富汗前，阿富汗有数千名印度教徒。战争爆发后，大部分教徒移民到印度、欧盟、北美等地。塔利班掌权期间，印度教徒被迫在公共场所佩戴黄色徽章以证明其非穆斯林身份。

目前，阿富汗约有30个家庭信仰印度教，主要生活在喀布尔、坎大哈、贾拉拉巴德等大城市。阿富汗的印度教寺庙是印度教徒和锡克教徒共同做礼拜的地方，外国佛教徒也可在印度教寺庙里做礼拜。阿富汗有5座印度教寺庙，其中喀布尔2座，坎大哈、贾拉拉巴德、赫尔曼德各1座。喀布尔的一座印度教寺庙与清真寺相邻，并且共用一堵墙。

二、犹太教

阿富汗有记录的犹太教徒要追溯到公元7世纪。到1948年，阿富汗的犹太教徒达到5000人。1951年，大量犹太教徒移民到以色列和美国。当时，阿富汗是唯一一个允许犹太家庭移民而不注销其国籍的伊斯兰国家。20世纪60年代，为了寻求

---

① 穄（chú）那天，梵文 Śuna，婆罗门教中的太阳神。
② 穄那呬罗山，梵文 Śuna-śīra 的音译，山名，在今加兹尼东北。

更美好的生活，阿富汗的犹太教徒集体出走阿富汗，前往纽约和特拉维夫。1969年，阿富汗有300名犹太教徒。1979年，苏联入侵后，大多数犹太教徒逃离阿富汗。到1996年，阿富汗犹太教徒仅有10人，大部分居住在喀布尔。塔利班掌权后，许多阿富汗犹太教徒担心遭到迫害，改信伊斯兰教或伪装成穆斯林。不过，改信伊斯兰教的犹太教徒只是取了一个穆斯林的名字，实际上还是秘密地信奉犹太教（Practise Judaism）。2004年，阿富汗已知的犹太教徒仅有两名，他们是扎布隆·斯门托夫（Zablon Simentov）和艾萨克·利维（Isaac Levy）。利维于2005年1月病逝。目前，斯门托夫是阿富汗唯一一个公开的犹太教徒，他维护着喀布尔唯一一个犹太教堂。在赫拉特，曾经有3个犹太教堂，但由于没有犹太社团而遭废弃。

三、基督教

早在伊斯兰教传入前，阿富汗的一些大居民点和城市里已有为数不多的基督教徒，主要是聂斯脱利派。中世纪末，其主教居住在喀布尔。伊斯兰教传入后，部分教徒移居他国，部分改宗伊斯兰教。到14世纪，基督教的影响在阿富汗中止。19世纪30年代，基督教再次进入阿富汗，首先是美国的新教传教士，以后随着外交、贸易的展开，意大利、法国等西欧的天主教徒也来到阿富汗。但由于阿富汗当权者一直禁止传教士在阿富汗境内传教，阿富汗人若背叛伊斯兰教要被处以死刑，因而上述传教活动收效甚微。目前，阿富汗国内只有500—8000名基督教徒，许多阿富汗基督教徒成为难民居住在其他国家后改信其他宗教。阿富汗的基督教社团几乎都是由外国的技术人员、使馆人员和侨民组成的。阿富汗没有公开的基督教堂，基督教徒单独或者会众在家里做礼拜。在一些军事基地、省级重建队和意大利驻喀布尔大使馆内，有教堂满足本国人民的宗教信仰。

四、锡克教

最早进入阿富汗的锡克教徒是来阿富汗做贸易的卡特里种姓商人。这些商人及后裔在过去的几个世纪里开辟了一条从信德和旁遮普到坎大哈、贾拉拉巴德和喀布尔，然后越过兴都库什山到达撒马尔罕、欧洲的商道。一部分锡克教商人最后定居在阿富汗。苏联入侵前，阿富汗全国有64个谒师所。战争爆发后，大批阿富汗锡克教徒逃亡印度和巴基斯坦，大量锡克教神庙遭到破坏。塔利班掌权期间，锡克教是相对被容许的宗教少数派，但是锡克教徒必须佩戴黄色的徽章或者面纱。不过，锡克教的火葬遭到塔利班禁止，火葬的场所也被蓄意破坏。阿富汗新政府成立后，锡克教徒的处境稍有改善。但是由于锡克教的火葬被认为是对伊斯兰教的亵渎，锡克教徒与当地社区群众的关系较为紧张。很多火葬场所被穆斯林霸占或者挪为他用，火葬仪式经常受到当地穆斯林的干扰。由于缺少合适的火葬场地，2003年，锡克教徒不得不把一名妇女的尸体送到巴基斯坦去火葬。在阿富汗宗教事务部的帮助下，2006年，这些场所被归还给了锡克教徒们。2013年3月，阿富汗总统卡尔扎伊签署法令，在长老院中保留代表印度教和锡克教徒的一个席位。目前，阿富汗有约350个家庭信仰锡克教，全国共有13个谒师所，其中喀布尔有3个。

五、巴哈伊教

巴哈伊教，旧称大同教，又译巴哈教、白哈教、比哈教，是阿拉伯文Bahāiyah的音译。巴哈伊教是在伊斯兰教什叶派之一巴布教派的基础上分化出来独立而成的一种新兴宗教。该教于19世纪80年代传入阿富汗。由于阿富汗国王、政治和宗教领袖对于巴哈伊教有偏见，巴哈伊教没有在阿富汗传播。直到20世纪30年代，阿富汗才出现巴哈伊教徒。巴哈伊教没有专门的神职人员，社群管理事务更多由灵体会负责。1948年，阿富汗巴哈伊教徒在首都喀布尔选举产生了地方灵体会，1969年再次选举产生了喀布尔地方灵体会。1972年，他们选举产生了阿富汗国家灵体会。到20世纪70年代，巴哈伊教已传播到喀布尔、赫拉特、坎大哈、赫尔曼德、加兹尼、帕克蒂亚、楠格哈尔、昆都士、巴格兰、萨曼甘、马扎里沙里夫、希比尔甘和帕尔旺等地区，阿富汗全国有约400名巴哈伊教徒、5个地方灵体会。苏联入侵阿富汗后，大量巴哈伊教徒被逮捕，并遭到14个月的监禁。

由于常年战争，巴哈伊教徒之间失去联系，大量巴哈伊教徒沦为难民逃往其他国家。1986年，在世界正义院的指导下，阿富汗建立了5名成员组成的国家灵体会。1987年和1995年，阿富汗巴哈伊教徒分别在喀布尔和马扎里沙里夫选举产生了地方灵体会。1998年5月，许多巴哈伊教徒遭到塔利班监禁，其中包括妇女和儿童。当年10月，在国际社会和世界正义院的严厉抗议下，塔利班释放了全部巴哈伊教徒。阿富汗新政府成立后，许多巴哈伊教徒从世界各地尤其是巴基斯坦、伊朗、印度返回阿富汗。2008年，50名阿富汗巴哈伊教徒参加了由世界正义院在新德里召开的地区会议。到2012年，巴哈伊教徒大约有2000人，主要集中在喀布尔。

第五章 文学艺术

第一节 语言与文学

一、语言

阿富汗是一个多民族国家,每个民族基本都有自己的语言,同一个民族还有不同的方言,所以阿富汗现有的语言在20种以上,分别属于三个语系:

1. 印欧语系印度—伊朗语族

伊朗语支:普什图语、达里语、俾路支语;

印度语支:印地语、旁遮普语、孟加拉语、达尔迪克语、努里斯坦语

2. 乌拉尔—阿尔泰语系

突厥语族:乌兹别克语、吉尔吉斯语、土库曼语、土耳其语、阿塞拜疆语、哈萨克语;

蒙古语族:少数蒙古人使用的蒙古语方言。

3. 达尔维迪安语系

阿富汗的布拉胡伊族和巴、伊两国的锡斯坦居民使用。

其中，作为阿富汗官方语言的普什图语和达里语两种语言使用人口最多，阿富汗历届政府的一切正式文件、法律、法令、条约、协议均以此两种语言为准。

(一) 普什图语

普什图语是普什图族的民族语言，据20世纪80年代发生战乱之前的统计表明，阿富汗中央和地方有二十几种报纸杂志以普什图语为主，达里语为辅，还有近十种报纸和学术刊物完全用普什图语刊印，阿富汗还出版过普什图语版的《阿富汗大百科全书》7卷。

普什图语在系属上属印欧语系印度—伊朗语族伊朗语支，同属此支的还有波斯语，所以普什图语也称波斯语的姊妹语。有的语言学家曾以历史比较法得出结论，认为古普什图语同琐罗亚斯德教经典《阿维斯陀》最早使用的语言相近，有三千多年的历史。普什图语曾引起国际语言学界的广泛关注，早在1975年联合国教科文组织就在阿首都喀布尔召开过普什图语国际研讨会。按照形态类型分类，普什图语属于屈折语，主要依靠词的形态变化来表示不同的语法意义，有时、体、态、性、数、格等语法范畴。

普什图语是拼音文字，使用变体的阿拉伯语字母拼写，现代普什图语有40个字母，其中有10个字母是普什图语特有的 (ت)、خ、څ、ر、ړ、ش、ڼ、ي、ئ、ی(ۍ))。书写和阅读方向是自右向左。

普什图语单词基本上是见字母即可读音，但有四个短元音 (a、i、u、ə) 在单词中不被字母表现出来，有的辞书使用了相应的元音符号，加在辅音字母的上边或下边，标注出其后面应发的短元音。普什图语词的重音基本落在最后一个音节上，一般不起区别意义的作用①。

普什图语在漫长的发展过程中形成了西部和东部两大方言系统。西部方言系统（Pashto），主要包括坎大哈方言、卡卡尔方言、瓦吉尔方言和哈塔克方言等；东部方言系统（Pakhto），主要有白沙瓦—姆曼德方言、阿富里基方言、优素福扎伊方言和吉尔扎伊方言等，两大方言系统的主要语音区别在于西部方言系统保留了古音 zh 和 sh，而东部方言系统相应地读成 gh 与 kh，两大方言系统在语法上没有大的区别。

（二）达里语

达里语主要是阿富汗境内的塔吉克族、哈扎拉族和西部的基希尔巴什族、艾马克族所使用的语言，与现代伊朗使用的波斯语属同一种语言，是波斯语的古称或者说是阿富汗波斯语。达里语与波斯语的语法完全相同，只是在一些单词、短语和发音上有所区别，这主要是使用环境的巨大差异造成的。达里语形成于伊斯兰时期，是随着中亚塔吉克族的形成而形成的。

关于"达里语"（دری）一词的来源，大致有三种说法：一是它的发音与"山谷"（درّه）一词的发音十分相近，所以认为它是山区农民使用的语言；二是它的发音接近"宫廷"（دربار）一词，而且它曾经是萨珊王朝宫廷里使用的语言，所以认为达里语就是宫廷语言的意思；第三种说法认为其与吐火罗语（Takhari）相近，甚至有人认为达里语就是简化了的吐火罗

---

① 普什图语中有极少数动词的一般过去时和过去进行时变位形式相同，只能依靠重音来区分时态。

语。从大量的达里语早期诗歌和散文作品来看，第二种说法更为可信。

二、文学

阿富汗文学主要指阿富汗地域内从古至今的各族语言的文学作品，其中达里语文学兴起较早，影响最广泛，不仅塔吉克族和波斯民族的作家使用达里语，阿塞拜疆、乌兹别克、土库曼等各族的作家都能使用达里语写作。普什图语文学发展相对较晚，但从18世纪之后开始走向繁荣。伊斯兰教传入并成为大多数人的信仰之后，阿拉伯人的思想和行为方式对达里语和普什图语语言和文学的发展都产生了较大的影响。

从文学体裁来看，诗歌和谚语是阿富汗文学的重要组成部分。诗歌在阿富汗文学中有着悠久的历史和旺盛的生命力。尽管在现代也有人用阿富汗的其他语言来写作诗歌，但是阿富汗诗歌的语言主要还是波斯语和普什图语。传统的波斯语和普什图语诗歌在阿富汗文化中发挥着重要作用，一直是地区教育的一大支柱，它已经融入到国家文化之中。阿富汗著名的诗人包括鲁米、胡什哈尔汗·哈塔克、拉赫曼·巴巴、马苏德·那瓦比、阿赫马德·沙赫·杜兰尼、阿富汗尼和古拉姆·穆罕默德·塔拉基等。许多著名的波斯诗人和作家出自公元10—15世纪的呼罗珊（现在是阿富汗的一部分），如鲁米、拉比阿·巴尔希、贾米等等。此外，阿富汗还有一些在波斯语文学界比较有名的现代波斯语诗人和作家，包括哈利卢拉赫·哈利利、苏菲·阿什卡里、萨尔瓦尔·朱亚等。阿富汗谚语也是阿富汗文学中的瑰宝，深刻地反映着阿富汗文化。虽然"出身低微"，但是阿富汗谚语的丰富和意味深长可媲美世界历史上著名哲学家和作家的语言。一句好的达里语谚语,如果使用得当,可以媲美孔子的智慧、禅宗公案的深度、路易斯·卡罗尔的奇思妙想、马克·吐温的朴素话语和莎士比亚的浪漫情怀。阿富汗人喜欢在讲话中运用机智,所以他们在日常谈话中比西方人更经常使用谚语。

(一)早期文学(约8—15世纪)

1. 达里语文学

已知的最早的达里语诗歌作品出现在塔希尔王朝(821—873年),即公元9世纪的锡斯坦、巴尔赫、布哈拉等地。作者有阿布·萨夫迪、阿巴斯·马鲁吉、阿布·哈夫斯·苏格迪等,诗歌的内容许多都与早期的山谷里的生活有关。

萨法尔王朝时期(873—903年)和萨曼王朝时期(874—999年)达里语文学正式兴起,尤其是萨曼王朝的统治者们重视恢复古代民族文化传统,很多国王都热衷于文学,注意发展文化教育事业,大大促进了达里语语言和文学的发展,出现了很多优秀的达里语诗人和作家。阿布·沙库尔·巴尔黑开创了宫廷叙事诗的先河。最早的散文文献作品是阿布·阿里·穆罕默德·巴尔阿米译自阿拉伯语的《塔巴里通史》。阿布·阿卜杜拉·贾法尔·鲁达基(约858—941年)是此时期最著名的达里语诗人,也是一位宫廷诗人,他的诗歌几乎不涉及宗教的主题,而是着眼于对自然风光的鲜明描述和对人生乐观与爱情的歌颂,且大多数诗中蕴含着深刻的哲学思想,是达里语颂诗、四行诗、抒情诗、短诗、叙事诗、赞美诗等各种体裁的开创者,著有《诗集》,是达里语文学的奠基人,被誉为"达里语诗歌之父"。与鲁达基同时期的拉比娅·巴尔黑是第一位用达里语创作悲伤的爱情诗的女诗人，她的诗文字优美，感情炽烈，充满了神秘主义色彩，她为达里语文学的神秘主义创作流派开辟了道路。

这一时期最重要的达里语文学作品当属史诗作品《王书》（《列王纪》），其作者是伟大的诗人哈桑·本·伊斯哈克·本·沙拉夫·费尔多西（940—1020年）。《王书》的内容主要包括神话传说、勇士故事和历史故事，记录了从公元前巴克特里亚最早的国王凯尤马斯起，到公元651年萨珊国王耶兹苟尔德三世被打败为止约4500年间的神话、故事及英雄史诗。全书12万行，流传下来的约10万行，共分50章。《王书》是达里语文学发展史上的一座里程碑，它唤起了阿富汗人在被阿拉伯人征服之后一直受到压抑的民族思想和民族精神，激发了文学创作的热情，提高了达里语相对于阿拉伯语的地位，扩大了达里语的传播范围。史诗中使用的达里语词汇、短语和表达方式成为后世诗人学习和尊崇的典范，后被翻译成多种欧洲语言的版本。

除普什图语和达里语文学著作外，在萨曼王朝时期，也出现了许多阿拉伯语科学方面的著作，主要有伊本·库杰伊巴（828—889年）所著的《知识之书》，天文学家阿布·马莎尔·贾法尔·伊本·穆罕默德·巴尔黑的近40部天文学著作和历史学家阿布·巴克尔·纳尔沙希的《布拉哈历史》等。

在加兹尼王朝时期，苏丹·马赫穆德及其继承者们为博得"英明的统治者"的美名，很重视文化事业的发展，热衷于提倡文学、艺术和科学知识，因此，由萨曼王朝兴起的达里语文学在此时得到了新的发展，出现了大量诗集和各类书籍。这个时期的主要文学形式是宫廷诗，马赫穆德、马苏德和巴赫拉姆·沙赫等国王都爱好文学，甚至自己能做诗。阿卜杜尔·卡赛姆·本·阿赫马德·翁苏里（961—1039年）是诗人、哲学家和学者，被马赫穆德委任为宫廷诗人,并被授予"诗圣"的称号,其作品多为赞美马赫穆德和其他国王的颂诗,一生中创作诗歌共3万多个联句,汇编成《诗集》(仅存3000个联句)。翁苏里是阿富汗把关于爱情的民间传说用作诗歌创作题材的第一人,其叙事诗《红佛与灰佛》描写的就是巴米扬的两尊高53米和35米的大佛之间的爱情故事。著名自由诗人、哲学家哈基姆·纳赛尔·霍斯鲁(981—1068年)被誉为"呼罗珊的象征",其诗歌内容涉及哲学和宗教,没有君主和宫廷生活,重精神信仰,轻物质享受,认为只有同宗教相关的知识才是真知。他是第一位利用诗歌来表达特定信念,并把诗歌当成思想信念的宣传工具的诗人,诗歌作品有《诗集》(11000个联句),散文作品有《旅行记》。霍斯鲁对阿富汗后来的诗人,尤其是苏菲派诗人产生了巨大影响。公元11世纪开始,苏菲主义思想传播到阿富汗,并逐渐对文学产生了影响,阿富汗的许多作家和诗人都是苏菲派的信徒,与宫廷诗人相比,苏菲派诗人使用的语言更浅显易懂,内容也比较简单。华贾·阿卜杜拉·安萨里(1006—1088年)是加兹尼王朝后期的苏菲派大诗人、哲学家、教师和人道主义者。他是阿富汗第一位苏菲派诗人,其作品风格简洁明快、浅显易懂、气势磅礴,在阿富汗文学发展史中占有显赫地位,著有达里语诗集《神的爱》、《身心》、《天书》、《爱之书》、《游僧》和《七城堡》等(共14000个联句),内容全部是表达对神的爱,还著有阿拉伯语诗集《诗集》(6000个联句)。阿布尔·马吉德·马吉杜德·萨纳伊(约1094—1150年)是加兹尼王朝时期最伟大的学者之一,也是达里语文学的三大苏菲派诗人之一。他青年时期是宫廷诗人,而后期转变为神秘主义者,坚持在自己的作品中利用哲学和神秘主义思想,以伊斯兰教为主题,要把人们引上正确的道路。

其作品气势恢宏，风格独特。他著有《诗集》（8000个联句），叙事诗《花园》（12000个联句）。后人为了纪念他，在加兹尼市内修建了一座以萨纳伊命名的图书馆。

古尔王朝的统治者同样十分喜爱文学，其都城菲卢兹库赫曾一度成为文化中心，宫廷里汇集了诗人、艺术家、学者等多达数十人，著名的诗人有萨马尔干迪，写有诗集《轶事录》，还有阿布·纳斯尔·法拉希、齐亚乌丁·哈拉维和扎西鲁丁·锡斯坦尼等，曾放火焚烧了加兹尼城的古尔国王阿拉乌丁·侯赛因·古里也是诗人，著有《诗集》。

11世纪上半叶，历史编纂学业发展起来，涌现出一些著名的历史学家和诗人。苏丹·马赫穆德的宫廷官员阿卜杜尔·贾巴尔·乌特比用阿拉伯语写了《阿明尼历史》，于18世纪被译成达里语；历史学家阿布·赛义德·格尔迪齐于1048年到1052年之间用达里语编写了历史文献《值得报道的事件》；这个时期最伟大的历史学家、学者、作家是阿布·法兹勒·贝哈基（1006—1080年），其代表作编年史《保卫者家族的历史》（30卷）历时16年完成，记录了加兹尼王朝的各类信息，但保存下来的只有零散不全的几卷，其中《马苏德卷》以《贝哈基历史》之名闻名于世。

达里语散文创作开始于萨曼王朝时期，主要是一些历史题材的作品、评论和地理书籍。加兹尼王朝时期虽以诗歌作品著称，但散文也同样得到了发展，出现了一些著名的散文作家，贝哈基就是其中的代表人物，其散文作品文字纯熟，内容主题鲜明，堪称达里语散文的杰作。

13世纪，由于蒙古人的践踏，阿富汗的文学和科学发展受到了沉重打击，作家、诗人和学者有的死于战乱，有的受到迫害，有的逃往国外。幸存的文人们由于目睹了蒙古征服者的横征暴敛，于是对外部世界感到悲观，对人生真谛有了更深刻的思考和理解，开始寻找内心世界的宁静和纯洁。他们把神秘主义看成人民求生存的方式和途径，用诗歌形式表达神秘主义最温和的情感，揭露生活中的丑恶现象，把神秘主义诗歌推向了发展的顶峰。逃亡国外的人，一方面把呼罗珊地区的语言文学和文化推广到了印度、伊朗南部和小亚细亚的一些地方，同时，也使当地的文学吸收了阿拉伯语的单词和借喻等表达方法，达里语里也增加了一些突厥语和蒙古语单词。

毛拉维·贾拉鲁丁·穆罕默德·巴尔黑·鲁米（1207—1273年）是阿富汗最著名的达里语苏菲派诗人和哲学家，享有"学者之王"的美誉，他教授的伊斯兰教哲学和精神在伊斯兰世界产生了巨大的影响。鲁米的诗歌采用朴素的文体，并利用民间诗歌的形式，通俗易懂，保留下来的诗歌目录有12卷，其中叙事诗《马斯纳维》（共6卷27000联句）是最完整的达里语诗集，堪称神秘主义叙事诗的巅峰，在世界文学中也享有盛名，诗集内容庞杂，既有民间故事的讲述，又有富于哲理的思辨，还有奔放的感情抒发。谢赫·穆斯里丁·阿卜杜尔·萨迪（约1208—1292年）被认为是中世纪抒情诗体作家的典范，也是散文巨匠，其作品不仅富有艺术价值，并且是很重要的历史地理资料，代表作有训事故事集《果园》和散文故事集《蔷薇园》。《蔷薇园》记录了异族入侵给人民带来的灾难，表达了作者对封建统治的不满和对人民的同情，作品吸收了大量民间文学的素材，文字简洁流畅，描写生动，文学价值很高，被翻译成多种语言，其中包括阿卜杜尔·卡迪尔·哈塔克翻译的普什图语版《花束》。华贾·沙姆苏丁·穆罕默德·哈菲兹（1327—1389年）是杰出的达里语古典抒情诗人，他把描写爱情的苏菲派抒情诗推到了巅峰，他精通阿拉伯语，其《诗歌集》对世界诗歌的发展有一定的影响。

帖木儿帝国统治时期，中亚和阿富汗地区的文化得到了复兴。尽管帖木儿喜欢战争和征服，也没受过多少教育，但他却是一位"艺术之友"，每到一个地方总是把当地的建筑师、设计师、艺术家等有学问的人带回都城，还慷慨地对学者和诗人进行奖励，开创了著名的"帖木儿艺术时代"。他用富丽堂皇的清真寺、宫殿和宗教学校装饰首都撒马尔罕，还在各地修建了许多重要的公共工程。帖木儿的儿子沙哈鲁继位后致力于重新恢复和发展文化活动，大力奖励文艺，大兴建筑，以首都赫拉特为中心，在阿富汗和中亚进行了一场文艺复兴运动，并取得了辉煌的成果。帖木儿的继承者们多数受过良好教育，有很高的艺术修养，他们不仅爱好艺术，有的本人就擅长写诗作画，他们注重发展和普及文化知识，鼓励和支持学者、艺术家和作家的创作活动，建立了图书馆，发展了艺术、文学、哲学、书法和建筑学，这一时期的阿富汗学术、文化和艺术达到了新的辉煌。沙哈鲁的儿子乌鲁格·贝格（1394—1449年）热爱知识，学识渊博，喜欢并积极提倡天文学，本人就是学者和天文学家，在马拉盖城建造了当时东方最好的天文观象台，还和其他学者一起编写了《乌鲁格·贝格天文历表》。

帖木儿王朝的文艺复兴运动的特点之一是有封建君主们的积极倡导和直接参与；其二是同当时这一地区的居民日益笃信伊斯兰教的潮流相适应，反映出了较强的伊斯兰宗教色彩。

这一时期的文学作品仍然受到当年蒙古人野蛮摧残的影响，轻现实，重来世，社会上普遍流行着迷信、幻想、许愿和相信魔法等思想风气，苏菲派的信仰得到了进一步传播。诗歌和散文中

第五章 文学艺术

常常提出同厌世、顺从、满足和忍耐有关的箴言和忠告，在艺术手法上大量使用借喻、暗示等手法，文字晦涩难懂。散文语言华丽而结构复杂，爱情和神秘主义成为诗歌创作的两大主题，抒情诗得到发展。

编写历史也是这一时期的风尚，帖木儿家族的国王和王子们对修史工作的兴趣超越以往，激发了文人学者们记录和编写历史的热情。最重要的历史书籍有：阿拉乌丁·阿塔·马立克·贾维尼·哈拉维的《世界征服者的历史》，内容包括从蒙古人的兴起到成吉思汗对中亚进行征服时的重大事件；阿布·奥马尔·乌斯曼·米纳朱丁的《纳斯里通史》，内容从远古到13世纪；哈菲兹·阿布鲁的《简史》；穆伊努丁·穆罕默德·伊斯夫扎里的《赫拉特历史》等。沙哈鲁的另一个儿子拜伊桑卡尔是帖木儿家族中最有艺术才华的成员，是书法家、诗人和画家，他崇尚知识和艺术，鼓励人们学习艺术，为此修建了许多新的图书馆，来自波斯各地的学者纷纷涌入他的宫廷。在他的鼓励下，有大量书籍出版，《拜伊桑卡尔传》是其中流传下来的一部手抄本"王书"。

帖木儿帝国的最后一位国王苏丹·侯赛因·米尔扎（1468—1506年），促进了文学、艺术、建筑、修史以及伊斯兰神学的蓬勃发展，使帖木儿王朝的文艺复兴运动达到了顶峰。他的宫廷中集中了来自中亚、伊朗和印度的著名学者、艺术家、诗人和建筑师，他还在赫拉特建立了一个艺术和文学中心，使得当时的赫拉特被誉为"伊斯兰的佛罗伦萨"和亚洲的文化艺术中心，米尔扎本人也能写出优秀的散文和诗歌作品。此时的代表人物有：努鲁丁·阿卜杜尔·拉赫曼·贾米（1414—1492年），他是达里语苏菲派大诗人和著名学者，与费尔多西齐名，他的颂诗、抒情诗、神秘主义诗歌以及描写爱情的诗歌作品都达到了同时代人的最高水平,他有60多部著作,内容涉及经训注释、教义、伦理、人物传记、历史、阿拉伯文法、韵律学、诗歌、散文、音乐等,著名作品是《七卷诗》(又名《七宝座》),其中4卷论述苏菲教义和宗教伦理,篇名是《金锁链》、《萨拉芒和阿布萨勒》、《自由人的赠礼》、《信士的念珠》,另3卷为叙事诗,其中以《莱伊拉和马季农》、《优素福和祖莱哈》最为著名。贾米的诗歌作品不仅在阿富汗和伊朗具有特殊地位,在土耳其、印度、伊拉克和阿塞拜疆等国也受到广泛喜爱,他令人瞩目的成就宣告了其后达里语文学黄金时代的终结。阿里·希尔·纳瓦伊(1441—1515年)是苏菲派诗人和学者,最早用察合台文创作诗歌,其颂诗、鲁拜诗最为著名,是乌兹别克文学的开创者,被誉为"突厥语文学之父",一生用突厥语和达里语创作了29部散文和诗歌作品。

2.普什图语文学

普什图语文学诞生于古尔山区和苏莱曼山区等地,在这里出现了一些早期的普什图语诗人和诗歌作品,散文不多见。这一时期的诗歌创作使用纯普什图语单词,艺术水平不高,意境朴实,语言通俗,尚未受到阿拉伯语和达里语的明显影响,但是许多内容有明显的伊斯兰教思想的痕迹。已知的普什图语最早的诗人是古尔王朝的国王之一埃米尔·克鲁尔·苏里,公元760年前后统治古尔地区,他创作于8世纪的战斗诗篇《荣耀》语言风格豪爽,感情奔放,抒发了诗人的英雄主义气概,被认为是普什图语文学史上的开篇之作;拜特·尼克是第一位普什图语苏菲派诗人,约生活于公元1000—1100年之间,相传为卡萨山区吉尔扎伊部落的首领,代表作《圣歌》收录在《圣徒传记》中,《圣徒传记》是一部用散文体写的历史和宗教书籍,保存下来的只有原书开始的一些章节共 8 页，其中记录了普什图部落的一些首领和人名等。

(二) 中期文学（约 16—19 世纪）

1. 达里语文学

16 世纪初，随着帖木儿王朝统治的结束，阿富汗地区陷入周边莫卧儿、萨法维等大帝国的争夺之中，教育和文化设施遭到损毁，文学家、艺术家和科学家们四散分离，虽然各个王朝的统治者们还比较支持文化发展，在巴尔赫、赫拉特、喀布尔和坎大哈等地也出现了一批诗人和学者，但是赫拉特还是丧失了作为中亚各族人民文化中心的地位，"文艺复兴运动"创造的文化辉煌不复存在。建立了莫卧儿王朝的巴卑儿及其继位者们很注意保护和鼓励达里语文学，并把呼罗珊文明和达里语带到了印度，达里语的诗人和作家们在喀布尔和德里的宫廷里享有很高的地位，许多印度诗人也能用达里语创作诗歌，阿富汗和印度的文化相互影响。巴卑儿本人能用达里语和突厥语写出很好的文章，其中最著名的是突厥语的《巴卑儿传》。此时达里语文学方面最具影响力的人物是米尔扎·阿卜杜尔·卡迪尔·贝迪勒（1644—1721 年），他是莫卧儿王朝晚期的文学巨星，文学家、苏菲派诗人和哲学家，著有《贝迪勒全集》，代表作是散文《四本源》。贝迪勒在亚洲文学界享有崇高的地位，迄今，塔吉克斯坦、乌兹别克斯坦等中亚国家及阿富汗、印度和巴基斯坦都把每年伊斯兰教历的 2 月 4 日称作"贝迪勒文学日"。

2. 普什图语文学

16 世纪至 17 世纪，普什图族的部落头人们写了大量的诗歌作品。罗尚家族，包括阿尔扎尼、米尔扎·安萨里和巴亚吉德·罗尚等人，是这一时期散文和韵文的奠基者，是他们最先把苏菲派思想作为一种信念和学派应用在了普什图语的诗歌创作中。巴亚吉德·罗尚（约1525—1585年）和他同时代的作家阿洪德·达尔维扎两人最先创作了半押韵的普什图语散文，他们的散文既有格律又押韵，语言具有感染力。罗尚的散文作品的语言风格受到了阿拉伯语的很大影响，使用了很多阿拉伯语、达里语和古普什图语单词。罗尚一生作品丰富，主要是达里语的诗歌、散文和普什图语的韵文、诗歌，还有一些阿拉伯语和印地语的作品，他把文学作为宣传民族独立、号召普什图各族团结一致反抗莫卧儿王朝统治的有力武器。代表作有讨论伊斯兰教法规的散文《善言》、自传《身世》、劝导严持戒律的《联合之路》和写历史、信仰及宗教原则的《罗尚介绍》等等。与罗尚同时代的苏菲派诗人阿洪德·达尔维扎（约1530—?）是与罗尚宗教思想对立的文学家，致力于反对罗尚的宣传活动，代表作是达里语韵文《伊斯兰教的宝藏》。宗教上的论战使得神秘主义这个题材被纳入了普什图语文学之中。

17世纪最伟大的普什图语诗人是胡什哈尔·汗·哈塔克和拉赫曼·巴巴。胡什哈尔·汗·哈塔克（1613—1691年）是伟大的普什图语战斗诗人和散文家，是阿富汗文化理想的人格模式，在普什图文学史上占有重要地位，有"普什图语文学之父"的美名。其散文不押韵，句子自然而简单、接近口语，但却非常生动，与现代散文十分接近，风格独树一帜。代表作有《练习簿》、《头巾》和《普什图语指南》等。哈塔克的诗歌作品十分丰富且影响深远，他的诗歌简洁明快、通俗易懂，内容广泛，有《我愿为阿富汗的荣誉而死》、《雄鹰首次冲出巢穴》等号召部落团结一致、不畏强暴的诗篇,还有歌颂真挚爱情和赞美大自然风光的抒情诗,其作品被后人收录于《全集》(共40000联句),哈塔克的子孙还收集出版了他的语录集《装饰着宝石的历史》。拉赫曼·巴巴(约1663—1739年)是与哈塔克齐名的普什图语诗人,苏菲派神秘主义者,主张人人都应满足于现实,超脱尘世。他对伊斯兰教法规有着深刻理解,在其作品中引用了大量《古兰经》和穆罕默德言行录里的内容。其诗歌内容包括道德、爱情、宗教和社会等各个方面,还涉及诸如品行、圣洁和灵魂净化等哲学问题,语言流畅,通俗易懂,又令人回味无穷,深受普什图族人民的喜爱,全部作品都收录于《诗集》,直到现在几乎每个家庭和清真寺里都摆放着他的《诗集》。

18世纪是普什图语文学发展的重要时期,文学作品无论是在数量上,还是质量上都有了很大提高,因为此时米尔·瓦伊斯建立了普什图人自己的政权,阿赫马德·沙赫建立了杜兰尼王朝,反抗莫卧儿王朝暴政的民族精神有所加强。当时,在普什图族的中心城市坎大哈掀起了诗歌和文学创作的热潮。这一时期的诗人有500多人,作品大多是爱情题材,并具有神秘主义和宗教色彩,也有一些诗歌以战争为题材,如诗人雷迪·汗·穆曼德以沙赫·马赫穆德征服伊斯法罕的战争为题材创作的《马赫穆德传》(共2000个联句)。霍塔克王朝国王米尔·瓦伊斯的子女和宫廷之中不乏著名诗人,其子沙赫·侯赛因用普什图语和达里语创作的诗歌被编成手抄本《诗集》,由于他通晓伊斯兰教法规,还注释了《古兰经》;瓦伊斯的女儿吉娜布是当时著名的女诗人之一,其为悼念自己的兄弟沙赫·马赫穆德而作的诗真挚感人。阿赫马德·沙赫·杜兰尼既是一位杰出的统治者,也是一位普什图语诗人,他的诗中充满了对祖国的热爱,他的作品集《诗集》

流传后世。皮尔·穆罕默德·考卡尔（1817年去世）是阿赫马德·沙赫的宫廷诗人、学者，能用普什图语、达里语和阿拉伯语作诗，著有《诗集》。他还编著了首部普什图语教学用书《阿富汗语介绍》，内容包括语法规则、词汇和散文写作等。虽然此时的诗作很多，但大多数未能保留下来，有些遗失了，有些被英国人劫掠到了伦敦。

19世纪，阿富汗和英国之间持续了近半个世纪的战争，对文学创作的形式和内容都产生了巨大影响，文学作品中展现了强烈的民族独立意识和战斗精神。赛义德·贾马鲁丁·阿富汗尼（1838—1897年）是一位著名的唯心主义哲学家、政治活动家和泛伊斯兰主义先驱，通晓达里语、普什图语、阿拉伯语、英语等多种语言，主要著作有《反驳自然主义者》、《哲学的利益》等。大诗人哈米德把第一次英阿战争中民族英雄的事迹写成了达里语诗歌《阿克巴尔传》，该诗不仅具有较高的文学价值，而且是一部能激发民族自立自强精神的历史教材，被誉为阿富汗19世纪的"王书"。另一位诗人卡塞姆·阿里也以相同的风格和形式写出了描述喀布尔战役经过的达里语诗歌《凯旋歌》，同《阿克巴尔传》一起成为当时文学创作的代表作品。其他散文体历史作品还有米尔扎·雅库布·阿里·哈菲的《阿富汗史》、努尔·穆罕默德·坎大哈里的《酋长国的花园》、苏尔坦·穆罕默德·哈立斯·阿布达里的《王国历史》和米尔扎·菲兹·穆罕默德·古里编写的《历史的明灯》等，但这些作品大多文字水平一般，文学价值不高。

（三）现当代文学（19世纪以来）

19世纪末，阿富汗确定了国家的政治版图，建立起君主专制政体。现代国家出现萌芽，民主运动开始兴起，出现了自上而下的要求变革的运动。20世纪中期，阿富汗产生了要求民主、自由，消除社会贫困、落后和愚昧状况的新觉醒。政府开始重视普什图语的应用和发展，先后成立了一些学会和研究会。

19世纪末20世纪初，一方面，阿富汗暂时摆脱了持续不断的内战和外来侵略战争的困扰，经济有了一定程度的发展，出现了发展科学和文化的有利契机；另一方面，亚洲的觉醒激发了阿富汗知识分子要求国家独立和进行现代化改革的民族主义思想。在这样的背景下，阿富汗的文学创作成为反对殖民主义，唤起民族精神，宣传民族独立和现代化改革思想的园地，代表人物是塔尔齐和他带动下的一批年轻有为的作家和诗人，他们被称作"阿富汗青年派"。

马赫穆德·贝格·塔尔齐（1865—1933年）是阿富汗近代史上杰出的民族主义者、文化启蒙活动家、诗人和哲学家，能用普什图语、达里语、乌尔都语、土耳其语、阿拉伯语和法语写作。其创作不拘泥于传统的模式，也不刻意追求新颖的风格和技巧，用自己简单而科学的写作方法确立了达里语散文写作的新风格。在诗歌方面，塔尔齐在前人优秀作品的基础上开辟了社会、科学、政治和批评等新的题材。其主要作品有《马克西姆花园》、《杂文》、《诗集》、《艺术的高雅》、《亚、欧、非三大洲29天之旅》、《阿富汗地理》、《秘密岛屿》等十几种单行本和小说。塔尔齐还有阿富汗"报刊之父"的称号，1911年他创办并主编了达里语半月刊《新闻之光》，发表新闻、政论和文学等诸多内容和题材的文章，用浅显易懂的文字向人们介绍当时世界上最新的思想和科学知识。这个时期有名的作家还有：达里语作家和诗人阿卜杜尔·拉赫曼·卢迪（1893—1930年）；阿卜杜尔·哈迪·达维（1895—1982年），普什图语和达里语作家、诗人，代表作有诗集《花房》和《旋律》等；阿卜杜尔·阿里·穆斯塔加尼·瓦尔达基（？—1932年），达里语和普什图语诗人，诗歌收录于《全集》等等。塔尔齐和他的同时代的作家们在阿富汗传播了科学知识，并把国外的大千世界介绍给了读者。

从19世纪末开始，阿富汗历届政府都很重视普什图语发展工作，普什图语走上了正规发展之路，出现了一大批较为有影响的作家。在埃米尔·希尔·阿里·汗时期，普什图语被用于正式场合；在埃米尔·哈比布拉·汗时期，普什图语被定为学校的教学语言之一；阿马努拉·汗也很关心普什图语的发展，1923年马赫穆德·塔尔齐遵照国王的意愿成立了"普什图语研讨会"，全国各地都要派一名文人和学者作为代表参加，以此促进普什图语的发展。在坎大哈、贾拉拉巴德、帕克蒂亚和法拉等省，分别创办了《阿富汗崛起》、《东省联合》、《光线》、《锡斯坦》和《梅旺德》等普什图语刊物，在《新闻之光》报上也发表了一些普什图语文章。1931年，喀布尔成立了"喀布尔文学协会"，先后出版了《喀布尔杂志》和《喀布尔年鉴》；1932年12月，坎大哈成立了"坎大哈普什图文学协会"，开始出版杂志《普什图》。1937年，"喀布尔文学协会"和"坎大哈普什图文学协会"在喀布尔合并，成立了"普什图语学会"，即普什图语研究所，正式出版物为《喀布尔》杂志和《好消息》周刊。普什图语学会为普什图语文学的发展做出了重要贡献，先后出版了数百种图书。1942年，"历史和文学协会"成立，创办了《阿里亚纳杂志》；1944年，喀布尔大学文学院成立，设立了普什图语系，创办了《微风》杂志。1975年，普什图语国际研究中心成立，并召开了国际研讨会，1978年创办了《普什图语》杂志。在政府和文学机构的鼓励和带动下，普什图语散文和诗歌创作日益繁荣，首次出现了剧本、小说等体裁的文学作品，还有许多西方的文学作品被翻译成普什图语。

20世纪50年代开始，阿富汗实行了3个经济发展五年计划，在此期间，文学创作活动十分活跃，涌现了大量达里语和普什图语作家和诗人。散文作品的题材通常是历史、社会问题、文学、宗教及时事政治等，作家往往身兼数职，既是历史学家，又是新闻工作者。现当代著名的普什图语诗人和作家有：

古尔帕洽·乌尔法特（1909—1977年），著名诗人和作家，其诗歌和散文俱佳，在现当代作家中享有很高的声誉，曾任普什图语学会会长和喀布尔大学文学院教授。他早年的作品中表现了强烈的民族主义精神，中年时侧重于讨论伦理价值。作品语言朴实无华，浅显易懂，深受读者喜爱。代表作有《诗歌选集》、《散文选集》、诗集《心声》、《文学讨论》和《普什图之歌》等等。

阿卜杜尔·哈伊·哈比比（1911—1984年），著名文学家、学者和历史学家，被誉为普什图语大师级作家，他发现、校对并出版了一千年前的古籍苏莱曼·马库的《圣徒传记》和普什图语的第一本诗集《未被发现的宝藏》，还整理了《胡什哈尔·汗·哈塔克全集》和拉赫曼·巴巴的《诗集》，著有《普什图诗选》、《普什图文学史》和《阿富汗简史》等。

盖亚姆丁·哈代姆（1912—1980年），苏菲派作家、诗人，曾任普什图语学会副会长。他把发展普什图语和唤醒自己的民族作为奋斗目标，主张纯洁普什图语，废弃外来词汇。他一生创作了大量作品，内容涉及爱情、社会、政治、改革和批评等各个方面，其创作思想受到了巴基斯坦诗人伊克巴尔和印度作家泰戈尔的较大影响。主要作品有《幻想的世界》、诗集《珍珠项链》、故事集《新生活》、《普什图法典》和《精神之花》等。

阿卜杜·劳夫·贝纳瓦（1913—1985年），著名诗人、作家和新闻工作者，曾任普什图语学会副会长、喀布尔广播电台台长和新闻文化大臣等职。他开创了用普什图语创作剧本的先河，其作品反映社会生活，针砭时弊，对劳苦大众的不幸寄予同情。代表作有诗集《不安的思想》、《麦穗》和剧本《老罪人》等。

西迪库拉·李什汀（1919—1995年），著名作家，18岁开始在报刊上发表普什图语诗作和文章，曾任普什图语学会会长、教育部顾问、喀布尔大学文学院教授等职。主要作品有《普什图文学史》、《普什图语法》和散文《印度之行》等。

努尔·穆罕默德·特勒凯（塔拉基）（1917—1979年），作家、新闻工作者，用普什图语创作小说的第一位作家。主要作品有中篇小说《班克打工记》、《遗产之争》和《苦力》等，另作有短篇30多个，内容主要是揭露社会的黑暗，反映劳动群众的苦难生活。

现当代著名的达里语作家有：阿卜杜尔·哈克·贝塔布（1886—1971年），人称"诗圣"，擅长抒情诗，著有《诗集》；哈利鲁拉·哈里利（1909—1985年），诗人、作家，代表作有《赫拉特历史》、《加兹尼王朝》和《呼罗珊的英雄》等，其诗歌和散文作品通俗易懂，幽默风趣，又不失威严壮丽，他被阿富汗和伊朗人视为当代最伟大的波斯语诗人。

在20世纪40年代和50年代，阿富汗文学受到了伊朗"人民文学"的影响，苏联和东欧国家的社会主义、现实主义的观念和文风也通过伊朗传入了阿富汗，伊朗著名的理论家塔齐·阿拉尼一度在喀布尔很有名气。60年代，一些青年左派分子明显地受到了这种观念和文风的影响，他们借用外来的思想，使用过时的表达方式，生硬地把一些革命的辞藻、传统的爱情故事和神秘主义的悲伤运用在自己的作品中，去激励人们行动起来。代表人物是普什图族学者和诗人苏莱曼·劳埃克（1930— ），50年代初期，他创作的诗歌都是埃及风格的宗教诗，主题是拥护伊斯兰世界的统一，反对帝国主义和君主制度，50年代末他又主张温和的社会改革，进而提倡科学社会主义，著有《诗集》。巴里克·夏菲伊是另一位有代表性的诗人，他的诗歌曾经使得许多虔诚的穆斯林为之倾倒。在成为社会主义者之后，他以穷苦农民和被压迫的劳动者的口吻，历数人民群众的种种不幸。然而，他在作品中使用的语汇总是摆脱不了他的宗教背景。

从20世纪70年代末开始，战乱不已，文学发展陷入低潮。

第二节　音乐与舞蹈

一、音乐

阿富汗音乐从一开始就是在大山的自由环境中孕育起来的，从形式上看，有赞美诗、史诗、宫廷音乐、民歌等。尽管它同周边地区的音乐产生过相互影响，却至今仍在国内的各个角落保持了民族音乐的形式。

根据雅利安人的文学作品，在吠陀时代，即在雅利安人迁徙之前或迁徙过程中，阿富汗的居民中已经普遍出现歌唱和舞蹈，可以称之为巴克特里亚音乐，其流传范围是兴都库什山脉的顶峰和山麓以及斯宾加尔山（或白山）的山谷。巴克特里亚音乐同印度、中亚和伊朗的音乐有共同的起源，最初的形式是宗教音乐，在雅利安人的家庭中伴随着赞美诗诞生。歌唱就得有乐器伴奏。

从赞美诗中可以得知,当时已经有了三种基本的乐器,分别是吹奏乐器笛子、弦乐器竖琴(原始弦琴)和打击乐器鼓。笛子是一种非常简单的乐器,长期在阿富汗山区流传,是牧人的一种特有的乐器。竖琴出现在兴都库什山区,叫"苏鲁德"(Surud),形状原始简单,只有两根弦,据说在兴都库什的雅利安人的后代即努里斯坦人中间,至今仍在使用的竖琴及其演奏的一种曲调,已经有4000年的历史。鼓在阿富汗是最流行的乐器。人们在自己生活的全部活动中,如婚礼、挖河、建设劳动、农业生产以及节日庆祝和打仗冲锋时都要使用这种乐器,尤其在跳民族舞蹈"阿丹"时更是必须用它来进行伴奏。

阿富汗传统的乐器还包括:小风琴、三弦琴(Rubab)、锡塔尔琴、弹拨尔、"笛尔卢巴"(一种弦琴)、"哈尔摩尼亚"(一种手抚风琴)、"顿布尔"(一种琵琶)、"吐拉"(一种笛子)、"塔白拉"(一种手鼓)和"杜尔"(一种长形皮鼓)等。

19世纪60年代,阿富汗统治者希尔·阿里·汗将印度的音乐家们带回喀布尔封作宫廷乐师。此后大众曲调和古阿富汗宫廷诗都糅合了北印度古典音乐的元素,可以说印度音乐和阿富汗音乐是一对有着各自特点的表兄弟。

阿富汗音乐富于东方音乐色彩,音乐大约可分为歌曲(有乐队伴奏的男女对唱和男女声独唱)、战歌或进行曲(集体合唱)、乐曲(独奏或合奏)以及民间说唱(二人轮唱史诗和故事)等四大类。歌曲和民间说唱内容多系缠绵悱恻的情歌,曲调以细软柔和见长;战歌和进行曲的曲调比较雄壮,歌颂爱国主义。在阿富汗经常能听到的是民间歌曲或歌谣,很多歌曲已经流传了许多年,几乎是人人会唱,歌词通常都使用达里语和普什图语两种语言。普什图族的一种民歌形式是"两行诗",它的内容丰富,形式简短明快、风格独特，无论在城市或是乡村，随处可以听到。两行诗多数是以妇女的口气创作并表达妇女的情感，但男子同样毫不难为情地高声吟唱。

阿富汗音乐主要依靠口口相传，学生们通过他们的老师直接承袭古代大师的精髓。作为一种口头的传承，年轻的音乐家必须师从一位"乌斯挞德"（老师）多年，继承他的衣钵。20世纪80年代到90年代，数百万阿富汗人因为战争和内乱而流离失所，这种口头传承随之灰飞烟灭。

近年来，阿富汗音乐也受到了西方和欧洲音乐的影响，在个别高级饭店里设有爵士乐队，唱西方歌曲，但阿富汗电台除每日晚间的专题节目中有一些西方乐曲外，基本上都播送自己的民族音乐。阿富汗知名的男歌唱家有海亚尔、纳西姆、查朗达、查希尔、撒尔·阿享格、哈马享格；著名的女歌唱家有帕尔温、瑞拉、达璐赫香、克玛尔·古尔和玛呼什等人。阿富汗人对印度音乐有特殊的鉴赏力和爱好，来自宝莱坞电影的印度歌曲在阿富汗也很受欢迎。

二、舞蹈

阿富汗人民十分爱好音乐舞蹈。有钱人常常在周末或节日里去野外郊游，有的则带着全家老小去某个风景优美的地方野餐。人们在野外奏乐、唱歌，甚至跳起民间舞蹈——"阿丹舞"。

（一）"阿丹舞"（Attan）

"阿丹舞"又名"摇头舞"，是阿富汗传统的民间舞蹈，实际上主要是普什图族的集体舞，阿全国男女老少都爱观赏或跳这种舞蹈。舞蹈的动作比较简单，但很有节奏。舞蹈者一般为10—

20人，多则上百人站成圆圈形，两三人击鼓、唱歌或演奏唢呐、笛子一类乐器伴奏。舞蹈时，小伙子们身穿白色的民族服装（即"通邦"和"帕特龙"），腰间扎上一根彩色绸带，和着乐队的节拍，猛烈地甩动乌黑的齐肩长发，时而原地旋转，时而前后转身蹦跳，时而手拉着手，随着队形忽慢忽快地前后移动，有时也和着伴奏音乐的节奏，响亮地拍手，口中发出"嗬！嗬！"的喊声或者放声歌唱。阿丹舞动作粗犷奔放，刚劲有力，节奏明快，具有独特的民族风格。舞蹈节奏的快慢随着鼓声的高低和速度的缓急而反复地变换。男女青年一般不能同场舞蹈，女青年舞蹈时，风格同男青年迥然不同，其动作轻柔舒缓，更不甩动头部。她们不在公共场合表演阿丹舞，舞蹈时须戴头巾。男女儿童表演"阿丹舞"时，更加显得活跃。这一民间舞蹈的各地跳法大致相仿，有些地方也有男女合跳的"混合阿丹舞"。

（二）马苏德阿丹舞

这是普什图人马苏德部族跳的一种独特的舞蹈，舞蹈中要以步枪为道具。起初，这是一种在战争时期鼓舞士气的舞蹈，后来成了一种传统舞蹈，伴奏只需要大的鼓。跳舞时舞者一只手拿着上好膛的枪，跟着鼓点围成一个圆圈，两个半步子后，转身，鸣枪。所有跳舞的人要统一完成转步，同时向空中开枪。由于是同时开枪，声音听起来像是一次大爆炸。

第三节 电影戏剧

20世纪40年代后期，阿富汗开始逐步引进戏剧和电影等艺

第五章 文学艺术

术形式。起初，演员们很少得到公众的鼓励和欣赏，很多演员最后都改了行。50年代开始，情况有所好转，在喀布尔修建了喀布尔剧场等固定演出场所，也有了正式的演员培训计划。阿富汗第一代戏剧工作者拉希德·拉梯菲用达里语编导的社会题材的剧本受到了高度评价。

在阿富汗戏剧艺术的发展过程中，苏联给予了很大帮助，为阿富汗培养了大批男女演员、导演和舞台技术人员。1971年是阿富汗演出活动最频繁的一年，在喀布尔剧场仅用达里语和普什图语上演的剧目就达16个，剧团有4名导演和65名演员，其中包括12名女演员。同年，美国文化中心向阿富汗人开放，1973年在这里演出了3部达里语戏剧和4部英语戏剧，其中有《临时配偶》和《玻璃动物园》等。

20世纪60年代，美国帮助阿富汗建立了电影制片室。阿富汗电影局通过组织电影剧本竞赛活动，发掘了一些有天赋的达里语作家。1970年，阿富汗的第一部彩色电影《岁月》摄制完成，影片包括《求婚者》、《主麻之夜》和《走私者》三部曲。1973年，彩色故事片《母亲的忠告》拍摄完成，并以达里语和普什图语双语发行，影片描写了一个穿超短裙的现代城市少女遭受敲诈勒索的故事，这部影片在制作方法上留有模仿印度电影的痕迹，音乐是阿富汗音乐和西方音乐相结合的产物。这些影片反映了当时文学、戏剧和音乐的发展状况。1971年至1972年，新闻文化部电影局共拍摄了21部纪录片，内容有旅游景点介绍、家庭装饰和农业教育等。1973年之后，共和国政府的电影局被指定为唯一有权进口、检查和发行电影的单位。同年10月，阿富汗政府决定允许外国电影制片人参与其国内的电影制作业务，但是他们的剧本必须事先通过审查，以保证其没有违背阿富汗的道德准则、传统和事实的内容。

在阿富汗，传统上只有男性参与戏剧表演，而如今，在戏剧艺术方面，妇女已开始占据舞台的中心。

第四节 绘画、雕塑和建筑

一、绘画和雕塑

阿富汗本地艺术史跨越了许多个世纪，世界上第一幅油画就是在阿富汗发现的。公元1世纪至公元7世纪的基于希腊—佛教艺术的犍陀罗艺术是阿富汗最著名的艺术形式。形成于希腊—巴克特里亚时期的希腊—佛教艺术风格在贵霜帝国时期有了新的发展，起初被称作贵霜—巴克特里亚艺术，由于这一艺术风格盛行于犍陀罗，所以又以犍陀罗艺术著称。这种新的艺术风格是佛教思想和希腊艺术精神相结合的产物，即用希腊雕塑艺术的手法来表现佛陀和佛经的故事。阿富汗巴米扬省的巴米扬峡谷内的两尊立佛和山崖上的石窟造像群是犍陀罗艺术的典型代表。巴米扬峡谷里遍布大小石窟6000余座，石窟群中有6尊傍山而凿的佛像。屹立在巴米扬石窟群中的两座大佛，一尊凿造于3—4世纪，高53米，着红色袈裟，名叫萨尔萨勒，俗称"西大佛"；一尊凿于2—3世纪，高35米，身披蓝色袈裟，名叫沙玛梅，俗称"东大佛"。两尊大佛相距400米，脸部和双手均涂有金色，远远望去十分醒目。两佛像的两侧均有暗洞，洞高数十米，内有阶梯，可拾级而上，直达佛顶，其上平台处可站立百余人。在东大佛的拱廊顶部，有月亮神乘车的图案，拉车的是两匹肋生双翅的白马。巴米扬大佛是希腊式佛教艺术的经典作品，公元4世纪和7世纪，中国晋代高僧法显和唐代高僧玄奘都曾先后到过这里，并在其各自的著作《佛国记》和《大唐西域记》中对巴米扬大佛做了生动的描述，玄奘用"金色晃曜，宝饰焕烂"来形容大佛的辉煌。巴米扬因丰富的佛教洞窟遗址及巨大的石雕佛像而与中国的敦煌石窟、印度的阿旃陀石窟同被列为佛教艺术最珍贵的三大遗产地。令人惋惜的是，2001年3月，包括萨尔萨勒和沙玛梅在内的所有佛像被大炮、炸药以及火箭筒等各种战争武器所摧毁。

帖木儿文艺复兴运动时期，绘画、雕塑和音乐取得了空前的发展。集市上出售优质的地毯、精致的象牙雕刻、珠宝、武器、盔甲和琉璃瓷砖等工艺品；书籍装帧、烫金工艺和书法等方面都有精湛的作品；作为统治者、历史学家或诗人的作品的装帧或插图的工笔画，此时已经臻于完美。这个时期的绘画被认为是公元3世纪摩尼教装饰画的直接延续，同时又产生了新的绘画风格，因其受到中国艺术的某些影响，被后人称作"中国风格"。帖木儿帝国的最后一位国王苏丹·侯赛因·米尔扎建的"赫拉特绘画陈列室"就像一座美术学校，画家和书法家们在那里进行创作，大量精美的工笔画作品显示了画家们的艺术才华和高度的艺术修养。

卡马鲁丁·比赫扎德（Kamaluddin Behzad，约1440—?）是帖木儿王朝时期最伟大的画家，伊朗风格绘画的大师。他恢复和完善了工笔画的传统表现方法，扭转了偏重于描写静物和片面追求华丽的倾向，对工笔画的发展做出了重要贡献。比赫扎德创作了许多优秀的传世作品，其作品内容大多表现战斗、攻城、狩猎场面以及骑士风度和浪漫故事，有时也描写阿富汗游牧民的帐篷生活。他的绘画作品风格独特，其中也吸收了一些中国画的艺术风格，代表作包括为苏丹·侯赛因·米尔扎作的两幅肖像，为沙拉夫丁的历史书籍和萨迪的诗集《果园》绘制的插图等。

从20世纪开始，阿富汗人开始采用西方的艺术技巧，出生于喀布尔的阿卜杜尔·加富尔·布雷施那（Abdul Ghafoor Breshna）是20世纪阿富汗著名的画家和素描艺术家。他有许多绘画和素描作品，但大部分都已经在几十年的战争中遗失或损毁。

阿富汗的艺术行业最初几乎只有男性从事，但近来喀布尔大学的女性正在加入其中。阿富汗的艺术作品主要集中于国家博物馆、国家美术馆和喀布尔的国家档案馆，位于喀布尔的现代艺术中心（CCAA）可供年轻人学习现代绘画。

二、建筑

（一）传统民居

在阿富汗的农村，房屋一般是用泥土建造的，很多间房围绕一个矩形的私家院子，妇女和孩子们在院子里玩、做饭和聊天。在大多数情况下，结了婚的儿子同他们的父母住在一起，虽然他们有自己的住处。阿富汗人的传统住宅包含一个叫作"胡吉拉"的特殊房间，男人们在这里聚会聊天。在城市中，许多阿富汗人住在现代风格的房子或公寓里。在阿富汗的主要城市中，有许多新的住宅区正在兴建中，其中包括首都喀布尔市旁边的"喀布尔新城"，贾拉拉巴德附近的"加齐·阿马努拉·汗城"，还有坎大哈的"埃诺·米娜"（Aino Mina）。

游牧民库奇人生活在大帐篷中，因为他们要不断地从一个地方迁移到另一个地方。不同地区的游牧民所扎的帐篷材料和式样不尽相同，大致可分为三种：一种是黑山羊毛帐篷，用黑山羊毛制成，优点是冬暖夏凉，形状因部落和民族不同稍有差别；一种是圆锥形小屋，用木头、芦苇和毛毡搭建而成，门是两扇对开，可移动，北方半游牧半定居的哈扎拉族、乌兹别克族、塔吉克族、土库曼族基本都住在这种小屋里；还有一种是芦苇棚，屋顶为单坡形，一般建于兴都库什山以南生长着大量芦苇的地方。

(二) 宗教建筑

阿富汗古建筑，尤其是宗教建筑，为世界建筑艺术做出了重大贡献。著名的有星期五清真寺、贾姆尖塔、蓝色清真寺等伊斯兰教建筑。

1. 星期五清真寺

古尔王朝最强大的统治者贾亚苏丁·穆罕默德·古里于1200年在赫拉特兴建了"星期五清真寺"（或称"主麻清真寺"），用来纪念伟大的伊斯兰学者法赫鲁丁·拉齐。清真寺规模宏伟，结构精致，富丽堂皇，整个建筑共有460个圆形拱顶、130个拱门和444根圆柱，外墙装饰着蓝色、绿色为主的彩釉瓷砖，寺院两侧的大门处各有两座装饰华美的蓝色宣礼塔。用大理石砌成的露天场地可同时容纳80000名穆斯林一起做礼拜。贾亚苏丁的陵墓也安放在这座清真寺之中。

2. 贾姆尖塔

贾姆尖塔（或称贾姆圆柱塔），位于阿富汗西部的古尔省的中心地区，公元1194年由古尔王朝的统治者兴建，据说贾姆尖塔原本是当地清真寺的一部分，清真寺在一次洪水中被冲走，尖塔周围的遗址也被蒙古人破坏。塔高64米，八边形的塔基直径近9米，塔内有250级阶梯直通塔顶，塔身为砖质结构，用蓝色瓷砖贴面，上面雕有各种几何图案、花鸟纹和铭文，顶端镌刻着贾亚苏丁和穆伊祖丁两位国王的名字。贾姆尖塔是伊斯兰建筑和装饰在阿富汗地区的一个突出的例子，建筑采用了10世纪开始从布哈拉发展起来的建造技术，丰富的图案装饰标志着延续了几个世纪的，直到13世纪早期才逐渐衰落的古尔王朝的艺术发展顶峰。世界上最高的宣礼塔——印度德里的"库特布尖塔"就是模仿贾姆尖塔建造的。贾姆尖塔是阿富汗被列入《世界遗产名录》的第一处世界遗产，由于此处世界遗产也面临着严重威胁，因此同时被列入《濒危世界遗产名录》。

3. 高哈尔·莎德清真寺

在帖木儿王朝兴盛时期，赫拉特和中亚的其他大城市的标志性建筑物是巍峨雄伟、富丽堂皇的清真寺、宗教学校、陵墓和尖塔，国王沙哈鲁把当时最优秀的建筑师和能工巧匠们集中到赫拉特，重新修建了战争中遭到破坏的城墙，用7000名劳工重建了城堡，并修建了许多华美的建筑物。沙哈鲁的王后高哈尔·莎德主持修建了几十座清真寺、宗教学校、图书馆以及住房和公用设施，她在1417年为自己修建了陵墓，并附有清真寺和宗教学校，陵墓正面的柱子上贴着蓝色花砖，装饰有《古兰经》经文的图案，高哈尔·莎德清真寺气势恢宏，比例完美，工艺精湛，这座清真寺堪称伊斯兰建筑的经典作品。

4. 蓝色清真寺

苏丹·侯赛因·米尔扎统治时期，在巴尔赫以东20千米的地方发现了第四任哈里发阿里的衣冠冢，于是米尔扎下令就地修建一座陵园，主持这项工程的是建筑师毛拉纳·那比伊父子。圣陵的主体建筑是一座黄蓝色相间的四方形殿堂，中央是一个蓝色的圆形穹顶，墙体装饰着琉璃瓷砖，四面墙上都有巨大的拱门图案，正面拱形门上方雕刻着《古兰经》经文，陵墓顶部两侧矗立着两座用彩砖砌造的圆柱尖塔，阿里的衣冠冢设在圣殿的中央大厅内。陵墓建筑巍峨宏伟，装饰精美，色彩绮丽，阳光照在湛蓝的瓷砖上流光溢彩，体现了帖木儿王朝时期的建筑风格，是当时最伟大的建筑艺术作品，是阿富汗最美的历史遗迹之一。后来以圣陵为中心形成了马扎里沙里夫城，即今天的阿富汗巴尔赫省的省会城市，这座圣陵也即今天的马扎里沙里夫清真寺，或称蓝色清真寺。

5. 阿赫马德·沙赫陵

建于坎大哈老城北端的阿赫马德·沙赫陵墓，主体建筑是土木砖石结构，成五角形，每个角上矗立着一个圆顶尖塔，陵墓中央是一个圆形穹顶，表面用蓝色瓷砖砌成，陵墓内部地面铺设着绚丽多彩的大理石，墙上镌刻着《古兰经》经文和图案，陵墓内存放着阿赫马德·沙赫的头盔、铠甲和手抄本《古兰经》。陵墓旁边有一座小型带拱顶的圣祠，内藏一件先知穆罕默德的圣袍。这座陵墓是当时坎大哈最好的工匠的作品。

（三）现代建筑

1. 达鲁拉曼宫

达鲁拉曼宫位于喀布尔西郊，始建于 20 世纪 20 年代，由当时的国王阿马努拉·汗下令为议会修建，以阿马努拉·汗的名字命名，直译就是"阿曼的宫殿"。这是一座典型的新式宫殿建筑，有巴洛克式的圆顶和充满了欧洲文化元素的拱门，高4层，外面有御花园和游泳池，占地面积庞大，体现了君主才能享有的威仪与奢华。达鲁拉曼宫在20世纪90年代的内战中遭到火烧、炮击和两架飞机的导弹攻击，如今只剩下一片断壁残垣。2005年，阿富汗政府曾想要修复达鲁拉曼宫，使其恢复当年的辉煌，但一直搁置。

阿马努拉·汗统治时期，还让法国和德国的建筑专家们按照欧洲的风格，在首都为大臣和知名人士修建宅邸，并定帕格曼山谷为休闲游览地，派人在那里修建了瑞士式的人工湖和凉亭，意大利式的楼房，供音乐演出的舞台、一座红色的清真寺、一座凯旋门和一排大象雕塑，沿途栽种了松树。

2. 新喀布尔市

阿富汗首都喀布尔建城之初，计划容纳70万人口，但如今已有人口300多万。为缓解喀布尔的人口压力，阿富汗政府于2009年批准了新城总规划，计划在喀布尔附近即首都国际机场和巴格拉姆空军基地之间兴建"新喀布尔市"。"新喀布尔市"中将有住宅区、商业区、轻工业区、清真寺、图书馆和公园等，面积740平方千米，可容纳300万人口，总工期15年。

第五节　传统工艺

阿富汗的传统手工艺术种类繁多，主要有各种不同用途的手工地毯、传统乐器、紫羔羊皮帽、青金石制品、金银器等等。

第五章 文学艺术

一、手工地毯

阿富汗手工地毯做工精美、题材多样，是阿富汗的传统手工艺品，其大多有着重复的几何花纹，主色调是浓厚的暗红色，带有一些咖啡色、黑色、驼色，还有能够渐变成海绿色的深浅不一的蓝色。偶尔，某块地毯也会有鲜亮的丝绸般的高光，还有淡紫色或是琥珀色，桃红色或是淡黄绿色的润饰。19世纪60年代曾经有过一个"金色阿富汗地毯"的风潮，就是引进阿富汗传统地毯，经过西式的加工，即用化学方法将地毯的红色漂淡，变成一张有着传统花纹的琥珀色地毯。

传统地毯最初是由游牧民族或是生活在贸易中心城市附近的半游牧民族编织的，但是，到了20世纪末，由于这种手工编织地毯的销量奇佳，以至于生产地毯的小作坊和工厂纷纷建立起来，在这里织工们使用的是固定的织布机，而不再是游牧民族使用的手持式木框架。尽管是工厂制造，但是地毯仍然是由手工打结和手工编织机编织的。有质地是变化的，柔软的，可以轻易折叠的地毯；也有编织紧密、质地较硬，仅仅可以对折的地毯。质地的软硬取决于地毯的用途。用于门垫的地毯，为了承受鞋底不断的踩踏，就必须织得密实耐磨。

对于地毯编织来说，羊毛的质地是最重要的，织出来的地毯必须耐磨、强韧、有弹性。地毯编织需要充足的原材料，过去的游牧民族是使用他们自己饲养的健壮山羊的羊毛。经过上千年的演变，他们发展出了自己特有的复杂花色图案——由各种纹饰和民族历史构成，展示着部落、部落间的往来、偶尔的通婚，甚至是部落间的战争和因此导致的灭亡，还有政权的更迭。许多花色图案形成于伊斯兰教传入之前，可以追溯到萨满教时期。有一些图案来自中国和蒙古（云朵、龙、莲花），图案中还有民族饰品、花草、动物、飞鸟，表现人的日常生活的咖啡壶和水罐，象征着繁殖力的石榴，古时候象征着生命和重生的树木，以及其他一些早就无法溯源的图腾。现代的阿富汗织工们不断地把自己的经历编织进地毯之中，图案设计将传统的颜色和主题同直升机、卡拉什尼科夫步枪、坦克以及其他军事题材结合到一起。虽然地毯的花色图案以及颜色与最初时有所不同，但是尺寸、外形和图案同样表明了地毯的用途。比如，祈祷毯子，其定向设计，很容易识别；又如十字花图案的地毯，是用来做门前的脚垫的。

二、紫羔羊皮帽

紫羔羊是阿富汗的特产之一，其皮毛呈黑紫褐色，柔软，紧密，卷曲美观，色泽黑亮，皮板轻软，保暖性好，制成的衣服经久耐穿，且愈穿愈亮。由于紫羔羊皮非常珍贵，用其制成的帽子都价格不菲，一般有钱人或有身份的人会戴一顶，它是身份地位的象征。阿富汗前总统卡尔扎伊头上戴的黑色小帽，就是紫羔羊皮帽。

三、青金石首饰和摆件

青金石是阿富汗国石，因其具有深艳的天蓝色，上面又点缀着黄铁矿的星点，故称青金石。其颜色是由青金石矿物含量的多少所决定的，以蓝色调浓艳、纯粹、均匀为最佳。天然青金石透明度较高，在强光透射下，可见蓝色光晕。阿富汗青金石一般都有白色杂质，杂质越少的品级越好，质地致密、细腻，没有裂纹，黄铁矿分布均匀似闪闪星光的为上品。在阿富汗，青金石通常被用来雕刻成各种摆件或首饰，如烟灰缸、烟斗、装饰画、项坠、手镯等等，在古代也曾被磨成粉当作颜料来作画。

四、雷贝琴

"雷贝"（Rabab）是阿富汗的国乐器，它是一种古代宫廷乐器，类似于琵琶。它的琴颈和琴身是用一整块镂空的木头制成的，一小块象牙或骆驼的关节骨制成的琴马固定在蒙着山羊皮的琴面上。这种乐器在大小和外形上类似于印度的锡塔尔琴（Sitar），但是近距离观察，又与锡塔尔琴有些不同。像锡塔尔琴一样，"雷贝"也有约十二根动人的琴弦，只是摇一摇就会发声，声音来自共鸣箱的共鸣。

第六章 教育和文化事业

第一节 教育事业

一、教育发展简况

(一) 兴起

在阿富汗，同时存在两种教育制度。神职人员在清真寺负责宗教教育，而政府在国家的学校提供免费的世俗教育。阿富汗的世俗教育始自19世纪60、70年代希尔·阿里·汗统治时期。在此之前，阿富汗没有世俗学校，富裕的家庭可以请老师在家为孩子上课；其他想接受教育的孩子只能到宗教学校，接受毛拉传统的宗教教育。国内为数不多的宗教学校只教授阿拉伯语、哈乃斐教派法规、词法和句法以及穆罕默德言行录，有时也教些古老的哲学。儿童在清真寺里用达里语学习《古兰经》、《五书》、哈菲兹的抒情诗、萨迪的《蔷薇园》和《果园》等书，用普什图语学习伊斯兰教法规以及拉赫曼·巴巴、胡什哈尔·汗·哈塔克的作品，用阿拉伯语学习一些伊斯兰教知识；年轻人若想学习新的知识只能前往中亚、印度、伊朗、伊拉克、埃及和其他阿拉伯国家；医生们通过会讲阿拉伯语却不懂医术的毛拉们学习阿拉伯文的医学书籍。那时没有一所新的学校和一间像样的课堂，没有一座公共图书馆，也没有正式的学术组织。19世纪60、70年代，希尔·阿里·汗在喀布尔的巴拉希萨尔城堡里建立了第一所国立世俗学校，分成军事和民用两科，由印度教师教授英语。他还建立了阿富汗第一所正规军事学校，教授军事技术、知识和文化课，为正式组建的国家军队培养受过教育和训练的军官。

20世纪初，哈比布拉·汗在统治时期奠定了国家新的教育和文化基础。埃米尔·哈比布拉·汗认识到，为了加强国家的力量，必须使教育制度现代化，学习现代化科学知识。于是他进行了教育改革，1903年按照印度的阿利加尔中学的模式在首都喀布尔创建了第一所国立中等学校——哈比比亚中学，这是阿富汗历史最悠久的学校之一。这所中等学校包括小学部、职业部和预备部。小学部四年制，课程有宗教、达里语、数学、地理、书法练习；职业部三年制，课程有宗教、历史、地理、语言（达里语、普什图语、英语或乌尔都语、土耳其语）、图画、卫生、几何、代数；预备部三年制，课程有宗教、达里语、历史、地理、代数、三角、解析几何、力学、自然科学、化学和英语。哈比比亚中学建校初期共有学生269人，年龄在12—40岁之间，都出身名门。后来学生总人数发展到1534人，教师55人，其中有两名军事教员，在全校进行军训。学校里设有教材编写委员会，负责教学体制的确定和提供各科教材，教材除一部分在国内印制外，主要是在印度用石版印刷。课程教材是以印度穆斯林学校的教材为蓝本编写的，授课语言主要是达里语，还有乌尔都语和英语等外语，普什图语也第一次被用来进行教学。校长是印度籍的穆斯林阿卜杜尔·加尼博士，学校的大部分教师是当时阿富汗国内的一流人才和诗人。现代科学知识课程由印度穆斯林教师讲授，一些课程由土耳其老师教授。哈比布拉·汗在统治后期下令在小学部开设了一个"王子班"，凡是出身于穆罕默德扎伊部落的亲王们的孩子都可以进入这个特殊的班级。先后曾有10多名王子和亲王的孩子在这个班里受过教育。之后，随着其他正规中学的相继建立，哈比比亚中学撤销了小学部，成为普通中学。哈比比亚中学完全使用现代方式进行教学，是阿富汗历史上第一所正规教学机构，对国家的文化教育事业的发展具有划时代的意义。它大大地促进了文化发展和新思想在国内的传播，也标志着新的阿富汗知识分子阶层的出现。哈比比亚中学一直是阿富汗最著名的中学之一，现代教育体制正是随着哈比比亚中学的创办被引进的。

哈比布拉·汗还开办了一所初级师范学校，学制三年，有教师80名，每届可以向社会输送初级教师30人。他还在首都创办了一些小学，在5年时间里共招收了5000多名学生。督学官和教师中有阿富汗人、印度穆斯林和土耳其人。分布在国内其他城市的地方学校，仍旧按照过去的方式由群众集资在清真寺里进行教学，但也必须按照中央的正式教学计划，在正规学校的监督下对儿童进行教育。如在努里斯坦地区，国家开设了6所小学，用达里语教授宗教课程，共有学生250人，教师12人。当时，国家管理教育的机构规模很小，预算只有十几万卢比，设有一个教导处、一个制图用品室、一个医务室、一个图书室、一个教材仓库和一个有两名办事员的办公室。这个教育机构的上级是哈比布拉的长子伊纳亚图拉·汗领导下的"教育协会"，该协会的成员有3名阿富汗人、3名土耳其教师和雇员、4名印度教师。他们负责制定和修改协会条例。后来阿富汗成立了最高教育理事会，接管了上述工作。

（二）发展

20世纪20年代，阿马努拉国王时期是阿富汗现代教育运动的发展时期。阿马努拉·汗十分热衷于发展教育事业，他在位时建立了一批小学、中学和高等学校，还聘请了外国教师前来授课。他规定小学教育为义务教育；不仅在首都喀布尔建立了一些中学，如加齐中学、伊斯梯克拉尔中学、尼贾特中学和马斯图拉特女子中学，在各省的省会城市也开设了一批中学，还规定男女可以合校；此时，专业师范学校和其他职业教育也创办起来。阿马努拉国王还怀着强烈的兴趣亲自在成人班里担任授课教师，王后苏拉娅也主动出任马斯图拉特女中的教师。到1927年，全国有322所小学，在校学生总数达51000人，中学和职业学校的学生人数为3000名。此外，还有几百名学生被派往苏联、法国、德国和土耳其接受高等教育，被派往土耳其的学生中还有一些是女学生。首都喀布尔建立了一所专门出版教科书的印刷厂，同时出现了一些图书馆。然而，大部分学校都随着1929年阿马努拉国王的倒台而被关闭。

随后上台的纳第尔·沙赫国王认为，没有教育国家就不能前进一步，因此在1931年宪法中规定实行义务制小学教育。包括德国和法国办的中学在内的各所学校又重新开学，来自印度、法国和德国的教师在喀布尔的四所中学里重新走上了讲台。1932年开设了一所卫生学校，并很快发展成为医学院，后来又以这所医学院为核心组建了喀布尔大学。但是，纳第尔·沙赫国王反对立即恢复女子中学，而且由于缺乏资金和对教育事业的普遍兴趣，所以政府没能把首都和各地的全部教学机构都恢复起来。

阿富汗教育在穆罕默德·查希尔国王在位期间（1933—

第六章 教育和文化事业

1973年）得到了大幅的改善，包括有效使全国大约半数未满12岁的儿童进入初等学校、扩张中等学校系统等。20世纪50年代到70年代，首相达乌德领导执行了3个五年社会经济发展计划，其中也包括发展教育。在1969年之前，一个孩子是否应该上学完全取决于他们的家人，认为教育重要的家庭，为了让孩子接受教育会做出牺牲，比如，如果当地没有学校就送他们去亲戚家居住以便上学；有些家庭为家里的男孩子提供宗教课程；更多的家庭根本不让孩子接受教育。1969年，阿富汗政府立法为7—15岁之间的儿童实行免费的义务教育。到70年代初，全国共有各类学校3630多所，其中普通学校3590所，职业技术学校40所，大学1所，多数集中在首都喀布尔。在校学生总数超过66.75万。喀布尔大学，作为当时全国唯一的高等学府，包括有医学、药学、文学、农业、政法、经济、教育、神学、工程、理学和综合工艺等11个学院，在校学生7000多人，教职工约780人。喀布尔大学新校舍里的教育学院大楼、图书馆大楼、工程学院大楼、农学院大楼，以及能容纳800名学生的宿舍大楼先后竣工并交付使用。有名的技术学校有苏联援建的姜格拉克技术中心学校，全部投资为330万卢布和7800万阿尼，可容纳950名寄宿生；有美国援建的阿富汗工艺学院；还有赫拉特技术学校、希比尔甘技术学校和喀布尔高等综合技术学院等。阿富汗还新建了4所师范学校，培训小学教师。联邦德国分别在喀布尔、霍斯特和坎大哈修建了一所技术学校，并提供1200万马克无偿援助，于1971年在喀布尔修建了尼贾特中学新校舍。法国援建的喀布尔伊斯梯克拉尔中学的建筑面积约4.1万平方米，有46间教室、一座体育馆和一个游泳池。政府为了增加学生和学校的数量，制定了新的教育计划，但是由于政府用于教育的经费有限，学校的设备比较简陋，所以教育的发展速度仍然较慢，教学质量也不是很高，还有大约三分之二的青少年得不到上学的机会，文盲约占全国总人口的80%。

此时，妇女受教育的情况也有了很大改观。根据联合国教科文组织公布的材料，1949年，阿富汗共有3000名女学生在校读书，只占全国适龄女童的0.5%。到70年代初期，全国城乡大中小学的在校学生共71.9万，其中女学生为9.6万人，占学生总数的13.4%。这期间先后完成学业的女学生约10万人，其中有4.5万人毕业后参加了各种业务工作，且许多人表现十分出色。1971年，全国有女教师3246人。

70年代共和政权初期，政府曾试图改革教育体制，重点是改革中小学教育，主要内容是增加学校数量，重新组织中等教育和发展职业培训。政府增加了对小学教育的拨款，建立了一个全国扫盲机构。所有私人学校，包括清真寺里的宗教学校都由国家管控。但是由于阿富汗政府缺乏教育改革经验，非但没有收到预期的成效，反而破坏了原有的教育体制，降低了中小学的教学质量。此时的儿童入学率只有28.8%，70%的学校破旧不堪，文盲的比例仍然在80%以上。每年有将近2万名中学毕业生走出校门，但是其中近一半人不能升入大学或职业学校继续完成学业。

1978年人民民主党上台执政，新政权进行了教育体制改革，实行普通义务教育和免费小学教育，强调男女都要上学，有效地开展扫盲运动，通过发展免费中等教育和高等教育以及职业培训来培养科学技术人员。在1979年8月公布的五年计划草案中，计划1984年之前普及小学教育并扫除成年人文盲。到1980年，全国已经举办过3万个扫盲班，先后有几十万名工人、农民和

第六章 教育和文化事业

手工业者参加。1980年5月底，阿富汗教育代表大会在喀布尔召开，会议集中讨论了扫盲问题。新政府在苏联的帮助下，为5000名失业的教师安排了工作，使成千上万名被前政府开除学籍的大龄学生重返课堂；开办了大约600所新学校和几所大学；出版了几十万册教科书；在喀布尔和外省的许多政府办公处设立了免费文化班，培养出很多科学技术人员和教师。到1988年，喀布尔大学40%的博士生和60%的老师为女性，44万名女生就读于不同的学校，还有8万名女性被纳入扫盲计划之中。

（三）衰退

从1979年苏联入侵开始，连绵不断的战争几乎彻底摧毁了阿富汗的教育系统。大部分教师在苏联占领和紧随而来的内战期间逃出了阿富汗。在1996年之前，阿富汗只剩下大约650所学校继续运作。在苏联占领时期，苏联人试图在阿富汗构建教育体系并且把教育拓展到农村，但是他们的努力没有成功。据报道，某个地区的阿富汗人通过杀死教师的方式来反对苏联支持建立的学校。苏联撤退之后，他们留下的教育体系在随后的内战中分崩离析。喀布尔大学关闭，教师们分散到巴基斯坦、伊朗或西方。孩子们要么在家接受教育，要么在当地的清真寺里学习，或者根本无法接受教育。

1996年，塔利班上台执政，世俗教育被禁止，清真寺里的宗教学校成了初等和中等教育的主要资源，有大约120万名学生上学，其中女生不到5万。所有课程都被宗教学习所占据，而不是学习科学、技术、文学等内容。如果父母希望他们的孩子接受教育，就必须私下安排家庭教师偷偷在家上课。

(四) 重建

2001年塔利班政权被推翻之后，卡尔扎伊领导的临时政府取得大量的国际援助以重建教育系统，阿富汗教育情况得到大幅改善。2002年接受普通教育的学生数量为230万，到2003年底，在阿富汗32个省中的20个省里大约有7000所学校运营，有27000名教师给420万名学生上课，其中包括120万名女性学生和大约390万名小学生。但是，据估计2003年阿富汗仍有57%的男性和86%的女性是文盲。2004年阿富汗新宪法出台，规定教育是所有公民的权利（包括男性和女性），并且在达到一定的水平之前都是免费的。学校的设施和机构被翻新或改进，每年都有新的更具有现代风格的学校兴建。2008年接受普通教育的学生数量增加到620万（约36%为女性），然而，约46%的学龄儿童仍然没有条件接受基础教育。阿富汗教育部改进教学质量、学校管理和学校安保的一个主要策略是成立学校委员会。2009年在阿富汗的10998所学校中，已有8000所建立了校委会，该部将继续为所有学校建立学校委员会并训练委员会的成员。

2001年到2010年之间，阿富汗小学入学人数从100万人增长到近700万人（增加了6倍），女孩的比例从几乎为零增长到37%。普通教育教师的数量也增加了7倍，其中约有31%为女性。

根据阿富汗教育部公布的教育发展五年计划（2010—2014年）[①]，普通教育发展的总体目标是所有学龄儿童都有权接受平等的、无差别的素质教育来获得一个健康的人、家庭和社会生活

---

① 详见 http://moe.gov.af/en/page/2011。

第六章 教育和文化事业

所需要的能力，并为进一步接受高等教育做准备。具体目标包括：到 2014 年，扩大招生数目至 1000 万人（基础教育 870 万人，中等教育 130 万人），增加女孩、游牧民、童工和有特殊需要的儿童的受教育机会；建立 4690 所新学校，特别要注意减少省际、地区差异；在所有普通学校提供良好的学习环境，以促进学生智力和身心的健康发展；通过建立和培训所有普通学校的学校委员会来加强学生家长和地方长老在学校管理方面的参与；把普通学校的辍学率降低到 3%，复读率降低到 11%；加强监管系统并培训所有学校的教育主管。

为所有孩子提供免费和高质量的基础教育是阿富汗教育的主要目标之一。为了实现这一目标，阿富汗教育部将建立 4700 所新的小学，并把 3000 所小学升级为初中，还计划到 2014 年招收 10 万名新的基础教育教师。为了增加中等教育的入学率，教育部将招收 19000 名新的高中教师，并把 2200 所初中升为高中。同时，为了让年龄较大的失学儿童有受教育的机会，教育部还将建立 3200 个快速学习中心。此外，该部将实施一个沟通策略来提高女童入学率，而且还将为游牧民儿童和有特殊需要的儿童提供更多的教育资源。通过在职的和岗前的教师培训计划，教育部将继续致力于发展教师灵活多样的和以学习者为中心的教学方法，并且将通过实施工资和级别改革以及努力提高来自农村地区的教师数目，来继续吸引高素质的大学毕业生进入教师行业。

2010 年，美国开始在阿富汗建立一些林肯学习中心。他们作为培训平台提供英语语言课程、图书馆设施、规划场地、因特网连接等教育类和其他咨询服务。这个计划的一个目标是每月在每一开办地区为至少 4000 名阿富汗公民服务。2011 年 6 月，美国官员和教育部长古拉姆·法鲁克·瓦尔达克签署了联合声明,以扩大美国国际开发署未来对阿富汗教育部的直接财务支持。2011年12月,儿童电视系列剧阿富汗版《芝麻街》开始在阿富汗播出,这一节目由美国国务院资助,并同阿富汗教育部协商制作,旨在帮助阿富汗人进行学前教育。到2013年,在阿富汗共有在校男、女学生1050万名,全国有16000所学校。

二、教育类型

(一) 世俗教育

阿富汗世俗教育包括初等教育、中等教育和高等教育,由喀布尔的教育部和高等教育部监管。其中,中等教育还分为普通教育和职业教育。具体划分见下表:

表6-1 阿富汗教育类型一览表

教育类型		起始年级	终止年级	起始年龄	终止年龄	学制(年)
初等教育	小学	1	6	7	13	6
	初中	7	9	13	16	3
中等教育	高中	10	12	16	19	3
	职业中学	7	12	13	19	6
高等教育	大专	8	13	14	20	6
	大学本科					4
	硕士					2
	博士					3

资料来源:Embassy of Afghanistan, Washington DC; Cal.org.

1. 初等教育

包括小学和初中。从7岁到13岁的学生在小学学习基本的阅读、写作、算术和其他民族文化。三年的初中教育是小学教育的继续,在本阶段结束时如果学生希望进一步学习,必须通过升学考试。

2. 中等教育

接受中等教育的学生可以有两种选择:一是上普通高中,继续3年的文理科学习,之后也许可以上大学继续深造;二是上职业技术学校学习一些专业实用技能,如航空、农业、艺术、商业和教师培训等,之后直接走上工作岗位。但是无论选择哪种方式继续学业,最后都要参加毕业会考。

喀布尔和巴达赫尚的中小学数量最多,分别为52所和55所。巴达赫尚的中小学全部由中亚研究所资助。首都喀布尔的马里法特高中(Marefat High School)是阿富汗最好的中学之一,在阿富汗公立和私立学校中都排名第一;喀布尔的另外一所高中穆罕默德·阿拉木·法伊扎德高中(Mohammad Alam Faizzad High School),也是一所有名的公立学校,其毕业生大多升入国内外不同的大学继续深造,毕业后主要在私企和政府中担任中级或高级职务。

3. 高等教育

阿富汗的高等教育始自20世纪20、30年代,喀布尔医学院和喀布尔大学是阿富汗最早的高校。2001年以来,阿富汗各地的大学都在整修或重建,喀布尔大学于2002年正式复课,南部的坎大哈大学、东部的楠格哈尔大学和霍斯特大学、西部和北部的巴尔赫大学和赫拉特大学等等也都逐步复课。到2008年,阿富汗全国高校学生人数从2002年的22717人增加到

56451人。

比较有名的公立大学有：阿尔贝鲁尼大学、巴格兰大学、巴尔赫大学、巴米扬大学、加兹尼大学、赫拉特大学、喀布尔医学院、喀布尔大学、喀布尔工业大学、坎大哈大学、霍斯特大学、赛义德·贾马鲁丁阿富汗大学、楠格哈尔大学、阿富汗国家军事学院、帕克蒂亚大学、帕尔旺大学、塔哈尔大学、乌鲁兹甘大学等。公立大学的课程也包括一些宗教科目。

私立大学有：阿富汗美国大学、巴赫塔尔大学、博斯特大学、达瓦特大学、哈拉大学、卡波拉高等教育学院、卡尔丹大学、卡尔万大学、呼罗珊大学、拉纳高等教育学院、萨拉姆大学等。

喀布尔大学（Kabul University）位于阿富汗首都喀布尔，成立于1931年穆罕默德·纳第尔·沙赫统治时期，1932年正式开课，是阿富汗历史最悠久、规模最大的大学。20世纪60年代在外国受过教育的学者们聚集于喀布尔大学，把新思想如共产主义、女权主义和资本主义等介绍给新一代年轻人，当时受到新思想影响的学生包括艾哈迈德·沙赫·马苏德和古尔布丁·希克马蒂亚尔等人。1992年人民民主党（PDPA）政府倒台，其后的十年期间，由于动乱和内战，大多数教师离开了阿富汗。2001年底，塔利班政府倒台后，国际社会普遍开始关注阿富汗教育机构的重建问题。2002年，喀布尔大学重新开课，约24000名男性和女性学生进入喀布尔大学接受高等教育。作为其复课计划的一部分，喀布尔大学与包括普渡大学和亚利桑那大学在内的四所外国大学建立了合作关系。此外，2002年与德国学术交流中心（DAAD）和柏林工业大学合作成立了喀布尔大学信息技术中心。在阿富汗高等教育部和德国阿登纳基金会的资助下，2003年国

第六章 教育和文化事业

家政策研究中心在喀布尔大学成立，成员有法律和政治学、经济学和社会科学的教师。喀布尔大学的主图书馆由美国出资建造，配备了电脑、书籍和杂志，是阿富汗设施最好的图书馆，也作为阿富汗国家图书馆使用。据报道，2007年伊朗向喀布尔大学牙科学院捐赠了资金和25000本书。2008年，喀布尔大学信息技术中心（ITCK）在喀布尔大学校园里铺设了局域网络设施。校内建筑都可以连接到校园网，并且可以通过一个光纤骨干网连接互联网。IP语音（VoIP）技术也是网络建设项目的一部分，用以提高学校内部的通话质量。

喀布尔大学有10个学院，法律和政治科学学院有2个系：法律与管理学、政治学；计算机科学学院有3个系：信息技术、信息系统和编程语言；经济学院下设4个系：统计、金融、工商管理和经济学；理学院有4个系：生物学、化学、数学和物理学；工程学院有4个系：建筑、土木、机械、电气工程；药剂学院有5个系：药理学、药物化学、制药学、生物化学和食品分析，学院有7个实验室；农业学院有6个系：农业经济学、农学、动物科学、林业与自然资源、园艺、植物保护；兽医科学学院下设5个系：临床前、临床、畜牧、食品卫生等；新闻学院有2个系：广播电视和印刷机；还有阿拉玛·伊克巴尔艺术学院。计算机科学学院有3间装备齐全的现代化实验室和1座图书馆，还有远程考试中心，学院还是思科[1]区域项目的一部分。计算机科学学院还一直与马里兰大学、华盛顿大学、开普敦大学、柏林工业大学以及国内各大学计算机科学系保持密切联系，其毕业生可以在各级政府和非政府组织的信息技术中心工作。

---

[1] 思科网络技术学院项目（Cisco Networking Academy Program），是Cisco Systems公司在全球范围推出的一个主要面向初级网络工程技术人员的培训项目。

2010年，巴基斯坦资助约1000万美元建造了阿拉玛·伊克巴尔艺术学院，学院大楼占地13320.3平方米，包括28间教室、2间研讨大厅、1座图书馆、2间电脑室和20间教师办公室。

喀布尔医科大学（Kabul Medical University），前身为喀布尔医学院，成立于1923年，坐落在阿富汗喀布尔大学校园内。医学院最初依靠土耳其和法国的资助来维持，2005年发展成为一个独立的大学。其毕业生的专业领域包括儿科、口腔医学、牙科和护理等。所有课程都使用达里语教学，但大多数医学术语使用英文。目前，阿富汗的医科学校超过17个，其中喀布尔医科大学和楠格哈尔医学院是全国最好的医科学校。2001年之后，马尼托巴大学医学院以及内布拉斯加医学中心大学帮助喀布尔医科大学重建图书馆。内布拉斯加医学中心大学为其提供讲座和奖学金，以及最新的医疗技术和研究机构，如心脏病研究中心。2007年，喀布尔医科大学与巴基斯坦拉合尔爱德华医科大学合作，共同培训学生。

楠格哈尔大学（Nangarhar University）位于贾拉拉巴德市，是公立大学，也是阿富汗第二大的高校。1962年作为医学院的楠格哈尔大学成立，后来合并其他地方高校成为完备的大学。现在的院系包括农业学院、工程学院、教育学院、医学院、神学院、政治科学院和兽医学院。楠格哈尔的医学院（NMF）是阿富汗第二大医学院。农业学院包含动物科学系、农艺学系、植物病理学系、园艺学系等，学生毕业获得学士学位。大多数教师有博士或硕士学历。

坎大哈大学（Kandahar University）是阿富汗南部的两所大学之一，1990年根据政府教育部门的国家发展政策，在高等教育部的框架下成立。坎大哈省当时的省长托里亚莱·韦萨是第

第六章 教育和文化事业

一任校长。大学提供农业、医药、工程和教育方面的课程。起初，它只有一个农业学院，后来，医学院（1994年）、工程学院（2000年）、教育学院（2003年）、宗教法律学院（2008年）、经济学院（2009年）和新闻学院（2012年）相继成立。此外，它还在赫尔曼德省建立了农业和教育两个学院。学校在制定不同院系的课程时考虑国家和全球发展的需要，2007年10月医学院和教育学院引入了学分制。目前，学校有5000名学生和162名全职和兼职教授。162位教授中有28位拥有理学硕士学位，一位教授有哲学博士学位。坎大哈大学还开设有一个夜班，专门为不能够在白天上课的学生和在公共服务部门、私人部门以及民间组织供职的人开设，学校还会安排学生到其他省份游学。坎大哈大学一直是移动式运作，直到2003年才有了占地面积93公顷的校园。虽然每个学院都有自己的图书馆，但是在校园内的一座三层的大楼内还有一个中心图书馆。中心图书馆以阿富汗作家阿拉马赫·哈比比的名字命名，图书馆内有42000本藏书，其中大部分是英语图书，还有一些普什图语和达里语图书。由于缺乏房间和书架，大部分的图书仍然储存在盒子里。2008年加拿大政府用石头、砖块和铁在坎大哈大学校园周围建起一道3千米长的围墙，以解决安全问题，被称为"坎大哈长城"。

  农业学院是坎大哈大学排名第一的学院，提供四年制的农业课程，每年招收大约80名学生，教授沙赫·马赫穆德·巴莱一直任该学院院长。学院下设六个系：农学系，土壤学和灌溉系，园艺学、丛林和自然资源系，植物保护系，畜牧系，农业经济和推广系。农业学院在校园旁边有一个占地面积22000平方米的农业和畜牧业农场，修建于2004年，用于组织农学与土壤科学、园艺、畜牧、植物保护领域的教育活动。医学院成立于1994年，是第二大的学院,在阿富汗内战时期也一直在办学。学院有医学图书馆和实验室设施,但实验室不允许解剖尸体。医学专业的学生以前在米尔瓦伊斯医院实习,但是学院现在有自己的附属教学医院,这所医院是在学校的要求下,经总统哈米德·卡尔扎伊批准,由坎大哈市的阿富汗国民军的军医院转到坎大哈大学名下的。学生从三年级开始每周必须到医院实习两次,最后一年实习期,学生将在医院获得实际动手救治病人的经验。坎大哈大学有一个出版社,出版包括教育、社会、文化、宗教等内容的杂志。出版的杂志有:《坎大哈大学》,第一期印制于 2002 年,主要关注坎大哈大学的问题;《绿叶》,第一期印制于 2008 年,该杂志属于农业学院,聚焦于学科的发展以及农业活动,每三个月一期;《阿纳尔》,由农学院院长沙赫·马赫穆德·巴莱教授主编,关注与农民相关的问题;《健康》,第一期印制于 2007 年,是医学院的杂志,内容包括健康问题、疾病、卫生和医学院活动,这本杂志有坎大哈医师协会的授权;《橘子》,第一期印制于 2008 年,是一本教育杂志,是在坎大哈大学出版社的授权下印刷出版的。

坎大哈大学校园内既有男生宿舍也有女生宿舍,但是由于安全问题,女孩都不愿意住在校园里,而是住在市内的亲属家中。宿舍用高等教育部预算拨款为学生提供免费的食物。宿舍的问题是电力供应不足,虽然有一个发电机,但没有足够的燃料。2012 年,在美国亚利桑那大学的援助下,坎大哈大学开始使用太阳能发电。

巴尔赫大学(Balkh University)位于阿富汗北部巴尔赫省首府马扎里沙里夫,1986 年成立,仅次于喀布尔大学和楠格哈尔大学,是阿富汗第三大的高校。学院包括医学、工程、经济学、新闻、文学、法律和科学。

赫拉特大学（Herat University）成立于1988年，建立之初只有文学和人文科学学院。现在赫拉特大学有14个学院：农业、应用科学、计算机科学、经济学、教育（教学）、工程、美术、新闻、法律和政治科学、文学和人文科学、医学、公共行政、神学和伊斯兰学、兽医学。

博斯特大学（Bost University）位于赫尔曼德省拉什卡尔加市，建立于1931年，是一所私立的非宗教大学。博斯特大学通过工程、医学、计算机科学、法学与经济学等内容的短期课程和训练，为学生提供四年制大学肄业证书。法律和政治科学学院有两个系：法律和管理（政治学）；经济学院下设四个系：统计、金融、工商管理和经济学；工程学院有四个系：建筑、土木、机械、电气工程；计算机科学学院有两个系：硬件和软件。

2006年，阿富汗美国大学（AUAF）在喀布尔建立，招收来自阿富汗和周边国家的学生，目的是在阿富汗提供一个有国际水平的、英语语言的、男女合校的学习环境。

阿富汗多所大学正在努力恢复秩序，并修复因国内冲突造成的损毁，女生入学也取得了一些进展，但是高等教育要完全走入正轨可能还需要许多年。

（二）宗教教育

以清真寺和毛拉为中心的传统宗教教育在阿富汗有着长久的历史。随着642年阿拉伯人把伊斯兰教带到阿富汗，伊斯兰宗教学、经学逐渐盛行，随后在扎兰季、巴尔赫、马雷等一些城镇建起了许多大型伊斯兰宗教学校。宗教学校依靠的是社会捐赠、政府补贴和宗教人士的资助，授课的毛拉们主要是传授关于伊斯兰教的基本教导和诵读《古兰经》。

伊斯兰教育高级委员会成立于2007年，负责调整和修改伊斯兰教育体系并监督其活动。2008年，阿富汗全国有511所伊斯兰宗教学校，宗教学生10.6万人，伊斯兰教师4144人。2010年，阿富汗教育部建立了一个伊斯兰教育分部，由学者和专家组成，并由一位资深教育部官员主持，负责进行调研并就如何提高全国的伊斯兰教育质量向教育部领导提出建议。

根据阿富汗教育部公布的教育发展五年计划（2010—2014年），伊斯兰教育发展的总体目标是发展和完善伊斯兰教育，以培养年轻人在教学、宗教宣传、带领祈祷，以及在政府、非政府和私人组织中任职或在高等教育院校中继续学习的能力。具体目标包括：伊斯兰学校（1—12年级）扩大招生数至19万人；高等宗教学校（DAR UL Ulums，13—14年级）扩大招生数至1万人；在伊斯兰学校和高等宗教学校中扩大女生的招收量至学生总数的40%；发展和改善伊斯兰学校和高等宗教学校的学术监督系统。

伊斯兰教育体系的课程设置正在修订，新的课程设置包括伊斯兰宗教课程以及通识教育的内容，如数学、科技、社会科学、民族语言（普什图语和达里语）和英语。除了在伊斯兰教育课程中加入了通识教育课程外，新课程是建立在阿富汗的哈乃菲和贾法里两种教法学派的基础上的，这将改善国家的伊斯兰教育的质量。根据新修订的课程标准，阿富汗教育部计划继续增加国内的伊斯兰学校和学生的数量。目前，接受伊斯兰教育的学生中只有5%是女性，但教育部计划在各省建立32所女子高等宗教学校，到2014年把这一比例提高到40%。由于专业且合格的教师数量不多，教育部还计划在2014年之前招聘约3000名新的宗教教师。

三、教育发展面临的挑战

在取得成就的同时,由于缺乏资金、校舍安全和文化偏见等问题,阿富汗教育的发展仍然面临许多挑战,还有300万儿童仍然无学可上,估计仍有1100万阿富汗人是文盲。

（一）资金问题

规划课程和制定学校计划是教育部的一大难题,因为每年教育预算的主体都来自国外的捐助,所以很难预测年度预算到底会有多少。

（二）安全问题

阿富汗是学校受暴力影响最严重的国家之一,2008年有670起袭击学校事件。2010年,针对学生的暴力事件阻止近500万名阿富汗儿童上学。在死亡率方面,2006年9月阿富汗有439名教师、教职员工和学生被杀,是世界师生死亡率最高的国家之一。2009年,塔利班对学校的破坏,尤其是对女校的破坏成为另一个被关注的问题,在一年中有150所学校遭到破坏之后,许多父母都开始怀疑政府对学生的保护能力。

（三）女孩接受教育问题

许多阿富汗人,特别是在保守地区的阿富汗人,对女性受教育的必要性都有一种文化偏见。缺乏女性教师也是一些阿富汗父母十分关注的一个问题,2007年国际援助机构乐施会的报告称,阿富汗教师中只有约四分之一为女性,在比较保守的地区,有些父母不允许男教师给他们的女儿上课。

（四）教师资格

阿富汗合格教师的数量仍然很少，尤其是缺乏合格的大学教师，学生的数量远远超过合格教师的数量。2012年，根据教育部提供的统计数字，该国16.5万名教师中80%只有高中学历或者没有完成大专学业，大学里只有4.7%的教学人员有博士学位。

（五）教材问题

塔利班政权被推翻后，在阿富汗和国际专家的共同努力下，学校的课程已从教授极端伊斯兰教义改变为相对较好的内容和训练形式。然而，初中教科书中仍然有不标准的课程，高中教科书在数量和内容方面都远远不够。

（六）基础设施

阿富汗学校的数量仍然太少，而且许多学校缺乏适当的设施，只有40%的学校有永久性建筑。其余的学校或者是使用联合国儿童基金会的场地，或者是"沙漠学校"——学生和老师聚集在村子附近的沙漠里上课。2007年，阿富汗当时的教育部长穆罕默德·哈尼夫·阿特马尔说，60%的学生在帐篷或其他无保护的建筑里学习，一些家长拒绝让他们的女儿上这样条件恶劣的学校。

（七）童工

2007年，阿富汗一半以上的人口在18岁以下。据联合国儿童基金会估计,阿富汗7岁到14岁之间的儿童中有近四分之一在工作。在农村地区,童工问题更严重,而且工作的女孩数量比男孩更多。这是对儿童教育的破坏,而且有可能完全剥夺了他们接受学校教育的机会。

第二节 文化事业

阿富汗的媒体包括出版印刷、广播和数字媒体,主要使用普什图语和达里语。尽管报纸的数量远远多于电视台和电台,但是由于全国的文化普及率只有28.1%,报纸远没有电视台和电台那么受欢迎,电台和电视台成为民众获取信息的最佳选择和主要渠道。美国国际开发署2010年的一项调查显示,63%的阿富汗民众有听广播的习惯,48%有看电视的习惯。

在塔利班统治时期,阿富汗的报社、电视台全部被关闭,以卡尔扎伊总统为首的新政权建立后,被关闭的媒体重新开始运转。近十年来国有媒体逐渐摆脱了约束,私有媒体也开始迅速发展。私营媒体虽然发展很快,但政府仍是阿富汗传媒业的主角。阿富汗有一家国家电视台、30多家有政府背景的广播电台,还有许多由政客或宗教领袖资助的私人媒体。

一、传媒集团

阿富汗广播电视集团(Radio Television Afghanistan)是阿富汗最权威的传媒集团,有一个国家电视台RTA和一个无线电台"阿富汗电台"(Radio Afghanistan)。

巴赫塔尔通讯社(Bakhtar News Agency),是阿富汗政府的新闻机构，负责国内新闻搜集并向国内所有媒体转发，向阿富汗信息和文化部负责。

阿富汗伊斯兰通讯社（Afghan Islamic Press）和萨哈尔新闻社（Sahaar News Agency），是两家由巴基斯坦的阿富汗难民兴办的新闻机构。它们的新闻精确程度不同，消息主要来源于西方国家。

基利德集团（The Killid Group）是一个独立的阿富汗公共传媒集团，拥有八个地方电台和两份全国性周刊，2002年由阿富汗发展和人道主义服务组织（DHSA）建立。该集团的主要理念是阿富汗拥有阿富汗事件的报道权，并致力于一个原则：人民有知情权和表达权，这是好的治理结构、问责制和透明制度的基础。

阿富汗最大的独立新闻机构是帕支胡克阿富汗新闻（Pajhwok Afghan News），它成立于2004年，由在报道战争与和平的机构中工作的阿富汗新闻记者创办。帕支胡克在阿富汗各省都有记者，日均播报达里语、普什图语和英语新闻三十多条。

兴都库什通讯社（Hindokosh News Agency），成立于2002年。

二、报纸杂志

阿富汗报纸传媒已有140年的历史。19世纪希尔·阿里·汗从印度引进了石版印刷术，在喀布尔建立了两家印刷厂——"穆斯塔法维印刷厂"和"白天的太阳印刷厂"，印刷出版小册子、政府文件、新闻出版物和邮票。1875年，阿富汗的第一张报纸《白天的太阳》创刊，每期16版，每月2—3期，刊登关于社会内容的文章和国内外新闻。与此同时，《喀布尔杂志》在巴拉希

第六章　教育和文化事业

萨尔出版，刊登国家和军队的文告和通知等。这两份刊物一直出版到1878年第二次英阿战争爆发时为止。哈比布拉·汗时期，随着教育改革的开展，出版业也扩大了规模，排字印刷技术被引进，印刷机也得到改进。1912年，以埃米尔的长子伊纳亚图拉·汗名字命名的私人印刷厂建立，该厂设备先进，大大改善了阿富汗的印刷技术。1939年，政府成立了新闻署，下设国内发行处和国外发行处，职责是管理出版和新闻工作，监督国家印刷总厂，审查报纸和杂志并为它们提供文章，还负责管理喀布尔电台的播音工作。

20世纪60年代，在查希尔·沙赫国王统治时期，阿富汗新闻出版事业有了新的发展，以报纸为主的阿富汗媒体繁盛一时。全国有了5家印刷厂，其中国家印刷厂是最大的现代化印刷厂，有职工500多人。出版社的数量也达到了4家，其中贝哈基出版社为国营企业。除原有的《安尼斯报》、《祖国报》和《革新报》三家使用当地文字的报纸之外，1962年开始发行英文《喀布尔时报》。

1965年7月，政府根据新宪法的精神颁布了《新闻法》，各个政治派别纷纷创办了私人报纸和期刊，公开宣扬自己的思想和政治纲领，主要有：阿富汗人民民主党的《人民报》（1966年4月创办）；旗帜派的机关报《旗帜报》（1967年创办）；《今日信息》（1966年2月创办），是一份对政府持批评态度的报纸；《阿富汗民族报》（1966年4月创办），是反映社会民主主义者观点的刊物；《平等报》（1967年1月创办），由"进步民主党"创办，1971年随着此党派的消失而停刊；《群众之声报》（1968年3月创办），持小资产阶级立场；《永恒的火焰报》（1968年4月创办），反映"新民主主义者"的观点；《晨报》（1969年1

月创办），是保守的宗教势力的刊物。资产阶级也创办了自己的自由资产阶级报纸——《商队报》（1968年9月创办）；1980年，民主青年组织创办了《青年旗帜报》，其宗旨是宣传和动员青年起来保卫革命；等等。

1992年阿富汗伊斯兰国建立，如《阿尼斯报》、《革新报》、《祖国报》等几家大报纸全部停刊，取而代之的是《圣战报》。在塔利班统治时期（1996—2001年），阿富汗的报社、电视台全部停办，报纸上只刊登毛拉的教义宣讲和处罚违反塔利班禁令者的消息。

卡尔扎伊上台后，许多报纸受制于审查制度和经济困难，通常要倚靠总统卡尔扎伊的支持者或前国王查希尔的支持者来维持。2013年，在阿富汗信息文化部登记的日报有10种，其中政府主办的为4种；其他种类的报刊321种，政府主办的为27种。主要的日报有国有的《阿尼斯》、《民族希望》、《伊斯兰》、《喀布尔时报》等，阿富汗私有报纸包括英文报纸《阿富汗每日评论》、《哈马新闻》、达里语和普什图语双语报纸《阿富汗日报》、《意志》、《祖国报》、《沙利亚》等。独立出版物的发行最初被限定于喀布尔地区，现在阿富汗注册的出版物大约有500种。

三、广播电视

（一）电台广播

阿富汗喀布尔广播电台于阿马努拉·汗国王执政时的1925年开始试播，1941年正式开播。建台初期，它只有一台功率为20千瓦的发射机，用中波每天对喀布尔地区广播两个小时，广

第六章 教育和文化事业

播节目无论是新闻还是音乐全部都是直播，内容也不固定，收听效果很有限。到20世纪50年代，广播已经成为一种重要的新闻传播手段。1959年，喀布尔广播电台有了一台50千瓦的短波发射机。工作人员增加到500人；1966年开始使用录音带，进一步提高了节目的质量。广播电台对整个阿富汗社会的全面作用日益明显。虽然农村人口或者游牧民很少改变自己的传统生活方式，现代化技术的缓慢发展对他们发展农业和贸易活动的影响也不是很大。但是，广播电台却能使他们及时了解国内外发生的各种事件，增长知识，开阔视野。在这个文盲率很高的多民族国家里，广播成了为数不多的维护国家统一的手段和因素之一。

过去广播只使用达里语和普什图语两种官方语言，北方民众在电波上根本听不到自己民族演员的节目。因此他们只能去收听塔什干、杜尚别和阿什哈巴德电台的广播，通过这些外国广播电台来欣赏本民族语言的歌曲。从1972年起，阿富汗广播电台开办了地方语言的节目，如乌兹别克语、土库曼语、俾路支语和帕沙伊语等，内容主要是音乐节目。电台的工作人员搜集了大量地方音乐素材，制成录音带进行播放，同时也推出了一些有才华的演唱者。这样，阿富汗广播电台把少数民族听众也吸引了过来。此外，喀布尔、德黑兰和杜尚别三地之间还定期交换文艺演出团体，使得阿富汗演员能够获得参加国际演出的经验，并了解邻国的训练、演出和经营方式。在这种变化过程中，各地的业余音乐爱好者也纷纷前往广播电台去录制音乐节目，其中不乏出身上层家庭的青年。前首相阿卜杜尔·查希尔的儿子阿赫马德·查希尔甚至成为20世纪70年代全国最受听众喜欢的歌唱家之一。

1992年阿富汗伊斯兰国建立，游击队组织掌权后，起初下令女播音员不得化妆，播音时戴头巾，半个月后，女播音员便完全从荧屏上消失了,男播音员按照要求蓄起了短胡须,过去的节目内容都被禁用。新安排的节目,除了播放领导人讲话、当局的决定、通知、任命事项以及一些简短的新闻消息外,都是与宗教相关的内容。塔利班执政时,阿富汗只剩下一个广播电台,用来发布官方公告、宣传伊斯兰教义。

2001年11月,喀布尔电台恢复广播。2003年,大约37%的阿富汗公民,主要是城市公民可以收听到地方广播节目。2007年,在阿富汗全国各地估计有50个私营广播电台,政府主办的为1个。频段有长波、短波和调频,广播节目使用达里语、普什图语、英语、乌兹别克语和许多其他语言。在阿富汗的6个主要城市中,坎大哈和霍斯特有大量的广播听众,喀布尔和贾拉拉巴德有中等数量的广播听众,而马扎里沙里夫和赫拉特的广播听众数量很少。在首都喀布尔,私有的广播站"阿尔曼调频"非常受年轻人的喜爱。2010年,北约驻阿富汗部队设立一个电台,这个用普什图语广播的电台播出内容主要是当地的新闻和音乐等,并且试图化解阿富汗民众对西方人的不满,瓦解塔利班的宣传。据报道,2011年阿富汗全国有175个广播电台。此外,英国BBC、美国VOA、中国CRI、自由阿富汗广播等很多国外电台,也用普什图语和达里语对阿富汗播送新闻。近年来,广播听众的数量在逐渐减少,慢慢被电视超越。

(二)电视

1973年8月23日,达乌德·汗总统发表告人民书,承诺发展民族艺术、戏剧、电影和广播事业,特别强调要采取必要的步骤在国内建立电视网。彩色电视广播始于1978年。

阿富汗电视播出新闻和政治节目、以真实故事为题材的节

第六章 教育和文化事业

目、宝莱坞电影，还有美国电视节目，近年来观众也可以收看电视转播的足球赛事，而且也有类似《美国偶像》的选秀节目。当前阿富汗最火的电视节目有三类：电视剧、烹饪节目及"脱口秀"。选定的外国频道也向公众播放，随着互联网的使用，超过3500个国际电视频道将可以进入阿富汗。阿富汗政府的一项调查显示，该国目前已有19%的家庭拥有电视机，而仅有43%的家庭拥有完好无损的窗户和屋顶。

尽管塔利班不再当权，然而事关妇女的禁忌依然有效。例如，男性可在公共场合看电视，而女性还是被限制在家中收看电视节目。

2006年，阿富汗至少有7家电视台在运营，其中1家国营，6家为地方电视台。国有的阿富汗电视台（Afghanistan National Television）于1996年被塔利班关闭，于2002年恢复开播。阿里亚电视台（Aria TV）是第一个专为儿童和青少年播出节目的电视频道。黎明电视台（Tolo TV）是2004年由欧美归国的阿富汗知识分子创办的，是阿富汗第一家民营电视台，也是阿富汗收视率最高的电视台。作为阿富汗最受欢迎的电视台，黎明电视台的部分资金来自美国，部分股份归莫比媒体集团所有。莫比集团的总部位于迪拜，它的老板是澳大利亚籍阿富汗人。黎明电视台免费向阿富汗10多个城市提供电视信号，收入主要源于广告。在大选期间，黎明电视台是阿富汗第一家将主要候选人请到一起，让他们当面交锋的电视台。Lemar TV是Tolo TV的姊妹频道，播出普什图语节目。Shamshad TV频道于2006年在首都喀布尔开播，通过亚洲卫星有限公司的"亚洲二号"卫星24小时免费播放，其节目使用普什图语、达里语和英语，内容包括新闻、娱乐和教育等。Shamshad TV在喀布尔设有节目制作中心和广播设施，为阿富汗市区和郊区，以及中亚、南亚和中东地区国家提供地面数字广播和卫星广播服务；阿里亚纳和雅克也是阿富汗主要的私营电视台，这两家电视台的特色节目是关于烹饪、体育和文化活动的报道。

据2012年的报道说，阿富汗已有76个电视频道。许多国际新闻频道都在阿富汗设有办事处，包括美国有线电视新闻网（CNN）、英国广播公司（BBC）、天空新闻台（Sky News）和半岛电视台（Al Jazeera）。其中，半岛电视台被认为是未被删减信息的主要来源。

四、互联网服务

如同其他国家一样，阿富汗的数字媒体也在发展之中。2003年，阿富汗被赋予域名".AF"的合法控制权，同时，阿富汗网络信息中心（AFGNIC）成立来管理域名。2009年，阿富汗互联网因拥有100万个用户而达到历史最高值。在首都喀布尔，网络咖啡厅和公用的网络电话亭都可以连接互联网。网上还提供一些在线的报纸供大家阅读，比如Pajhwok Afghan News、Khaama Press等。2010年，阿富汗至少有46家互联网服务提供商（ISPs）。以下是在阿富汗运营的一些不同的供应商：TiiTACS互联网服务（TiiTACS Information Technology Services）、阿富汗法伊兹卫星通信（AFSAT）、安装电信（Insta Telecom）、全球服务（P）有限公司（Global Services (P) Limited）、拉纳技术（Rana Technologies）、全球随行人员服务（Global Entourage Services）、里瓦尔网络（Liwal Net），等等。

阿富汗政府对传媒业的控制很严格，阿富汗政府曾向新闻单位发了一份文件，规定媒体必须限制有损治安的报道，对下列

第六章　教育和文化事业

消息应加以控制：反政府势力的观点和图像，否定驻阿外国军队的新闻，反对伊斯兰教义和阿富汗风俗的报道等。2001年11月27日，塔利班撤出喀布尔后，阿富汗老牌报纸《友谊报》登载了不戴面纱的女性的照片，被一些宗教人士指责。2004年1月，阿富汗公共电视台播放了一名女歌手的画面，两天后，阿富汗最高法院向电视台提出抗议，要求禁播这些画面。2012年2月14日，阿富汗新闻和文化部发布公开信称，部分民众举报一些女新闻主播"不恪守道德规范"，因此"郑重要求所有电视台，禁止女主持人不戴头巾出镜，禁止化浓妆"。塔利班势力也在对新闻媒体施加压力，塔利班曾威胁说，那些遵照美国等外国军队的旨意报道"错误消息"的记者，将成为塔利班袭击的目标。政府的严格管控和极端宗教势力的威胁，使得阿富汗的媒体环境十分恶劣。2012年，根据无国界记者组织（Reporters Without Borders）的调查，阿富汗媒体环境自由度在179个国家中排名第150位。2013年，因为没有记者被监禁，阿富汗的这一排名比上一年上升了22位，排在第128位。

第七章 政治制度

第一节 政治发展进程

从1747年阿富汗建国以来，其政治制度经历了君主制、君主立宪制、共和制、伊斯兰原教旨主义、总统共和制等5个发展时期。

一、君主制时期

虽然在阿富汗这片土地上的文明可以追溯到上古时代，但真正完整的阿富汗国家机构的建立，则要从1747年阿赫马德·沙赫成为阿富汗的第一个国王那一刻算起。在建立阿富汗王国之前，这片土地上各个部落各自为政，时而互相之间干戈不息，时而共同抵御外敌，但都尚未提升到建立一个共同的国家、把所有阿富汗人联合起来的高度。阿赫马德·沙赫当选国王之后，虽然这个国家内部依然分裂，但阿富汗人的民族意识已经有了较大发展。以前，他们只认为自己是吉尔扎伊人、杜兰尼人、乌兹别克人，而不是阿富汗人。现在他们指望能够在这位土生土长的领袖的带领下，不受外部帝国势力的欺负。阿赫马德·沙赫使"阿富汗"一词不但用来指普什图部落，而且用来指包括许多部落和民族在内的更广泛的联盟。

阿赫马德·沙赫当选国王之后的第一件事便是建立政府机构。国王（沙）是中央政府的核心人物。他既是国家元首，又是中央政府首脑，还是武装部队最高首长。只有他才有宣战、媾和及签订条约的权力。另一个重要机构是"马吉利斯"，即议会。马吉利斯的成员由9个部落的首领组成，在一切重要问题上充当国王的参谋，帮助国王治理国家。一般来说，议会成员代表了阿富汗的主要部落，但实际只维护了部落首领的利益，旨在缩小国王的权力范围。从表面上看，阿赫马德·沙赫是一个名副其实的专制君主，是阿富汗人的最高领袖，部落首领们都表示服从他的统治，赋予他生杀予夺的大权。但事实上，他只是徒有虚名，他的权力受到多方牵制，主要原因是：阿富汗国家机构的社会基础是部落组织。阿富汗地形复杂，交通不便，联系困难，因此各个村庄都在部落的直接管辖之下，而不受国家的约束。各个部落都像"世外桃源"一样，封闭、自给自足，而且都有自己的武装力量，中央政府对于这些部落的控制是鞭长莫及。在阿富汗政府体系中，把各个部落连接在一起的是微不足道的税收和少量的军队。国家没有形成一个密不可分的有机整体，任何一个部落都可能脱离这个中央政府，并有条件自己生存下去。因此，随着它的创建人的去世，中央政府便瓦解了。诸王子们以及各个部落酋长开始了彼此的权力之争，阿富汗陷入内战。

1880年，阿卜杜尔·拉赫曼登上王位，经过长期的动荡和分裂的阿富汗才再度实现了统一。拉赫曼执政期间实行君主专制制度，反对民主、宪政。然而，在阿富汗，部落占有重要的地位，对国家政治具有重大影响。为抑制部落的传统特权，防止其

第七章 政治制度

制造事端,减弱其自治倾向,拉赫曼国王实行了强制迁徙政策,并通过分割或变卖部落土地的方式来破坏部落的经济基础,以瓦解部落首领的政治权威。在法律上,1880年以前的阿富汗盛行普什图法典。该法典是普什图民族生活中特有的道德和行为准则,是在继承古老的风俗习惯和民族传统的基础上形成的非常严厉的不成文法,在社会生活中的作用比伊斯兰法还大。阿卜杜尔·拉赫曼国王在执政后根据伊斯兰法规颁布了许多法律和条例,拟定了详细的个人财产法和继承法,并宣布:"任何部落或个人都必须通过法律寻求公正。"

二、君主立宪制时期

1919年2月28日,阿马努拉·汗正式登基,在其加冕典礼上,他发表了第一个独立宣言,宣布阿富汗摆脱英国殖民主义者的控制,是自由独立的国家,不承认任何外国的特权。受土耳其凯末尔和伊朗礼萨·汗改革的启示和影响,阿马努拉·汗展开了轰轰烈烈的改革。他废除旧制度,宣布实行立法、司法、行政三权分立的国家政体,以国王领导下的大臣内阁制取代王室管理体制。1923年,他颁布了阿富汗历史上的第一部宪法,宣布公民在法律、宗教、性别、语言和种族上平等;1928年,宣布实行君主立宪和两院制,人民院议员由民选产生,长老院议员部分经选举产生、部分由国王任命。在军事方面,为建立一支现代化正规军,他采取了一系列具体措施,如颁布兵役法等。

1930年9月,大支尔格会议确认了纳第尔·沙赫的国王地位。1931年10月,经国民议会批准新宪法生效。1931年宪法确定了君主专制的合法性。宪法规定设立两院制——人民院和长老院,但这基本上只是咨询机构,实际上是加强了国王的权力,提高了宗教领袖的地位。在地方政府建制方面，全国设立了 5 个大省和 4 个小省，省长由中央任命。

1933 年 11 月 8 日，纳第尔被刺杀，19 岁的王子穆罕默德·查希尔继位。此后，阿富汗经历了查希尔王朝（阿富汗的最后一个王朝）的哈希姆首相时期（1933—1946 年）、马茂德首相时期（1946—1953 年）、达乌德首相时期（1953—1963 年），以及查希尔推行"民主政治"的十年"宪政"时期（1963—1973 年）。这是相对和平、经济缓慢发展、令阿富汗人民怀念的 40 年。其间，政府颁布了 1964 年宪法。新宪法在确保王权至上的同时，在理论上第一次体现了君主立宪制的原则，它赋予议会立法创制权、公民民主参政权以及有条件组织政党的权利，从而使王权在理论上受到了一定的限制。宪法还强调了三权分立和制衡等现代政治原则。西方学者称之为"穆斯林世界最好的宪法"。

三、共和制时期

在宪政十年的后期，阿富汗政局呈现出了政党纷争的混乱局面。1973 年，前首相达乌德·汗发动政变，宣告成立阿富汗共和国，查希尔王朝覆灭。然而，达乌德虽然打着"民主"的幌子，但却实行独裁统治。他除了担任总统和总理之外，还兼任外交部长、国防部长和最高经济委员会主席的职务。

1977 年，阿富汗颁布新的宪法，规定阿富汗实行一党制，达乌德创建的民族革命党成为唯一合法的政党。宪法还赋予该党特权：只有该党党员有资格被提名担任总统或当选国民议会议员。党有权决定国家的对内对外政策，并控制所有国家机构的活动。实行一党制就意味着取缔其他所有政党和政治组织，这样一来，达乌德同亲苏的人民民主党的矛盾日益尖锐。

第七章 政治制度

1978年4月27日，人民民主党在苏联暗中支持下发动军事政变，推翻了达乌德政权，建立了"阿富汗民主共和国"。从此，阿富汗政局开始动荡，人民民主党内部的权力之争不断，党外的各种组织、派别的权力争夺活动也愈演愈烈。1979年12月25日，苏联入侵阿富汗。阿富汗圣战者建立各种武装组织，开始了长达10年的全民抗苏战争。1989年，苏联撤军。"圣战者"又经过了3年斗争，于1992年4月占领了喀布尔，建立了伊斯兰政府。但各派组织因为权力分配不均仍在继续内斗。

四、伊斯兰原教旨主义掌权时期

1994年10月，阿富汗伊斯兰宗教学生武装——塔利班初露头角，从希克马蒂亚尔派手中夺取坎大哈，迅速控制了南方几省。1996年9月27日，塔利班占领喀布尔，成立临时委员会，开始实行"政教合一"的政治制度，推行"伊斯兰国家化"。1997年，塔利班政权改国名为阿富汗伊斯兰酋长国，企图建立一个世界上最纯洁的伊斯兰国家。塔利班上台后，阿富汗的司法领域全面伊斯兰化，沙里亚法成为法律的唯一来源，对沙里亚法的解释权为乌里玛（Ulema，宗教学者）所垄断。在塔利班政权中，宗教人士占大多数，毛拉成为"国家的代表"，而塔利班头目奥马尔本身集立法、行政、司法诸大权于一身。正是在这种思想的指导下，塔利班的宗教色彩越来越浓，最后完全被泛伊斯兰主义所淹没，走向一个政教合一的极端主义政权。

五、总统共和制时期

2001年，塔利班政府在以美国为首的多国部队和阿富汗北方反塔利班联盟的联合打击下迅速垮台。在联合国主持下，阿富汗四方（北方联盟、罗马集团、塞浦路斯集团和白沙瓦大会）签署了《波恩协议》。各方一致同意在阿富汗组建临时政府，并推举普什图族温和派领导人哈米德·卡尔扎伊出任临时政府主席，任期6个月。2002年6月13日，哈米德·卡尔扎伊在阿富汗紧急支尔格大会上当选为过渡政府总统。2004年1月，阿富汗制宪大支尔格会议通过新宪法。根据新宪法，阿富汗实行总统共和制，并于同年底举行历史上首次总统直接选举，卡尔扎伊以绝对优势当选阿富汗历史上第一位民选总统。这标志着阿富汗逐步实现向民主国家的过渡。2009年，卡尔扎伊连任阿富汗总统。

2014年4月5日，阿富汗举行第三次总统选举。这是战后阿富汗的第一次政权交接，也是非常重要的过渡时期。由于没有一个候选人获得半数以上选票，得票领先的前财长阿什拉夫·加尼和前外长阿卜杜拉·阿卜杜拉进入第二轮角逐。在6月14日举行的第二轮投票后，阿卜杜拉指责选举存在舞弊，并表示要抵制大选，其支持者也称要另立政府。经过反复沟通，双方同意在联合国的监督下，对全部选票进行核查。9月21日，阿富汗独立选举委员会宣布，阿什拉夫·加尼在此次选举中获胜。不过，加尼和阿卜杜拉在此前已经签署协议，同意组建团结政府，并确定了新政府的执政框架。根据协议，双方同意设立"政府长官"一职，由总统选举落选者担任。这次选举持续了将近半年，而且饱受舞弊指控，新总统的产生以及团结政府的组建是双方妥协的结果，也缓解了阿富汗可能陷入内战的紧张局势。

第七章 政治制度

第二节 国旗、国徽、国歌

一、国旗

图 7-1 阿富汗国旗

阿富汗国旗呈长方形，长宽比例为 3∶2，由黑、红和绿三部分组成，这三种颜色均等地由左向右依次垂直排列，国徽位于国旗的正中央。黑色象征过去，红色象征鲜血，绿色象征未来，同时这三色也是典型的伊斯兰颜色。

二、国徽

图 7-2 阿富汗国徽

阿富汗的国徽正中由白色的清真寺壁龛和讲经台组成，两侧是两面旗帜，中间部分的上部有阿拉伯语"清真言"（万物非主，唯有真主，穆罕默德是真主的使者），"清真言"下面写有"真主至大"的赞辞，在赞辞下面是正在冉冉升起的太阳的光芒。讲经台下方写有数字"1298"，代表阿富汗从英国独立的年份1919年（伊斯兰教历1298年）。国徽底部写着国名"阿富汗"，并在国名处由两侧向上有两把麦穗环绕至"清真言"处。

三、国歌

阿富汗国歌用普什图语写成，歌颂了阿富汗人的勇敢以及阿富汗人对自己国土的热爱。这首国歌有两个鲜明的特征：其一，歌词中提到各个主要民族的名称，这是各民族渴望平等相处的具体体现；其二，歌词中提到"真主至大"，这是伊斯兰教在阿富汗神圣地位的体现。歌词如下：

دا وطن افغانستان دی -- دا عزت د هر افغان دی

这个国家是阿富汗，她是每个阿富汗人的骄傲

کور د سولی، کور د توری ، هربچی یی قهرمان دی

她是和平的故土，利剑的家乡，每个儿女都是英雄

دا وطن د ټولو کور دی د بلوڅو د ازبکو

这是所有人的祖国：俾路支人、乌兹别克人

د پښتون او هزاره وو د ترکمنو د تاجکو

普什图人、哈扎拉人、土库曼人、塔吉克人

ورسره عرب، گوجر دي پاميريان، نورستانيان

阿拉伯人、古加尔人、帕米尔人、努里斯坦人

براهوی دي، قزلباش دي هم ایماق، هم پشه ہان

布拉灰人、基希尔巴什人、艾马克人、帕沙伊人

دا هېواد به د تل زلیږږي لکه لمر پرشنه اسمان

这个国家如太阳在蔚蓝的天空永放光芒

په سینه کی د اسیا به لکه زړه وی تل ودان

像永恒的心脏，跳动在亚洲的胸腔

نوم د حق مودی رهبر وایو الله اکبر وایو الله اکبر

真主是我们的领袖，让我们高呼："真主至大！"

第三节 宪法

宪法是一个国家的根本大法，规定国体、政体，表述国家和公民的权力界限。阿富汗自 1919 年独立至今共颁布了六部宪法，分别是：1923 年宪法、1931 年宪法、1964 年宪法、1977 年宪法、1987 年宪法和 2004 年宪法。

一、1923 年宪法

1923 年，阿富汗颁布了第一部宪法。这部宪法以伊朗 1906 年宪法和土耳其行政法为蓝本，共 73 条。这部宪法赋予了国王绝对的权力，维护了国王绝对的君主地位。根据宪法，国王拥有对国家一切事务的决定权，包括政府高官、所有大臣的任免，法律批准和颁布。此外，国王还兼任武装部统帅。

宪法规定设立大臣议会，由国王领导，具体负责草拟国内外

政策，但所有决定须经国王批准才能生效。宪法还规定设立国务和省、市议事会。国务议事会有权提出议案，但其职责更多的是咨询性质。

根据宪法要求，阿富汗建立了独立的国家司法制度，颁布了民法、刑法和商法，并公布了总法典，设立了由政府控制的世俗法院以取代宗教法院。

此外，宪法还规定阿富汗人民享有若干权利和自由，如人身自由不受侵犯，废除奴隶制，法律面前人人平等，反对宗教、语言、种族和性别歧视等。但事实上，这些权利和自由很少得到实施。

二、1931年宪法

1931年，穆罕默德·纳第尔·沙赫颁布了阿富汗第二部宪法，共16部分110条。这部宪法是在1923年宪法的基础上参考借鉴土耳其、伊朗、法国等国的宪法，同时吸取了伊斯兰教逊尼派哈乃斐教法学派以及阿富汗习惯法的精神制定而成的。其主要特征有以下几点：

（一）赋予了宗教势力更多的权力

1923年宪法只规定伊斯兰教是阿富汗的国教，而1931年宪法则规定阿富汗的官方宗教是逊尼派的哈乃斐教派[①]，而且国王必须是哈乃斐派穆斯林。这一规定抬高了哈乃斐教派的地位，而什叶派以及逊尼派其他教法学派处于不平等地位。

---

① 逊尼派共有四大教法学派：哈乃斐派、马立克派、沙斐仪派和罕百里派。

（二）设立首相一职，取代国王领导行政机构

具体来说，部长在首相的领导下，负责政府行政工作，部长由首相挑选，由国王任命。这一改革，在理论上进一步发展了议会的结构和职能，也使王权进一步受到限制，标志着君主立宪制在阿富汗有了初步发展。

（三）保障了君主专制的合法性以及国王的绝对统治地位

1931年宪法规定王位属于纳第尔·沙赫家族并且王位世袭。宪法还规定国王拥有的各种权力，如有权任免首相、大臣和其他官员；拥有宣战、媾和的权力；保护和批准沙里亚法和民法；上院和下院通过的法案须经国王签署才能生效；有权否决议会通过的任何法案；同时兼任武装部统帅。

（四）设立两院制议会

两院制议会包括人民院和长老院，人民院议员由民众直接选举产生，长老院议员由国王任命。立法须经两院批准，之后报请国王签字，两院意见相左时由国王裁定。在国家遇到重大问题时，国王广泛召集全国有影响力的成员，召开大支尔格会议。大支尔格会议拥有高于宪法的权力，是阿富汗特有的政治机构。

（五）实行宗教法律制度和世俗法律制度共存的法律体系

根据宪法第11部分，所有法律诉讼将依据逊尼派哈乃斐教法学派裁决，但各级司法部门及其权力将由基本组织法予以确定。

(六)规定阿富汗人民享有若干权利和自由

具体来说,如实行人人平等、禁止强制劳动、禁止非法监禁和搜查、臣民有权发行新闻报纸和期刊等。但事实上,这些权利和自由很少付诸实施。

三、1964年宪法

1964年9月,制宪大国民会议在喀布尔举行,会议审议并通过了宪法草案,查希尔·沙赫国王随即于10月1日正式签署并使之生效。1964年宪法共有11章128条。其主要特征有以下几点:

(一)促进了政教分离和世俗化的发展

根据宪法,议案一旦被两院通过并由国王签署,即可成为法律。在没有世俗法的领域,伊斯兰教哈乃斐教法学派的解释才能被视为法律。宪法规定伊斯兰教为阿富汗神圣的宗教,而没有规定哈乃斐派为国教,仅称以哈乃斐派指导宗教仪式,并规定世俗法高于宗教法。

(二)维持国王的最高权力

1964年宪法第1条规定,阿富汗是君主立宪制国家,并赋予国王最高权力。宪法第9条比1931年宪法更为详细地规定了国王的权力和职责:国王是阿富汗武装力量的最高统帅,有权宣战、缔和;有权召集和主持大支尔格会议;有权解散国会并命令选举新一届国会;有权签署法律并宣布付诸实施;有权任命首相、由首相推荐的各部大臣、长老院的成员和议长、最高法院大法官和法官、民政和军政高官。宪法第 63 条还规定国王可以在任何时候、根据任何理由解散国会。此外，宪法还明确规定王位世袭。

（三）限制王室成员从事政治活动

为防止达乌德东山再起，1964 年宪法通过法律的形式把王室成员排除在政治舞台之外。宪法第 24 条明确规定：禁止王室成员参加政党或担任首相、大臣、议员、最高法院法官等公职。王室成员包括国王的儿女、兄弟姐妹及他们的配偶、儿女，还包括国王的叔父以及他们的儿子。

（四）强调三权分立

根据宪法，政府内阁对国会负责，国会有权对政府工作提出质询并进行调查，法院是独立的组织，从而形成行政、立法、司法三权分立、互相制衡的格局。但是宪法规定的立法机构不仅指国会，还包括政府、法院和国王。如涉及司法行政管理方面的议案，可以由最高法院提出；涉及预算和财政方面的议案，只能由政府提出；在议会休会和解散时，政府可以就紧急问题发布条令，经国王签署后即可成为法律。不同于 1931 年宪法，国会尤其是人民院的独立性和权力进一步加强。根据宪法第 74 条和第 75 条，人民院在立法方面的权力高于长老院。此外，1964 年宪法还设立了首席检察官，负责对犯罪活动的调查和提出法律诉讼，该机构为独立于司法体系之外的一个行政机构。

（五）赋予民众更多的权力

与之前的宪法相比，1964 年宪法赋予阿富汗公民更多的权力，如第一次授予妇女选举权和被选举权，并规定实行直接的不记名投票；首次规定阿富汗公民享有集会、结社、组织政党等民主参政权等。但是，宪法的颁布并不意味着它的必然实施，宪法中规定的许多民主条款并未付诸实践。

相对于1923年宪法、1931年宪法，1964年宪法强调三权分立和制衡、司法与宗教分离，世俗主义得到发展，是阿富汗真正意义上君主立宪制时期到来的标志。

四、1977年宪法

1973年7月，前首相达乌德发动政变，推翻了穆沙希班王朝统治，建立了阿富汗共和国。然而，虽然君主立宪制为共和制所取代，但是达乌德上台后不久便实行个人独裁统治，一人兼总统、总理、国防和外交部长等要职。为巩固个人地位和共和国的体制，1976年，达乌德组建了一个特别委员会负责起草宪法。1977年1月，大支尔格会议对宪法草案进行了讨论、修改、补充后予以通过，即1977年宪法，共13章136条。其主要特征有以下几点：

（一）赋予总统最高权力

总统集国家、行政、立法、司法和武装部队等大权于一身，其权力在法律上没有受到任何实质限制。宪法第78条规定了总统的职责：担任武装部队最高统帅；在大支尔格会议的建议下宣战或媾和，或在紧急状态下有权做出特殊决定；宣布或终止紧急状态；召集和主持大支尔格会议的召开；主持国民议会日常会议，或召集和主持非常会议的召开；有权解散国民议会，并下令举行新一届议会选举；指导和协调国内外政策；任命副总统及各部部长，并有权解除其职务或接受辞呈；任命最高法院大法官和法官；任命武装部队官员、高级官员或接受其辞呈；签署法律和条令，认可国际条约等。

（二）创建一党制

宪法规定："民族革命党"（National Revolutionary Party）为唯一合法政党，其他政党必须加入该党，否则得等到政治上"成熟"以后才能合法化。

（三）实行一院制

宪法规定：阿富汗的日常立法工作由国民议会承担，议员由不记名投票产生，任期4年。此外，大支尔格会议作为"人民意志的最高权力机构"，在特殊时期由总统召集和主持。

（四）实行"有指导的混合经济"

根据宪法，大部分自然资源和基础工业属于国家所有，但私人企业和财产以及合作型经济均应得到国家的鼓励、保护、调节和指导。

（五）宗教更趋世俗化

宪法第21条规定伊斯兰教是阿富汗的宗教，但未提及宗教仪式为哈乃斐学派。同时，宪法保障了非穆斯林的信仰自由，并于第99条规定世俗法高于宗教法。

五、1987年宪法

1978年4月，人民民主党通过政变推翻了达乌德政权，建立了阿富汗民主共和国。1979年12月，苏联入侵阿富汗。1980年4月21日，卡尔迈勒傀儡政权颁布《阿富汗民主共和国基本原则》作为临时宪法。1986年5月，在苏联的支持下，穆罕默德·纳吉布拉掌握了人民民主党的领导权。1987年11月，纳吉布拉召集大支尔格会议批准通过了阿富汗历史上的第5部宪法。新宪法明确规定伊斯兰教为国教，大支尔格会议是阿富汗人民最高意志的体现。纳吉布拉在会上提出"民族和解"纲领，希望能同抵抗组织进行对话并建立联合政府，邀请游击队的领导人参加，共享权力，进而实现阿富汗国内和平。然而，这些努力仍掩饰不住该政权是苏联傀儡政权的实质，民族和解政策遭到抵抗组织的坚决拒绝。

1989年2月14日，苏联如期撤出阿富汗，结束了对阿富汗长达9年1个月零19天的占领。1990年5月29日，纳吉布拉的喀布尔当局通过大支尔格会议批准了对1987年宪法的修正案，其核心内容是放弃人民民族党的独家统治，实行多党民主的政治制度；确立阿富汗的中立和非军事化的伊斯兰国家地位；选举产生省、县、乡三级议会，建立独立的司法和检察机构；废除"国家指导经济"体制，为私人企业提供更充分的机会。

六、2004年宪法

2002年10月初，阿富汗过渡政府根据《波恩协议》开启制宪进程。2004年1月，阿富汗制宪大支尔格会议审议并通过新宪法。2004年宪法共有12章161条，其主要特征有以下几点：

第七章 政治制度

（一）规定阿富汗实施单一制的类似美国总统制的共和制政体，并赋予总统很大权力

为加强以总统为核心的中央政府的权力，根据2004年宪法，阿富汗实行总统制，总统既是国家元首，也是政府首脑；不设总理，由总统出面组织政府；总统掌握高层人事任免权、决策权、军事大权、外交权等重要权力；除享有上述权力外，总统还享有监督宪法、签署法律和法令的权力，这使总统可以借此影响并干预立法活动。这些举措呈现出强政府、弱议会、弱司法，强中央、弱地方的特征。

（二）更注重体现阿富汗公民的平等和自由权利

在经历了长年的战争之后，阿富汗人民更加渴望获得平等和自由。在2004年宪法的引言中就提到要"建立一个以人民意志和民主为基础的政府"。为保障公民的平等，宪法第22条规定禁止"公民之间的任何歧视和特权，阿富汗公民——无论性别——在法律面前都享有平等之权利、负有平等之义务"。为保障公民的自由，宪法第24条规定："自由是人类自然之权利。自由权利不受限制，除非影响法律规定之他人权利或者公共利益。人之自由和尊严不可侵犯。国家有义务尊重和保护人之自由和尊严。"此外，公民还享有舆论自由、出版自由，以及个人隐私的保护，并专门设立独立人权委员会保护阿公民的人权等等。宪法还显著提高了阿富汗妇女的地位，尤其是政治地位。

（三）实行政教分离，在宗教上更趋世俗化

2004年宪法规定伊斯兰教是阿富汗的国教，任何法律不得

与伊斯兰教的信仰和规定相冲突。但是,宪法也规定"阿富汗国家主权属于阿富汗人民",明确地将世俗权力置于神权之上;并且在法律规定范围内,其他宗教信徒享有信仰自由和参加各种宗教仪式的自由;此外,宪法既没有将实施伊斯兰教法作为立法原则反映到文本中,也没有提到沙里亚法应在司法实践中占何种地位,从而间接默认了宗教与立法和司法分离的原则。

第四节 国体与政体

2004年宪法规定,阿富汗是一个独立的、单一制的、不可分割的伊斯兰共和国。阿富汗的国家主权属于全体国民。阿富汗伊斯兰共和国政权的宗教是神圣的伊斯兰教。保护国家独立、国家主权和领土完整,保障国家的安全和防务能力是政权的基本义务。国家有责任建立一个富裕、基于社会公正、保护人的尊严、保护人权、实现民主、保障国家统一、所有民族和部族平等、各地区均衡发展的社会。

阿富汗伊斯兰共和国实行总统制。总统既是国家元首,也是政府首脑;不设总理,由总统出面组织政府;总统掌握高层人事任免权、决策权、军事大权、外交权等重要权力。

国民议会是国家最高的立法机关,是人民意志的体现,由人民院和长老院组成,享有立法权、财政权、批准任命权、弹劾权、质询权、调查权等职权。尽管国民议会是阿富汗伊斯兰共和国的最高立法机关,但不是唯一拥有立法权的机关。根据宪法,大支尔格会议是阿富汗人民意志的最高体现,拥有就国家独立、主权、领土完整和国家最高利益做出决定,修改宪法的条款和审判总统的权利。从而可以看出,大支尔格会议拥有比国民议会更高的立法权力,这是阿富汗特有的现象。

中央政府是最高国家行政机关,由总统、副总统和各部部长组成,在总统领导下行使职权,统一执行国家的政治、经济、文化、社会、国防安全和外交事务等,对总统和人民院负责。

第五节 国民议会和大支尔格会议

阿富汗宪法第 81 条规定:"阿富汗伊斯兰共和国政府的国民议会作为最高的立法机关,是人民意志的体现,由各阶层的人民组成。"此外,阿富汗继续沿用其传统政治体制——大支尔格(Loya Jirga)及其"协商一致原则",在一定程度上加强了政体的民主性特征,并且在宪法第 110 条规定:"大支尔格会议是阿富汗人民意志的最高体现。"

一、国民议会

国民议会是阿富汗最高的立法机关,是人民意志的体现。阿富汗国民议会实行两院制,由人民院(The Wolesi Jirga)和长老院(The Meshrano Jirga)组成。

(一)国会议员

人民院议员由人民通过自由、普遍、不记名、直接选举产生,任期为 5 年。人民院的议员名额按照选区的人口进行分配,最多 250 名。按照人口比例,每个省至少应拥有两名女性人民院议员。长老院共 102 席,各省议会选举出一名代表,任期 4

年；各省地方议会选举一名代表，任期3年；剩余三分之一的名额由总统在阅历丰富的知名人士中确定，其中包括两名残疾人代表、两名游牧民族代表，任期5年。总统指定的长老院议员中，妇女占50%。两院议员都必须是阿富汗公民或者已经获得阿富汗国籍在10年以上，人民院议员要求年满25岁，长老院议员必须年满35岁；除此之外，还要受到"不相容"原则的限制，阿富汗宪法第82条规定："任何人不得同时兼任两院的议员。"即当选为长老院议员的省市议员，将自动失去原来所在省市议会的议员资格。

（二）国民议会的组织结构

议长是国民议会的主持人和对外代表，是国民议会组织结构的核心要件。两院在立法期开始时，分别选举一名议长、两名副议长和两名秘书，任期1年。现任人民院和长老院议长分别为阿卜杜·拉乌夫·易卜拉希米（Abdul Raouf Ibrahimi）和法扎尔·哈迪·穆斯林亚尔（Fazal Hadi Muslimyar）。这些成员分别组成人民院和长老院的议院管理委员会，负责管理议员内部事务。议长作为国民议会的主持人，要决定议事日程，向各委员会分派所要审议的法案，支持议会辩论，宣布质询和议会休会，根据总统、部长或者一定人数的议员的建议召开特别会议等。

国民议会真正的立法工作是在各类委员会进行的，委员会是立法程序的核心。阿富汗国民议会委员会有三种类型：（1）常设委员会。这是阿富汗国民议会中数目最多也是最主要的委员会，各委员会均有其专门的管辖领域。（2）特别委员会。如果有三分之一的议员提议，人民院有权确定专门的委员会来研究和调查政府的作为。（3）混合委员会。如果议会一院批准的议案被另一院否决,可以成立由两院等额人员组成的混合委员会来解决分歧。

(三)国民议会的职权

阿富汗宪法赋予了国民议会广泛的权力,除部分权力由人民院单独行使外,其余均由两院共同行使。国民议会的权力可分为两大类:立法权和非立法权。非立法权主要是指国民议会对行政部门和司法部门的监督权。国民议会的权力主要包括立法权、财政权、批准任命权、弹劾权、质询权、调查权等。

立法权是国民议会的首要权力。宪法规定,国民议会是最高立法机关,国民议会具有批准、修改和作废法律和立法命令的权力。虽然说,宪法赋予了国民议会一切立法权,但必须以宪法所赋予的为限。这说明国民议会的立法权还是受到一定限制的。例如宪法规定:国民议会不得制定追溯既往的法律,不得侵犯公民享有的言论自由、生命权等,在议会立法任期的最后一年不能将修改选举法的议案列入工作日程等。

国民议会的财政权,是指国民议会批准每年向国民议会提交的政府预算、财政事务和借贷款等议案的权力。财政权被形象地称为"管理国库的权力"。这是国民议会一项重要权力,是国民议会掌握国家收支、控制和监督政府财政的最重要手段。政府在财政年度的第四季度内,将本年度预算的粗略估计连同来年的预算提交给国民议会。上一财政年度的最终预算执行情况在新财政年度的前六个月内依法提交给国民议会。政府的预算和发展计划,通过长老院,并附加他们的协商意见提交给人民院。人民院批准后,由总统签署后立即生效。此外,国民议会就年度预算问题进行讨论时,在议案最终批准之前,不得休会。人民院搁置预算议案不得超过一个月，在批准不包含在预算内的借贷款时，不得超过 15 天。如果人民院在此期限内对借贷款的提案没有做出决定，提案将视同批准。

批准任命权是国民议会人民院的特有权力。根据宪法第 91 条规定，人民院依据法律具有批准或否决政府的人事任命的权力。在人民院批准后，总统才有权任命、罢免下列人员或接受他们的辞职：部长、总检察长、中央银行行长、国家安全主席、红新月会会长；总统任命高等法院的院长和法官也需经人民院批准。

根据宪法第 69 条规定，总统对人民和人民院负责。人民院超过三分之一的代表可以联名提出对总统犯有反人类罪、背叛国家罪和其他罪行的指控。如果这种指控得到人民院三分之二成员的认可，人民院将在一个月内召开大支尔格大会，如果大支尔格大会成员以三分之二的多数票批准了指控的罪名，总统将被中止履职，并将案卷提交特别法庭。特别法庭由长老院院长、三名人民院议员和大支尔格大会任命的三名高等法院的法官组成。由大支尔格大会确定的一名成员提起诉讼。如果总统被判有罪，总统将亲自向国民议会提交辞呈，由第一副总统履行总统的权力和义务。国民议会的弹劾权对维护阿富汗的宪政制度，保障公民的权利和自由，防止权力的滥用和腐化发挥了一定的作用。

质询权是国民议会监督政府的一种重要手段。如果有 20% 的议员提议，人民院可以对部长提出质询。如果对被质询人的解释不满意，人民院可以研究提出不信任案。不信任案以人民院绝大多数成员赞成通过。

调查权是指国民议会对政府行为进行调查并有权得到证言和有关记录的权力，是国民议会最重要的职权之一。阿富汗宪法并没有直接提到调查权,而是由立法权引申出来的,调查能使国民议会掌握事实,为立法和监督提供基础。两院的任何一个委员会也可以就确定的问题,询问相关部长,被询问的部长必须进行书面或口头答复。

(四)国民议会的议事规则与程序

国民议会的会议分为常规大会、特别会议和联席会议。密尔在《代议制政府》中说过,议会的适当职能不是管理国家,而是监督和控制政府。议会的职能决定了其议事和决策是在一定的会期内进行的。根据宪法规定,阿富汗国民议会两院常规大会每年召开两次,会期为9个月,中间有一次休会时间,如果有必要,国民议会可以延长会期。而在休会期间,根据总统的命令,议会可以召开特别会议。当总统主持立法年度会议开幕或者在总统认为必要时,可以召开联席会议,人民院议长担任联席会议主席。

为保证国民议会有秩序、有效率地进行议事和决策,阿富汗宪法还制定了国民议会的议事规则。国民议会议事和决策需要一定数量的出席者,其做出的决议才能有效进入和通过相关程序。阿富汗国民议会议事的法定人数是必须超过全体议员的1/2,做出的决定必须得到半数以上出席议员的通过才有效。国民议会两院的会议公开举行,但国民议会两院可依议长或者该院10名议员的请求,并且这种请求得到国民议会的同意后,举行秘密会议。

国民议会实施其立法、监督等权力时均必须依照法定的程序进行,否则将使国民议会失去制度化保障而无法履行其法定功能。国民议会的立法程序主要包括:法案的提出、法案的讨论、法案的通过和法律的公布。政府和议会议员可以提出法律草案,司法领域的草案可以由高等法院和政府提出，预算和财政事务的法案只能由政府提出。政府提出的法案首先要提交给人民院，人民院应就议案做出批准或否决意见。人民院在通过提案后将其提交给长老院，长老院在 15 天之内就提案做出决定。如果人民院批准的议案被长老院否决，可以成立由两院等额人员参加的混合委员会来解决分歧，混合委员会若就议案达成一致，议案由总统签署后生效。如果混合委员会未能达成一致意见，议案视作被否决。在这种情况下，人民院可以在下次会议以三分之二的多数票批准该议案，批准后无须再提交长老院，直接由总统签署后生效。如果总统反对国民议会通过的议案，可以在提交后的 15 天之内，附上（反对）理由退回人民院。如果超过了这个期限，或者人民院再次以超过三分之二的票数通过该议案，议案将视为总统签署，开始生效。

二、大支尔格会议

"支尔格"（Jirga）一词来自突厥语，意思是摔跤场地或者圆圈，含有"集会"之意。历史上，支尔格是由部落酋长、族长和宗教领袖组成的传统的组织机构，用于解决各个部落内分歧、商讨社会改革以及达成新的秩序。在部落层面上，支尔格并不是一个固定机构，仅在出现紧急事件时才会被临时召集、组建。"部落支尔格"主要有"部落内支尔格"和"联合支尔格"。"部落内支尔格"主要是为了解决部落内部出现的争端或者问题，而"联合支尔格"或者"部落间支尔格"是当两个或者很多部落需要协商事关共同利益的一些问题时召开的。在国家层面上，支尔格成了阿富汗政治文化中的一种特定形式。大支尔格是阿富汗的部落首领、长者以及其他相关的人员聚在一起召开的大国民会

第七章 政治制度

议。它主要是为了讨论一些事关国家利益或者命运的问题。阿富汗历史上最著名的大支尔格是1747年在坎大哈举行的，当时选举了阿赫马德·沙赫为现代阿富汗的第一位国王。

根据2004年阿富汗宪法规定，大支尔格是阿富汗人民意志的最高体现，常在国家需要解决重大的或严重的社会问题时召开。在就国家独立、主权、领土完整和国家最高利益做出决定，修改宪法，审判总统时，阿富汗召开大支尔格。大支尔格的成员由国民议会议员和各省、市议会的议长组成，部长、高等法院的院长和法官、总检察长可以列席大支尔格，但没有表决权。大支尔格议事时的法定人数是"简单多数"，大支尔格大会所做出的决定必须是"绝对多数"。

修改宪法是大支尔格的一项重要权力。需要修改宪法时，根据总统的命令，成立由政府、国民议会和高等法院成员组成的委员会，委员会提出修改方案，总统宣布召开支尔格大会。大支尔格成员以三分之二的多数通过，该修改草案经总统签署后生效。

国民议会和大支尔格共同行使了代议机关的职能，国民议会和大支尔格在阿富汗政治体制中所具有的地位虽不如议会制强大，但也具有一定的影响。国民议会作为最高的立法机关除享有立法权外，也享有设立和调整行政机关的权力，以此可以制衡行政机关。大支尔格作为阿富汗人民的最高意志，发挥了辅助总统进行决策的作用，在一定程度上加强了阿富汗政体的民主性，也增强了现政权的合法性。

第六节 国家机构

阿富汗国家机构包括中央政府和地方政府。2004年宪法规定,阿富汗实行中央集权制。

一、中央政府

2004年宪法对中央政府的组成、职责及其他方面都做了明确规定。中央政府由总统、副总统和内阁部长组成,是阿富汗伊斯兰共和国最高行政机关。

(一)中央政府的组成

1. 总统

阿富汗总统通过自由、普遍、不记名、直接投票的方式选举产生,当选总统必须获得超过50%的选票。当选总统的任期在当选后第五年的3月1日结束,在总统任职期满前30—60天内,必须举行选举,选出新的总统。如果在第一轮总统选举中,任何一个候选人没能获得超过50%的选票,第二轮选举将在公布选举结果后两周内举行。在第二轮选举中,只有在第一轮选举中获得票数最多的两名候选人参选。在第二轮选举中,获得票数多的那位候选人将成为总统。如果其中的一名候选人在第一轮或第二轮投票期间,或投票结束,尚未宣布投票结果之前死亡,根据法律的规定,要重新举行选举。另设第一副总统和第二副总统。总统候选人在参选时要同时向人民宣布他的两名副总统。

总统候选人必须具备以下资格:(1)阿富汗公民、穆斯林、父母也必须是阿富汗人,不拥有其他国家的国籍;(2)在宣布成为候选人的当日,必须年满40岁;(3)没有被法院判处犯有反人类罪、其他罪或被剥夺民事权利。任何人担任总统不得超过两届,这一规定同样适用于副总统。

2. 内阁部长

阿富汗中央政府的内阁部长由总统任命,在总统的领导下工作。部长们不能同时再被指任为国会成员或与其相关的职位。能被任命为部长的人需具备以下条件:(1)必须拥有阿富汗国籍;(2)受过良好的教育,工作经验丰富并且具有良好的声誉;(3)年龄不得低于35岁;(4)没有被法院判为反人类罪或是被剥夺公民权利。

(二)中央政府的职权

1. 总统的职权

总统是阿富汗伊斯兰共和国政府的首脑,依照宪法行使自己的行政、立法和司法职权。具体来说,总统拥有以下权利和义务:(1)监督宪法的执行;(2)在国民议会批准后,确定国家的基本政策;(3)是阿富汗武装部队的最高首脑;(4)在国民议会批准后,宣布开战和停火;(5)采取必要的措施保护领土完整和国家独立;(6)经国民议会批准,向国外派遣武装部队;(7)除了宪法第69条所规定的情况外,召开大支尔格会议;(8)在国民议会批准后,宣布国家进入紧急状态和取消紧急状态;(9)主持国民议会和大支尔格会议的召开;(10)接受副总统的辞职;(11)在人民院批准后,任命各部部长、总检察长、中央银行行长、国家安全主席、红新月会会长,并有权罢免以上人员或接受他们的辞职；（12）在人民院批准后，任命高等法院的院长和法官；（13）根据法律，任命法官、武装部队、警察和安全部队的高级将领和政府的高级官员，并有权罢免以上人员、接受其辞职或令其退休；（14）任命阿富汗驻其他国家和国际机构的政治使节；（15）接受外国驻阿富汗使节的国书；（16）签署法律和立法命令；（17）依法授权签署政府间的公约；（18）依法减刑或赦免罪犯；（19）依法授予奖章、勋章和荣誉称号；（20）依法成立各类委员会来改善对国家的管理；（21）宪法中规定的其他权利和义务。

第一副总统在总统缺席、辞职或死亡时，根据宪法相关规定履行职责。在总统和第一副总统缺席时，第二副总统根据宪法的相关规定履行职责。副总统作为临时总统履行职责时，不能从事以下活动：（1）修改宪法；（2）罢免部长；（3）进行全民公决。

2. 内阁的职权

阿富汗内阁拥有以下职权：（1）执行宪法和其他法律的规定以及法院的最终判决；（2）捍卫国家独立，保卫领土完整以及在国际社会中维护阿富汗的利益；（3）维护公共秩序和安全，制止各种政治骚乱；（4）草拟预算，制定国家的财政制度，保护公民财产；（5）制定并实施社会、文化、经济和科技进步的计划；（6）年终向国会汇报财政状况，并提出下一年的财政计划；（7）执行宪法和其他法律中规定的其他职责。

在人民院休会期间，政府可以提出除了预算和财政以外的紧急法案，该法案经总统同意后具有法律效力。但该法案必须在国会复会后30天内向国会提出，如果国会否定了该法案，该法案即失去了效力。

(三) 对总统及其内阁部长成员的问责

根据宪法第 69 条，总统对国家和人民院负责。人民院超过三分之一的代表可以联名提出对总统犯有反人类罪、背叛国家罪和其他罪行的指控。如果这种指控得到人民院三分之二成员的认可，人民院将在一个月内召开大支尔格会议，如果大支尔格会议成员以三分之二的多数票批准了指控的罪名，总统将被中止履职，并将案卷提交特别法庭。特别法庭由长老院院长、三名人民院议员和大支尔格会议任命的三名高等法院的法官组成。由大支尔格会议确定的一名成员提起诉讼。

当内阁部长被指控犯有反人类罪、叛国罪和其他罪行时，根据宪法的第 134 条应诉诸特殊法庭。

二、地方政府

2004 年宪法规定，地方的行政单位是省。为了加快和改善经济、社会和文化事务，让更多的人参与国家的发展，中央政府在保持中央集权的同时，依法将必要的权力下放给地方政府。每个省设立省议会，省议会的议员按照人口比例，通过自由、普遍、不记名、直接的方式由该省的居民依法选举产生，任期 4 年。省议会选举一人作为议长。省议会依法参与保障发展目标和改善全省事务的事宜，在有关全省的问题上进行磋商，省议会与地方政府合作，履行自己的职责。

为了协调事务，确保人民积极参与地方政府的事务，在各市、村镇依法成立委员会，委员会成员通过自由、普遍、不记名和直接的方式由当地的居民投票选出，任期 3 年。游牧民族参与地方委员会事务由法律规定。

第七节 司法制度

一、司法机关的组成

依据伊斯兰教义、国际准则、法制原则和阿富汗习惯法而建立的阿富汗司法体系,包括高等法院、上诉法院和初级法院。其中高等法院是阿富汗司法部门的最高权力机关,由九名成员组成,成员通常由总统任命、人民院批准,设在首都喀布尔,现任首席大法官是阿卜杜尔·萨拉姆·阿兹米(Abdul Salam Azimi)。上诉法院是阿富汗中级法院,分设于各省。初级法院是最基层地方法院,全国共有 350 个左右。

高等法院的成员必须具备以下条件:(1)必须是阿富汗籍公民;(2)截至任命时,年龄不得低于 40 岁;(3)接受过高等法律教育,熟悉阿富汗的司法制度以及拥有丰富的经验;(4)具有高尚的品质和良好的声誉;(5)没有被法院判以反人类罪或是被剥夺公民权利;(6)在职期间不能参加任何政党。高等法院第一次按这样的安排任命:其中三名任期 4 年,三名任期 7 年,三名任期 10 年,此后任命的法官都将任职 10 年。高等法院的九名法官不得连任,总统任命其中一人为高等法院院长。高等法院的法官任职期满后,享受在职时的物质待遇(条件是不能参加国家和政治事务)。

二、司法机关的职权

高等法院拥有以下职权:(1)对新宪法、法律和法规拥有

第七章　政治制度

最终解释权；(2)审理民事和刑事案件的权力；(3)成立特别法庭审理特别案件的权力，如根据宪法第69条组成审判总统的特别法庭，根据第78条组成审判省长的特别法庭，根据第127条组成审判各部部长的特别法庭，以及根据第122条组成军事法庭之权力；(4)咨询政府后拟定司法机关的预算，由政府提交给国民议会；(5)司法部门的官员和其他行政工作人员的职务的任命、罢免、晋升、退休、惩罚和奖励，都根据高等法院的条令来执行。

法院应根据宪法和其他法律条令审理案件。如果有关某个案件在宪法和其他法律条令中没有相关规定，法院可以参照伊斯兰教哈乃斐派的法规（需在新宪法指定的范围内）加以解决。对于什叶派教徒，根据什叶派的宗教法则来审理案件。审理过程中，诉讼双方有使用母语的权利，法院应保证为其提供翻译。

在阿富汗的法庭，诉讼需公开审理，任何人都有权根据法律的规定参加旁听，但根据法律规定被确认为有必要秘密审理的案件，法院可以进行秘密审理，但审理结果必须公开。法院有义务说明最后判决的依据。死刑判决须经总统批准才能执行。

根据法律，侦查犯罪由警察负责，调查犯罪和对被告人向法庭提起诉讼是检察院的职责。检察院是行政权的组成部分，独立开展工作。检察院的成立、权限和作为由法律规定。对军队、警察部队和安全部队职务罪行的侦查和调查有专门的法律规定。

三、对法官的问责

高等法院的法官在任职期满之前不得被罢免，除非出现有三分之一人民院的议员指控高等法院成员渎职或犯罪要求对他们进行审判，并且人民院有超过三分之二的多数票通过这一要求的情况。若案件中的被告为法官,则该案件由高等法院直接审理。若被告罪名成立,高等法院须向总统建议罢免其法官一职。经总统批准后,被告法官被免职,根据法律受到相应的判决。

四、司法体系中的一些问题

尽管宪法规定阿富汗司法权独立,但是事实上并没有彻底独立。首先,阿富汗的最高法院大法官是由总统任命的,这或多或少使法官从属于总统;其次,总统享有死刑决定权(宪法第129条)和过于模糊的减刑权(宪法第64条),这将使得法院的最终判决缺乏最终效力;再者,阿富汗司法法律和伊斯兰宗教法双轨制并存,而且宪法第3条规定"任何法律不得违反伊斯兰教义"的规定,这导致了司法的模糊性和不确定性。

第八节 政党制度

一、当前阿富汗政党的发展沿革

阿富汗现存的党派大多数是在抗苏战争中陆续完备起来的。其中最著名的是"七党联盟",它的总部在巴基斯坦的白沙瓦,属于逊尼派,由被认为是"原教旨主义"的派别和传统民族主义派别组成。此外,以伊朗为基地的8个较小的什叶派穆斯林抵抗组织联合成立了"八党联盟",他们主张建立伊朗式的伊斯兰政府和伊斯兰国家,该组织的主要成员是哈扎拉族,主要活动在阿富汗西部省区和中部山区。阿富汗党派具有鲜明的民族色彩和地域背景。不同民族背景的政党彼此间矛盾深刻,相互斗争和牵制,如普什图族政党很难和其他民族政党长期和平共处,其他民族政党之间也是矛盾重重。即便是同属普什图族的政党，如果来自不同部族，彼此也难以团结一致。这一状况导致各个党派在参与政治生活和发挥政治影响时受到局限，无法形成一个具有普遍、广泛代表性的党派和政治联盟，从而阻碍了阿富汗的和平进程。

2003年10月，阿富汗通过了首部《政党法》。该法指出："阿富汗的国家政治体系建立在民主原则和多党制的基础之上。每个阿富汗公民都可以建立自己的党派，而不受其人种、种族、部族、性别和宗教的限制。所有政党都可以在本法所规定的条件范围之内自由开展活动。在法律面前，各政治派别具有同等的权利和义务。"同时，该法律也着重对阿富汗国内各政治派别的行为进行了规范。该法规定：所有政治派别不能违背伊斯兰教义，不能倡导使用武力胁迫，不能挑起种族、宗教仇恨和地区暴力冲突；各党派不能威胁公众及安全秩序，不能拥有军事组织或武装团体；民兵武装组织和军政派别不能参与任何政治活动。这将直接限制阿富汗国内对政局起着主要作用的各个政治派别和地方军阀的势力。《政党法》颁布后，登记注册的政党达100多个，但其中绝大多数政党几乎没有活动，处于有名无实状态。

二、主要政党

2009年，阿富汗政府通过修订的《政党法》，提高政党注册门槛，对组建政党和政党活动等确立更为严格的标准。例如，将政党成员的名额从原来的700名增加至10000名。截至2011年4月，官方注册登记的政党有38个，主要政党包括伊斯兰促进会、伊斯兰统一党、阿富汗伊斯兰党、阿富汗伊斯兰运动等。

(一) 伊斯兰促进会 (Jamiati Islami, Islamic Association of Afghanistan)

伊斯兰促进会成立于 1972 年,信奉伊斯兰教,属逊尼派,成员多为塔吉克族。在阿富汗抗苏战争以及后来的阿富汗内战中,伊斯兰促进会是实力较强的圣战者组织之一。主要领导人是穆罕默德·卡西姆·法希姆 (Mohammad Qasim Fahim)。法希姆长期以来是北方联盟统帅马苏德的部下,2001 年 9 月马苏德遇刺身亡后,法希姆继承了其领导地位。2001 年 12 月,法希姆就任阿富汗临时政府副主席,后任过渡政府副总统、国防部长。2002 年 4 月 27 日,阿富汗临时政府主席卡尔扎伊提升他为元帅。2009 年,他被卡尔扎伊提名为第一副总统候选人,同年 11 月当选。

(二) 伊斯兰统一党 (Hizbi Wahdat Islami, Islamic Union Party of afghanistan)

伊斯兰统一党成立于 1987 年,信奉伊斯兰教,属什叶派,成员多为哈扎拉族。1987 年 9 月,八个什叶派小党联合组成阿富汗伊斯兰革命联盟,又称"八党联盟",领导人为阿卜杜尔·阿里·马扎里 (Abdul Ali Mazari)。1991 年在伊朗的干预下,该联盟内的八个组织合并为阿富汗"伊斯兰统一党",马扎里仍是该党领导人,主要活跃在阿富汗中部巴米扬地区和西部地区。1995 年 3 月,马扎里被塔利班杀害。2009 年,该党派开始分裂,目前至少有四个组织宣布自己是该派的代表。但是,目前在阿富汗官方注册登记的党主席是穆罕默德·卡里姆·哈利利 (Mohammad Karim Khalili)。他于 1950 年出生,哈扎拉族,阿富汗伊斯兰统一党主席,曾就读于喀布尔宗教学校,积极参与抗苏斗争。1987 年,他加入什叶派组织"阿富汗伊斯兰联合委员会"并任发言人;1992 年,任阿圣战者政府财长;1994 年,任伊斯兰统一党主席;1996 年,领导伊斯兰统一党与拉巴尼的伊斯兰促进会和杜斯塔姆的伊斯兰民族运动共同组建"反塔利班联盟"(又称"北方联盟"),共同对抗塔利班;2002 年 6 月,任过渡政府副总统;2004 年,作为卡尔扎伊竞选搭档当选第二副总统;2009 年,再次被卡尔扎伊提名为第二副总统候选人,并成功连任。

(三)阿富汗伊斯兰党(Hizbi Islami, Islamic Party)

阿富汗伊斯兰党成立于 1974 年,信奉伊斯兰教,属逊尼派,成员多为普什图族,由古尔布丁·希克马蒂亚尔(Gulbuddin Hekmatyar)组建,它是原"七党联盟"中实力最强的一支派别。1979 年,穆拉维·尤纳斯·哈里斯(Mulavi Younas Khalis)与希克马蒂亚尔决裂,并建立了自己的伊斯兰党,该党被称为伊斯兰党哈里斯派,主要活动于阿富汗东部地区;另一个派系则为伊斯兰党希克马蒂亚尔派(Hezbi Islami Gulbuddin)或称 HIG,然而 HIG 被驻阿联军和阿富汗政府认定是阿富汗的恐怖组织之一。例如,2012 年 9 月 18 日,喀布尔发生了一起自杀式恐怖袭击,造成 9 人死亡。HIG 宣布对此次事件负责,宣称为报复西方"侮辱"伊斯兰教的电影《穆斯林的无知》(*Innocence of Muslims*)而发动此次袭击。2013 年 5 月 16 日,HIG 袭击了一辆美国军用车辆,造成 16 人死亡。如今,在阿富汗正式注册的伊斯兰党是一支非暴力派别,由阿卜杜尔·哈迪·阿甘迪瓦尔(Abdul Hadi Arghandiwal)领导。

(四)阿富汗伊斯兰运动(Harakat-e Islami-yi Afghanistan, Islamic Movement of Afghanistan)

阿富汗伊斯兰运动成立于1979年,原教旨主义派,信奉伊斯兰教,属什叶派。该组织主张以伊斯兰思想救国,反对内战,呼吁停火,实现和平。在20世纪80年代,该运动是由伊朗支持的对抗阿富汗人民民主党政府和苏联军队的"八党联盟"的一部分。1991年,该组织加入阿富汗伊斯兰统一党,1993年脱离该党。从创建至2005年,其领导人为谢赫·阿瑟夫·穆赫辛尼(Sheikh Asif Muhsini)。2005年2月,穆赫辛尼辞去领导人职务,赛义德·穆罕默德·阿里·贾维德(Said Mohammad Ali Jawid)成为该运动新领袖,贾维德曾是2001年卡尔扎伊临时政府内阁成员。2005年4月,该运动加入阿富汗民族谅解阵线(National Understanding Front of Afghanistan),但是这一联盟没过多久就不再活跃。

(五)阿富汗圣战者伊斯兰联盟(Tanzim-e Dahwat-e Islami-ye Afghanistan, The Islamic Dawah Organization of Afghanistan)

阿富汗圣战者伊斯兰联盟成立于1981年,原教旨主义派,信奉伊斯兰教,属逊尼派,成员多为普什图族。该组织原名为解放阿富汗伊斯兰联盟(Ittehad-e Islami bara-ye Azadi-ye Afghanistan, Islamic Union for the Liberation of Afghanistan),是20世纪80年代由美国、巴基斯坦和波斯湾各阿拉伯国家支持的反对人民民主党和苏联的圣战者组织联盟(即"七党联盟")的一部分,主要领导人是阿卜杜尔·拉苏尔·萨亚夫

(Abdul Rasul Sayaf)。他于1945年出生,喀布尔大学神学院教授。1992年6月阿富汗伊斯兰国建立后,该组织开始参与内战。1993年后,该组织是唯一一个支持拉巴尼政府的组织。1996年塔利班攻占喀布尔后,该组织跟随拉巴尼政府与塔利班作战。2001年年底阿富汗临时政府成立后,该组织在中央政府内控制着一部分军警大权,其下属大多驻扎在阿富汗东南部地区,其中在帕格曼地区的影响力最大。2005年,该组织更名为阿富汗圣战者伊斯兰联盟,在阿富汗司法部登记注册。

(六)伊斯兰民族运动(Jonbesh Meli Islami, National Islamic Movement of Afghanistan, NIM)

伊斯兰民族运动创建于1992年,成员多为乌兹别克族。1992年以前属于阿富汗纳吉布拉政府军中的乌兹别克民兵部队。目前,该组织主要控制着以马扎里沙里夫为中心的北方地区,自称拥有5万人的军队,主要得到乌兹别克斯坦、巴基斯坦和伊朗的支持。其前领导人是阿卜杜尔·拉希德·杜斯塔姆(Abdur Rashid Dostum),他是乌兹别克族人,1954年出生于阿富汗朱兹詹省。2004年10月,杜斯塔姆以独立候选人的方式参与总统竞选,得到了大部分乌兹别克族人的支持。2005年4月18日,杜斯塔姆被卡尔扎伊政府任命为武装部队司令,于是辞去了伊斯兰民族运动领导人的职务。现任伊斯兰民族运动的领导人是赛义德·努尔拉赫(Sayed Noorullah)。

此外,阿富汗还有阿富汗共和党(Republican Party of Afghanistan)、阿富汗民主党(Democratic Party of Afghanistan)、阿富汗福利党(Afghanistan Welfare's Party)等较为年轻的党派。

第八章 国民经济

阿富汗原本是一个以农业为主、工业相对落后的国家，经历数年战争的破坏和蹂躏之后，经济状况更是惨不忍睹，可谓是"千疮百孔"。阿富汗新政府改革财政制度，规范税制，积极争取和利用国际援助来加强交通、能源、水利等基础设施的建设，颁布银行和投资法以吸引国内外资金，从而刺激经济增长和创造就业机会。

第一节 经济发展简史

一、20世纪50年代之前

20世纪初，阿富汗经济仍然十分落后。农牧业是经济的主体，工业基本以手工业为主，政府的兵工厂是仅有的现代工业。20世纪30年代，政府开始鼓励私人资本主义经济的发展。1932年，羊毛出口商查布里创立从事外贸业务的"阿富汗有限公司"。1934年，该公司改组为国内第一家银行"国民银行"。国民银行代行中央银行的职能，并于1935年协助政府首次发行纸币。国民银行成立专营紫羔羊皮、羊毛和棉花出口的公司，迅速推动了阿富汗对外贸易的发展；还大力投资发展工农业生产，对紫羔羊皮的收购加速了牧业商品化的发展；成立了斯宾查尔棉花公司并形成了完整的棉花加工体系；创建了棉纺织、皮革、电力、印刷、罐头、火柴等现代工业部门。

第二次世界大战结束后，阿富汗的经济形势明显恶化。外贸出口下降，进口虽然上升但国内工业品仍感匮乏。1946年粮食歉收导致了阿富汗历史上第一次进口粮食，国内物价暴涨，同年通货膨胀率达30.5%。为了稳定形势、遏制通货膨胀，阿富汗政府免除了农民的欠税，减少对农业生产的控制，加强对商品流通的管制。阿富汗政府还制定了七年经济发展计划，希望通过增加耕地、发展灌溉、使用简单机械和肥料来促进农业生产，扩大出口；通过发展纺织、电力和食品等工业部门减少进口，最终扩大就业，增加国民收入。为此，以国民银行为代表的私人资本重建战时受到破坏的工业设施，新建古尔巴哈纺织厂等大型工业企业。阿富汗政府与美国合资兴建赫尔曼德河水利工程，工程建成后使赫尔曼德河流域的灌溉面积增加808平方千米。但由于工程选址不当，赫尔曼德河工程成了一个无底洞。由于苏联和南非的竞争，紫羔羊皮的出口量和出口价格大幅下降，国家财政收入锐减，政府被迫实行增税，加剧了通货膨胀和失业问题，七年计划宣告破产。

二、20世纪50—70年代

1953年9月，达乌德就任阿富汗首相后，加强国家对经济的干预，阿富汗经济迎来了一个发展黄金期。达乌德取消国民经济部，新设立了工矿部、农业部、商业部和计划部，形成了国家干预经济的行政体制；财政部收购了国民银行下属的北方棉花公

第八章 国民经济

司和电力总公司的多数股票,接管了新建的水泥公司,提高了紫羔羊皮和羊毛的收购价格,从而取消了国民银行集团在国民经济中的垄断地位;成立国营乡村工农银行、阿富汗商业银行和工业信贷银行,向中小商人、农民和手工业者提供中长期低息贷款,确立了国家在经济中的主导地位。为了制定未来的经济发展计划和提高人民生活水平,阿富汗颁布了"一五"计划(1956—1961年)和"二五"计划(1962—1966年),计划投入总资金分别为93.5亿阿尼①和246.6亿阿尼,发展重点是基础设施。政府大兴水利,兴建了10个水利项目。交通运输方面,美苏援建的4条公路把国内各大城市连接起来,形成了一个环形公路网;1955年阿富汗建立了民航公司,到60年代初建成了喀布尔、坎大哈国际机场和6个国内机场;阿姆河上的3个港口也进行了改造。工业方面,到1961年阿富汗国内已有中小工厂71家,人造纤维、面粉、水泥和机械工业等新兴工业部门发展迅速。1963—1964年度,煤产量为9.92万吨,水泥为5.9万吨,发电量1.8亿千瓦时,棉布3690万米,糖7000吨。

查希尔亲政时期(1963—1973年),阿富汗政府制定了新的经济政策,在保持国家在经济发展中的主导作用的同时,放松对私人资本的控制,鼓励其更加积极地参与经济发展,即"有指导的混合经济"。为此,政府于1967年颁布了自由投资法。截至1969年底,有113份投资申请(其中合资项目19个)得到批准,总金额达4150万美元。在大型基础设施基本完成的基础上,阿富汗的第三个五年计划(1967—1971年)把重点转向了生产部门,计划总投资190.2亿阿尼,其中工矿业占30.8%。这一时

---

① 阿尼,即阿富汗尼,是阿富汗的法定货币。

期,阿富汗的采矿业发展很快,特别是天然气田,于1967年投入开采,1971年产量达26.35亿立方米,天然气一跃成为主要的出口产品。到1971—1972年度,阿富汗国民生产总值达895亿阿尼,相比1962—1963年度增加了1.93倍。但由于大量政府投资的回报率低、发展资金严重依赖外国、长期通货膨胀和地区经济发展不平衡等问题的影响,特别是作为经济主体的农业在这一时期并未出现重大的技术和社会变革,其发展的迟缓严重阻碍了整个经济的发展。阿富汗仍是1971年联合国确定的26个最不发达国家之一。

三、20世纪70年代—20世纪末

达乌德执掌阿富汗共和国期间(1973—1978年),政府实施土地改革,推行统一的农村发展计划,再次推行以加强国营经济为特点的经济政策。政府先后颁布了《合作社法》、《级差地税法》和《土地改革法》,规定了以交纳地税作为拥有土地的证据,确定了拥有土地的上限:一等水浇地10公顷,旱地20公顷,多余的土地由地主出售给无地农牧民,按年利2%在25年内分期付清地款。但是到1978年政变前,仅有7500户农牧民得到约1万公顷政府分配的国有浇灌地,土地改革的效果不明显。这一阶段阿富汗的总体经济情况有所好转。在农业方面,粮食生产实现了自给,1970—1978年,小麦产量增长35.2%,棉花产量增加了101.3%。在工业方面,1975—1976年度,天然气产量达到创纪录的29.6亿立方米,纳格鲁和卡贾凯两座大型水电站的建成使发电量达到7.76亿千瓦时。到1978年,煤产量约19万吨,水泥为13.2万吨,棉布9300万米,糖1.1万吨。

1979年12月,苏联入侵阿富汗后,阿富汗经济的正常发

展随之中断。随后的内战更是让阿富汗的经济活动遭到严重影响和破坏。在抗苏战争结束时,一些主要城市尚存一些制造业,但连年内战,使得仅有的工业也惨遭毁坏。在农业方面,1991—1992年度,土地耕种面积只有320万公顷,其中150万公顷土地灌溉系统遭到破坏;小麦产量从1991年的172.6万吨降到1995年的170万吨;玉米、稻谷、大麦产量同期也分别从42万吨、33.5万吨、21.7万吨降到36万吨、30万吨、18万吨。

四、2001年后

经历二十余年的战乱后,阿富汗的经济状况可谓是惨不忍睹,人民生活极度贫困。2001—2002年度,阿富汗的国内生产总值(不包括毒品产值)只有26.18亿美元,人均国内生产总值只有122.4美元,通货膨胀严重,食品供应极度紧张。阿富汗新政府成立后,确立了以恢复国内经济自我"造血功能"为经济重建的主要方向,通过改革财政制度,规范税制,加强交通、能源、水利、通信等基础设施建设力度,吸引外国投资等措施刺激国内经济的复苏和发展。2008年5月,阿富汗政府发布了《阿富汗国家发展战略(2008—2013年)》,将农业、资源开发和基础设施建设等领域作为投资发展的优先和重点。在国际社会的帮助和支持下,近几年阿富汗经济持续保持高速增长,2011—2012年度、2012—2013年度、2013—2014年度GDP增速分别为8.7%、10.9%和6.4%。2013—2014年度GDP达11971.68亿阿尼(约合212.2亿美元)[①],人均GDP为43533阿尼(约合771.6美元),比上一年度增加了3303阿尼。从2006—2007

---

① 阿富汗2013—2014年度平均汇率为1美元=56.42阿尼。

年度到 2013—2014 年度，农业产值从 1537.54 亿阿尼增长到 2942.32 亿阿尼，矿业从 12.03 亿阿尼增长到 101.08 亿阿尼，贸易从 31.6 亿美元增长到 92.39 亿美元，交通运输从 285.05 亿阿尼增长到 2397.42 亿阿尼，邮政和电信从 19.5 亿阿尼增长到 523.43 亿阿尼。

第二节　主要经济部门

阿富汗是一个典型的农业国家，工业基础薄弱、发展不平衡，重工业发展滞后，目前国内尚未形成完整的工业体系，矿业已成为经济发展的新兴产业，并有希望成为国民经济的支柱产业。阿富汗国内的交通运输并不发达，但跨境交通网络逐渐成形，全国交通以公路运输为主。

一、农业[①]

2013—2014 年度，阿富汗农业产值达 2942.32 亿阿尼，增长了 6.7%，占国内生产总值的 24.6%，全国 55% 的家庭从事农业生产。目前，阿富汗的农业仍然非常落后，停留在靠天吃饭的地步，粮食只能基本保证自给，耕地也非常有限。据阿富汗中央统计局统计，2013—2014 年度阿富汗耕地面积 784.5 万公顷，约占全国土地面积的 12.1%。其中，只有 209.2 万公顷土地有灌溉设施，152.4 万公顷的土地靠雨水自然灌溉，还有 422.9 万公顷的土地是临时耕地。

---

① 数据来源：《2013—2014 年度阿富汗统计年鉴·农业发展》，http://cso.gov.af/Content/files/Agriculture%20Development(1).pdf。

第八章 国民经济

(一) 种植业

1. 主要粮食作物

阿富汗主要粮食作物有小麦、大麦、稻谷和玉米。随着化肥、农药和现代技术的推广，阿富汗粮食作物的单位面积产量不断增长。2010—2011年度，粮食作物种植面积为303.4万公顷，粮食总产量为571.5万吨；2011—2012年度，粮食作物种植面积下降到290.1万公顷，总产量为444.4万吨；2012—2013年度，粮食作物种植面积达322.9万公顷，总产量达636.4万吨；2013—2014年度，粮食作物种植面积达325.7万公顷，总产量达650.7万吨。

小麦是阿富汗最重要的粮食作物，全国各地均有种植，尤其是北部地区的塔哈尔、昆都士、巴尔赫等省种植面积和产量均位居前列。2013—2014年度，小麦种植面积达255.3万公顷，比2012—2013年度增加了1.6%，占全部粮食作物种植面积的78.4%，产量为516.9万吨，比2012—2013年度增加了2.4%。

大麦播种面积和产量仅次于小麦，产地主要集中在北部的巴尔赫省、塔哈尔省、法里亚布省和朱兹詹省，主要用于喂养牲畜。2013—2014年度，大麦种植面积为27.8万公顷，比上一年度减少了0.7%，但是产量增加到51.4万吨，比上一年度增加了19.8%。

水稻主要种植在北部的巴格兰省、昆都士省和塔哈尔省。2013—2014年度，水稻种植面积为20.5万公顷，与上一年度持平；产量为51.2万吨，比2012—2013年度增加了2.4%。

玉米的产地主要集中在坎大哈省、加兹尼省、楠格哈尔省、卡皮萨省、帕克蒂亚省和法里亚布省。2013—2014年度，玉米种植面积为14.2万公顷，比2012—2013年度增加了0.7%；产量为31.2万吨，比上一年度增加了0.6%。

2. 主要经济作物

阿富汗主要的经济作物有棉花、土豆、甘蔗、甜菜和油料作物。

棉花是阿富汗最重要的经济作物，是纺织、制皂和食用油加工的主要原料，主要产区集中在南部的赫尔曼德省和北部的巴尔赫省。2013—2014年度，棉花种植面积为36511公顷；产量为42173吨，比上一年度增加了16.2%；出口20206.8吨。

土豆是阿富汗家庭主要的食物之一。2013—2014年度，土豆种植面积比2012—2013年度增加了9.3%，达2.3万公顷；总产量比上一年度增加了31.7%，为30.3万吨；出口4.1万吨。

甘蔗和甜菜是阿富汗重要的经济作物。近三年，甘蔗的种植面积较为稳定，分别为3082公顷、3100公顷和3210公顷，但是产量却止步不前，2011—2012年度、2012—2013年度、2013—2014年度，甘蔗产量分别为92460吨、77500吨、89880吨。2013—2014年度，甜菜种植面积为980公顷，比上一年度减少了16.4%；产量为14765吨，比上一年度增加了约5%。

油料作物主要用于食用油加工和制皂，包括棉籽、芝麻、芥末和葵花籽。2013—2014年度，棉籽播种面积为36511公顷，芝麻播种面积为13475公顷，芥末种植面积为4213公顷，葵花籽种植面积为407公顷。

3. 水果和坚果

阿富汗许多农村家庭都种植果树，除满足自身需要外，一部分水果还出口到国外，果园成了农民的主要收入来源之一。阿富汗水果种类繁多，种植面积较大的主要有葡萄、哈密瓜、西瓜、苹果、石榴和杏。2013—2014年度，葡萄种植面积62118公顷，占全部水果种植面积的39.1%，产量为61.1万吨。其中，出口葡萄21569吨，出口葡萄干18929吨，出口创汇达4390万美元。另外，哈密瓜种植面积为16370公顷，西瓜种植面积为17625公顷，苹果种植面积为10341公顷，石榴种植面积为8450公顷，杏种植面积为9005公顷。

阿富汗的坚果种类丰富，主要有杏仁和核桃等。2013—2014年度，杏仁产量为42215吨，核桃产量为11122吨，产量较上一年度均有大幅度减少。

4. 蔬菜

阿富汗的蔬菜种类主要有洋葱、萝卜、菜花、白菜、菠菜、西红柿、鹰嘴豆等。2013—2014年度，蔬菜种植面积为81323公顷，比2012—2013年度增加了19.5%。其中，洋葱种植面积为11870公顷，产量为10.7万吨，出口2.5万吨。

表8-1 2009—2010年度到2013—2014年度阿富汗主要农产品产量（单位：万吨）

	2009—2010	2010—2011	2011—2012	2012—2013	2013—2014
小麦	506.4	452.1	338.8	505	516.9
大麦	48	42.8	30.6	50.4	51.4
大米	46.9	48.1	44.9	50	51.2

(续表)

	2009—2010	2010—2011	2011—2012	2012—2013	2013—2014
玉米	30	28.5	30	31	31.2
棉花	4.29	3.3	3.3	3.63	4.22
土豆	30.2	24.6	20.5	23	30.3
甜菜	1.65	1.52	1.52	1.41	1.48
甘蔗	12.3	9.24	9.25	7.75	8.99
杏仁	7.72	5.6	6.06	6.2	4.22
核桃	1	1.19	1.39	1.4	1.11
橄榄	0.9	0.77	0.66	0.66	—

(二) 畜牧业

畜牧业在阿富汗经济中占有重要地位。畜牧产品是农民的主要收入来源之一，对于游牧民来说，家畜更是唯一的收入来源。目前，阿富汗有固定的牧场3000万公顷，150万游牧民直接从事畜牧业，除此之外，一部分农业人口也直接或间接从事畜牧业。阿富汗的家畜主要是绵羊、山羊和牛，家禽主要是鸡，个别地方少量饲养驴、马、骆驼和骡子。2013—2014年度，阿富汗绵羊存栏1314.1万只、山羊703.7万只、牛523.5万头、鸡1205.3万只、驴145.1万头、马17.1万匹、骆驼17万头、骡子2.1万头。2013—2014年度，畜、禽肉产量30.1万吨，其中牛肉产量13.4万吨，羊肉产量10.6万吨；各类奶制品产量为183.5万吨，其中牛奶产量达149.6万吨。

羊皮和羊毛一直是阿富汗传统的出口商品，尤其是迈马纳地区的紫羔羊皮。2013—2014年度，羊皮和羊毛出口创汇达3514.6万美元，占出口总额的6.8%。其中，紫羔羊皮出口12.2万张，出口创汇142.5万美元；绵羊皮出口325.9万张，出口创汇 1173.1 万美元；山羊皮出口 63.8 万张，出口创汇 108.4 万美元；羊毛出口 278 吨，出口创汇 83.3 万美元；羊绒出口 1825 吨，出口创汇 2007.3 万美元。

表 8-2　2009—2010 年度到 2013—2014 年度阿富汗畜禽存栏数（单位：万头/只）

	2009—2010	2010—2011	2011—2012	2012—2013	2013—2014
牛	472.1	567.3	552.4	524.4	523.5
绵羊	1228.7	1328.6	1426.2	1382	1314.1
山羊	581	678.9	763.5	731.1	703.7
鸡	1019.3	1288.8	1337.8	1321.2	1205.3
马	17.7	19.7	18.1	17.8	17.1
驴	132.2	140.5	146.6	142.3	145.1
骡子	2.6	2.4	2.5	2.4	2.1
骆驼	19	19.1	17.2	17.4	17

二、工业[①]

阿富汗新政府非常重视工业发展，为加快工业化步伐，促进经济发展，在全国多个地区建立了现代工业园区，逐步形成了以食品加工、建筑、矿业为主的工业格局，手工业则以地毯编织为主。2013—2014 年度，阿富汗共有主要工业企业 776 家，工业生产总值（包括矿业、制造业、电力和建筑）为 2360.66 亿阿尼，比上一年度增加了 5.9%，占 GDP 的 19.7%。

---

① 数据来源：《2013—2014 年度阿富汗统计年鉴·工业发展（1）》，http://cso.gov.af/Content/files/Industrial%20Development%20Part%20One.pdf。

(一) 矿业

阿富汗经济十分落后，自身无力进行矿产勘探和开发。最早的矿产地质工作是在1839—1878年英国入侵阿富汗期间由英国人进行的。但只是在一部分地区根据地表露出的岩石、地层和构造情况做了简单的地质填图。20世纪50年代，阿富汗政府同德国、法国、意大利、苏联等国在矿产开发方面合作。1957年，在苏联的资金和技术支持下，阿富汗开始在北部地区的阿姆河盆地勘探开发天然气资源，在朱兹詹省的希比尔甘市附近发现了3个天然气气田。1968—1970年，阿富汗向苏联出口天然气58亿立方米。苏联入侵阿富汗后，阿富汗向苏联出口的天然气数量进一步增加。1981—1984年，阿富汗向苏联出口了近102亿立方米天然气。1989年2月，苏联最后一批军队撤出阿富汗，天然气井随之关闭。阿富汗内战和塔利班统治期间，矿产资源的勘探和开发工作几乎处于停滞状态。阿富汗新政府成立后，矿产资源的勘探和开发工作逐步恢复。目前，阿富汗矿业和石油部已颁发了15个矿业权证[①]，涉及石油、天然气、煤矿、铁矿、铜矿等资源的勘探开发。截至2009—2010年度，阿富汗共有11家矿业企业，员工1440人。阿富汗矿业总产值从2006—2007年度的12亿阿尼，占国内生产总值的0.3%，上升到2013—2014年度的101.08亿阿尼，占国内生产总值的0.84%。矿业已成为阿富汗的一个新兴产业，并有望成为国民经济的支柱产

[①] 在阿富汗从事矿产资源勘探和开发活动，要通过招标的方式申请并取得阿富汗矿业和石油部颁发的矿业权证，储量达到一定规模的大型矿业合同的矿业权还需要提交阿富汗政府内阁审议才能获得。阿富汗的矿业权主要有许可证（license）和授权证（authorization）两种。

业。其中，大理石产业是阿富汗矿业发展最迅速的行业。阿富汗全国有至少130个大理石采石场和工厂，生产的大理石原石主要出口到巴基斯坦，产量从2007—2008年度的30898吨增加到2012—2013年度的67067.5吨，产值从3089万阿尼增加到5550万阿尼。

阿富汗政府非常欢迎外国投资者合作开发阿富汗的矿产资源。2010年2月，阿富汗政府出台了新的《矿业法》和《矿业规定》。新《矿业法》规定，授权证持有者在税收、权利金和关税方面有最长5年的优惠期，许可证持有者在税收和权利金方面有最长8年的优惠期。2008年5月，阿富汗政府同中国冶金科工集团与江西铜业组成的联合体签订了《艾娜克铜矿开采合同》，投资总额43.9亿美元。2011年9月，中国石油天然气集团公司与阿富汗的国家石油组成的投资集团获得了阿姆河盆地油田的开采权，这项协议在以后的25年内将为阿富汗带来70亿美元的收入。2011年11月28日，阿富汗矿业部宣布以印度钢铁管理局为首的印度钢铁联合体公司和加拿大基洛金矿公司（Kilo Goldmines Ltd），获得哈吉加克铁矿的勘探和开采权，项目预计投资110亿美元。未来，阿富汗政府还将陆续推出巴达赫尚金矿、扎尔卡尚铜金矿、塞达铜矿、巴尔哈卜铜矿、斯亚达拉铁矿、赫拉特锂矿、阿富汗—塔吉克盆地油气、提尔普勒盆地石油、库什卡盆地石油等矿业项目。

（二）制造业

目前，阿富汗的制造业主要包括食品加工、建材、化工等轻工业生产。2013—2014年度，制造业总产值1314.2亿阿尼，占国内生产总值的11%。阿富汗的食品工业主要包括饮料生产以及水果、食用油、面粉、奶肉制品的加工。2013—2014年度，食品工业（含食品、饮料、烟草）总产值1259.9亿阿尼，占国内生产总值的10.5%。阿富汗的建筑材料与加工业主要生产水泥、大理石和石灰等，建材企业有99家。2013—2014年度，阿富汗生产水泥8.7万吨，产值3.2亿阿尼，从国外进口水泥662.6万吨。阿富汗目前有各类化工企业50家，2013—2014年度化肥产量达3.3万吨。阿富汗的手工艺品是重要的出口创汇商品，尤其是手工地毯。2013—2014年度，阿富汗出口地毯88.6万平方米，出口额8631.3万美元，占出口总额的16.8%。

（三）电力

阿富汗新政府十分重视电力资源的开发和利用，发电量增长较快，但仍然不能满足国内的需要，需从邻国输入大量电力。2013—2014年度，全国总发电量10.2亿千瓦时，其中水力发电8亿千瓦时，电力消费达22.2亿千瓦时，从伊朗、塔吉克斯坦、乌兹别克斯坦、土库曼斯坦分别输入8.2亿千瓦时、10.1亿千瓦时、13.9亿千瓦时、4亿千瓦时。阿富汗目前投入使用的水电站有12座，其中较大的有纳格鲁（Naghlo）水电站、马希帕尔（Maheper）水电站、萨罗比（Sarobee）水电站、普勒胡姆里水电站、卡贾基（Kajaki）水电站、达伦塔（Daronta）水电站，2013—2014年度发电量分别为3.1亿千瓦时、1.9亿千瓦时、1.6亿千瓦时、2560万千瓦时、4900万千瓦时、5820万千瓦时。位于马扎里沙里夫的库德巴尔克（Kod-O-Barrq）热电厂是阿富汗最大的热电厂，2013—2014年度发电量为1.06亿千瓦时，喀布尔热电厂发电量为210万千瓦时。

（四）建筑业[1]

长年的战乱致使阿富汗的道路和各类建筑严重受损。阿富汗政府依靠国际援助大力加强公路、桥梁、学校、医院和机场等公共设施的建设。目前，许多城市尤其是首都喀布尔开始修建私有大型商住综合体。这些项目的实施有力刺激了阿富汗国内建筑业的发展。目前，阿富汗有建筑企业 499 家，各类建筑机械 4313 台。2013—2014 年度，建筑业保持 8% 的增长率，产值达 938.7 亿阿尼，占国内生产总值的 7.8%，共进行 1188 个建筑项目的建设，其中完工 549 项。

（五）工业园[2]

阿富汗商业和工业部下属的工业园司（Directorate of Industrial Parks）负责工业园的管理和建设。但由于缺乏经验，大部分工业园的建设几乎没有任何进展。2012 年 12 月，阿富汗高级经济委员会（High Economic Commission）决定，所有工业园区划归投资促进局管理，由投资促进局下属的工业园发展部（Industrial Parks Development Department）专门负责所有工业园的管理、发展和建设。通过建立高效的程序和简化行政审批，工业园发展部提高了投资者申请使用土地的效率，还给投资者在支付土地使用费用上提供便利，这些措施吸引了一大批投资者到工业园投资创业。在美国国际发展署、世界银行的援助下，阿富

---

[1] 数据来源：《2013—2014 年度阿富汗统计年鉴·工业发展（2）》，http://cso.gov.af/Content/files/Industrial%20Development%20Part%20Two.pdf。

[2] 数据来源：Industrial Parks in Afghanistan: Growth, Challenges and Recommendation, http://www.aisa.org.af/facts/Industrial%20Park%20Report.pdf.

汗已建成 5 个工业园，计划再新建 4 个工业园。

巴格拉米工业园（Bagrami Industrial Park）：位于喀布尔市以东 7.5 千米，毗邻通往巴格拉米县的公路。该工业园目前规划建设四期，工业园发展部将投入 4960 万美元用于园区建设。第一期现已建成，占地 9 公顷，在营企业 32 家；占地 11 公顷的第二期正在建设之中，将有 14 家企业入驻，涉及铸钢、食品生产、印刷和干果加工；占地 9.1 公顷的第三期正在规划之中。第一、二期工业园区将吸引投资约 4182 万美元，直接和间接创造 30642 个就业机会；第三期将吸引投资 1155 万美元，直接和间接创造 23100 个就业机会。

希萨尔·沙赫工业园（Hesar-e-Shahi Industrial Park）：位于贾拉拉巴德市东南 22 千米处，毗邻贾拉拉巴德—图尔哈姆公路。该工业园由美国国际发展署、世界银行和投资促进局共同出资 1970 万美元建设，目前在营企业 67 家。一期占地 126 公顷，现已基本建成；二期占地 81 公顷，现已部分建成。待工业园二期完全建成后，该工业园预计将吸引投资 3.8 亿美元，为当地创造直接就业机会 31050 个、间接就业机会 155250 个。

戈里马尔工业园（Gorimar Industrial Park）：位于马扎里沙里夫市以东 22 千米处，距离机场约 12 千米。该工业园占地 25 公顷，一期 15 公顷建设已经完成，在营企业 21 家，涉及食品生产、照明工程和纺织生产。该工业园二期规划占地 60 公顷，其中包括一期的 10 公顷土地，预计 2014 年 12 月完工。目前，该工业园已经吸引直接投资 750 万美元。预计到 2015 年底，该工业园将吸引私人直接投资 1.125 亿美元，为当地创造直接就业机会 920 个、间接就业机会 4600 个。

舒兰达姆工业园（Shorandam Industrial Park）：位于坎大哈

第八章 国民经济

市以东 10 千米处，毗邻坎大哈机场公路。该工业园占地 15 公顷，远期规划占地 400 公顷。该工业园的 46 个地块中仅有 8 个地块有企业使用，土地空置率达 43%。目前，该工业园在营企业 75 家，吸引直接投资 1775 万美元，涉及钢铁铸造、塑料制品、石油生产、大理石生产和食品生产，创造直接就业机会 920 个、间接就业机会 4600 个。

赫拉特工业园（Herat Industrial Park）：位于赫拉特省的古扎拉县，与赫拉特国际机场相邻，毗邻坎大哈—赫拉特公路。该工业园一期占地 228 公顷，二期占地 226.5 公顷，三期占地 315.5 公顷，均已建成投入使用；四期规划占地 300 公顷，预计 2015 年 12 月建成。该工业园将吸引私人投资 5.62 亿美元，创造直接就业机会 4.5 万个、间接就业机会 22.5 万个。

表 8-3 2009—2010 年度到 2013—2014 年度主要工业产品产量统计表

产品 \ 年度	2009—2010	2010—2011	2011—2012	2012—2013	2013—2014
发电量（亿千瓦时）	9.4	9.4	8.5	8.8	10.2
煤（万吨）	50	72.5	148	124	134.7
天然气（亿立方米）	1.4	1.4	1.6	1.6	1.5
水泥（万吨）	3.2	3.6	3.6	7.1	8.7
盐（万吨）	18	18.6	14.7	14.5	4.1
液氨（吨）	21.8	27.3	50.7	75.6	60
石灰（万吨）	4.6	6.3	0.5	1.1	1.5
冷凝物（万升）	1.7	1	30.7	42.8	36.5
大理石（万吨）	2.7	2.9	4.5	6.7	0.4

三、交通与通信[①]

阿富汗无出海口，交通运输以公路为主，其次是航空运输。铁路运输极不发达，全国铁路总长为 106 千米。2013—2014 年度，交通运输、仓储、邮电和通信业的产值为 2920.9 亿阿尼，占国内生产总值的 24.4%。

（一）交通运输

1. 公路

在国际社会的援助下，阿富汗新政府积极进行公路重建。目前，阿富汗境内公路总里程近 3.4 万千米，其中连接邻国的区域公路（regional highway）3363 千米，国道 4884 千米，省际公路 9656 千米，乡村公路 17000 千米。阿富汗于 2003 年底开始整修和新建马扎里沙里夫—喀布尔—加兹尼—坎大哈—法拉—赫拉特环形公路，也称 1 号公路。该公路全长 2200 千米，双向两车道，是亚洲 1 号公路的一部分。

随着公路的发展，汽车数量和运力不断增加。截至 2013—2014 年度，注册的汽车总数约为 183.4 万辆，比上一年度增加了约 4.1%。其中，小型轿车 114.1 万辆，比上一年度增加了约 2.9%。公共交通方面，阿富汗有公共汽车 9.8 万辆，座位 483.5 万个，2013—2014 年度共运送乘客 2.4 亿人次；出租车约 18 万辆。货运方面，注册卡车数量为 30.4 万辆，总载重量为 498.7 万吨，2013—2014 年度共运输货物 2511.2 万吨，货物周转量为

[①] 数据来源：《2013—2014 年度阿富汗统计年鉴·服务业》，http://cso.gov.af/Content/files/Transportation.pdf。

第八章 国民经济

72.6亿吨公里。

2. 航空

数年的战争使阿富汗的航空事业遭到严重破坏,许多飞机、机场被炸毁。阿富汗新政府成立后,在国际社会的援助下,阿富汗的航空事业重获新生。2013—2014年度,总飞行时间8646小时,总飞行里程为1342.2万千米,客运总量为251.1万人,旅客周转量215.4亿人公里,空运货物总量4599吨,货物周转量为2004.9万吨公里。

除停止运营的帕米尔航空公司(Pamir Airline)外,目前阿富汗有四家在营的航空公司。

阿里亚纳航空公司(Ariana Afghan Airlines)成立于1955年1月,是阿富汗唯一一家国有航空公司。目前已开通的国内航线为喀布尔至坎大哈、马扎里沙里夫、赫拉特,开通了喀布尔飞往安卡拉、新德里、迪拜、伊斯坦布尔、吉达、科威特城、莫斯科,以及坎大哈飞往新德里、迪拜等多条国际航线。[①] 截至2013年10月,阿里亚纳航空公司拥有2架空客A310-300型客机、1架空客A320-200型客机、3架波音737-400型客机。2013—2014年度,阿里亚纳航空公司飞行时间3317小时,飞行里程343.3万千米,运送旅客54万人,旅客周转量18.5亿人公里,空运货物3949吨,货物周转量为1355.6万吨公里。

帕米尔航空公司成立于1995年5月,是阿富汗第一家私营

---

① 2006年3月22日,阿里亚纳航空公司被列入欧盟委员会公布的首份欧盟境内的禁飞"黑名单",从3月25日起被禁止在欧盟境内所有机场起降。2010年11月23日,欧盟委员会宣布,由于阿富汗民用航空系统存在安全隐患,从24日开始禁止所有阿富汗航空公司在欧盟成员国境内运营。截至2014年4月10日,阿富汗的四家航空公司(包括已禁飞的帕米尔航空公司)仍在禁飞"黑名单"中。

航空公司。由于涉嫌从喀布尔银行非法获取贷款，该航空公司被阿富汗政府于 2011 年 3 月责令全面停止运营。

卡姆航空公司（Kam Air）成立于 2003 年，主要经营喀布尔飞往马扎里沙里夫、赫拉特、坎大哈、昆都士、法扎巴德、塔林科特、恰赫恰兰、拉什卡尔加，以及马扎里沙里夫飞往坎大哈、赫拉特等国内航线，开通了喀布尔至新德里、迪拜、杜尚别和坎大哈至迪拜等四条国际航线，未来计划开通喀布尔至杭州、莫斯科两条国际航线。截至 2014 年 5 月，该公司拥有 1 架波音 767-200 型客机、2 架麦道 MD-87 型客机、2 架麦道 MD-83 型客机、1 架麦道 MD-82 型客机、2 架波音 747-200 型货机。

萨菲航空公司（Safi Airways）成立于 2006 年，主要经营喀布尔至赫拉特和马扎里沙里夫的国内航线，开通了喀布尔飞往迪拜、新德里、吉达、伊斯兰堡的国际航线，计划到 2015 年开通喀布尔飞往坎大哈、华盛顿、法兰克福、德黑兰、马什哈德、杜尚别的航线。截至 2013 年 12 月，该公司拥有 2 架空客 A319-100 型客机、1 架空客 A320-200 型客机、1 架波音 757-200 型客机、1 架波音 767-200ER 型客机。

阿富汗捷特国际航空公司（Afghan Jet International Airlines）于 2014 年 4 月 12 日正式运营，主要经营喀布尔飞往马扎里沙里夫、赫拉特、坎大哈的国内航线，拥有 2 架庞巴迪 CRJ-200 型客机，未来计划引进庞巴迪冲 8-Q400 型客机和单通道客机并承担飞往南亚、中亚和中东国家的飞行任务。

目前，阿富汗有 67 座机场，其中喀布尔机场、坎大哈机场、赫拉特机场和马扎里沙里夫机场为国际机场。[①]

---

① 数据来源：阿富汗民航局网站，http://acaa.gov.af/en/page/civil-aviation-authority/all-airport/airports。

第八章 国民经济

喀布尔国际机场,也称霍贾·拉瓦什机场(Khwaja Rawash Airport),是阿富汗最大的国际机场,位于喀布尔市东北郊,距市中心约 16 千米,北纬 34°33′、东经 69°12′,IATA 代码是 KBL,ICAO 代码是 OAKB,跑道长 3511 米、宽 50 米。

坎大哈国际机场,位于坎大哈市东南 16 千米处,是阿富汗第二大国际机场,北纬 31°30′、东经 65°51′,IATA 代码是 KDH,ICAO 代码是 OAKN,跑道长 3200 米、宽 45 米。

赫拉特国际机场,位于赫拉特市东南 10.5 千米处,是阿富汗第三大国际机场,北纬 34°12′、东经 62°13′,IATA 代码是 HEA,ICAO 代码是 OAHR,跑道长 2571 米、宽 46 米。

马扎里沙里夫国际机场,也称毛拉纳·贾拉鲁丁·巴尔赫国际机场(Maulana Jalaluddin Balkhi International Airport),位于马扎里沙里夫市以东 9 千米处,北纬 36°42′、东经 67°12′,IATA 代码是 MZR,ICAO 代码是 OAMS,跑道长 3213 米、宽 46 米。

此外,阿富汗比较重要的机场还有:

加兹尼机场位于加兹尼省省会加兹尼市,北纬 33°31′、东经 68°24′,IATA 代码是 GZI,ICAO 代码是 OAGN,跑道长 1220 米、宽 42 米。

贾拉拉巴德机场位于楠格哈尔省省会贾拉拉巴德市,北纬 34°23′、东经 70°29′,IATA 代码是 JAA,ICAO 代码是 OAJL,跑道长 2218 米、宽 45.6 米。

昆都士机场位于昆都士省省会昆都士市,北纬 36°39′、东经 68°54′,IATA 代码是 UND,ICAO 代码是 OAUZ,跑道长 1799 米、宽 20 米。

3. 铁路

阿富汗的铁路运输极不发达，目前全国铁路总里程仅为 106 千米，对外铁路网正日渐成形。2010 年 7 月 7 日，巴基斯坦与阿富汗签署谅解备忘录，拟修建图尔哈姆—贾拉拉巴德—恰曼（Chaman）—斯平布尔达克—坎大哈铁路。2011 年 12 月 21 日，阿富汗开通了该国历史上第一条铁路。该铁路全长 75 千米，自马扎里沙里夫至海拉坦（Hairatan），与乌兹别克斯坦铁路连通，耗资 1.65 亿美元，由亚洲开发银行出资，乌兹别克斯坦国家铁路公司负责营运。[①] 伊朗还正在建设连接本国城市哈夫和阿富汗赫拉特的铁路，并有意过境阿富汗与塔吉克斯坦铁路相贯通。[②] 2013 年 3 月 20 日，土库曼斯坦、阿富汗、塔吉克斯坦三国总统在土库曼斯坦首都阿什哈巴德，签署了修建连接三国总长约 400 千米的跨境铁路谅解备忘录。6 月 5 日，土库曼斯坦段从阿塔穆拉特至阿基纳共 120 千米的一期工程正式开工。[③] 2014 年 3 月，印度与伊朗正式签署谅解备忘录，修建连接伊朗恰赫巴哈尔和阿富汗哈吉加克地区约 900 千米长的铁路。

（二）邮电通信

自从战争结束以来，阿富汗的邮电和通信业发展迅速。2013—2014 年度，邮电和通信业总产值为 523.4 亿阿尼，比上

[①] 《阿富汗开通首条铁路》，中国商务部网站，http://www.mofcom.gov.cn/aarticle/i/jyjl/j/201112/20111207894320.html。

[②] "2012 年现代院论坛"课题组：《阿富汗重建：地区性挑战与责任》，载《现代国际关系》，2012 年第 6 期，第 4 页。

[③] 黄文帝：《土库曼斯坦、阿富汗和塔吉克斯坦跨境铁路开工》，人民网，http://ru.people.com.cn/n/2013/0606/c360529-21754866.html。

第八章 国民经济

一年度增加了 16.7%，占国内生产总值的 4.4%。2013—2014 年度，阿富汗全国共有邮局 460 个，其中县级邮局 421 个，邮件处理量为 465.4 万件。

2001 年底，据估计阿富汗全国有 35000 部电话向 2700 万人口提供服务，只有在全国的六个主要城市地区才可以打电话，是当时世界上电话普及率最低的国家。2002 年 10 月，阿富汗通信和信息技术部公布了现代电信和互联网行业政策，这一政策的框架是建立透明的行业规则，鼓励私营部门的竞争。2003 年，国际投资顾问协助阿富汗起草了一份新的电信法，并于 2005 年 12 月正式颁布。阿富汗政府还规定，所有提供通信服务的公司每年必须拿出 2.5% 的收入投入通信发展基金。为提高阿富汗全国的电话、互联网、电视和电台广播服务，2006 年阿富汗通信部与中国中兴通讯股份有限公司签署协议，在阿富汗建立全国性的光缆网络。到 2013—2014 年度，阿富汗移动电话用户数达 2303.4 万户，固定电话用户数 26 万户。

根据阿富汗通信和信息技术部的数据，自 2012 年起阿富汗全国有 4760 个活跃的信号塔，其信号覆盖了 85% 以上的人口。阿富汗通信和信息技术部计划扩大其在偏远乡村的服务范围，再安装 700 座新的信号塔，以覆盖剩余的 15% 的人口。2012 年，阿富汗电信（Afghan Telecom）与中国中兴通讯股份有限公司签署了 GSM 和 3G 网络设备供应合同。中兴通讯将为阿富汗提供 700 个基站，向目前信号尚未覆盖的地区或因安全问题无法接受 24 小时服务的地区提供服务。截至 2013—2014 年度，阿富汗通信基站已达 5556 个。

目前，阿富汗主要有 5 家电信运营商。

阿富汗电信公司（Afghan Telecom），成立于 2006 年 9 月，

是阿富汗的固网服务提供商，目前通过基于 CDMA 的无线本地环路（WiLL）提供移动语音服务。来自阿富汗电信管理局（ATRA）的数据显示，截至 2012 年中期，WiLL 用户数量已下降到约 15.1 万，这主要是由于用户纷纷转向全移动服务。

阿富汗无线通信公司（Afghan Wireless），成立于 2002 年 11 月 13 日，由美国阿富汗裔企业家伊森·巴亚特（Ehsan Bayat）创办。目前，该公司为阿富汗近 400 万用户提供无线和宽带服务，员工数量达 5000 多人，是阿富汗最大的电信运营商。

罗尚电信公司（Roshan），成立于 2003 年，目前拥有客户数量近 600 万户，员工总数达 1100 多人，其中 19% 的员工为女性，其 GSM 网络覆盖阿富汗全国近 240 个城镇以及 60% 的人口。该公司于 2013 年 12 月开启了阿富汗第一个网络运营中心（NOC），可以实时监测全国范围的网络，并主动识别网络问题。

阿联酋电信公司（Etisalat），于 2007 年 8 月正式进入阿富汗市场，其 GSM 网络覆盖阿富汗全国 200 多个城镇，并拥有超过 1.2 万家零售商，是近年来阿富汗发展速度最快的移动运营商。该公司是阿富汗首家推出 3G 服务的电信运营商，其 3G 网络已覆盖阿富汗的 14 个省。

MTN 阿富汗公司（MTN-Afghanistan），是南非的跨国移动通信公司 MTN 集团在阿富汗的子公司。该公司于 2006 年 7 月获得阿富汗第二张 GSM 牌照，其通信网络已覆盖阿富汗 33 个省[①]、272 个城镇以及 72% 的人口，3G 网络已覆盖阿富汗的 20

---

① MTN 公司的通信网络未覆盖乌鲁兹甘省。

个省。

四、财政与金融

(一) 财政[①]

阿富汗财政年度起止时间是从上一年12月22日至当年12月21日[②]，预算制度分经常预算和发展预算。在国际社会的援助和支持下，阿富汗财政预算逐年增加，但一直处于财政赤字状态。2006—2007财年，阿富汗的财政预算为1069.3亿阿尼，其中经常预算为403.5亿阿尼，发展预算为665.8亿阿尼，当年度的财政收入仅为309.9亿阿尼，财政赤字达759.4亿阿尼。2009—2010财年，阿富汗的财政预算为2158.8亿阿尼，其中经常预算为970.3亿阿尼，发展预算为1188.5亿阿尼，当年度的财政收入为524.7亿阿尼，财政赤字达1634.1亿阿尼。2013财年，财政预算为3482.4亿阿尼，其中经常预算为2065.9亿阿尼，发展预算为1416.6亿阿尼，当年度的财政收入为1230亿阿尼，财政赤字达2252.4亿阿尼。

阿富汗财政收入主要来源于税收。阿富汗实行全国统一的税收制度，现行主要税种有：个人所得税、公司所得税、资本损益税、发票税、进口关税、固定税、附加税、土地税和市政税。

---

① 数据来源：《2013—2014年度阿富汗统计年鉴·财政发展》，http://cso.gov.af/Content/files/Financial%20Development.pdf。

② 2012年之前，阿富汗财政年度采用跨日历年度制，起止时间是伊斯兰阳历1月1日—12月29日（公历当年3月21日—次年3月20日）。2012年阿富汗修订了《公共财政和支出管理法》(Public Finance And Expenditure Management Law)和相关的法律规定，财政年度调整为日历年度制，起止时间是伊斯兰阳历10月1日—9月30日（公历上一年12月22日—当年12月21日）。2012财年的起止时间是2012年3月21日至2012年12月21日，只有9个月。

2006—2007财年，阿富汗政府税收额为196.1亿阿尼，其中所得税为75.5亿阿尼，占总税收的38.5%；关税为120.6亿阿尼，占总税收的61.5%。2013财年，阿富汗政府税收额为920亿阿尼，其中所得税为328亿阿尼，占总税收的35.7%；关税为275.6亿阿尼，占总税收的30.0%。

阿富汗的经常预算主要是政府部门所属的法定机构的支出。2013财年，各领域所占比例分别为：国防和安全占61.3%，教育占16%，政府行政占5.2%，基础设施占1.5%，健康占1.6%，经济发展占1.3%，农业和农村发展占1%，社会保障占1.1%，其他领域共占11%。在国防和安全支出中，国防部为630.5亿阿尼，占经常预算的30.5%；内务部为505亿阿尼，占经常预算的24.4%；国家安全局为96亿阿尼，占经常预算的4.6%；外交部为25.7亿阿尼，占经常预算的1.2%；总统保卫局为8.6亿阿尼，占经常预算的0.4%。在经常预算中，主要项目是薪水支出。2006—2007年度，公务员的薪水支出为249.1亿阿尼，占经常支出的61.7%。2007年，阿富汗实行新的公务员工资和级别制度，公务员的薪水大幅上涨。此外，为了应对外国部队从阿富汗撤军以及接管全国防务的需要，阿富汗国家安全部队不断扩员，这也使得阿富汗政府在薪水支出上大幅度增加。2011—2012财年，公务员的薪水支出为1098.8亿阿尼，占经常预算的71.3%。2013财年，公务员的薪水支出为1420.8亿阿尼，占经常预算的68.8%。

阿富汗的发展预算主要用于国家的基础设施、国防、教育、经济、卫生等的建设。2013财年，各领域所占比例分别为：基础设施占30%，国防和安全占25%，农业和农村发展占17%，教育占12%，健康占6%，经济发展占4%，政府行政占2%，

第八章 国民经济

社会保障占 1%，其他领域共占 3%。近年来，发展预算在财政预算中的比例有所下降。从 2006—2007 财年到 2009—2010 财年，发展预算一直超过了经常预算。但是，从 2010—2011 财年起，发展预算所占比例日益下降。2010—2011 财年，发展预算占当年总预算的 48.3%；2011—2012 财年，发展预算占当年总预算的 39.6%；2012 财年，发展预算占当年总预算的 40.5%；2013 财年，发展预算占当年总预算的 40.7%。

表 8-4　2009—2010 财年到 2013 财年阿富汗政府财政情况

	2009—2010	2010—2011	2011—2012	2012❶	2013
总预算（百万阿尼）	215880.4	231749.6	255259.7	265320.7	348244
经常预算（百万阿尼）	97027.4	119849.4	154063.1	157970.6	206585
工资（百万阿尼）	60657.5	85005.1	109884	102172.4	142081.1
发展预算（百万阿尼）	118853	111900.2	101196.6	107350.1	141659
财政收入（百万阿尼）	52472.7	80474.4	93663	87911	123000
税收（百万阿尼）	40190.7	68974.4	78766	72101	92001
财政盈余（百万阿尼）	-163407.7	-151275.2	-161596.7	-177409.7	-225244
外部发展预算（百万阿尼）	168481	50405.2	16506.4	77590	183289.6
财政预算（含外部发展预算）（百万阿尼）	384361.4	282154.8	271766.1	342910.7	531533.6
外国援助（百万阿尼）	80163.8	76151.2	121699.5	146754.8	212168.1
贷款（百万阿尼）	794	0	4007.7	3672.1	2837
财政预算占 GDP 百分比	34.4%	31%	28.2%	24.4%	29.1%
经常预算占 GDP 百分比	15.5%	16%	17%	14.5%	17.3%
发展预算占 GDP 百分比	18.9%	15%	11.2%	9.4%	11.8%
财政收入占 GDP 百分比	8.4%	10.8%	10.4%	8.1%	10.3%

注：❶ 2012 财年的数据为 9 个月。

(二) 金融[①]

20余年的战乱将阿富汗的金融系统完全摧毁。2001年底，在国际社会的帮助下，阿富汗的金融系统逐渐开始重建。2002年10月7日，阿富汗发行了新货币，全面取代市场上流通的旧货币。2003年5月，阿富汗中央银行（Da Afghanistan Bank）开始运营，阿富汗中央银行作为阿富汗的中央银行，是一个独立机构，不受任何政治干预，其主要职能是：发行货币，监管所有商业银行的运营，维持国内物价稳定，培育稳定的金融体系，推行安全有效的国家支付系统，依法制定和执行货币政策，确定汇率政策，维护合理的汇率水平，实施外汇管理，持有、管理国家的外汇储备等。截至2014年5月，阿富汗中央银行在全国的33个省[②]设立了47个分支机构。2003年9月，阿富汗总统签署了新银行法。新银行法规定，设立商业银行的基本条件是该银行信誉良好，资金不少于500万美元；所有获得中央银行批准进入阿富汗的国外银行，均可按照国际惯例开展业务。这是阿富汗自1996年以来首次向外国银行开放市场。截至2013年底，阿富汗有银行储户约269.5万人，存款总额达2078亿阿尼，贷款人约6.5万人，贷款总额469.6亿阿尼；银行资产总额达2459.2亿阿尼，其中国有银行资产为670.1亿阿尼，私有商业银行资产达1492.7亿阿尼。截至2014年5月，阿富汗有3家国有商业银行：阿富汗国民银行（Bank-e-Millie Afghan）、普什图银行（Pashtany Bank）和新喀布尔银行（New

---

① 数据来源：《2013—2014年度阿富汗统计年鉴·财政发展》，http://cso.gov.af/Content/files/Operating%20Budget%20by%20Economic%20Activity.pdf。

② 阿富汗中央银行在戴孔迪省未设立分支机构。

Kabul Bank）；9家私有商业银行：阿富汗国际银行（Afghanistan International Bank）、伊朗雅利安银行（Arian Bank）、阿齐兹银行（Azizi Bank）、阿富汗联合银行（Afghan United Bank）、阿富汗商业银行（Afghanistan Commercial Bank）、巴赫塔尔银行（Bakhtar Bank）、第一小额信贷银行（The First Micro Finance Bank）、梅旺德银行（Maiwand Bank）和加赞法尔银行（Ghazanfar Bank）；4家外资银行：巴基斯坦阿尔法拉银行（Bank Alfalah Ltd）、巴基斯坦哈比卜银行（Habib Bank Ltd）、巴基斯坦国民银行（National Bank of Pakistan）和印度旁遮普国民银行（Punjab National Bank）。

阿富汗货币的基本单位是阿富汗尼（Afghani），常简写为Af.或Afs.，阿富汗尼之下是普尔（Pul），1阿富汗尼=100普尔。现行货币有1阿尼、2阿尼、5阿尼、10阿尼、20阿尼、50阿尼、100阿尼、500阿尼和1000阿尼九种纸币。另有1阿尼、2阿尼和5阿尼三种硬币。

五、对外经济关系

（一）对外贸易[①]

长期以来，阿富汗政府十分重视本国的贸易发展。为了促进对外贸易的发展，阿富汗新政府不断改革对外贸易的相关程序和制度。2006年之前，申请进口许可证需要42步、58个签名和几个星期的时间，改革后，仅需3步、6个签名和两天的时间。2003年前，阿富汗的关税体制异常复杂，关税等级从0到

---

① 数据来源：《2013—2014年度阿富汗统计年鉴·对外贸易》，http://cso.gov.af/Content/files/Trade%2C%20Exports%20%26%20Imports.pdf。

150% 分 27 个等级，平均税率为 43%。2008 年，阿富汗将大部分商品的关税税率降到了 2.5%—5%，关税等级减为 6 个[①]，取消了小麦进口的关税，农业和非农业产品的关税税率几乎相同，进口关税平均税率为 10.3%。阿富汗没有基本的贸易法规，对于贸易的限制较少。为了保护塔哈尔省的盐矿，阿富汗对盐的进口实施较为严格的限制，对于其他商品的进口没有配额或其他非关税壁垒的限制。阿富汗政府积极支持双边贸易机制，2003 年 3 月与印度签署特惠贸易协定（PTA），2010 年 10 月与巴基斯坦签署了《阿富汗巴基斯坦过境贸易协定》（APTTA）。同多个国家的双边贸易协定以及同中亚国家的过境贸易协定正在磋商谈判之中。阿富汗是南亚区域合作联盟、中亚区域经济合作计划和经济合作组织的成员国，2011 年 8 月加入南亚自由贸易区，目前加入世界贸易组织的谈判也在进行之中。

2001 年以来，阿富汗的对外贸易快速增长，贸易总额从 2001—2002 年度的 17.6 亿美元增加到 2012—2013 年度的 94.8 亿美元，年均增长率达 16.5%。2013—2014 年度，阿富汗进出口贸易总额约 92.4 亿美元，比上一年度减少 2.6%；出口总额约为 5.2 亿美元，比上一年度增加 24.1%；进口总额约为 87.2 亿美元，比上一年度减少 -3.8%。

表 8-5　2009—2010 年度到 2013—2014 年度阿富汗对外贸易情况

	2009—2010	2010—2011	2011—2012	2012—2013	2013—2014
贸易总额（百万美元）	3739	5542	6766	9484	9239
出口额（百万美元）	403	388	376	415	515
进口额（百万美元）	3336	5154	6390	9069	8724

---

① 目前阿富汗的关税分 12 个等级。

第八章 国民经济

(续表)

	2009—2010	2010—2011	2011—2012	2012—2013	2013—2014
差额（百万美元）	-2933	-4766	-6014	-8654	-8209
贸易总额增长率（%）	4.9	48.2	22.1	40.2	-2.6
出口额增长率（%）	-26.1	-3.7	-3.1	10.4	24.1
进口额增长率（%）	10.5	54.5	24	41.9	-3.8

近年来，阿富汗进口商品以食品、石油产品、机械设备、金属产品为主。2013—2014年度，阿富汗食品进口额为15.9亿美元，占商品进口总额的18.2%；石油产品进口额为17.4亿美元，占商品进口总额约20%；机械设备进口额为约12亿美元，占商品进口总额的13.7%；金属产品进口额为10.1亿美元，占商品进口总额的11.6%。2013—2014年度，阿富汗小麦、鞋类、电池的进口增速较快，小麦进口额为4.7亿美元，比上一年度增长75.9%；鞋类进口额为1.1亿美元，比上一年度增长58.7%；电池进口额为9034.5万美元，比上一年度增长82%。

表8-6 2009—2010年度到2013—2014年度阿富汗
进口商品结构（单位：亿美元）

	2009—2010	2010—2011	2011—2012	2012—2013	2013—2014
商品进口总额	33.4	51.5	63.9	89.3	87.2
机械设备	6.9	12.4	9.6	13.3	12.0
石油产品	7.4	10.0	21.0	17.9	17.4
金属	3.2	5.7	6.0	10.0	10.1
化工产品	0.5	0.6	0.5	1.4	1.9
建筑材料	1.0	2.7	2.5	4.8	5.5
食品	5.9	7.2	8.7	14.9	15.9
饮料烟草	0.5	0.8	1.6	0.9	0.9
药品	0.2	0.4	0.4	2.4	2.6

(续表)

	2009—2010	2010—2011	2011—2012	2012—2013	2013—2014
电气设备	0.7	1.3	1.8	3.1	2.1
其他	7.1	10.4	11.8	20.6	18.8

一直以来阿富汗的出口商品以干鲜果品、地毯、羊毛皮为主。2013—2014年度，阿富汗干果出口量为44037吨，出口额达13705.3万美元，占出口总额的26.6%，其中葡萄干出口18929吨，出口额3737.7万美元，占干果出口额的27.3%。紫羔羊皮出口12.2万张，出口额142.5万美元，比上一年度减少了84.5%。

表8-7 2009—2010年度到2013—2014年度阿富汗出口商品结构（单位：万美元）

	2009—2010	2010—2011	2011—2012	2012—2013	2013—2014
商品出口总额	40344.1	38848.4	37585.1	41451.2	51497.3
水果	2260.2	2816.5	869.0	1298.3	1797.7
干果	18110.4	10630.0	11673.9	11212.0	13705.3
药用植物	2859.8	3944.1	4565.1	2468.2	6782.8
香料	572.1	625.8	301.2	417.9	809.4
种子	950.0	471.1	420.8	939.5	828.0
毛皮	708.1	2809.9	2262.4	3335.6	3647.1
棉花	30.6	1775.2	500.9	676.2	2424.8
地毯	6786.0	7001.6	4911.6	4464.6	8631.3
其他	8066.9	8774.2	12080.2	16638.9	12870.9

阿富汗实行多元化的贸易政策，不断增加对外贸易伙伴的数量，不断加强与巴基斯坦、伊朗、阿联酋、德国、荷兰等国的贸易关系。2013—2014年度，阿富汗同92个国家和地区有贸易

往来,其中出口商品到 42 个国家,从 83 个国家进口商品。[①] 阿富汗主要贸易伙伴为巴基斯坦、伊朗、俄罗斯、中国、印度、欧盟、海湾地区和中亚国家。紫羔羊皮主要出口到芬兰、乌兹别克斯坦和巴基斯坦,棉花大部分输往巴基斯坦,地毯主要出口到巴基斯坦、荷兰和德国,阿月浑子主要出口到印度、土耳其、巴基斯坦和伊拉克。阿富汗从巴基斯坦主要进口水泥、面粉、摩托车和药品,从伊朗进口的主要是水泥、钢铁制品和柴油,从阿联酋进口的主要是植物油和汽车,从乌兹别克斯坦主要进口柴油和钢铁制品,从中国主要进口食品、药品和货车,从德国主要进口药品和汽车。

表 8-8 2009—2010 年度到 2013—2014 年度阿富汗与主要贸易伙伴（单位：百万美元）

国家	2009—2010		2010—2011		2011—2012		2012—2013		2013—2014	
	进口	出口	进口	出口	进口	出口	进口	出口	进口	出口
巴基斯坦	308	191	598	151	878	181	2097	157	1742	198
伊朗	177	41	386	32	582	20	1055	29	1510	43
阿联酋	47	7	106	6	200	3	1193	18	1247	26
乌兹别克斯坦	876	1	1088	—	732	—	709	6	582	2.4
土库曼斯坦	76	6	117	9	353	4	634	3	640	14
中国	360	4	704	12	577	2	549	11	437	20
俄罗斯	198	26	181	30	804	33	475	20	522	14
德国	145	1	422	2	244	2	304	1	213	10
日本	337	1	494	—	412	—	115	—	85	—

---

① 数据来源：阿富汗统计局网站,http://cso.gov.af/en/page/economy-statistics/6323/annual-trade。

(续表)

国家	2009—2010		2010—2011		2011—2012		2012—2013		2013—2014	
	进口	出口	进口	出口	进口	出口	进口	出口	进口	出口
印度	106	76	113	65	104	70	212	92	147	103
总额	2630	354	4209	307	4886	319	7343	337	7125	430.4

（二）外国投资

2005年12月，阿富汗政府颁布施行《阿富汗私营投资法》，新投资法为外国投资者提供了一系列优惠政策和保障措施：对外国投资者实行国民待遇，即外资公司和当地公司享有同样待遇和同等义务；外商在阿富汗投资可获得最长8年的免税期，如3年内无盈利可免税，还可以直接申请最低额的公司税；除少部分禁止和受限制行业外，大部分领域都向外资开放，可合资也可独资，外资公司所得利润可全额汇出；对使用外籍雇员没有限制；投资企业进口用于生产的机械设备可申请免税；投资者对所投资的项目有完全的所有权，政府无权没收或将其国有化。为了吸引更多投资者对阿富汗的工业、建筑业、出口、农业和矿业进行投资，2013年7月21日，阿富汗财政部长奥马尔·扎希尔瓦尔宣布实施投资优待政策（Investment Incentive Policy），给予上述领域投资者一定程度的税费减免、签证和优惠贷款等优惠政策。其中包括：投资额超100万美元的工业企业以及从事食品、干鲜果品加工、地毯、动物制品的外贸出口企业可免费租用项目建设用地，其他工业投资企业、投资额超1000万美元的农业企业以及投资冷藏、温室种植和食品制造方面的企业的项目建设用地免租5年（租期30年），中小型农业投资企业项目建设用地免租2年（租期15年）；工业投资企业和出口贸易企业除市政税外减免其他所有税收 10 年，农业投资企业减免 10 年的收入税，工业、农业、矿业投资企业减免机器设备进口关税，工业投资企业进口原材料关税税率为 1%；为建筑投资企业提供签证便利；阿富汗政府将设立 1 亿美元的扶持基金，为工业、出口、农业投资企业提供 50 万—100 万美元的优惠贷款，期限 5—10 年，贷款利率 6%。[1]

2001 年，阿富汗吸引外国直接投资 200 万美元，仅有 3 家外国企业在阿富汗投资，外国直接投资总额仅 1900 万美元。为了吸引外来投资，阿富汗先后于 2004 年 7 月 10 日、2005 年 4 月 20 日、2006 年 5 月 28 日，分别同土耳其、德国、伊朗签订双边投资协议，协议已分别于 2005 年 7 月 19 日、2007 年 10 月 12 日、2008 年 2 月 2 日正式生效。到 2008 年，阿富汗吸引外资总额达 16.2 亿美元，注册外资企业 3394 家，主要投资领域为服务业和建筑业。[2]2010 年，阿富汗吸引外国直接投资 2.11 亿美元，相比 2009 年的 7600 万美元，增长了约 1.8 倍，外国直接投资总额达 16.25 亿美元。随着 2011 年阿富汗启动安全移交进程，外国投资者对阿富汗安全形势越来越表示担忧，从而导致阿富汗吸引外资数目减少。2011 年阿富汗吸引外国直接投资 8300 万美元，同比减少了 60.7%，有约 7400 家外国企业在阿富汗投资促进局登记注册。2012 年阿富汗吸引外国直接投资 9400 万美元，阿富汗外国直接投资总额减少到 15.69 亿美元。[3]

---

[1] Afghanistan Chamber of Commerce & Industries, *Afghan Cabinet Approves the Investment Incentive Policy*, http://www.acci.org.af/media/pr/Investment%20Incentive%20Policy.pdf.

[2] Afghanistan Investment Support Agency, *Annual Report 2008*, http://www.aisa.org.af/reports/ANNUAL%20REPROT.pdf.

[3] 联合国贸易和发展会议：《世界投资报告（2013）》，http://unctad.org/en/

（三）外国援助和外债[①]

阿富汗的经济发展长期以来严重依赖外国援助。在"一五"计划中，外国援助占预计投资的71.5%；在"三五"计划年度预算中，苏联援助占40%；在七年发展规划中，外国援助占计划所需投资的66%。1950—1971年，美国共向阿富汗提供4.128亿美元的经济援助，联邦德国、法国、英国和日本分别向阿富汗提供9830万美元、1410万美元、200万美元和330万美元的经济援助。阿富汗的经济重建同样离不开国际社会的大力援助。2002年1月21—22日，在日本东京召开的阿富汗重建国际援助会议上，各方承诺5年内向阿富汗提供45亿美元的援助款。2004年3月31日至4月1日，在德国柏林召开的第三次阿富汗问题国际会议上，各国承诺在2004—2007年为阿富汗重建和发展提供82亿美元经济援助。2006年1月31日至2月1日，在英国伦敦召开的阿富汗问题国际会议上，各方承诺提供约105亿的援助用于阿富汗重建。2008年6月12日，援助阿富汗国际会议在法国巴黎召开，与会各方在会上共承诺向阿富汗提供210亿美元援助。2012年7月8日，在日本东京召开的阿富汗重建问题国际会议通过了《东京宣言》，明确国际社会在2012—2015年间向阿富汗提供超过160亿美元的发展援助资金。目前，援助阿富汗的国家和国际组织主要包括美国、日本、印度、德国、英国、世界银行、亚洲开发银行、欧盟和阿加汗发展基金会。从外援落实的情况看，从2008年到2013年，国际社会承

PublicationsLibrary/wir2013en.pdf。

① 数据来源：《2013—2014年度阿富汗统计年鉴·援助》，http://cso.gov.af/Content/files/Doner%20Assistance.pdf。

诺援助阿富汗 507.11 亿美元，但实际到位的仅 283.04 亿美元，占承诺额的 55.8%。

表 8-9 近年阿富汗接受其他国家援助情况（单位：亿美元）

	2009—2010财年		2010—2011财年		2011—2012财年		2012 财年		2013 财年	
	承诺	到位	承诺	到位	承诺	到位	承诺	到位	承诺	到位
总额	39.18	15.95	159.56	100.81	83.91	55.15	50.60	29.92	29.37	16.01
美国	29.12	11.88	130.69	81.26	46.7	31.9	22.40	18.40	16.00	6.70
日本	0.52	1.37	7.52	7.52	9.34	9.34	7.99	0	—	—
印度	0.76	0.008	3.13	0.77	5.00	0.72	5.00	0	—	—
德国	0.52	0.52	5.94	2.05	5.80	2.34	3.12	0	5.80	4.56
英国	0.95	0.12	3.83	3.83	5.42	3.67	3.44	3.57	—	—
加拿大	1.19	0.52	0.78	0.78	1.44	1.18	0.95	0.95	0.75	0.75
挪威	1.07	0.63	1.25	0	1.27	1.27	1.30	1.30	1.74	1.31
荷兰	0.59	0.03	0.91	0.91	1.94	0.95	0.94	0.94	—	—
澳大利亚	0.19	0.17	0.01	0.01	0.77	0.62	2.08	1.9	0.67	0.36
丹麦	0.57	0.08	0.70	0.70	2.27	0.99	0.64	0.65	1.04	0.72
其他	3.7	0.622	4.8	2.98	3.96	2.17	2.74	2.21	3.37	1.61

表 8-10 近年国际组织对阿富汗的援助情况（单位：亿美元）

	2009—2010财年		2010—2011财年		2011—2012财年		2012 财年		2013 财年	
	承诺	到位	承诺	到位	承诺	到位	承诺	到位	承诺	到位
总额	11.42	1.88	8.35	8.19	8.15	4.96	12.00	8.98	18.31	12.38
世界银行	5.72	0.33	2.16	1.92	4.21	1.52	8.07	5.97	10.34	8.78
亚洲开发银行	3.01	1.10	2.59	2.90	2.00	1.23	2.95	2.81	5.85	2.01
伊斯兰发展银行	0.46	0	—	0.05	—	—	—	—	—	—

（续表）

	2009—2010财年		2010—2011财年		2011—2012财年		2012 财年		2013 财年	
	承诺	到位	承诺	到位	承诺	到位	承诺	到位	承诺	到位
联合国	0.89	0.31	0.35	0	—	—	—	—	—	—
欧盟	0.35	0.11	3.13	2.64	1.94	2.21	0.78	0	2.12	1.59
阿加汗发展基金会	0.17	0	0.12	0.12	—	—	0.20	0.20	—	—
其他	0.82	0.03	0	0.56	0	0	0	0	0	0

阿富汗政府财政预算连年赤字，政府除增加各种税收和依靠外国援助外，还依靠大量外债来弥补。阿富汗的外债主要是世界银行、国际货币基金组织、亚洲开发银行和伊斯兰发展银行的中长期贷款。

表 8-11　近年阿富汗外债情况（单位：百万美元）

	2009—2010财年	2010—2011财年	2011—2012财年	2012 财年	2013 财年
总额	116.0	85.2	48.1	46.3	34.7
亚洲开发银行	64.1	68.6	33.2	25.8	17.8
世界银行	18.2	16.6	8.8	8	3.7
国际货币基金组织	25.2	—	—	11.5	—
伊斯兰发展银行	8.5	—	6.1	1	13.2

第三节　经济发展前景

目前，阿富汗经济发展面临很多的困难和挑战：

首先，阿富汗的政局和安全形势具有不确定性。2011 年 12 月 5 日，在德国波恩举行的阿富汗问题国际会议提出了"10 年

第八章　国民经济

转型期"概念,即在外国战斗部队 2014 年撤离后,从 2015 年到 2024 年,阿富汗将经历 10 年的转型,以实现国家稳定和经济自主。在转型期间,阿富汗在建设安全部队、发展经济、改善民生等方面仍需要国际社会的支持,以确保其安全局势不会出现倒退。阿富汗政治和安全形势的不确定性将严重影响投资者的投资信心。持续的暴力和经济犯罪以及严重的腐败现象大大增加了投资者的经营成本。

其次,阿富汗没有形成"内生性经济变量"。阿富汗最主要的农业部门产值虽然逐年增加,但在国民经济中的地位逐年下降,2013—2014 年度农业产值只占国内生产总值的 24.6%。采矿业虽然潜力巨大,但增长速度缓慢。阿富汗绝大部分的消费品和 75% 的能源、电力依靠进口。在各产业部门中,服务业的增幅最大,2013—2014 年度已经占到了阿富汗国内生产总值的 51.8%,这主要得益于驻阿富汗外国部队的花销。据世界银行估计,随着外国部队的逐步撤离,围绕外国驻军活动发展起来的服务业将大幅萎缩,阿富汗 2014 年后的 GDP 增速将迅速降至 4%—6%。

再次,财政资源匮乏。2013 财年,阿富汗财政赤字达 2252.4 亿阿尼,预算外资金主要来源于国际援助。到 2022 年,阿富汗财政收入将从目前占国内生产总值的 11% 增加到 16%。但是,财政支出预计将达到国内生产总值的 39%,甚至更高。

最后,国际援助分布不均。虽然国际社会提供了大量的援助资金,但从援助结构看,大部分是安全开支,约占援助总额的 68%,民用援助只占 32%,发展援助严重不足。

虽然阿富汗近年来服务业发展迅猛,但制造业基础薄弱,经济结构难以从资源消耗型转型为以生产制造业和服务业为主的多元化效益型。从传统产业开发来看，农业和矿业的发展潜力巨大。

农业是阿富汗实现经济可持续发展的关键，对提高就业率和收入水平至关重要。阿富汗园艺和畜牧业生产有着悠久的历史，是水果、蔬菜和干果的重要出口国。过去的三十年，中国、印度和土耳其等农业大国都大力投资现代农业技术，经历了一场"绿色革命"。三十年的战争给阿富汗农业带来的是毁灭性的破坏和投资锐减。阿富汗农业土地资源短缺，由于缺水和土壤贫瘠，有很大一部分土地没有得到充分利用。阿富汗只有63%的农民使用化肥，使用农药或除草剂的更少，很少人能获得农业种植方面的信息或指导。农业发展面临的困难也为农业发展提供了大量机遇。阿富汗需要大力投资灌溉系统，引进先进的农业生产技术和农产品加工处理工艺，从而提高阿富汗的农业生产力。阿富汗有55%的家庭从事农业生产，生产收入往往只能勉强维持家庭全年的生计。大力发展现代农业，可充分利用农村劳动力，解决大批人员的就业和收入问题。

尽管阿富汗有相对丰富的矿产资源，但目前矿业的产值只占国内生产总值的0.84%。根据美国战略与国际研究中心的评估，需要持续10—20年的稳定投资和开发，才能够使矿业对阿富汗经济产生实质性推动作用。新的矿业法是吸引更多矿业投资的关键。阿富汗政府应尽快制定新的矿业法，完善矿业方面的法律和监管机制，给投资者提供更好的法律保护，尤其在矿业项目投标和矿业权证的取得上给投资者提供更明确的指导。阿富汗政府还应改进征地流程，减少因征地问题造成的项目延误。但是，矿业对阿富汗经济的影响不可能是变革性的。矿业是资本密集型的经济活动，预计在未来十年能够直接或者间接创造工作岗位10

第八章　国民经济

万—12.5万个，这个数字相对于阿富汗未来五至十年40万—50万的就业人群来说显得杯水车薪。

更值得注意的是，人力资源的缺陷是造成阿富汗经济结构无法升级的一大重要原因。阿富汗人口的识字率只有28%，技术劳动力、中级管理人员、会计、信息技术人员严重短缺。提高阿富汗的教育水平，尤其是提升农村地区人口的文化水平和专业技能，是促进阿富汗经济发展的关键。阿富汗政府在加强法治建设、提高财政预算执行力、打击腐败和提升公共服务能力方面的决心，将最终决定阿富汗经济未来的发展前景。

第九章　军事与国防

第一节　军队简史[①]

由于阿富汗历史上长期缺乏一个强有力的中央政府，这使得建立国家正规军的计划很难实现，加之阿富汗国力有限，国家财政完全承担不起军队的费用，因此阿富汗从未建立过强大的国家武装力量。阿富汗军队的前身是部落武装。

一、军队的建立

1880年，在英印政府的帮助下，阿富汗国王阿卜杜尔·拉赫曼试图建立第一支国家正规军。1885年，阿富汗正规军正式建立。拉赫曼宣布实行征兵制取代传统的募兵制，创立了8个村民（年龄在20—40岁之间）中要征收一人服兵役的"八村抽一"措施，军服费和给养费均由村子承担；军队实行师、旅、团编制；为减少对外国武器的依赖，在喀布尔建立了制造新型火器的兵工厂，1888年每月步枪产量达到200支，1896年每周可制造2门山地炮、2门火炮，每天生产15支步枪和2万颗子弹；

[①] 主要参考解放军出版社历年出版的《世界军事年鉴》。

设立军官学校。拉赫曼执政末年，军队人员达 10 万，其中包括 100 个步兵团、24 个骑兵团和拥有近千门各种火炮的 5500 名炮兵。

二、20 世纪军队的发展

20 世纪初，阿富汗邀请土耳其军官来阿培训军官，还从苏联、德国、英国和意大利聘请军事顾问，帮助阿富汗创建空军。1923 年，阿马努拉汗颁布征兵法，规定所有男子均须服 2 年兵役，并取消了部分部落的免服兵役权。依靠苏联提供的飞机，阿富汗组建了本国的第一支空军，飞行员主要来自苏、德两国。

20 世纪 50 年代到 90 年代初，阿富汗在军队现代化方面得到了苏联的大力援助。1956 年，阿富汗与苏联签订了第一个军事协议。根据协议规定，苏联向阿富汗提供 2500 万美元的军事援助，用于向苏联和东欧国家购买喷气式飞机、坦克等现代化武器装备；苏联向阿富汗军队派遣大批军事顾问，并每年接收 100 名以上的阿富汗青年军官到苏联培训。20 世纪 60 年代，阿富汗正规军扩大到 9 万人，空军达到约 1500 人。当时，查希尔国王是国家军队最高统帅，实行义务兵役制和合同兵役制的混合兵役制度，正规军可以由受过训练的后备役军人补充，遇到紧急情况还可以动员 2 万人的部落士兵。

20 世纪 80 年代，卡尔迈勒政府在苏联的帮助下建立了一支名义上的国家军队，实际上由苏军驻阿富汗总司令部指挥。1983 年，阿富汗国防开支达到 2.03 亿美元，军队总兵力达 4.7 万人，另有准军事部队 3 万人。陆军编 3 个军团司令部、11 个步兵师、3 个装甲师、1 个机械化步兵旅、1 个炮兵旅、2 个山地步兵团、3 个突击团。空军（含防空军）编 1 个轻型轰炸机中

第九章 军事与国防

队、12个战斗机中队、2个武装直升机中队、4个运输机中队、1个运输直升机团、1个防空师、1个防空旅、1个雷达旅,拥有各型飞机236架,其中作战飞机150架、武装直升机20架,防空导弹235枚。当时,阿富汗实行征兵制,战斗人员服役期限为3年,非战斗人员服役期限为4年。

1986年5月,纳吉布拉取代卡尔迈勒出任革命委员会主席团主席,兼任武装力量总司令。人民民主党党中央设武装部,政府设国防部,武装力量总司令通过国防部对军队实施指挥。武装力量由现役正规部队、预备役部队和准军事部队组成。现役总兵力5万人,其中陆军4.5万人、空军0.5万人。退役军人、青年团与地区部落组织中20—40岁的人员均编入预备役部队。准军事部队包括边防警卫队0.7万人(编有9个旅、60个营),内务部队0.7万人,秘密警察3.5万人,以及一批地区性民兵。兵役制度改为征兵制和募兵制两种,男性公民服役年龄15—55岁。志愿兵服役期限2年,义务兵3年以上,服役期满转入后备役22年,每年复训2个月;军官由院校培养,到55岁退休。

20世纪90年代初,阿富汗再次陷入内战。1994年8月,塔利班在巴基斯坦与阿富汗的边境城市查曼成立。在短短3年多的时间里,队伍从800多人增加到3万人。到2001年,塔利班已控制全国将近95%的地区,军事力量达到8万人。主要武器装备有:T-45、T-55、T-62型主战坦克300余辆,PT-76型装甲车200余辆,BRDM-1、BRDM-2型步兵战车150余辆,各型火炮400余门,"飞毛腿"导弹若干枚,苏-17、苏-22、米格-21等型战斗机70余架。北方联盟仅占5%的国土,总兵力约10万人,主要武器装备有:T-54、T-55、T-62型坦克250辆,PT-76装甲车300余辆,BRDM-1、BRDM-2型步兵战车100余辆，各型火炮200余门，"飞毛腿"导弹若干枚，苏-17、苏-22、米格-21等型战斗机30余架。

三、军队的重建

2001年12月22日，阿富汗成立以卡尔扎伊为首的临时政府，开始重新组建国家军队。为此，阿富汗临时政府成立了以国防部长为首的专门委员会，负责国家武装部队的筹建工作。2002年4月，阿富汗临时政府制定了国家军队建设方案，国家军队总兵力为8万人，其中陆军6万人、空军8000人、边防军1.2万人。陆军将编成4个地区司令部、9个军部、32个师（每省部署1个师，每个师约2000人）。建军方案启动之初，阿富汗军队只有一个营的编制，一直面临着逃兵和招兵困难的问题。在北约国家的援助下，阿富汗政府通过改善待遇、调整培训方式、改善招募方法，使阿富汗国家安全部队的规模不断扩大。在解除敌对武装方面，到2005年末，阿富汗政府已经解除了杜斯塔姆、萨亚夫等五大军阀的武装。通过教育、培训和提供工作机会等手段，6.3万地方武装人员放下武器重新融入社会。2010年6月，卡尔扎伊总统颁布法令，启动阿富汗和平与重返社会方案。截至2013年12月31日，阿富汗和平与重返社会方案联合秘书处报告说，共有7796人加入了该方案，已在25个省批准了164个小额赠款项目，从而提供了短期就业机会。[①]

[①] 数据来源：《阿富汗局势及其对国际和平与安全的影响》（2014年3月7日），联合国网站，http://www.un.org/zh/documents/view_doc.asp?symbol=S/2014/163。

第二节　当前军情概述

一、军事战略和安全观

阿富汗的军事战略是维护国家独立、主权和领土完整，打击叛乱和恐怖主义，创造安全稳定的环境，为地区和国际安全稳定做出贡献。在当前条件下，阿富汗的国家利益主要集中于提高人民生活水平、建立法治环境、巩固和稳定中央政权。

阿富汗最大的安全威胁是来自塔利班、"基地"组织和边境地区的其他极端组织。虽然大部分武装派别已经解除武装，但遍布全国的非法武装组织仍然威胁着阿富汗的稳定。鸦片种植和走私是影响阿富汗未来稳定的主要问题之一。缺少教育和经济机会也是阿富汗国家安全的一个主要的间接威胁。未受过良好教育、处于低水平生活的人们是极端主义组织物色的理想人物。一个安全繁荣的社会环境对阿富汗未来的安全稳定至关重要。

二、军事领导体制

2003年初，阿富汗建立了国防委员会，下设有国防部、内政部和安全局，是阿富汗最高军事决策和咨询机构，对国家军队拥有最高指挥权，全面负责国防事务，控制国防经费等，军队人事任命特别是高级指挥官的任命，均由国防委员会负责审查。国防委员会主席由总统担任，成员包括政府和军队的领导人。阿富汗实行军事和行政权力分离，各省长无权控制和指挥其辖区内的武装部队。

(一) 国防部和总参谋部

国防部既是政府行政部门，又是最高军事机关，负责国防政策、战略规划的制定和实施，对阿富汗武装部队拥有领导和管理权。国防部设部长一名，第一副部长一名，分别负责战略和政策、情报、人事和教育、技术和后勤以及预备役事务的副部长5名。国防部还设有国防部办公室、国防部第一副部长办公室、财务局、公共事务局、监察局、法律事务局、医疗卫生局、人权局、基建局等直属单位。现任国防部长为比斯米拉·汗·穆罕默德。

总参谋部是阿富汗武装部队最高军事指挥机关，负责全军和军事警察部队的招募训练、作战指挥和后勤保障等事务。总参谋部设总参谋长一名、副总参谋长两名，其中一名副总参谋长主管空军事务，下设人事部、情报部、作战部、后勤部、政策和计划部、通信部、军力结构、训练和条令部、财政部等二级部，以及军事监察院、法规局、军事法庭、工程局、宗教和文化事务局、医疗卫生局和基地保障局等直属单位。现任总参谋长为希尔·穆哈马德·卡里米上将。

(二) 内政部

内政部是阿富汗国民警察部队、地方警察部队和公共保护部队的领导机关，主要职责是维护国家统一和国家内部安全、捍卫法律秩序、保护阿富汗公民和在阿外国公民的权利和自由。内政部设部长一名，负责公共事务、监察、法规和情报的办公厅主任一名，负责禁毒、战略和政策、保障、行政、安全、公共保护部队的副部长6名。内政部下设公共事务、监察、法规、情报、性别以及人权和儿童权利、禁毒、战略规划、政策发展、警力管理、后勤、财政和预算、装备、医疗卫生、信息和技术、采购、人事、行政事务、训练管理、募警、制服警察、消防、边防警察、特警、反犯罪警察、国家民事治安警察、地方警察、计划和作战、战备、反简易爆炸装置、公共安全保护部队等机构。现任内政部长为努鲁尔哈克·奥罗米。

三、国防预算

阿富汗国防预算[①]资金除来源于国家财政收入外，外部预算资金即外国援助也是阿富汗国防预算资金的主要来源。其中，国家财政主要承担国防部和阿富汗国民军的行政开支和人员工资支出。外部预算资金主要用于阿富汗国民军的培训以及军事设施的修建等发展预算。2004—2005 财年，阿富汗国防预算为 1.05 亿美元，占国家预算的 7.9%。由于外国援助部队在 2014 年底撤军，阿富汗人民军不断扩员，阿富汗的国防预算逐年增加。2010—2011 财年，国防预算增加到 6.1 亿美元，占国家预算的 12.8%。随着阿富汗国家安全部队全面接管国家的防务，2013 财年，国防预算猛增到 15.12 亿美元，占国家财政预算的 22.2%。

表 9-1 2009—2013 财年阿富汗国民军设施建设花费（单位：亿美元）

	2009	2010	2011	2012	2013
国民军设施建设费用	6	12	18	10	2

数据来源：Department of Defense of United States of America, *Report on Progress Toward Security and Stability in Afghanistan*, April 2014, http://www.defense.gov/pubs/April_1230_Report_Final.pdf.

---

① 不包括内政部、国家安全总局、外交部、总统保卫局等安全部门的预算。

表 9-2　阿富汗近年国防预算

财政年度	国防预算（百万美元）		占国家预算比重（%）	
	不含外部预算	含外部预算	不含外部预算	含外部预算
2004—2005	105.4	784.2	7.9	15.9
2005—2006	125.8	830.2	6.7	16.4
2006—2007	137.1	142.3	6.2	3.9
2007—2008	220.7	222.6	8.4	4.4
2008—2009	242.7	1962.7	9.0	26.0
2009—2010	252.4	2257.17	8.6	37.6
2010—2011	609.7	—	12.8	—
2011—2012	920.7	—	19.3	—
2012	731.3	—	14.9	—
2013	1511.6	—	22.2	—

四、兵役制度

阿富汗兵役制度实行募兵制，即军方招募，符合条件的年轻人自愿报名入伍。阿富汗的募兵工作由国防部负责人事和教育的副部长、总参谋部人事部和国民军募兵司令部共同负责。

（一）招募条件

身体条件：应征者必须符合总参谋部医疗卫生局制定的关于视力、听力、身高、体重等标准，通过体格检查，不得有任何慢性疾病或残疾，不得有吸毒史。

政治条件：应征者需提供由所在村或街道的部落长老、负责人或者政府公务员开具的思想品格证明。应征者不得参加任何政治团体，不得与任何敌对势力有联系，不得参与反对国家的罢工和游行示威。

文化程度：军官至少高中毕业；军士至少初中毕业；再次入伍者和士兵无文化程度的要求，但须在入伍后继续接受文化教育达到岗位任职要求。

（二）招募年龄

首次入伍的，军官20—26岁，军士18—28岁，士兵18—35岁；再次入伍的年龄上限为元帅60岁，上将60岁，中将57岁，少将54岁，准将51岁，上校47岁，中校47岁，少校47岁，上尉45岁，中尉45岁，少尉45岁，一级军士长47岁，二级军士长47岁，三级军士长45岁，上士45岁，中士45岁。

（三）招募对象

军官：国内或国外普通高等学校毕业生；已退伍的军官；直接提升表现优秀并拥有领导才能的军士；接受招安的地方武装力量军官。普通高校毕业生须接受国家军事学院的军官基本训练，完成相应课程后授予少尉军衔。直接提拔的军士在完成相应的工作培训后授予少尉军衔，服役期限不得少于3年。

军士：表现出色的士兵；普通初中、高中毕业生；军事中学毕业生；已退伍的军士。

士兵：符合招募条件和招募年龄的应征者，但须顺利完成在军事训练中心的士兵基本训练（Basic Warrior Training）。

（四）服役期限

应征者入伍前自愿与军队签订服役合同。普通士兵服役期限为3年,军士和突击队(特种部队)士兵为5年;士兵续签服役合同一次3年,军士和突击队士兵为5年。

第三节 军种与兵种

国家安全部队为阿富汗的国家武装力量,由国民军、国民警察部队、地方警察部队和公共保护部队组成,截至2014年3月,总兵力为340632人。阿富汗国家安全部队承担着确保国家安全,保证公民的生命和财产安全,平息国内民族纠纷,维护边界的安定,执行反毒反恐行动,帮助重建以及分发人道主义援助,在国家发生紧急情况时及时提供保障,抢险救灾等任务。[①]

一、国民军

国民军是阿富汗主要的军事力量,归总参谋部直接指挥和调动,下设陆军司令部、空军司令部、特战司令部、训练司令部、后勤司令部、军队支援司令部、募兵司令部和医疗卫生司令部。

截至2014年3月,国民军兵力总数为187954人,略低于19.5万人的目标。相比于人数问题,阿富汗国民军人员的素质问题更加严重。由于阿富汗国民文盲率高达74%,这缩小了国民军招募合格军人的范围。国民军不得不降低招募要求,使得国民军70%的人员为职业上的文盲,严重阻碍其提高作战能力。其次,国民军士兵吸食毒品比例高达80%—85%,这成为国民军提高团队作战能力和凝聚力的一大障碍。因此,为了吸引更多合

---

① 王湘江主编:《世界军事年鉴(2003)》,北京:解放军出版社,2003年,第204页。

第九章 军事与国防

格人才并提高延长服役期限人数比例,阿富汗国防部在美国的资金支持下,宣布于 2009 年 11 月开始给国民军各级军人基本工资每月增长至少 45 美元,处于 14 个高危地区省份的士兵每天发放 2.5 美元的岗位补助。国民军实行电子支付手段直接将工资发放到个人,从而减少克扣军人工资的可能。这些措施使阿富汗国民军应征和延长服役期限人数大幅提升。到 2013 年底,国民军延长服役期限人数的比例从 2008 年年初的 53% 增长到 2013 年底的 71%。

表 9-3 阿富汗国民军基本工资标准

军衔	改革前月薪（美元）	改革后月薪（美元）	增长额度（美元）	增幅（%）
上将	900	945	45	5
中将	800	845	45	5.6
少将	700	745	45	6.4
准将	600	645	45	7.5
上校	450	495	45	10
中校	400	445	45	11.3
少校	350	395	45	12.9
上尉	270	345	75	27.8
中尉	230	295	65	28.3
少尉	210	275	65	31
一级军士长	230	275	45	19.6
二级军士长	190	255	65	34.2
三级军士长	165	235	70	42.4
上士	150	210	60	40
中士	135	180	45	33.3
士兵	120	165	45	37.5

数据来源：United States Government Accountability Office, *Afghan Army Growing, but Additional Trainers Needed; Long-term Costs Not Determined*, January 2011, http://www.gao.gov/new.items/d1166.pdf.

（一）陆军

1. 兵力部署

国民军陆军编成6个军、1个独立师和一定数量的特种部队。军或独立师下辖2—4个旅，旅一般由旅部、1支卫戍部队、4个步兵营、1个作战保障营（Combat Support Kandak）和1个作战勤务保障营（Combat Service Support Kandak）组成。营为基本作战单位，一个整编步兵营的兵力大约为800人。

第201军（代号"洪水"），军部驻地在喀布尔，负责保卫喀布尔、帕尔万、卡皮萨、努里斯坦、库纳尔、拉格曼、潘杰希尔和楠格哈尔等省的安全，下辖第1旅（驻努里斯坦省）、第2旅（驻库纳尔省）、第3旅（驻喀布尔省）、第4旅（驻楠格哈尔省）。

第203军（代号"闪电"），军部驻地在加德兹，负责保卫巴米扬、卢格尔、瓦尔达克、加兹尼、帕克提卡、帕克蒂亚和霍斯特等省的安全，下辖第1旅（驻霍斯特省）、第2旅（驻帕克提卡省）、第3旅（驻加兹尼省）、第4旅（驻瓦尔达克省）。

第205军（代号"英雄"），军部驻地在坎大哈，负责保卫戴孔迪、乌鲁兹甘、坎大哈和查布尔等省的安全，下辖第1旅（驻坎大哈省）、第2旅（驻查布尔省）、第3旅（驻坎大哈省）、第4旅（驻乌鲁兹甘省）。

第207军（代号"胜利"），军部驻地在赫拉特，负责保卫

第九章 军事与国防

赫拉特、法拉、巴德吉斯和古尔等省的安全,下辖第1旅(驻赫拉特省)、第2旅(驻法拉省)、第3旅(驻巴德吉斯省)。

第209军(代号"猎鹰"),军部驻地在马扎里沙里夫,负责保卫法里亚布、萨尔普勒、朱兹詹、巴尔赫、萨曼甘、巴格兰、昆都士、塔哈尔和巴达赫尚等省的安全,下辖第1旅(驻法里亚布省)、第2旅(驻昆都士省)、第3旅(驻巴尔赫省)。

第215军(代号"梅旺德"),军部驻地在拉什卡尔加,负责保卫赫尔曼德和尼姆鲁兹两省的安全,下辖第1、2、3旅(驻赫尔曼德省)和第4旅(驻尼姆鲁兹省)。

第111首都师,师部驻地在喀布尔,下辖1个机步旅、1个快反旅和1个支援保障旅,均驻扎在喀布尔省。

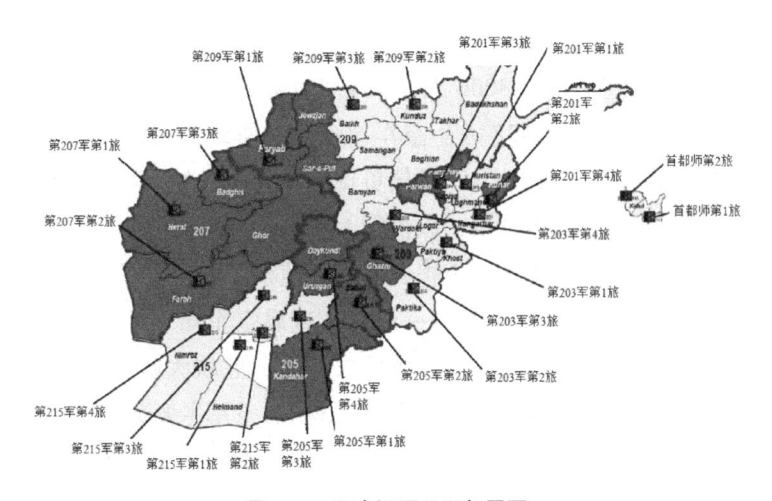

图 9-1 阿富汗国民军部署图

阿富汗国民军特种部队是阿富汗国家安全部队最精锐的一支武装力量,主要任务是进行反暴乱作战。特种部队隶属陆军,编制1.02万人,编成2个突击大队、2个攻击旅、1个协同作战大队和1个工程旅,满编的特战旅下辖5个特战营。特种作战部队部署在阿全境各主要作战方向,陆军6个军和111师各配属1个特种作战营,该营接受各军、师和特战司令部双重领导。

2. 武器装备

陆军主要装备M113A2装甲车、悍马装甲车、M117"卫士"装甲防护车、轻型战术车、机动作战装甲车、中型装甲车、M114型榴弹炮、M16型步枪、M4型突击枪、M249型机枪、M240B型机枪、M203榴弹发射器、夜视仪、排爆防爆衣、探雷器、M51雷管等。

(二)空军

阿富汗空军编制8000人,截至2014年2月,人员为6763人,其中维修人员438人。空军司令是空军最高指挥官,在主管空军的副总参谋长领导下具体负责空军各项事务。阿富汗空军总体力量不强、装备老旧,以执行人员和装备运输任务为主,也承担反恐和缉毒行动中的情报、监控和侦察任务。空军司令部下辖空军基地司令部、空军第一联队(直属空军司令部,驻喀布尔)、坎大哈空军军区(辖空军第二联队,驻坎大哈)、信丹德空军军区(辖空军第三联队,驻信丹德)。空军主要装备C-130型运输机、安-32型运输机、"皮拉图斯"PC-12轻型运输机、"塞斯纳"208型多用途飞机、米-35型直升机、米-17型直升机、MD500型直升机等。

阿富汗国民军还有编制约7000人的宪兵部队,编成两个旅,主要负责涉军事件处置、军事交通管控、军车监理等任务。

二、国民警察部队

阿富汗国民警察部队隶属于内务部，由负责安全的副部长直接领导，担负着维护公共秩序和安全、保护人民财产和生命安全、打击和预防犯罪、打击毒品种植和走私、边防管理的重要职责。国民警察部队主要由制服警察（Afghan Uniformed Police）、边防警察（Afghan Border Police）、国民治安警察（Afghan National Civil Order Police）和反犯罪警察（Afghan Anti-Crime Police）组成。截至 2014 年 2 月，阿富汗国民警察部队总警力为 153269 人。

制服警察是国民警察部队最主要的一个警种，警力达 9 万多人，其主要职责是维护公共秩序、预防犯罪、维护交通和主要道路安全、消防、救援和应急响应等。制服警察总部设在喀布尔，在喀布尔、楠格哈尔、帕克蒂亚、坎大哈、赫尔曼德、赫拉特、巴尔赫等省设立了地区警察总部，全国各省和县均设有警察局。制服警察身着灰色警服，配备 AK-47 步枪和随身武器，日常主要执行巡逻和检查站安检任务。

边防警察主要职责为边防管理，承担着边防检查和维护边境[①]治安以及公路、铁路和航空口岸监护任务，总警力为 21616 人。边防警察总部设在喀布尔，建有喀布尔机场检查站、海关检查部队和快速反应部队，在楠格哈尔、加德兹、坎大哈、赫拉特、巴尔赫、赫尔曼德等地区部署有边防警察。

创建国民治安警察的目的主要是填补制服警察与阿富汗国民军之间的任务空白。作为国民警察部队中的精英，国民治安警察

---

① 边境线向内延伸 50 千米的区域。

的主要任务是预防和处置公共暴力和恐怖事件。国民治安警察警力约 1.44 万人，总部设在喀布尔，下辖 7 个旅，分别为驻喀布尔的第 1 旅、驻楠格哈尔的第 2 旅、驻马扎里沙里夫的第 3 旅、驻坎大哈的第 4 旅、驻加德兹的第 5 旅、驻赫拉特的第 6 旅、驻赫尔曼德的第 7 旅。国民治安警察曾作为反暴乱部队，参与美军主导的在赫尔曼德省和坎大哈省的军事行动，以及阿富汗民众在巴格拉姆空军基地外抗议"焚烧《古兰经》"进行游行示威时维持治安。

反犯罪警察是国民警察部队中职能最多样化的部门，根据职能划分为反恐、禁毒、情报、犯罪调查、重大刑事犯罪、特别行动和司法鉴定等部门。反犯罪警察的权力也相当大，具有上至内务部下到县警察局的调查和监察权。

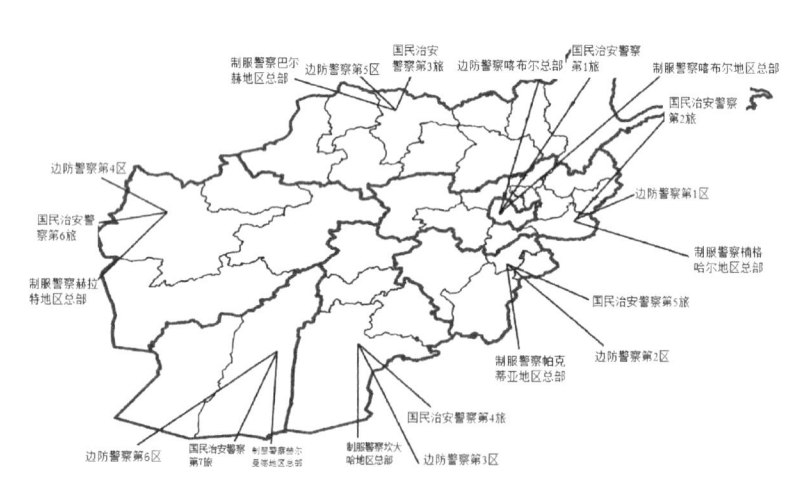

图 9-2 阿富汗国民警察部署图

三、地方警察部队和公共保护部队

地方警察部队和公共保护部队是国民警察部队的两支辅助力量，相比于国民警察部队，这两支辅助力量的职能仅限于保护，没有调查和拘留的权力。

地方警察部队是在美国的强烈支持下建立的，隶属于内务部，由负责安全的副部长直接领导，也接受当地制服警察局的监督。截至2014年3月，阿富汗地方警察有26647人，部署在全国145县。地方警察的警员由村里的长老或者当地的政治掮客负责挑选，用于保护他们的社区免遭塔利班的袭击。地方警察部队接受美军特种部队的训练，并由其提供资金、武器、通信工具和援助。由于缺少挑选标准、对当地居民滥用权力、被反叛者渗透等原因，地方警察饱受争议。

公共保护部队由总统卡尔扎伊提议于2011年建立，由内务部负责管理和监督。截至2014年3月，阿富汗公共保护部队有约2.2万人，其中军官1611人、军士2282人、士兵18509人、文职人员325名。公共保护部队取代大量的私人安保公司保护公共建筑、发展项目以及道路和桥梁等重要基础设施。

第十章 对外关系

第一节 外交政策

自 1919 年独立至今,阿富汗外交政策的演变主要经历了五个大的历史阶段:王国政府时期(1919—1973 年)、共和国时期(1973—1978 年)、人民民主党政权时期(1978—1992 年)、塔利班掌权时期(1996—2001 年)和卡尔扎伊政府时期(2001—2014 年)。

一、王国政府时期(1919—1973 年)

从 19 世纪中叶以来,英国和沙俄在阿富汗竞相角逐。如何处理同这两个大国的关系是当时阿卜杜尔·拉赫曼政府外交政策的头等大事。在拉赫曼看来,最符合阿富汗民族利益的外交政策就是同时和英、俄保持友好关系。但由于当时复杂的国际环境,阿富汗很难完全保持中立。1901 年,拉赫曼中风去世,其子哈比布拉继位。1914 年 7 月,第一次世界大战爆发。8 月 24 日,哈比布拉拒绝了民族主义者和同盟国对英国开战的要求,宣布阿富汗中立,希望以此换取国家独立,这是阿富汗中立外交的肇始。1919年，哈比布拉遇刺身亡，阿马努拉继位。由于英国不承认阿富汗独立，第三次英阿战争爆发。同年8月8日，双方签订了《拉瓦尔品第条约》，条约宣布废除过去签订的所有英阿条约（《杜兰协定》除外）。条约对于英国对阿富汗外交事务的控制权问题只字未提，但是在给阿里①的照会中承认阿富汗在其内政和外交事务方面正式自由和独立。此后，阿马努拉开始推行全方位的中立外交。这一外交政策主要有以下三个特点：首先，平衡阿富汗与英国和苏联的关系；其次，注重发展与德、法、意、日、美等在中亚没有殖民传统的国家的关系，即"第三国主义"外交；再者，重视发展与土耳其、伊朗、沙特阿拉伯等伊斯兰国家的关系。1929年，阿马努拉政府被巴恰·沙考推翻。1930年9月，纳第尔召开大国民议会，确定其国王地位，建立阿富汗历史上最后一个王朝——穆沙赫班王朝。1933年，纳第尔遇刺，其子查希尔继位，王叔哈希姆主政。纳第尔和哈希姆政府的外交政策继续恪守中立并致力于发展"第三国主义"外交，除了保证国家安全以外，争取外国的经济、技术和军事援助成为阿富汗外交的重要目标。此外，阿富汗还设法加强与国际组织和伊斯兰国家的联系。1934年，阿富汗加入国际联盟。1937年7月4日，为加强独立的民族国家间的联盟、反对战争，土耳其、伊朗、伊拉克和阿富汗四国在德黑兰签订《萨阿达巴德条约》。

　　1939年9月，第二次世界大战爆发，轴心国开始在阿富汗积极开展外交活动，敦促阿政府参战并允诺帮助阿富汗复兴杜兰尼帝国。在复杂的国际形势面前，阿富汗政府坚持战前的外交政

---

① 即阿里·阿赫默德·汗，当时与英国签署《拉瓦尔品第条约》的阿富汗和谈代表团团长。在谈判中，阿里未能遵守原定方案，而将开伯尔山口两段和北侧让与英国，回国后，他被判处两年软禁。

第十章　对外关系

策，1940年8月17日，查希尔国王宣布阿富汗在第二次世界大战中恪守中立，继续与英苏两国以及德、意、日轴心国同时保持友好关系。1941年，苏德战争爆发，10月17日和19日，英苏两国先后正式要求阿富汗在一个月内驱逐德意两国所有非外交人员。慑于同盟的压力，哈希姆政府采取了一个变通的办法，即命令所有交战国驻阿富汗的非外交人员离境。这一灵活的做法既驱逐了轴心国的非外交人员，又维护了阿富汗的传统中立政策，避免阿富汗被卷入战争中。

1946年5月，马茂德·沙赫接任首相。作为战前"第三国主义"外交的延续，马茂德政府把加强阿美关系作为其对外政策的支柱，但是美国对阿富汗的要求反应冷淡。1946年11月，阿富汗加入联合国，积极支持亚非人民，尤其是阿拉伯人民反对殖民主义的斗争。1947年印巴分治，杜兰线以东的普什图族被归入巴基斯坦，阿富汗对这一结果不予承认。领土争端导致阿巴关系迅速恶化，边境冲突不断升级。由于美国无意过多卷入阿富汗事务，阿富汗被迫转向苏联，阿苏关系开始复苏。1953年9月，达乌德发动了一场宫廷政变，迫使叔父马茂德辞职，自己接任首相一职。在其执政初期，他仍对争取美国的援助抱有一线希望，但美国态度冷淡并要求阿加入军事集团，这是阿富汗无法接受的。1955年的"普什图尼斯坦"争端最终迫使阿富汗改弦易辙，决定求助于苏联。苏联积极回应，并公开表示支持阿富汗在"普什图尼斯坦"问题上的立场。此后，阿苏关系迅速发展，阿富汗获得苏联全方位的援助，援建项目涉及基础设施、水利设施的修建、工矿业的勘探、文化渗透以及大量的军事援助。苏联的大量援助刺激了美国对阿富汗政策的调整，开始大幅增加对阿援助。同时，阿富汗还加强了与德国、日本等西方大国的关系，并从中得到了实惠。1961年9月，达乌德首相参加了在贝尔格莱德召开的第一届不结盟国家和政府首脑会议，阿富汗成为不结盟运动的创始国之一，从"一国中立"发展成为第三世界不结盟运动的一部分。阿富汗的传统中立获得了新的内涵和动力。

1963年，查希尔国王亲自主政，在外交上调整了此前过分依赖苏联援助的状况，更加注重传统的中立和平衡政策。"宪政"十年期间，查希尔国王遍访了美国、苏联、联邦德国、英国、法国、中国、土耳其、印度、巴基斯坦、捷克斯洛伐克、南斯拉夫和蒙古等国家，积极寻求与各国发展友好关系和经济援助。这一时期，苏联对阿富汗的援助有所下降，但仍是阿富汗第一援助大国。

1919年独立后，阿富汗主要采取了中立和不结盟的外交政策，以便保持国家独立和获取外援。此外，从民族性格来看，阿富汗各民族追求独立、自由，不畏强敌，从而决定了阿富汗人在对外政策中不愿屈服于任何一方；从地缘战略和军事地理的角度看，阿富汗地处中亚、西亚和南亚之间，自古就是兵家必争之地。大国在这一地区的激烈角逐以及贫困弱小的基本国情，使得阿富汗犹如"两狮间之山羊，又似双磨间之麦粒"，"若是之小邦何能立于二石间而不至碾为齑粉乎？"[①]

二、共和国时期（1973—1978年）

1973年，达乌德发动政变，建立了阿富汗共和国，其对外政策前后经历了一些变化。达乌德执政初期，阿苏关系再次改善，而阿美关系相对冷淡，阿富汗与巴基斯坦和伊朗等邻国的

---

① L. Dupree, *Afghanistan*, Princeton, 1980, p.415. 转引自黄民兴：《近现代时期的阿富汗中立外交》，载《西亚非洲》，2002年第4期，第46页。

关系也较为紧张。1974年6月,达乌德政变后第一次访问苏联。为鼓励阿富汗的亲苏政策,苏联大大增加了对阿经济和军事援助,提供了用于包括天然气管道建设在内的21个援建项目的1.5亿美元贷款。但东山再起的达乌德更深刻地认识到了苏联的真实意图,不想被苏联所掌控,1974年后,他开始清洗政府和军队中的亲苏势力,并设法改善与巴基斯坦、伊朗和西方的关系。同年11月,美国国务卿亨利·基辛格访问阿富汗,阿美关系有所加强,两国签订了一系列援助协议。1976年6月至7月,达乌德的胞弟纳依姆以总统特使的身份访问美国,这次访问突出了阿美关系在阿富汗外交中的重要地位。此外,阿富汗与巴基斯坦和伊朗等邻国的关系出现缓和。阿富汗和巴基斯坦两国首脑两度互访,公开承认两国分歧,并主张通过和平方式解决双方分歧,这在阿巴关系史上是一个突破。同时,阿富汗和伊朗两国首脑也实现了互访,并确定了赫尔曼德河河水分配问题,扫除了妨碍两国关系发展的主要障碍。此外,阿富汗还致力于发展与其他第三世界国家的关系。1977年,达乌德开始正式取缔人民民主党旗帜派和人民派,阿苏关系明显恶化。

三、人民民主党政权时期(1978—1992年)

在苏联的支持下,阿富汗亲苏军官于1978年4月发动政变,推翻了达乌德,塔拉基政权上台。在对外关系上,塔拉基政权采取了对苏联一边倒的政策。为讨好苏联,塔拉基政权对美国采取敌视态度,经常进行恶意攻击。在美国政府削减了75%对阿经援并大量裁减驻阿使馆工作人员后,美国被塔拉基政权视为头号敌人。在和巴基斯坦方面,塔拉基在多次讲话中重提"普什图尼斯坦"问题,表示支持普什图人的自决要求,使阿巴关系日趋紧张。塔拉基政权多次公开谴责伊朗"干涉阿富汗的内政",驱逐伊朗驻赫拉特领事。与此同时,塔拉基开始含沙射影地攻击中国并把中国对越南的自卫反击战说成是"侵略",阿中关系趋向冷淡。就这样,阿富汗为讨好苏联而到处树敌,对苏联和东欧以外的国家采取了强硬和敌对的态度,最终导致了自己在国际上陷入孤立。1979年9月14日,阿明发动政变,夺取了政权。虽然阿明政权仍属于人民民主党政权,但它处处与苏联作对,并试图改善与美国和周边国家的关系。为保持自身在阿的既得利益,1979年12月,苏联入侵阿富汗,阿全国各地开始反苏圣战。一方面,由苏联扶植的卡尔迈勒和纳吉布拉傀儡政权实施对苏一边倒政策;另一方面,巴基斯坦、伊朗等邻国、阿拉伯国家以及美国等西方国家开始借助抗苏这一契机,积极通过各种方式支持阿富汗反苏抵抗力量。而阿富汗各政治派别为削弱和打击对方,也积极寻求外部势力的支持。总的来说,可以分为两类:(1)总部设在巴基斯坦白沙瓦的"七党联盟",受到西方国家以及巴基斯坦、沙特阿拉伯等国家的大力支持;(2)总部设在伊朗德黑兰的"八党联盟",主要得到伊朗的支持。

四、塔利班掌权时期(1996—2001年)

20世纪90年代中期,塔利班迅速崛起并日益壮大,在其夺取喀布尔并建立政权后,只有巴基斯坦、沙特阿拉伯和阿联酋三国正式承认塔利班政权,并与之建立了外交关系。然而,塔利班的领导层普遍知识水平不高,即使是作为"最高精神领袖"的奥马尔,无论是文化知识水平,还是对伊斯兰教法学的造诣,以及

第十章　对外关系

对伊斯兰教义和伊斯兰精神的理解都是肤浅而又刻板的。[1] 他们除了作战，对国家的管理和经济建设一无所知，对外交事务更是知之甚少。1997 年在马扎里沙里夫战役中，塔利班杀害了十余名伊朗外交官，几乎导致阿伊两国交火。到了 1998 年，尽管塔利班已经控制了阿 90% 的国土，但联合国依然承认拉巴尼政权是阿富汗的合法代表，并对塔利班进行制裁和孤立。90 年代后期，当美国发现制造了数起针对美国恐怖事件的本·拉登匿藏于阿富汗并受到塔利班的庇护后，塔利班与美国的关系开始交恶。1998 年，美国对"基地"组织在阿的训练营实施了导弹攻击。1999 年，美国对塔利班施加了更大的压力，并警告说今后拉登发动的一切恐怖袭击都将拿阿富汗是问。2000 年，塔利班领导人奥马尔向世界发出了一系列信号，表明塔利班政权可以放弃自己的极端主义做法，也可以与国际恐怖主义划清界限。对此，国际社会没有积极回应，并且丝毫没有放松对它的制裁。在这种情况下，塔利班进一步走向极端主义，做出了摧毁巴米扬大佛的莽撞之举，还要求非穆斯林的阿富汗居民必须佩戴特殊的标识。

2001 年"9·11"事件后，美国很快将目标锁定阿富汗，广泛争取全球各国的支持，并与塔利班最主要的反对派——北方联盟建立了军事合作关系，共同打击塔利班及其庇护的"基地"组织。2001 年 10 月 7 日，美英联军对阿富汗进行军事打击。塔利班"无力招架"，全线溃败。12 月 9 日，塔利班放弃最后的堡垒坎大哈，奥马尔和拉登先后逃匿。至此，塔利班在阿富汗的统治宣告结束。

---

[1] 何明：《塔利班政权的兴亡及其对世界的影响》，上海：华东师范大学出版社，2005 年，第 28 页。

五、卡尔扎伊政府时期（2001—2014年）

2001年12月22日，在美国、联合国和国际社会的帮助下，卡尔扎伊宣誓就任临时政府主席。2004年10月，卡尔扎伊成为阿富汗历史上第一任民选总统。根据2004年宪法第8条，阿富汗奉行以维护国家利益和领土完整、不干涉内政、睦邻友好、相互尊重和权利平等为基础的外交政策。但是，无论是在政治重建、安全重建方面，还是在社会经济重建方面，卡尔扎伊政府都离不开美国和西方的支持。因此，其外交政策以寻求援助为中心，奉行亲美路线，积极发展与美、德、日和欧盟等西方国家的关系，其中发展与美国的关系是卡尔扎伊政府外交政策的重心。同时，卡尔扎伊政府积极发展与邻国的互利合作关系，高层互访不断，达成多项共识，签署多项协议。此外，卡尔扎伊政府还注重发展与联合国、八国峰会、上海合作组织、北约峰会等国际组织的合作，积极参与各种援阿国际会议，并在国际社会的帮助下统筹规划援助资金，加快国内重建。

2009年，阿富汗迎来第二次总统选举，卡尔扎伊连任。与其第一任期相比，阿富汗国内安全形势持续恶化，恐怖主义有卷土重来之势，政治部落化趋势明显，国家重建工作艰难维持。作为一个贫困弱小的国家，其外交政策的首要外部输入是大国影响，阿富汗外交的首要外部输入就是美国。因此，在第二任期期间，卡尔扎伊政府的对外政策与第一任期略有不同，这与美国对阿政策的调整有关。2004年，布什政府对阿富汗的主要战略是建立亲美政府，树立民主样板，于是大力扶植卡尔扎伊中央政府，以抵消和边缘化地方军阀和部落首领的影响。2009年奥

第十章 对外关系

巴马上台后，对阿政策进行调整，从"增强中央政府能力"转向"提高地方治理能力"，希望以此来削弱恐怖分子的群众基础，求得釜底抽薪之功效。由于美对阿政策的调整、卡尔扎伊政府在美战略中地位下降以及相互间的不信任，导致美与卡尔扎伊政府间的矛盾激化。于是，卡尔扎伊政府也开始调整自身的外交战略，在继续以寻求援助为中心，积极发展同美、德、日和欧盟等西方国家关系的同时，积极促成与巴基斯坦、印度、中国、伊朗等邻国高层的互访，达成多项共识，获得各方援助承诺，不断改善和发展与邻国的互利合作关系。在经济、贸易、地区安全等领域中，与伊斯兰世界和地区强国都保持着不同程度的合作。可以看出，阿富汗政府在整体外交政策上正在采取一种安全、经济、社会同步发展的平衡外交战略。但是，应该看到，这种政策也是极其脆弱的，随时会有改变的可能。

在与外部大国的博弈中，阿富汗自主决策能力极弱。因此，目前卡尔扎伊政府选择的平衡外交并不是阿自主选择的结果，而是一种受国内外诸多因素制约、不得已而为之的"战略忧伤"。但这毕竟是阿富汗保持"中立"、"阿人治阿"的开始，也为探索维护地区稳定、开展多边合作提供了良好条件。

第二节　与中国的关系

中华人民共和国成立后，阿富汗王国于1950年1月12日承认新中国，随即台湾关闭了驻阿富汗的公使馆。1955年1月20日，两国建交，并相互在首都设立大使馆，中国驻阿富汗第一任大使是丁国钰，阿富汗驻中国第一任大使是萨马德。自建交以来，阿中两国一直恪守和平共处五项原则，相互尊重、相互信任、相互支持，传统友谊不断加深。

一、1955—1978年的阿中关系

（一）两国高层互访不断

1955年4月，在万隆会议上，周恩来总理会见了阿富汗副首相纳依姆，这是两国政府领导人的第一次接触。1957年1月19日，周恩来总理率代表团对阿富汗进行了为期5天的国事访问，代表团受到阿富汗政府和人民的热烈欢迎。双方都表达了保持与亚洲和非洲各国之间友好合作关系，以维护国家自由、独立及世界和平的愿望。双方签署了联合公报，决定进一步扩大双方友好关系。周总理的这次访问进一步加强了两国在各个领域的友好关系。同年10月23日，应周恩来总理邀请，阿富汗首相达乌德抵达云南省省会昆明市，开始对中国进行正式访问。10月27日，达乌德首相及其代表团抵达北京，受到了中国领导人的热情接见。双方签署联合声明并表示，阿富汗和中国人民在历史上长期和睦相处，两国从未有过争端；在中华人民共和国成立后，两国的传统友谊在新的基础上全面扩大发展。中阿两国政府首脑的这次互访是两国友好关系史上的重大事件，具有深远的历史意义。

此后，两国首脑频繁的互访将中阿传统友谊推向了一个高潮。1959年12月5日，阿富汗副首相兼外交大臣穆罕默德·纳依姆率代表团访问中国，与中国副总理兼外长陈毅进行了会谈。在招待会上，周恩来总理和纳依姆就巩固两国友好关系发表了讲话，周总理表示，亚洲、非洲各国只要高举万隆会议旗帜，坚持

第十章 对外关系

和平共处五项原则，就能够增进友谊，防止外来干涉。他还指出，中阿友好关系能够成为亚洲和非洲各国很好的典范。在代表团访问结束时，陈毅和纳依姆签署了联合公报，双方对两国友好关系的发展表示满意，同意加强两国经济和文化关系，扩大双方技术合作。

1960年8月21日，中国副总理兼外长陈毅应邀访问阿富汗，受到阿方热情欢迎。陈毅副总理以及代表团成员参加了阿富汗独立日庆典，并觐见了查希尔国王夫妇。8月26日，阿中双方在喀布尔签署了《阿富汗王国和中华人民共和国友好和互不侵犯条约》。1964年10月30日，应中国国家主席刘少奇邀请，阿富汗国王查希尔偕夫人访问中国，刘少奇主席、董必武副主席亲自到机场，热情迎接查希尔国王夫妇的到来。双方领导人举行了详细会谈，共同签署并发表了联合公报。两国领导人的直接接触增进了阿中合作和友好关系。1965年3月22日，中国副总理兼外长陈毅率团访问阿富汗，双方就两国经济、技术、文化和其他感兴趣的问题以及进一步增强两国友好关系交换了意见，签署了阿中边界条约附加议定书、文化合作协议和经济技术合作协议。1966年4月4日至8日，应阿富汗国王查希尔的邀请，中国国家主席刘少奇偕夫人对阿富汗正式进行友好访问，受到阿富汗全国上下的热烈欢迎。访问期间，双方发表了联合公报，公报主要内容有阿中两国支持和平共处五项原则，支持万隆宣言十项原则，支持各国人民和民族为争取自由、掌握自己命运的斗争。中国政府一贯尊重阿富汗的自由和中立，阿富汗尊重中国的自由，反对关于"两个中国"的提法。这次访问是阿中友谊发展的新标志。1972年4月17日，阿富汗外交大臣穆萨·沙菲克访问中国，与中国外长姬鹏飞举行了会谈，并与周恩来总理举行了会谈。

1973年7月17日,阿富汗发生军事政变,达乌德推翻了查希尔国王,宣布成立阿富汗共和国。新政府仍奉行中立、不结盟的外交政策。7月27日,中国政府宣布正式承认阿富汗共和国政府,希望两国传统友好关系继续发展。1974年12月6日,阿富汗总统达乌德派遣自己的胞弟纳依姆以总统特使的身份访问中国,表达了阿富汗想要同中国进一步发展友好合作关系的愿望。

1976年,中国领导人周恩来、毛泽东相继逝世,阿富汗总统兼总理达乌德向中国发来唁电,称周恩来不仅是中国和亚洲的伟人和政治家,而且是国际上最杰出的伟人之一;毛泽东的逝世不仅是中国的损失,也是世界的损失。为悼念周恩来、毛泽东逝世,阿富汗降半旗致哀。

(二)双方在重大问题上相互支持

在恢复中国联合国席位问题上,阿富汗坚决支持恢复中国在联合国的席位。1962年10月,阿富汗常驻联合国代表帕日瓦先生发表讲话,表示不能由于存在政治分歧便拒绝中华人民共和国成为联合国成员。

在边界问题上,阿中两国政府互相信任,均承认既有现状,没有任何争议。1963年3月25日,两国政府同意就重新正式确定两国边界和签订边界条约举行会谈。6月15日,双方就签署边界协议和共同感兴趣的问题交换了意见,会谈在诚挚友好的气氛中进行。7月30日,阿富汗代表团团长查尔曼·马哈茂德·加齐和中国驻阿大使郝汀确认并签署勘界协议条文。双方对整个会谈进程表示满意,对事先交换的边界地图表示赞同,并就

第十章 对外关系

边界协议条文达成一致意见。11月19日,阿富汗内务大臣阿卜杜尔·卡尤姆率代表团访问中国,22日,与中国副总理兼外长陈毅签署《阿富汗中国边界协定》,正式建立两国划界共同委员会。通过友好协商,双方确认了关于次年向边界点派出勘界和树桩联合代表团两项文件。1964年6月19日,由20名测量技术人员组成的中阿边界勘测和树桩代表团与行政官员代表团一起赴帕米尔勘测。据档案记录反映,中阿双方的边界谈判是中国"历次边界谈判中最顺利最迅速的一次谈判"[①]。

(三)经贸领域

在经贸领域,阿中两国的关系友好发展,主要体现在双边贸易协定的签署和中国对阿富汗的援助上。在1960年陈毅外长访阿期间,阿富汗商业大臣古拉姆·希尔查德和中国驻喀布尔大使郝汀签署了阿富汗与中国易货贸易与支付协定。1963年,中国开始向阿富汗提供经济援助,并一跃成为主要援助国之一。中方为阿富汗援建了帕尔旺水利灌溉工程、巴格拉密纺织厂、坎大哈医院等工程项目。10月9日,商业部副大臣穆罕默德·萨瓦尔·奥马尔与中国驻阿大使郝汀,共同签署为期两年的易货贸易与支付协定和1963—1964年易货协定书。

1965年3月,在陈毅外长再次访阿期间,双方签署了经济技术合作协议。根据经济技术合作协议,中方向阿富汗提供1000万英镑长期无息贷款。6月28日,中国农业和水利专家代表团抵达喀布尔,就农业和水利、养蚕、种禽等援助项目与阿方

[①] 周守高、齐鹏飞:《关于1963年中阿边界条约谈判进程中的"冷"与"热"现象之探析——以中国外交部新近解密档案为主》,载《南亚研究》,2011年第4期,第20页。

举行了会谈。8月11日,中阿双方会谈并同意由中国贷款向阿富汗援建一座纺织厂、一座陶瓷厂、一个制碱车间和一个青金石开发和利用车间。10月23日,中国专家组抵达喀布尔就上述项目与阿工业司进行会谈。1966年7月29日,阿富汗与中国经济技术援助议定书在北京签署。根据该议定书,中国确定援助的有纺织厂项目、帕尔旺水利工程及其他一些项目。1967年12月27日,中阿双方签署种茶合作协议,库纳尔被认为是适宜茶叶种植的地方。

1972年3月31日,中国外贸部副部长陈洁率商业代表团访问阿富汗,双方签署了当年的中阿易货贸易议定书。7月24日,中阿双方签署中阿民用航空运输协议。1974年12月7日,达乌德胞弟纳依姆以总统特使身份访华,中国向阿富汗提供1亿元人民币贷款,用于阿富汗的发展项目。此后,1975—1978年,阿中双方每年都签署了一份易货贸易议定书。

二、1978—2001年的阿中关系

1978年4月27日,人民民主党发动政变,塔拉基政权上台,新政府宣布奉行中立、不结盟外交政策,愿在和平共处的原则上同各国保持友好关系。5月8日,中国宣布承认阿富汗民主共和国,希望两国传统友谊继续发展。但是,塔拉基上台后,在对外关系上采取了对苏联一边倒的方针,并且开始含沙射影地攻击中国。1979年2月,塔拉基发表声明时甚至把中国对越南的自卫反击战说成是"侵略",并对此"感到遗憾"。喀布尔的官方报纸也开始攻击中国。对此,中国提出口头抗议,严正驳斥阿富汗当局的谬论。自此,阿中关系转向冷淡。

1979年苏联入侵阿富汗前夕,中国援助阿富汗工程全部竣

工，中方援阿工程人员全部撤回中国。12月27日，苏联入侵阿富汗。12月31日，中国政府发表声明，强烈谴责苏联武力入侵阿富汗，要求苏联撤出武装部队，停止对阿富汗的侵略和干涉，同时不予承认由苏联扶植起来的卡尔迈勒政权。同年12月，中国驻阿大使回国，此后，只有临时代办张敏留守在中国驻阿大使馆中。直至1993年2月，随着阿富汗内战的加剧，出于安全考虑，张敏撤离阿富汗，两国间正常往来中断。但中国继续向阿富汗难民提供人道主义援助，此后中阿贸易往来中断。

三、2001年以来的阿中关系

（一）政治领域

2001年12月，阿富汗临时政府成立，中国政府立即与其建立联系，并向阿提供100万美元现金作为政府启动基金以及3000万元人民币的紧急物资援助。为共同应对挑战，维护地区和平、稳定与发展，双方政治互信不断加强，双边合作不断拓展和深化，两国关系迅速得到恢复与发展。

2002年1月，阿富汗临时政府主席卡尔扎伊访华，会见了中国国家主席江泽民和国务院总理朱镕基，中方表示积极支持阿和平重建。2月6日，中国驻阿使馆正式复馆。3月2日，中国驻阿大使孙玉玺向阿富汗政府递交了国书。经过25年的停顿，阿富汗与中国重新恢复了大使级外交关系。阿富汗则任命卡亚马丁·莱依·巴拉斯为阿驻华特命全权大使。3月底，3000万元人民币中国援助物资全部被运交阿方。5月15日，中国外长唐家璇访问阿富汗，会见了临时政府主席卡尔扎伊、前国王查希尔·沙赫，并与外长阿卜杜拉进行会谈。11月，阿卜杜拉外长访华。12月，包括中国在内的五个邻国和阿富汗一起签署了《睦邻友好宣言》，表示尊重阿富汗主权和领土完整，支持阿富汗和平与重建。

2003年5月，阿富汗过渡政府副总统沙拉尼访问中国，中国国家副主席曾庆红与其进行会谈，人民代表大会委员长吴邦国和国务院总理温家宝分别会见。双方签署了中国向阿提供1500万美元无偿援助的经济技术合作协定等3个合作文件。9月，中国政府同阿富汗过渡政府及阿其他五邻国共同签署《〈喀布尔睦邻友好宣言〉签署国关于鼓励更紧密贸易、过境和投资合作的宣言》。

2004年3月，阿富汗外长阿卜杜拉访华。3月底，中国外长李肇星参加阿富汗问题柏林国际会议，宣布2004年向阿富汗提供1500万美元无偿援助，免除阿富汗960万英镑的债务，并为阿富汗大选提供100万美元的物资援助。在柏林会议召开期间，阿富汗与包括中国在内的邻国共同签署了《喀布尔睦邻友好禁毒宣言》。6月17日，阿富汗过渡政府主席卡尔扎伊在上合组织塔什干峰会期间会见中国国家主席胡锦涛，就巩固和加强阿中睦邻友好和互利合作关系以及阿富汗和平重建形势交换了意见。11月，中国国家主席胡锦涛、副主席曾庆红分别致电祝贺卡尔扎伊、齐亚·马苏德和哈利利当选阿富汗总统和副总统。12月，中国外交部部长助理李辉作为中国政府特使，出席了卡尔扎伊总统的就职典礼。

2005年是阿中建交50周年。两国领导人互致贺电，双方各自举行了庆祝招待会。4月初，中国外长李肇星访问阿富汗并出席第三届"阿富汗发展论坛"。4月下旬，阿富汗副总统哈利利出席博鳌亚洲论坛年会并访华。6月，阿富汗国家安全顾问拉

第十章 对外关系

苏尔访华。9月,阿富汗第一副外长阿齐兹来华举行外交磋商。

2006年6月,阿富汗总统卡尔扎伊访华并出席上海合作组织峰会,两国元首共同签署了《中阿睦邻友好合作条约》,宣布建立全面合作关系。这一条约为发展双边关系确立了基本政治原则,并指明了方向。此后,两国在多个领域达成了一系列合作协议,其中安全和经济处于首要地位。在安全方面,两国政府宣布,将在反恐、禁毒和打击有组织犯罪方面进行合作,中方支持阿方为打击恐怖主义、维护国家稳定所做的努力,愿与阿方开展合作,共同打击恐怖主义、分裂主义和极端主义以及有组织犯罪、非法移民和非法贩运毒品和武器的活动。阿方重申将在打击三股势力方面继续坚定支持中方。在经济合作方面,两国政府同意强化双边经济关系,进一步扩大在自然资源开发、交通、能源、农业、文化、教育等领域的合作。10月31日,阿富汗国防部长瓦尔达克访华,中国国家副主席曾庆红与其进行会谈。11月,阿富汗内政部副部长达乌德访华,双方签署了《禁毒合作协议》。

2007年1月,阿富汗国民议会长老院议长穆贾迪迪率团访问中国。2月,中国外交部部长助理崔天凯赴阿进行第二次外交磋商。7月,中国驻意大利大使董津义代表杨洁篪外长,出席在罗马召开的阿富汗法治重建国际会议。8月,阿富汗外长斯潘塔正式访问中国。11月,中国外长杨洁篪访问阿富汗。

2008年6月,中国外长杨洁篪出席在巴黎举行的"支持阿富汗国际会议",会见阿富汗外长斯潘塔。8月,阿富汗总统卡尔扎伊出席北京奥运会开幕式,中国国家主席胡锦涛会见卡尔扎伊。8月,两国互换《中阿睦邻友好合作条约》批准书,该条约正式生效。12月,阿富汗国民议会长老院副议长哈米德·盖拉尼访问中国，全国政协主席贾庆林、全国政协副主席阿不来提·阿不都热西提、全国人大常委会副委员长周铁农、外交部长杨洁篪分别会见哈米德。

2009年6月，阿富汗总统卡尔扎伊在出席上海合作组织叶卡捷琳堡峰会期间会见中国国家主席胡锦涛。同月，阿富汗人民院议长卡努尼、外长斯潘塔分别访华。10月，中国总理温家宝在北京会见来华出席上合组织第八次总理会议的阿富汗第二副总统哈利利。

2010年是中阿建交55周年。1月，阿副外长法拉希访华并出席建交纪念日庆祝活动。同月，中国外长杨洁篪出席阿富汗问题伦敦会议和伊斯坦布尔地区峰会。3月，阿富汗总统卡尔扎伊对中国进行国事访问，双方发表联合声明，同意以《中阿睦邻友好合作条约》为指导，巩固和发展睦邻互信、世代友好的中阿全面合作伙伴关系。同月，阿富汗总统国家安全顾问斯潘塔访华。4月，阿富汗第二副总统哈利利出席博鳌亚洲论坛，中国国家副主席习近平会见哈利利。7月，中国外长杨洁篪率团出席在喀布尔举行的阿富汗问题国际会议。

2011年4月，中国公安部副部长孟宏伟会见阿富汗内政部副部长拉赫曼。5月，阿富汗外长拉苏尔访华，国务院副总理李克强、外交部长杨洁篪分别会见拉苏尔。6月，阿富汗总统卡尔扎伊在出席上海合作组织阿斯塔纳峰会期间会见中国国家主席胡锦涛。同月，阿富汗总统国家安全顾问斯潘塔访华。9月，中国国务委员、公安部长孟建柱会见阿富汗总统国家安全副顾问阿卜达里。10月，阿富汗副外长鲁丁访华，中国外交部副部长张志军、外交部部长助理刘振民分别会见鲁丁。11月，中国外交部部长助理刘振民出席阿富汗问题伊斯坦布尔会议。12月，中国

第十章 对外关系

外长杨洁篪出席阿富汗问题波恩会议,并会见阿富汗总统卡尔扎伊。

2012年在阿富汗进入重大转折的背景下,中国对阿富汗的关注度明显提高,中国与阿富汗的关系也有加强之势。2月,由中国主持,在北京首次进行了中国、阿富汗、巴基斯坦三方对话,对话的主题是地区安全和阿富汗问题。3月,中国外交部副部长张志军会见来访的阿富汗副外长鲁丁。6月,阿富汗总统卡尔扎伊出席上海合作组织成员国元首理事会第十二次会议并访华,两国决定,建立中阿战略合作伙伴关系,并指定双方外交部牵头,制定落实战略合作伙伴关系行动计划,继而发表《中阿关于建立战略合作伙伴关系的联合宣言》。中国重申将继续支持阿富汗和平重建进程,继续参与阿富汗的经济建设,继续向阿富汗提供力所能及的援助,并承诺在2012年再向阿富汗提供1.5亿元人民币无偿援助。双方强调政治、经济、人文、安全以及国际地区事务合作是构成中阿战略合作伙伴关系的五大支柱。同月,中国外交部副部长傅莹赴喀布尔出席阿富汗问题伊斯坦布尔进程部长级会议,并会见阿富汗总统卡尔扎伊。7月,中国外交部大使陈明明作为杨洁篪外长代表,率团出席阿富汗问题东京会议。9月,阿富汗第二副总统哈利利来华出席第二届中国—亚欧博览会,国务院总理温家宝会见哈利利。

2013年4月,中国公安部部长助理李伟会见阿富汗内政部副部长拉赫曼。7月,驻阿富汗大使徐飞洪出席阿富汗问题东京会议后续喀布尔高官会。9月,阿富汗人民院议长易卜拉希米来华出席2013年国际和平日纪念活动暨中国—南亚和平发展论坛,中国国家副主席李源潮会见易卜拉希米。同月,阿富汗总统卡尔扎伊访华并出席第五届欧亚经济论坛,中国国家主席习近平同卡尔扎伊总统举行了会谈，国务院总理李克强、国务院副总理汪洋分别会见了卡尔扎伊总统，两国发表了《中阿关于深化战略合作伙伴关系的联合声明》，并签署了《中华人民共和国政府与阿富汗伊斯兰共和国政府引渡条约》、《中华人民共和国政府与阿富汗伊斯兰共和国政府经济技术合作协定》等文件。

2014年2月8日，阿富汗总统卡尔扎伊和中国国家主席习近平在出席俄罗斯索契冬奥会期间会面，两国领导人就双边关系等议题交换意见。2月22日，中国外长王毅访问阿富汗，分别会见阿富汗总统卡尔扎伊、总统国家安全顾问斯潘塔和外长奥斯马尼等。3月2日，阿富汗总统卡尔扎伊向中国国家主席习近平致慰问电，对云南昆明"3·01"严重暴力恐怖事件表示谴责，对无辜遇难者表示哀悼，同时呼吁地区国家加强合作，共同铲除恐怖主义、极端主义威胁。5月19日，阿富汗总统卡尔扎伊访问中国并出席亚洲相互协作与信任措施会议（CICA），中国国家主席习近平在上海会见卡尔扎伊总统，共同商议阿中两国关系的未来。卡尔扎伊表示习近平主席关于"丝绸之路经济带"倡议符合当前地区经济发展的现实需求，不仅有益于阿富汗的经济发展，而且将搭建起连接中亚、南亚和西亚的桥梁，阿富汗希望通过参与"丝绸之路经济带"建设，与中国建立更直接的联系，进一步深化阿中关系。同时，阿富汗愿意与中国在打击恐怖主义、分裂主义和极端主义方面开展合作，并希望中国能对阿富汗的稳定、和解以及发展继续提供支持。

（二）经贸领域

2001年阿富汗临时政府成立后，中阿两国间的经贸活动逐年活跃。

第十章 对外关系

1. 中国积极为阿富汗提供经济援助

阿富汗临时政府成立后,中方向阿方提供 100 万美元现汇作为政府启动基金以及 3000 万元人民币的紧急物资援助。2002 年 1 月,中方承诺 5 年内援阿 1.5 亿美元,一半为无偿援助,一半为优惠贷款(后变更为无偿援助)。目前无偿援助已基本落实。在上述援款下,中方为阿援建了帕尔旺水利修复工程、喀布尔共和国医院等项目,并提供了物资援助和人力资源培训。2004 年 3 月,中阿在柏林签署议定书,中方免除阿方 960 万英镑债务。2005 年 2 月,中国政府向阿提供 1500 万美元无偿援助。2006 年和 2007 年中方向阿提供 1.6 亿元人民币无偿援助。2008 年 6 月,杨洁篪外长在巴黎出席"支持阿富汗国际会议"期间,宣布中国政府向阿提供 5000 万元人民币无偿援助。2009 年 3 月,中方向阿捐赠价值 178.75 万美元的清淤设备。2009 年,中国向阿提供价值 3000 万人民币的 8000 多吨小麦无偿援助。2010 年 3 月,卡尔扎伊总统访华,中方宣布向阿提供 1.6 亿元人民币无偿援助。2002—2010 年间,中国向阿富汗提供了 10.3 亿元人民币的援助,同时免除了阿方 1950 万美元到期债务。[1] 2011 年 12 月,中国外长杨洁篪在阿富汗问题波恩会议上宣布,中国将向阿提供 1.5 亿元人民币无偿援助。2012 年 9 月,中阿签署援赠阿卫生部 100 辆救护车交接证书。2013 年 4 月,中阿签署援助阿总统府、矿业部和高教部物资项目换文。7 月,中阿签署援赠阿礼宾车辆换文。中国政府承诺 2013 年将向阿方提供 2 亿元人民币无偿援助。

---

[1] 《中国真诚无私援助阿富汗浇灌两国友谊之花》,新华社,2010 年 8 月 22 日,http://news.xinhuanet.com/world/2010-08/22/c_12471641.htm。

2. 经贸领域的高层互访以及双边贸易

2003年7月，应中国霍尔姆斯国际经济文化发展公司邀请，第6军团司令穆罕默德·达乌德率阿富汗东北部省份高级官员访问新疆，参观了新疆的经济技术设施。9月，阿轻工和食品部部长穆罕默德·拉扎姆应天津中国高科技开发公司邀请，访问中国，访问中研究了修复喀布尔面粉厂和在阿建设造纸厂等问题。2005年12月，武大伟副外长赴阿出席阿富汗区域经济合作会议。2006年6月卡尔扎伊总统访华期间，中阿签署两国政府贸易和经济合作协定。2006年7月1日起，中方给予阿278种对华出口商品零关税待遇。2009年8月，由中国援建的喀布尔共和国医院竣工并移交阿方。2010年3月，卡尔扎伊总统访华，双方签署换文，规定自当年7月1日起，中方对阿60%的输华产品实施零关税待遇。此外，中方还同意为阿开设农业、卫生、教育、经贸、通信和禁毒等6个人员培训班。6月，首次中阿经贸联委会在昆明举行。

2011年10月11日，据阿中央统计局公布的数据，阿富汗2010—2011年度① 对华贸易大幅增长，双边贸易额达7.155亿美元；对华进、出口分别为7.038亿美元和1170万美元，同比分别增长95.5%和46.4%；中国已成阿第二大进口国和第五大出口国。

2012年8月，中国援建的阿富汗帕尔旺水利修复项目二期增项工程移交阿富汗。9月1日，阿第二副总统哈利利赴华出席在新疆乌鲁木齐召开的第二届中国—亚欧博览会，同温家宝总理会谈并出席博览会开幕式。阿商工部长阿哈迪、经济部长阿

---

① 从2010年3月21日到2011年3月20日。

第十章 对外关系

尔甘迪瓦尔等陪同哈利利访华。10月,中阿签署中国政府给予原产于阿富汗95%税目输华产品零关税待遇的换文。2013年6月,阿经济部长阿甘迪瓦尔率团访华,工业和信息化部部长苗圩会见阿甘迪瓦尔。9月,阿总统卡尔扎伊访华期间,中阿签署《中华人民共和国政府与阿富汗伊斯兰共和国政府经济技术合作协定》。

2012年,中阿双边贸易额达5.89亿美元。其中,中对阿出口5.77亿美元,主要为机械、电子设备、建筑材料、轻工业产品、家用电器以及绿茶等;自阿进口1020万美元,主要是绵羊皮、地毯、棉花等。截至2012年底,中国累计对阿非金融类直接投资4.94亿美元,主要涉及矿产、通信、公路建设等领域。阿累计对华实际投资6637万美元。中国在阿累计签订工程承包合同额7.87亿美元,完成营业额5.51亿美元。[①] 目前驻阿中资企业7家,中方员工约300人。此外,近年来,阿商工部、投资促进局、出口促进局等政府部门都派团并组织商人团参加亚欧博览会、南亚国家商品展、厦门投洽会等7个国家级展会(交易会)。

(三)军事领域

2001年12月阿富汗临时政府成立后,阿富汗逐步展开与中国的军事交往,双方长期保持高层接触。2005年10月14日,阿富汗国防部副部长穆罕默德·哈马尤·法兹中将访华,分别受到中国中央军委副主席、国务委员兼国防部长曹刚川和解放军副

---

① 中华人民共和国商务部亚洲司:《中阿(富汗)经贸合作简况》,2013年2月18日,http://big5.mofcom.gov.cn/gate/big5/yzs.mofcom.gov.cn/article/t/201302/20130200029094.shtml。

总参谋长吴胜利的接见。2006年6月，阿富汗国防部长瓦尔达克随总统卡尔扎伊访问中国，双方签署了《中华人民共和国国防部和阿富汗伊斯兰共和国国防部关于中国向阿富汗提供无偿军事人员培训援助的协议》。同年10月，阿富汗国防部长瓦尔达克访华，受到中国中央军委副主席、国务委员兼国防部长曹刚川的接见，瓦尔达克表示愿与中方进一步加强在安全领域的交流与合作。2007年11月12日，阿富汗国民军总参谋长比斯米拉·汗上将访华，分别受到中国中央军委副主席、国务委员兼国防部长曹刚川和中国中央军委委员、解放军总参谋长陈炳德的接见，比斯米拉·汗希望进一步发展两军关系。2010年3月25日，阿富汗国防部长瓦尔达克访华，并与中国国务委员兼国防部长梁光烈举行了会谈。瓦尔达克感谢中国在为阿富汗国民军提高保卫国家、有效应对内外威胁的能力建设方面给予的无私援助。同年12月17日，阿富汗国防部副部长莫赫布拉·莫赫布中将访华，在北京八一大楼受到解放军副总参谋长孙建国的接见。2012年7月23日，阿富汗国防部长瓦尔达克在北京八一大楼与中国国务委员兼国防部长梁光烈举行了会晤，希望双方不断深化两军关系，进一步丰富两国战略合作伙伴关系内涵。27日，瓦尔达克受到中国中央军委副主席郭伯雄的接见，瓦尔达克希望继续巩固和发展两军友好关系，共同维护地区安全与稳定。

第十章 对外关系

第三节 与世界主要国家的关系

一、与美国的关系

(一)"9·11"事件前阿富汗与美国的关系(1921—2001年)

20世纪20年代,阿富汗阿马努拉国王(1919—1929年在位)推行"第三国主义"外交,大力发展与在本地区没有殖民主义历史的西方大国的关系,以平衡英、苏两国的影响,并借机获取外来经济援助。因此,美国在阿富汗外交中的地位和作用凸显出来。1921年7月,阿富汗代表团访问美国,探寻与美国正式建交的可能性,但是时任美国总统哈定对两国建交仅仅表示"暂时不做决定,留待以后考虑"①。1934年8月,美国正式外交承认穆罕默德·查希尔国王政府,迈出了与阿富汗建交的关键一步。1935年,美国驻伊朗大使威廉·霍尼布鲁克兼任驻阿代表。1936年3月,两国在巴黎签署《关于美国与阿富汗友好、外交和领事代理的临时协定》。随后,美国企业和资本开始进入阿富汗。阿富汗给予美国内陆勘探公司为期75年的在阿开采石油、开发矿产资源和新发现资源的特许权,后因战争威胁的增大于1939年中止了合同。1942年6月,美国驻阿富汗公使馆正式开馆。7月,美国首任驻阿富汗公使科尼留斯·万·恩格特(1942—1945年在任)正式就职。阿富汗首任驻美国公使是阿卜杜尔·侯赛因·阿齐兹。自此,美阿外交关系正式确立。

---

① 李琼:《1919—1979年苏联和美国对阿富汗的政策》,载《历史教学问题》,2007年第2期,第86页。

第二次世界大战后,阿富汗有意疏远苏联接近美国,马茂德政府把加强阿美关系作为其外交政策的主要支柱,开始向美国寻求经济和军事援助,美国取代其他西方国家成为阿富汗的主要援助国。1948年,阿富汗和美国之间的公使级外交关系升格为大使级外交关系。但是,美国仍无意过多卷入阿富汗事务,对于阿富汗增加经济、军事援助的要求反应冷淡。

1953年达乌德上台,他是一个普什图民族主义者,希望实现国家现代化,并在"普什图尼斯坦"问题上态度强硬,希望在与巴基斯坦的领土争端中获胜,但美国不能满足他的愿望,于是他转而寻求苏联的帮助。1954年之后,阿富汗成为苏联在第三世界重点援助对象。为削弱苏联在阿富汗的影响,避免阿富汗落入苏联阵营,美国相应调整了对阿政策,两国高层开始互访。1958年6月,达乌德首相对美国进行了国事访问。1959年,艾森豪威尔总统访问阿富汗。1963年9月,查希尔国王携王后访问美国,受到隆重接待。双方发表的联合公报指出:"阿富汗的传统政策是通过不结盟及与所有国家的友谊和合作确保国家独立。美国重视阿富汗继续享有其独立和国家统一。"[①] 同时,美国大幅增加对阿援助。1950—1959年,美国共向阿富汗提供1.46亿美元经济援助,其中64.6%为赠款,成为对阿第二援助国。然而,随着冷战的缓和,从1966年开始,美国对阿援助开始大幅度减少,过去美国的援助占阿接受的全部外援的1/3,1967年下降至1/5,1969年仅为3%。

1976年6—7月,达乌德胞弟纳依姆以总统特使的身份访问美国,拜会了福特总统。这次访问突出了阿美关系在阿富汗外交

---

① 彭树智主编:《阿富汗史》,西安:陕西旅游出版社,1993年,第293页。

第十章 对外关系

中的重要地位。美国国务卿基辛格于同年8月回访阿富汗,并重申了美国努力参与阿富汗经济发展的愿望。

1979年12月,苏联入侵阿富汗,同时冷战也进入高峰时期。阿富汗成为美国在全世界反击苏联的几个热点①之一。美国通过巴基斯坦,向圣战组织提供军事和财政援助,消耗苏联。

1989年苏联撤离阿富汗后,美国对抵抗组织的军援从冷战高峰时期的每年6亿美元下降到1992年的几乎为零,与此同时,还逐步取消了对阿富汗民间组织的援助计划。1992年4月,纳吉布拉政权垮台后,美国几乎彻底从阿富汗事务中抽身。此后,美国为了改变自身完全依赖波斯湾供应石油的局面,试图修建一条从里海经阿富汗和巴基斯坦的输油管道,于是,通过代理人的方式间接支持塔利班。1998年8月7日,美国驻肯尼亚和坦桑尼亚两国的大使馆发生爆炸事件。2000年10月12日,美国"科尔"号驱逐舰遭到袭击。美国认为这都是"基地"组织所为。而此时,拉登及其"基地"组织正受到塔利班的庇护,于是美国要求塔利班交出拉登,遭到塔利班拒绝。1998年8月20日,美国向"基地"组织驻阿富汗和苏丹的训练营发射了巡航导弹,并于1999年7月对塔利班进行经济贸易制裁。从2000年以来,美国就计划利用军事干预推翻塔利班政权,而不再局限于关注本·拉登。小布什当选总统以后加快了实施这一计划的进程。布什政府在加紧准备军事打击的同时,还加强了对阿富汗的经济制裁,以迫使塔利班政权屈服。②

---

① 其他两个热点是柬埔寨和尼加拉瓜。
② [德] 妮科勒·施莱、沙贝娜·布赛:《美国的战争:一个好战国家的编年史》,北京:生活·读书·新知三联书店,2006年,第247—248页。

(二)"9·11"事件后阿富汗与美国的关系(2001年至今)

"9·11"事件后,美国很快认定这一事件的幕后策划者是本·拉登及其"基地"组织。美国政府要求塔利班无条件交出本·拉登,遭到塔利班拒绝后,美国决定对塔利班和"基地"组织进行军事打击。塔利班在以美国为首的多国部队和阿北方"反塔联盟"的联合攻击下全线溃败,迅速垮台。2001年12月,阿富汗临时政府成立,美国开始全面主导阿富汗和平进程和经济重建。

1. 在政治方面

2002年1月,卡尔扎伊首次访问美国,成为近40年来首位访问美国的阿富汗国家元首。同年1月17日,美国驻阿大使馆重新开馆。此后,卡尔扎伊政府积极寻求美国的政治、军事和经济支持,美国则通过帮助阿富汗进行政治重建和安全重建,确立自己在阿富汗的主导地位。在这一阶段,为帮助阿富汗逐步完善政治架构,布什政府也"不惜血本",通过各种手段帮助其一手扶持的卡尔扎伊掌握、巩固政权,主要表现在对阿富汗过渡政府总统选举和2004年总统选举的介入上。此外,布什政府通过派遣特使以及美驻阿指挥官进行游说的方式敦促地方军阀服从中央政府的领导,支持卡尔扎伊瓦解军阀势力。自2002年以来,美国在增强阿富汗政府能力、推进民主、加强法治等方面花费了将近25亿美元。[①] 从2001年到2009年,包括追加款在内,美国批准用于阿富汗的拨款为329.35亿美元。[②] 但是,美国在推翻

---

① "Government Account ability office: Afghanistan Key Issues for Congressional Oversight", p.25, http://www.gao.gov/products/GAO-13-218SP.

② "Special Inspector General for Afghanistan Reconstruction", Quarterly and

第十章 对外关系

塔利班政权后,在阿富汗重建中仍偏重使用军事手段,轻经济和民生建设,致使阿富汗重建收效甚微。

2005年5月,阿富汗总统卡尔扎伊访问美国。两国总统签署了关于美国与阿富汗建立两国战略伙伴关系的协议,正式确定了美国与阿富汗的战略伙伴关系,主要内容包括美国在民主治理、经济发展、维护安全等方面向阿提供帮助,继续使用经双方同意的军事设施,在与阿协商一致的基础上享有在阿开展适当军事行动的自由等。

2006年3月,布什总统突访阿富汗,这是他首次访问阿富汗,也是自20世纪50年代艾森豪威尔总统后第一位访阿的美国总统。布什此次突访主要有3个目的:首先,为驻阿美军鼓舞士气;其次,证明美国民主改造阿富汗的"成果";再者,继续加强美国在阿富汗内政外交方面的影响力和对阿富汗重建的领导地位。然而,从2006年开始,阿富汗形势开始恶化,恐怖活动次数急剧增加、强度明显提高、区域显著扩大。美国协同北约向阿地方派遣省级重建队。

2009年1月奥巴马任美国总统后,对布什政府的阿富汗政策进行评估,得出的一个重要结论是上届政府过分倚重卡尔扎伊领导的喀布尔政府。2月27日,奥巴马宣布调整在阿富汗及南亚的反恐战略:整合阿富汗与巴基斯坦在"反恐战争"中的关系;强调战场攻势与民事努力齐头并进;加强与各省及地方政府的接触和支持,援助地方的建设与发展,从而让塔利班和"基地"组织失去地方基础;积极与塔利班的"温和派"进行接触和谈判;在阿周边,在加强与巴基斯坦协调的同时,加大与俄罗

Semiannual Report to Congress on Reconstruction in Afghanistan, April 30, 2009, p.34.

斯、印度、中国及中亚国家的外交接触力度，甚至还与伊朗进行协商，寻求通过更加广泛的国际合作来解决阿富汗问题。12月，奥巴马宣布，美国向阿富汗增兵3万，同时提出以2011年7月为美军撤离阿富汗起始时间。

2010年3月28日，奥巴马"空降"阿富汗，开始就任总统以来对阿富汗的首次访问。但奥巴马只是提前一小时跟卡尔扎伊打招呼，并拒绝与之共同召开记者会。美阿关系公开恶化。美国公开指责阿富汗政府腐败，大选舞弊，施政无能；而卡尔扎伊反驳称美国开展打击塔利班的军事行动从不忌惮伤及无辜，大的行动通常不知会阿富汗政府，忘记了阿富汗还是个主权国家。同年12月3日，奥巴马总统再次"闪电式"突访阿富汗。除慰问士兵外，奥巴马此行也可能是为了修复与阿富汗领导人的紧张关系。

2011年7月17日，阿富汗国家安全部队开始接管中部巴米扬省的安全防务，这标志着阿富汗和北约正式启动安全防务移交进程。而美国开始从阿富汗撤军，计划于2014年完成全部撤军任务。

2012年1月，有消息说美国与塔利班一对一谈判已经开始。因被排除在谈判之外，阿富汗政府认为，美国此举是置阿主权于不顾。

2012年5月1日，美国总统奥巴马在击毙"基地"组织头目本·拉登一周年之际第三次突访阿富汗，与卡尔扎伊总统签署《长期战略伙伴关系协议》，宣布两国正式建立战略伙伴关系。美国明确承诺不会抛弃阿富汗，会对其提供长期支持，并且给予

第十章 对外关系

其"非北约主要盟友"地位[①]，帮助维护其主权独立、领土完整和国家统一，提供长期的安全及防务协助，重申在阿不寻求永久军事设施，但条件是阿富汗允许美国长期使用境内军事基地。但美阿并未商定2014年之后留驻阿富汗境内的美军规模，而是拟继续谈判签署《双边安全协议》，进而明确驻阿美军的数量和军事基地使用权限。然而，近年来，随着美全球战略调整，美对阿战略关注度下降，加快撤军进程，并在多项事关阿富汗前途命运的问题上与卡尔扎伊政府分歧严重，双方战略不信任感逐渐加深。2013年11月，美阿达成《双边安全协议》草案。在阿富汗大支尔格会议通过草案后，时任总统卡尔扎伊拒绝在自己任期内签署，阿美关系因此恶化。

2014年5月25日深夜，美国总统奥巴马突然现身位于阿富汗的美军巴格拉姆空军基地，这是奥巴马总统的第四次阿富汗之行。他希望能尽快同即将当选的阿富汗新总统签署《双边安全协议》。然而，奥巴马此行并未与卡尔扎伊碰面，只是在乘坐飞机离开阿富汗的途中，和卡尔扎伊进行了十余分钟通话。

2014年9月30日，阿富汗新总统阿什拉夫·加尼宣誓就职的第二天，便与美国签署拖延已久的《双边安全协议》。这表明新总统加尼有意修复同美国的关系。根据协议，大约12000名海外士兵将在美国领导的联军于2014年底正式结束战斗任务后，继续留在阿富汗协助培训其安全部队，并为他们提供支援。

[①] 作为美国的"非北约主要盟友"可优先获得美国提供的军事援助、可与美军进行联合军事演习等。

2. 在军事方面

(1) 美国在阿富汗驻军和作战情况

2001年10月7日,美国及其盟国向阿富汗发动了代号为"持久自由行动"的军事打击。12月9日塔利班政权倒台后,参加"持久自由行动"的美军仍驻留阿富汗,执行反恐任务,继续清剿塔利班和"基地"组织残余。2002—2009年期间,美军主要驻扎在阿富汗东部,负责国际安全部队东部地区司令部的指挥。由于大部分袭击发生在阿富汗南部,北约决定由美国负责指挥新成立的西南地区司令部,负责赫尔曼德和尼姆鲁兹的防务。

2001年到2010年,美军和阿富汗国家安全部队在阿富汗发动了一系列反暴动军事行动。2002年3月1日,由美军、阿政府军和其他国家士兵组成的联合部队在阿东部发动了代号为"蟒蛇行动"(Operation Anaconda)的清剿行动。2003年8月30日,由美国领导的联军和阿富汗政府军在阿富汗东南部山区发动了代号为"山地蝰蛇行动"(Operation Mountain Viper)的新一轮军事行动。2003年12月2日,美军和阿富汗国民军在阿富汗南部和东部展开了代号为"雪崩行动"(Operation Avalanche)的军事打击。2004年3月下旬,美国向阿富汗附近地区增派了约2000人的海军陆战队,为期6个月,任务是支援正在阿富汗边境地区打击"基地"组织的美军并在阿富汗举行大选之前加强当地的安全。2004年3—7月,美军发动了"山暴行动"(Operation Mountain Storm)。2004年12月—2005年2月,美军发动了"照亮自由行动"(Operation Lightning Freedom)。2005年8月13日,美国海军陆战队与阿富汗特种部队在阿富汗东部对武装分子展开了代号为"捕鲸人行动"(Operation

第十章 对外关系

Whaler)的清剿行动；10月又发动了"大象行动"(Operation Pil)。2006年4月12日，以美国为首的驻阿联军和阿富汗国民军在阿富汗东部展开了代号为"山狮"的大规模清剿行动；5月中旬联军和阿富汗国民军在南部进行了代号为"山地挺进"(Operation Mountain Thrust)的清剿行动；9月中旬联军和阿富汗国民军在东部和中部发动了代号为"山地狂怒"(Operation Mountain Fury)的军事行动。2007年3月11日，美国总统布什决定向阿富汗增派3500人的部队。2008年1月15日，美国国防部宣布向阿富汗增派大约3200名海军陆战队员。2009年2月17日，美国总统奥巴马批准向阿富汗增派两个旅和辅助部队，共计约1.7万人。7月2日，美国海军陆战队在阿富汗南部展开名为"利剑攻势"(Operation Khanjar)的清剿行动。12月1日，奥巴马宣布美国将在2010年夏季之前向阿富汗增派3万名军人，并计划从2011年7月开始逐步从阿富汗撤军。2010年2月13日，美海军陆战队、北约驻阿富汗国际安全援助部队和阿政府军警，在阿富汗赫尔曼德省马尔贾地区展开代号为"共同行动"(Operation Hamkari)的大规模军事行动。2011年1月6日，美军中央司令部宣布向阿富汗增派约1400名海军陆战队士兵，美国在阿富汗驻军近10万人。随后，美国开始逐步从阿富汗撤兵，2011年底驻军人数约9万人，2012年9月为6.8万人，截至2014年2月，驻阿富汗的美军人数为3.4万人。

2012年11月15日，阿富汗驻美大使哈基米和美国阿富汗与巴基斯坦问题副特使詹姆斯·沃利克分别率领的政府代表团，在喀布尔开始就签署《双边安全协议》展开谈判。这份协议将为2014年国际安全援助部队撤军后美军继续在阿富汗驻扎提供法律依据，并对撤军后驻阿富汗美军的人数做出规定。由于阿富汗方面认为美国在阿富汗和平进程问题上"言行不一",谈判于2013年6月中断。当年8月,阿富汗与美国重启《双边安全协议》的谈判。2013年11月21—24日,阿富汗召开"大国民会议"审议美阿《双边安全协议》草案。会议最终批准协议草案,并建议政府在年内与美国签署协议。阿富汗外交部公布的《双边安全协议》草案的主要内容为:首先,美国在2014年之后继续在阿保留部分军事存在,并可以使用阿境内九个军事基地,其中包括中部的喀布尔和巴格拉姆、南部坎大哈、北部马扎里沙里夫、东部贾拉拉巴德等战略要地。留驻美军将不再承担战斗任务,转而培训阿富汗安全部队和向阿富汗提供必要的情报后勤支持等。其次,阿富汗政府同意给予留驻美军司法豁免权,即驻阿美军即使涉嫌犯罪也不受阿富汗法律约束,而是有权返回美国接受审判。再者,留驻美军仍然可以夜间突袭搜查民宅。

(2)军事援助

目前,美国对阿富汗大部分的军事援助来自国防部拨款的阿富汗安全部队基金(Afghan Security Force Fund)。该基金于2005财年建立,现已高达278亿美元。该基金成立之前,美国已通过外国军事资金(Foreign Military Financing)向阿富汗提供了10亿美元的军事援助。美国主要向阿富汗国民军和国民警察部队提供装备、训练和顾问,提高阿富汗国防部和内务部的工作能力,以确保这些部门能够有效组织和领导国家安全部队。此外,美国国务院的"防止武器扩散、反恐、扫雷和相关计划"(Nonproliferation, Anti-Terrorism, Deming and Related Programs),主要为阿富汗总统保护部队提供训练和装备,以提高该部队保护国家领导人和外交官的能力,同时也为阿富汗反恐

第十章　对外关系

提供资金。

二、与苏联／俄罗斯的关系

1919年阿富汗独立后，苏维埃俄国立即与阿富汗建立外交关系，是第一个承认阿富汗独立的国家。冷战时期，由于阿富汗是苏联南部唯一一个没有加入巴格达条约组织的国家，为打破美国和西方的政治军事包围圈，确保其中亚地区的安全，苏联比较重视发展与阿富汗的关系。从20世纪50年代中期开始，苏联向阿富汗提供大量的经济、军事援助，帮助阿政府培训专家、建设项目、训练军队，逐渐把阿富汗纳入它的势力范围。1979年12月，苏联入侵阿富汗，推翻了阿明政府，扶植了卡尔迈勒政权。从50年代到80年代，苏联是阿富汗最大的援助国和最大的贸易伙伴，也是对阿富汗影响最大的国家。但苏联对阿富汗的入侵遭到阿富汗人民顽强的抵抗，经过十年奋战，1989年2月，苏联从阿富汗完全撤出。此后，苏联在阿富汗的影响力大大削弱。1991年，苏联解体。

1992年，阿富汗陷入内战，由于战乱，俄罗斯暂停了驻阿大使馆的活动。1996年，塔利班夺取政权。俄罗斯仍承认流亡的阿富汗伊斯兰国政府，与其保持联系，并向其提供援助，而不承认塔利班政权，对塔利班持公开反对态度，并支持联合国制裁塔利班。从1998年开始，俄罗斯或秘密或公开地支持阿北方联盟，并加大了反对塔利班的力度。2001年"9·11"事件后，俄罗斯表示支持美英攻打阿富汗，并将配合美国的反恐行动，包括向人道主义物资援助的飞机开放领空，加强国际社会的情报合作等，但俄没有参与军事行动。2001年底，阿富汗临时政府成立，俄罗斯开始积极支持和参与阿富汗重建，双边关系有了初步发展。2002年初，阿富汗国防部长法希姆访问俄罗斯。2月5日，俄外长伊·伊万诺夫访问阿富汗，这是俄外长20多年来首次访问阿富汗。3月，阿富汗临时政府主席卡尔扎伊访问俄罗斯，在此期间，双方签署了17份经济合作备忘录。9月5日，俄国防部长访问阿富汗，其间双方签署了一项为期5年的军事和军事技术合作协定。根据协定，俄将为阿富汗提供3500万—4000万美元的武器和军事技术装备，并为阿富汗军队培养干部和军官。11月，阿外长阿卜杜拉又访问了俄罗斯。此后，两国关系发展平稳，但不快。两国高层间的正式互访很少，多是在国际和地区等多边场合见面和交流。2009年，美国推出"新阿巴战略"后，俄对阿政策趋于活跃。但俄罗斯的策略还是倚重多边框架（多边框架主要是集安组织[①]、上合组织和四国机制[②]）参与阿富汗问题。2009年，俄阿签署禁毒合作协议，同时邀请阿富汗作为观察员参加集安组织以打击毒品为目标的"通道"军事演习，并设有集安组织—阿富汗禁毒工作小组。2009年3月，上合组织在俄罗斯倡议下召开第一次阿富汗问题国际会议，发表了《上海合作组织成员国和阿富汗伊斯兰共和国关于打击恐怖主义、毒品走私和有组织犯罪的声明》和行动计划。2011年1月，卡尔扎伊再次访问俄罗斯，双方签署了经贸合作协议，相互给予最惠国待遇，并计划设立政府间合作委员会。2013年5月8日，普京在俄联邦阿富汗问题特别会议上要求相关部门从两方面制定措

---

① 集安组织（CSTO）1992年5月15日成立，由俄罗斯主导，目前成员国有7个，包括4个中亚国家，是军事安全组织，拥有采取军事行动的功能。它于2009年组建了快速反应部队，主要用于反侵略、反恐、打击跨国犯罪、禁毒等。

② 四国机制即俄罗斯、阿富汗、巴基斯坦、塔吉克斯坦四边机制，2009年7月在塔吉克斯坦首都杜尚别第一次举行会晤。

施：一是运用俄军队、独联体集体安全条约组织和上海合作组织力量，强化俄南部安全措施，加强过境安全、移民管理以及打击毒品运输；二是帮助阿进行社会经济建设，向其提供军事技术援助并发展人文交流。

总的来说，目前俄罗斯与阿富汗的双边合作还处于机制准备阶段，打击恐怖主义和毒品走私是两国合作的重点。此外，俄罗斯表示将加大对阿富汗援助的力度，积极参与阿经济重建，提供人道主义援助，加强教育合作。虽有合作意愿，但两国多领域合作的顺利开展主要取决于2014年美国撤军后的阿富汗安全局势。

第四节 与周边邻国的关系

一、与巴基斯坦的关系

阿富汗和巴基斯坦两国之间不仅有长达2430千米的边界，而且有着深厚的历史、民族、宗教渊源和联系。在所有邻国中，阿富汗和巴基斯坦的关系最为特殊且突出。历史上，普什图族聚居的普什图尼斯坦地区（包括阿富汗的东部、南部以及巴基斯坦的西北边境省和俾路支省）一直属阿富汗普什图族部落所有，是阿富汗版图的一部分。1893年9月，为阻止沙俄南下向印度渗透，英属印度外交秘书莫提默尔·杜兰率团来到喀布尔，就边界问题同阿卜杜尔·拉赫曼国王进行谈判。11月12日，阿富汗被迫接受《杜兰协定》，而阿富汗和英属印度之间的边界线也称之为"杜兰线"。这一协定将普什图部落地区一分为二，数百万普什图人被划入英属印度一侧。自此，普什图部落地区成为英俄之间的缓冲地带，而阿富汗主体民族普什图族也成为跨界民族，并为日后的民族冲突埋下了隐患。

第二次世界大战后，英国谋求从南亚撤出，阿富汗要求将西北边境省纳入阿富汗范围或让其选择独立，英印予以拒绝，并于1947年6月在这一地区举行公民投票，多数人支持加入巴基斯坦（许多人没有参加投票）。阿富汗不承认这一结果，部落地区的一些地方首领也反对加入巴基斯坦，阿巴关系迅速恶化。在此后的三十多年时间里，由于"普什图尼斯坦"问题，阿富汗和巴基斯坦曾两次断交、三次爆发大规模边境武装冲突。

1979年9月，阿明执政后表示要改善与巴基斯坦的关系。后来随着苏联入侵以及阿连年内战，"普什图尼斯坦"问题一直被淡化。此时，巴基斯坦借助抗苏这一契机，利用伊斯兰教这面旗帜，积极通过各种方式支持阿富汗抗苏力量，一手打造和扶植塔利班组织，希望借此机会在阿富汗建立一个亲巴的普什图族政府。

2001年"9·11"事件过后，在美国和国际社会的重压和利诱下，巴基斯坦再也无法继续采取袒护塔利班的政策，宣布支持美国在巴境内打击塔利班和"基地"组织，努力发展与卡尔扎伊政府的关系，并积极援助阿重建。近年来，在国际社会积极斡旋下，阿巴关系出现总体改善和发展的势头，但仍有一些波折。

2010年3月，阿富汗总统卡尔扎伊对巴基斯坦进行国事访问，双方领导人决定"努力消除过去存在的误会"，讨论了联合反恐、加强双边关系以及地区和平与安全等问题。阿方还寻求巴方在阿政府与塔利班谈判中提供帮助。2012年2月，卡尔扎伊赴巴基斯坦出席阿富汗—巴基斯坦—伊朗三国峰会期间与巴总理吉拉尼会晤。之后，吉拉尼应卡尔扎伊请求，发表声明呼吁阿有关各方参与阿国内和解进程，两国关系有所改善。此后，阿富汗高级和平委员会主席拉巴尼遇刺身亡，两国关系受挫。2013年5月初，阿巴两国军队因在争议边境地区建立哨所问题发生交火，但双方总体保持克制。巴基斯坦总理谢里夫执政后，积极向阿释放善意，两国关系发展势头有所加强。8月，阿总统卡尔扎伊访巴，这是巴新政府成立后，阿巴两国高层首次会晤。双方重点就阿巴关系、阿和解进程、地区局势等共同关心的议题深入交换意见。11月，巴总理谢里夫访阿，巴方愿向阿和平和解提供实质帮助，承诺将援阿额度增至5亿美元。综上，两国关系总体保持改善势头，但由于双方在包括阿富汗塔利班参与和谈在内的涉阿前途命运的问题上仍存较大分歧，双方关系改善空间仍然有限。长期来看，2014年阿富汗大选、阿和解进程和"后撤军时代"的阿安全形势，将是影响两国关系的重要因素。

出于地缘政治与安全的考虑，巴基斯坦在阿富汗的主要政策目标有两个：第一，建立亲巴的普什图族政府；第二，防止印度过度介入阿富汗事务，竭力避免陷入"腹背受敌"的困境。为实现以上目标，保持自身在阿的传统影响力，巴基斯坦参与阿富汗重建着重在以下几方面：

（一）在政治方面

在政治上，巴基斯坦采取了"双管齐下"的策略，一方面，加强与卡尔扎伊政府的联系，增进互信、减少分歧；另一方面，为维护塔利班在阿的影响力，继续与阿塔保持联系。自卡尔扎伊第二任期以来，阿政府希望借助巴基斯坦与塔利班不同寻常的关系寻求与塔利班和解。由于阿国内的塔吉克、哈扎拉和乌兹别克等民族均不同程度亲印，而且阿巴两国均存在数目众多的普什图人，普什图人成了巴"最不坏的选择"。因此，巴方也乐意为阿政府与塔利班谈判"牵线搭桥"，支持阿境内的普什图人获得更大的政治权力，并在阿政治和解进程中发挥重要作用。巴反复强调"和平进程须由阿政府主导"，这一举动的目的意在阻止其他国家过多介入阿和平进程，间接维护巴在这一进程中的重要作用。为配合阿富汗政府的和平进程，巴采取了释放塔利班囚犯、帮助阿政府与塔利班展开接触等措施。但另一方面，巴暗中推动塔利班与原北方联盟派别接触，引起阿政府不满。

（二）在经济方面

阿巴两国每年召开三次部长级联席会议以加强两国的经济联系，推动两国关系友好发展。尽管巴基斯坦对阿在经济上的援助不敌印度，但也向阿富汗重建投入资金3.3亿美元。巴对阿的援助重点集中在教育、医疗、道路等领域，例如援建喀布尔大学阿拉玛·伊克巴尔文学院；修建喀布尔真纳医院和尼希特尔肾脏医院；修建阿东部托克汗姆—贾拉拉巴德公路等。两国间的贸易和经济联系是巴阿关系的重要部分。巴基斯坦是阿富汗最大的贸易伙伴，2012—2013年度巴基斯坦向阿富汗出口贸易金额高达20.97亿美元，在阿对外贸易中居榜首。2011年1月，阿巴签署《过境贸易协议》，允许阿货物经巴境内指定路线由海港或瓦葛口岸向中东及印度出口，巴货物则经阿进入中亚市场；同时，巴同意与阿加速实施两国间的道路、天然气及电力输送项目。这一协议的签署标志着双边关系向前迈进了一大步。

此外，在接纳和收留阿富汗难民方面，至今巴仍有200多万阿富汗难民，依然是巴经济和社会的一个沉重负担。巴基斯坦把来自阿富汗的难民视为伊斯兰同胞，极为宽容地接收了他们。

第十章 对外关系

（三）在军事方面

为解决阿巴边界地区的恐怖主义活动，2003年阿富汗、巴基斯坦、美国成立了一个由三国军官担任委员的三方委员会。截至2004年6月，该委员会已经召开了7次会议，建立了两个小组委员会，分别负责边境哨所和信息的交流与策划。但是由于"普什图尼斯坦"问题的影响，阿富汗与巴基斯坦两国部队经常因为在边界地区修建哨所或隔离墙的问题擦枪走火。2003年11月2日，阿富汗军队与巴基斯坦军队在边境地带发生交火，双方使用了各种轻重武器，8名阿富汗军人在交火中受伤。2007年5月13日上午，在阿巴边境的古勒姆地区，阿富汗国民军向巴基斯坦4个边防哨所开火，打伤了巴基斯坦3名边防部队士兵，巴基斯坦随后进行了猛烈还击，打死6—7名阿富汗国民军士兵。2008年4月23日，阿富汗国民军与巴基斯坦巴贾尔部落地区的安全人员发生交火，造成1名巴基斯坦士兵死亡、1人受伤。2011年4月27日，位于南瓦济里斯坦部落地区的一个巴基斯坦边境检查站遭到阿富汗军队袭击，巴安全部队随后进行反击，交火持续2个小时，造成阿富汗3名士兵死亡、巴基斯坦4名士兵受伤。2013年5月1日晚，阿富汗边防警察和巴基斯坦因在争议边境（阿富汗楠格哈尔省古什塔县）建立的哨所引发争端，双方发生了激烈交火。阿富汗方面称，冲突导致1名阿富汗边防警察死亡，9名巴基斯坦士兵受伤，3座军营和两座哨塔被摧毁，双方都指责对方在边境地区率先开火，这也是近年来两军在边境地区发生的最为严重的冲突。

2011年4月16日，巴基斯坦陆军参谋长吉亚尼、三军情报局局长帕夏随总理吉拉尼访问阿富汗，双方重点讨论了推动阿富汗政治和解问题,并决定成立"联合和平委员会"专门负责与阿富汗塔利班的和谈。2012年11月中旬,阿富汗高级和平委员会主席萨拉赫丁·拉巴尼率领代表团访问巴基斯坦,与巴基斯坦军、政高官以及宗教、政党领袖举行广泛会谈,就释放被关押在巴基斯坦的阿富汗塔利班人员、消除联合国对阿富汗塔利班相关人员的制裁等方面达成广泛共识。随后,巴基斯坦释放了10名中级阿富汗塔利班成员。到2013年2月,巴基斯坦已释放26名阿富汗塔利班头目。2013年9月7日,在阿富汗总统卡尔扎伊访问巴基斯坦后,巴基斯坦又释放了7名塔利班成员,10月初释放了阿富汗塔利班前二号人物阿卜杜尔·加尼·巴拉达,以推动阿富汗和解进程。

二、与伊朗的关系

伊朗是阿富汗西部的重要邻国,两国之间不仅有长达936千米的边界,而且有着深厚的历史、文化、宗教、民族渊源和联系。古代,波斯人曾统治现在的阿富汗地区,阿富汗人也曾统治过现在伊朗的部分地区。千百年来,各民族在这片土地上汇聚、融合,形成了复杂的民族关系,普什图族、塔吉克族、乌兹别克族、俾路支族、土库曼族等分布在阿伊两国境内。在语言上,两国也有着密切的联系,达里语是阿富汗官方语言之一,也是波斯语的方言,是塔吉克族、哈扎拉族、艾马克族等民族使用的语言。因此,伊朗和阿富汗之间有着千丝万缕的联系。

1922年6月,阿富汗和伊朗正式建立大使级外交关系。1926年,两国签订条约,约定互不侵犯,在一国受到第三国侵犯时保持中立。1937年7月,阿富汗与伊朗、土耳其、伊拉克在德黑兰签订《萨阿达巴德条约》,约定互相联合、维护和平。

第十章 对外关系

此后，由于赫尔曼德河河水分配问题，两国关系趋紧。到了20世纪60年代初，双方关系有所改善，伊朗不但为阿的过境贸易提供方便，还设法调解阿巴冲突。1972年6月，两国开始重新谈判赫尔曼德河河水的分配问题，并于次年3月正式签署条约，解决了困扰两国长达上百年之久的河水之争。1979年苏联入侵阿富汗后，伊朗支持阿富汗抗苏力量，主要是支持阿中部哈扎拉族的抵抗力量。1987年，8个以伊朗为基地的阿富汗什叶派组织正式被伊朗认可，并在伊朗的干预下合并成立阿富汗伊斯兰革命联盟，也称"八党联盟"。1989年苏联撤军，阿富汗陷入内战。1991年，"八党联盟"合并为阿富汗"伊斯兰统一党"，参与到阿富汗权力争夺中。1992年纳吉布拉政权垮台后，该组织不仅控制了阿富汗哈扎拉族，还控制了阿西部一些重要地区。但在阿国内权力争夺中，由于巴基斯坦和沙特阿拉伯的敌对态度，伊朗及其支持的哈扎拉族力量不断遭到排挤。伊朗转而将拉拢范围扩大至阿富汗所有非普什图族力量，进而以对抗巴基斯坦支持的普什图族力量。从1993年起，伊朗首次向拉巴尼政府以及乌兹别克族杜斯塔姆派别提供军事援助，并呼吁阿富汗所有非普什图族力量加入拉巴尼政府。1994年塔利班崛起后，伊朗加大了对阿非普什图族力量的军事支持力度。1997年6月，塔利班关闭了伊朗驻喀布尔大使馆。1998年塔利班攻占马扎里沙里夫后，杀害了数名伊朗外交官，两国关系跌至谷底，处于交火的边界。2001年塔利班垮台后，两国关系开始回暖。伊朗是最早承认阿富汗临时政府、在阿重开使馆的国家之一。

伊朗在阿富汗的主要政策目标有两个：第一，阻止塔利班重返政治舞台，防止在阿富汗出现类似塔利班的极端逊尼派政权；第二，防止其他大国控制阿富汗，阻止美国在阿建立永久军事基地、威胁其核设施。因此，自2001年以来，伊朗一直努力在阿富汗重建过程中发挥积极作用，具体表现在以下几个方面：

（一）在政治方面

2001年11月27日至12月5日，伊朗以北方联盟盟友的身份参加了波恩国际会议，并于2002年12月12日与当时的卡尔扎伊过渡政府签署了《喀布尔睦邻友好关系宣言》。2002年8月13日，伊朗时任总统哈塔米访问阿富汗，这是40年来第一位访问阿富汗的伊朗国家领导人。2002年，在德黑兰还召开了关于阿富汗重建的国际研讨会，并承办了联合国开发计划署组织的阿富汗重建会议。2010年3月，伊朗总统艾哈迈迪·内贾德对阿富汗进行了短暂访问，两国元首就双边关系、地区反恐和经济合作等问题交换了意见。2013年8月4—5日，阿总统卡尔扎伊率团出席伊朗新总统鲁哈尼的宣誓就职典礼，其后两国元首举行会晤，双方就进一步加深双边关系及各领域合作达成共识，并签署了有关加强军事战略合作的谅解备忘录。

在地区外交方面，为扩大什叶派影响，伊朗牵头组织波斯语三国（阿富汗、伊朗和塔吉克斯坦）地区合作。此外，伊朗调整以往坚决反对与塔利班和谈的立场。据阿"和平高级委员会"成员表示，伊朗已允许塔利班公开在首都德黑兰以及边境城市马什哈德活动。①

---

① "Iran intensifies efforts to influence policy in Afghanistan", *Washingtonpost*, Jan 5, 2012, http://www.washingtonpost.com/world/asia_pacific/iran-strives-to-play-spoiler-in-afghanistan/2012/01/01/gIQAZ6gCbP_story_1.html.

（二）在安全方面

在安全问题上伊朗对阿富汗的主要措施有以下三种：

（1）在打击恐怖主义和"基地"组织方面，自"9·11"事件后，伊朗就关闭了与阿富汗的边界，并加强在边境地区的检查，有效地阻止了恐怖分子从阿富汗进入伊朗。同时，伊朗坚定打击恐怖主义，曾将逃到伊朗的"基地"组织成员引渡给亲美的沙特阿拉伯。

（2）在禁毒方面，为防范阿富汗毒品流入国内，伊朗政府一方面加强军警协同作战，加大打击力度；另一方面与阿富汗及其周边国家如巴基斯坦、土库曼斯坦、哈萨克斯坦建立长效禁毒机制，与俄罗斯、欧盟、联合国等国家和国际组织加强禁毒安全与信息合作。

（3）在建立地区对话机制方面，伊朗积极推动伊朗—巴基斯坦—阿富汗三边领导人对话机制，强化自身在阿问题上的话语权。在美军击毙"基地"组织领导人本·拉登后，伊朗明确表示，外国军队已经没有任何理由继续留在阿富汗，长期驻扎的外国军队将成为阿富汗长期动荡的根源。为牵制阿为美提供攻击伊朗的军事便利，伊朗还通过伊巴阿峰会机制，约定三国"不允许任何国家利用本国领土威胁其他两国安全"。

（三）在经济方面

在经济方面，伊朗对阿富汗的主要措施有以下四种：

（1）提供经济援助。2002年1月，在东京召开的阿富汗重建经济援助国际会议上，伊朗承诺提供5.7亿美元援助，这笔款项于2006年3月已经全部支付到位。同年2月，在关于阿富汗重建的伦敦会议上,伊朗又承诺追加1亿美元的援助。

(2) 修建电力保障、道路、桥梁等基础设施。由伊朗援助、已投入使用的电力保障工程建在赫拉特和尼姆鲁兹两省,向阿富汗西部、东北部地区提供电力。在喀布尔,伊朗政府耗资700万美元建成两座2500瓦发电机。伊朗投资6800万美元修建从多甘通往赫拉特的都噶伦公路,长达122千米。此外,伊朗还部分承建赫拉特至阿富汗北部迈马纳的封闭式公路60千米,投资3000万美元,该公路已经完工并投入使用。该公路将连通阿富汗和中亚国家,并以此为基础建成阿富汗封闭式公路网。伊朗还借印度之力修筑了连接伊朗恰赫巴哈尔港和阿富汗哈吉加克地区的约900千米长的伊—阿铁路,这条铁路最终将通向塔吉克斯坦。同时,伊朗投资300万美元修建长达320米的米拉克桥。自此,恰赫巴哈尔港和米拉克桥将阿南部同中部、北部连接起来,使阿富汗拥有了通往阿曼湾、波斯湾自由港的通道。这些基础设施的修建大大便利了阿国内以及阿与该地区国家间的交通和运输,同时也减少了阿富汗商品进出口对巴基斯坦的依赖。

(3) 两国间贸易迅速增长。2012年1月,阿伊两国召开经济混合委员会会议,签署《经济合作协定》和《贸易便利化协议》。根据协议,双方将共同开发伊朗的恰赫巴哈尔港。伊朗将在港口附近为阿划出50公顷土地发展港口贸易。阿富汗将在恰赫巴哈尔港设立陆路运输办公室。双方还将商讨解决过境贸易和签证问题,促进双边贸易发展。近年来,阿伊两国的经贸关系保持快速发展势头。根据阿富汗统计局的资料,2008—2009年度,伊朗向阿富汗出口金额为2亿美元,进口金额为1800万美元;到了2013—2014年度伊向阿出口金额高达15亿美元,进口金额也增至 4300 万美元。①

（4）接纳和收留阿富汗难民。由于阿富汗和伊朗之间有着悠久的文化、宗教、民族渊源和联系，因战乱而出逃的阿富汗人，尤其是哈扎拉人大部分都逃往伊朗。至今仍有 200 多万阿富汗难民滞留在伊朗，其中只有 90 万人是合法登记的。大量难民的存在给伊朗造成了沉重的负担，难民是阿伊关系的一个重要纽带，同时也是伊朗向阿富汗施加政治影响的重要工具。

（四）在文化教育方面

阿富汗与伊朗有着复杂和悠久的历史、文化渊源，两国在语言、民族、宗教等各方面都存在亲缘关系。于是，伊朗充分利用与阿富汗的文化先缘，极力扩大自身在阿富汗的文化影响力。其主要措施有：建立赫拉特文化中心；向赫拉特、喀布尔的国立图书馆捐赠图书、教学器具，完善图书馆、国家博物馆设施；培训教师和公务员；为阿富汗外交教育学校、战略研究中心提供设施，为阿外交部举办外交培训班；向清真寺赠送音像制品和书籍；接收享受奖学金的大学生。2010 年，时任阿富汗教育部副部长称，伊朗自从塔利班倒台后已经向阿教育事业提供了 3000 万美元的援助。

三、与印度的关系

由于阿富汗特殊的战略地位，印度独立后一直比较重视发展对阿富汗的关系。1950 年，阿印签订《友好条约》，之后，两国又签订了一系列协议和备忘录，双方关系一直比较友好。1979

---

① 数据来源：阿富汗统计局网站，http://cso.gov.af/en/page/economy-statistics/6323/annual-trade。

年苏联入侵阿富汗,因为苏联的推动,阿印关系取得了进一步发展。然而,随着1989年苏联从阿富汗撤军以及1991年苏联的解体,阿富汗与印度的关系开始逐渐变得冷淡。1994年由巴基斯坦一手扶植的塔利班崛起,1996年9月塔利班攻占喀布尔推翻拉巴尼政权。同年,印度关闭了在喀布尔的大使馆,两国关系就此完全中断。为了反对塔利班,削弱巴基斯坦在阿富汗的影响,印度开始支持反塔的北方联盟,并为其反塔活动提供了多方面的支持。塔利班倒台后,印度随即派特别代表拉姆巴哈(Lambah)访问了阿富汗,并在喀布尔开设了一个联络办公室。2001年12月22日,印度重开在喀布尔的大使馆。此后,两国关系发展迅速,为印阿全面合作奠定了良好的基础。随着美军撤离阿富汗进程的启动和印阿战略伙伴关系的落实,印度将继续加强其在政治、经济、安全和文化等领域对阿的投入,以增强自身对阿的影响力,防止2014年后的阿富汗完全由巴基斯坦主控。

印度在阿富汗的主要政策目标有三个:第一,利用阿富汗制约巴基斯坦,从东西两侧挤压巴战略空间;第二,防止在阿建立一个对印不友好的极端势力国家;第三,将阿富汗打造成连接西亚和中亚油气资源的输送管道,开拓自身通往中亚的战略通道。因此,自2001年以来,印度一直努力在阿富汗重建过程中发挥积极作用,具体表现在以下几个方面:

(一)在政治方面

目前,印度在阿设有1个使馆和4个总领馆[①]。在政治方面,两国间的友好主要表现在两国高层频繁的互访上。2005年8月,

[①] 使馆设在喀布尔,4个总领馆分别设在坎大哈、贾拉拉巴德、马扎里沙里夫和赫拉特。

印度总理辛格对阿富汗进行正式访问。这是时隔29年后印度总理再次踏上阿富汗国土。自2001年阿富汗临时政府成立时起，截至2013年12月，卡尔扎伊总统累计访问印度13次。而两国外长互访和会晤更为频繁。伴随着两国领导人的互访，双方签订了许多协议和谅解备忘录。2011年10月，阿印两国领导人签署了《战略伙伴关系协议》。该协议将原本分散在政治、经济、安全等领域的双边合作加以整合，专门规定了合作机制：两国将建立领导人年度会晤机制；将建立伙伴关系理事会，由两国外长领导，每年开会，研讨推进两国关系事宜；理事会下设由相关政府部门组成的政治与安全磋商、经贸合作、能力建设与教育、社会文化与民间团体等四个联合工作组；其他现有对话机制都将纳入该理事会；建立由两国国家安全顾问领导的战略对话机制。①此外，印度还通过各个领事馆与阿富汗的各个部落和政治群体建立起了常态联系，放弃此前一味反对美阿对塔利班和解的态度，甚至寻求与塔利班的接触，以增加自身在阿国内政治和解进程中的话语权。

在安全上，印度采取的措施主要有两个：（1）承诺与阿富汗合作，共同打击国际恐怖主义、跨境犯罪等活动；（2）向阿富汗安全部队提供装备和人员培训。在地区外交上，2006年，印度发起并召开第二届关于阿富汗的地区经济合作会议。2007、2008年，在印度全力支持下，阿富汗先后加入南亚区域合作联盟和南亚自由贸易区。同时，阿富汗明确表示支持印度成为安理会常任理事国，同意在联合国等国际和地区机制中与印度开展合作。

---

① 张春燕、朱宇凡：《印度—阿富汗战略伙伴关系：进展、影响与前景》，载《南亚研究季刊》，2013年第1期，第21—22页。

（二）在经济方面

在经济上，印度是阿富汗最重要的援助国之一。从2001年到2012年，印度已承诺对阿富汗提供的援助金额共计25亿美元，是本地区最大捐助国。印度援助的基础设施项目包括公路、水电站、阿富汗议会大楼等。以公路建设为例，由印度投资修建的从阿富汗赫拉特省的德拉拉姆镇（Dlaram）到边界城镇扎拉吉（Zaranj）的公路，全长218千米，修成后往返两地时间由过去的14小时缩短至2小时。

2012年8月7日，印度钢铁公司联合体（AFISCO）获得阿中部巴米扬省哈吉加克铁矿开采权。预计AFISCO将先期投入7500万美元，未来数年将追加投资108亿美元。该铁矿预计产量为1280亿吨铁矿石。

（三）在军事方面

为了反对塔利班，印度积极支持北方联盟，向北方联盟提供了价值800万美元的高空武器装备和其他武器装备，并派军事顾问具体指导北方联盟作战。2001年的阿富汗战争打响后，印度积极支持北方联盟的地面攻势，阿富汗与印度的军事安全合作就此开始。2008年4月，阿富汗国防部长瓦尔达克访问印度，并与印度国防部长安托尼举行了会晤，讨论可能的军事合作。随后，瓦尔达克还访问了印度陆军第15军位于印控克什米尔首府斯利那加的总部。2011年10月4日，阿富汗总统卡尔扎伊与印度总理辛格在印度新德里签署了《印阿战略伙伴合作协议》。印度表示愿在今后3年为阿富汗国民军培训2万至3万名人员，包括约500名军官。印度的训练内容包括军事野战技能、武器操作、步兵战术以及打击叛乱行动的培训课程。印度还向阿富汗捐赠了285部军车,计划向阿富汗国民军提供其自行研发的5.56毫米口径突击步枪,并将印度陆军正在淘汰的火箭发射器和轻型火炮、翻新改进的T-55型坦克等武器转让给阿富汗国民军。

(四) 在文化教育方面

阿富汗临时政府成立之初,印度时任外长贾斯万特·辛格乘飞机到喀布尔表示祝贺,随机带去的援助物资不是食品、药物或武器,而是宝莱坞电影和音乐唱片。印度对阿富汗进行文化输出的方式包括建立文化交流机构和提供留学名额。例如,2007年,印度在阿富汗首都喀布尔建立了印度文化中心(ICC)。印度政府每年还为阿富汗学生提供1000个到印度接受高等教育的名额,其中包括为500名在印度工程技术学院学习的阿富汗学生提供奖学金。2010年8月,阿富汗时任外长拉苏尔(Zalmai Rassoul)访问印度,两国外长在共同声明中强调印阿战略伙伴关系是建立在两国共生的文化和历史联系之上的。事实也表明,印度文化在阿富汗确实有着广泛的影响。

第五节 与国际组织的关系

一、与联合国的关系

2001年"9·11"事件爆发。9月12日,联合国安理会一致通过第1368号决议,谴责了恐怖袭击。9月28日,安理会通过第1373号决议,要求所有成员国根据《联合国宪章》采取具体行动,打击恐怖主义,为美国向阿富汗塔利班政权采取军事行动铺平了道路。11月28日,联合国主持启动"波恩进程",签署《波恩协定》,根据这一协定,成立阿富汗临时政府,联合国作为和平进程的主导者为阿临时政府提供支持,并协助起草阿富汗新宪法。2001年12月,联合国安理会通过第1386号决议,决定创建国际安全援助部队(ISAF),协助维护阿的治安。2002年3月,联合国安理会通过第1401号决议,决定在阿设立联合国援助阿富汗代表团(UNAMA),帮助阿富汗政府维护稳定、保障人权、推进社会和经济发展。该团由联合国秘书长特别代表领导,负责监督和指导阿重建,指挥和协调联合国各机构在阿的援助行动。同年,援助代表团和联合国开发计划署共同创建了阿富汗法律和秩序信托基金,为阿国民警察的训练、招募、装备和薪金融资。

2001年至今,联合国倡导召开了一系列阿富汗问题国际会议,这些会议框定阿重建进程,协调了各方立场,为阿募集了大量重建资金。2001年底在德国波恩召开的第一次阿富汗问题国际会议,制定了阿政治重建的路线图;2002年在波恩、2004年在柏林召开的两次国际会议,为阿募集了127亿美元。2006年在伦敦召开的第四次阿富汗问题国际会议,协调阿重建目标,并创建阿富汗与国际社会的多边合作机制——共同合作与监护委员会,以监督和指导《阿富汗协议》的实行。2008年在巴黎、2009年在海牙、2010年在伦敦和喀布尔分别又召开了四次阿富汗问题国际会议。2011年11月在土耳其伊斯坦布尔召开阿富汗问题国际会议,会议通过了《阿富汗地区安全合作伊斯坦布尔进程》,强调了联合国在阿富汗问题上发挥的协调作用,并呼吁各国在对阿进行援助的同时尊重阿主权和领土完整。2011年12月5日在波恩、2012年在东京召开阿富汗重建问题国际会议。

《东京宣言》明确国际社会到 2015 年将向阿富汗提供超过 160 亿美元的发展援助资金，宣言同时对阿富汗政府提出了一系列要求。[①]

此外，联合国难民署、联合国禁毒署、联合国教科文组织、世界卫生组织等联合国下属组织，都在各个领域积极援助阿富汗。以联合国教科文组织为例，2002 年，联合国教科文组织在喀布尔建立了办事处，为阿富汗教育、文化、信息、通信部门的发展战略提供支持。阿富汗教育部门在联合国教科文组织国际教育规划研究所（The International Institute for Educational Planning，缩写 IIEP）的指导下，制定《国家教育战略规划（2006—2010）》，为阿教育事业打下稳固的根基。2010 年，在这基础上，阿富汗教育部根据政府承诺以及本国教育体系的实际情况，制定了《国家教育战略规划（2010—2014）》，这一规划旨在对整个国家的教育恢复和发展进行分析、规划、实施、监管和评估。

二、与上海合作组织的关系

阿富汗与上海合作组织大多数成员国相邻，无论从地理上，还是在政治、经济以及社会安全等问题上，相互之间都存在着错综复杂的联系。首先，阿富汗是中亚地区恐怖主义、分裂主义、极端主义三股势力的主要基地。阿富汗局势的变化对于打击"三股势力"、维护中亚安全有深刻影响。其次，阿富汗毒品问题严重困扰上合成员国。当前，阿富汗已经成为全球鸦片最大生产国

---

① 郭一娜：《国际社会承诺将向阿富汗提供 160 多亿美元资金援助》，新华网，2012 年 7 月 8 日，http://news.xinhuanet.com/world/2012-07/08/c_112386041.htm。

和海洛因的最大供应国。阿富汗毒品输出的通道主要有三条，其中北线，即通过塔吉克斯坦、土库曼斯坦和乌兹别克斯坦等中亚国家，再经过其他国家中转至俄罗斯、欧洲，这一线路贩运阿富汗生产的15%的鸦片和21%的海洛因与吗啡。阿富汗毒品问题不解决，与之相邻的中亚国家的毒品问题也就很难得到根治。再者，由于战乱等因素，阿富汗在将近三十年的战争中创下了难民数量最多、持续时间最长的世界纪录，最多的时候阿难民数量约达630万。由于阿富汗不少民族都是跨界民族，边境那边的同民族国家成了阿富汗难民的最佳选择。但这些难民中又夹杂着一些极端恐怖分子、武器和毒品走私犯，他们是邻国社会的不稳定因素。综合以上种种因素，阿富汗问题都是上合组织不能回避的重大现实问题，上合组织也通过各种宣言和声明对阿富汗问题表明了高度关注。

多年来，上合组织对阿富汗问题予以了充分重视，并积极采取应对措施。早在1998年7月，上合组织的"前身"——"上海五国"的阿拉木图首脑会议发表声明，对阿富汗局势表示关切并支持国际社会努力解决阿富汗问题。在1999年8月"上海五国"的《比什凯克声明》中再次强调要共同打击恐怖主义、分裂主义和极端主义，并"对阿富汗持续不断的军事对抗及其对地区和国际和平与安全构成的严重威胁表示忧虑"[①]。1999年12月2日，"上海五国"在比什凯克举行首次"安全合作与协作会议"，决定成立由五国执法安全机关领导人组成的"比什凯克小组"，确定合作领域包括反对国际恐怖主义、民族分裂主义和有组织犯罪集团，打击非法贩运武器、毒品活动，制止非法移民等，其中

[①]《"上海五国"元首比什凯克声明》，载外交部欧亚司编《上海合作组织文件选编》，北京：世界知识出版社，2006年，第10—11页。

第十章 对外关系

也包含对由阿富汗输出的各种跨国犯罪活动的联合打击。① 这是该组织在打击"三股势力"、维护中亚安全方面开始采取的实际行动。

2001年6月15日，中、俄、哈、吉、乌、塔六国正式成立上海合作组织，在该组织成立之际，六国首脑共同签署了《打击恐怖主义、分裂主义和极端主义上海公约》（简称《上海公约》），这是应对塔利班与"基地"组织恐怖势力输出威胁的一个重大战略举措。不久，"9·11"事件发生，在此后的会议和声明中，上合组织高度关注阿富汗重建、恐怖主义和毒品问题，多次在声明中提出了为阿富汗重建提供必要人道主义援助的意愿。2002年1月7日，上合组织发表《上海合作组织成员国外长联合声明》，对波恩会议及其成果给予了高度评价，提出了愿意积极参与阿富汗重建进程的意愿。② 11月23日，《上海合作组织成员国元首宣言》强调了本地区的稳定与阿富汗局势休戚相关，支持阿富汗民主重建进程。③

2004年6月，上海合作组织在塔什干建立地区反恐怖机构、通过禁毒协议。2005年11月4日，阿富汗与上海合作组织签订了《上海合作组织与阿富汗伊斯兰共和国关于建立上海合作组织—阿富汗联络小组的议定书》，建立了联系制度。

2007年8月16日，阿富汗总统卡尔扎伊作为主席国客人，受邀出席在比什凯克举行的上海合作组织峰会。

---

① 余建华：《阿富汗问题与上海合作组织》，载《西亚非洲》，2012年第4期，第62页。
② 参见《上海合作组织成员国外长联合声明》，2002年1月7日，http://www.fmprc.gov.cn/mfa_chn/ziliao_611306/1179_611310/t10641.shtml。
③ 参见《上海合作组织成员国元首宣言》，2003年5月29日，http://www.fmprc.gov.cn/ce/cept/chn/zt/hjtzxcfehmsgbcxzfzkdnbldrfzsdhhy/t122524.htm。

2008年8月28日，阿富汗总统卡尔扎伊再次以主席国客人身份出席上合组织峰会。《上海合作组织成员国元首杜尚别宣言》将阿富汗局势的发展列为需要关注的安全形势问题之一。同日发表的《上海合作组织成员国元首理事会会议联合公报》关注阿富汗毒品问题和上海合作组织—阿富汗联络小组的工作。

2009年是上海合作组织参与阿富汗重建活动最为活跃的一年。在这一年上合组织发表了《上海合作组织阿富汗问题特别会议宣言》、《上海合作组织成员国和阿富汗伊斯兰共和国关于打击恐怖主义、毒品走私和有组织犯罪的声明》，签署了《上海合作组织成员国和阿富汗伊斯兰共和国打击恐怖主义、毒品走私和有组织犯罪行动计划》。在《上海合作组织成员国元首叶卡捷琳堡宣言》中，上合组织表达了对阿富汗局势恶化的担忧，同时强调本组织与其他机构加强与阿富汗合作的必要性。

2010年6月11日上合组织发表的《上海合作组织成员国元首理事会第十次会议宣言》再次表示愿意支持阿富汗经济重建，并提醒国际社会关注阿富汗日益恶化的局势。6月15日在《上海合作组织十周年成员国元首理事会会议新闻公报》中，上合组织再次强调阿富汗和平对于地区安全的重要性，强调军事手段并非解决阿富汗问题的唯一途径，恢复阿富汗社会经济才是最为重要的手段。[①]

2009年至今，上合组织已举行五次阿富汗问题副外长级磋商和一次阿富汗问题国际会议。2012年6月，阿富汗正式成为上合组织观察员国，这是上海合作组织在阿富汗问题上迈出的

---

① 《上海合作组织十周年成员国元首理事会会议新闻公报》，http://news.xinhuanet.com/world/2011-06/15/c_121540675_3.htm.

新的一步，标志着上合组织将在阿富汗问题上发挥更为积极的作用。

第十一章 中阿友好关系

第一节 古代中阿友好往来

从西安直通到土耳其地中海沿岸的丝绸之路,是世界历史上贯通东西方陆路的交通大动脉,而阿利亚纳,即今天的阿富汗,正处于这条大动脉的枢纽地带。通过这条交通大动脉,中国和阿富汗之间在政治、经济和文化领域的交往源远流长。

一、汉朝时期

(一) 两国间早期的政治往来

中阿两国悠久的友好关系始于西汉外交家张骞。据《史记·大宛列传》记载,公元前139年,汉武帝派遣张骞出使西域,其目的在于初通月氏,共击匈奴,再厚贿乌孙,以断匈奴右臂。谁知,张骞行至陇西为匈奴扣留。公元前128年张骞逃出,继续西行,来到了大夏,即巴克特里亚,今阿富汗的北部地区。当时正是大月氏人推翻塞种人的统治而成立大月氏巴克特里亚时期。张骞在大夏地区逗留了一年多,详细考察了当地的政治、经济、历史、地理以及风土人情等情况。除了军事目的外,张骞出使西域还开辟了中西交通、商路,勃兴了贸易,从此西方各国与中国建立起直接联系;西方珍奇异物输入中国,印度佛教东渐,中国丝绸远销罗马。^① 公元前119年,张骞再次奉命出使西域。但大月氏建国后迁居于这片土地肥沃、物产富饶的农耕区,由游牧走向定居,宁愿享受安乐,而不愿联汉报匈奴杀祖之仇。虽然张骞两次大夏之行并未完成联合大月氏的任务,但他所取得的珍贵材料通过司马迁的《史记》流传下来,成为阿富汗和中国历史交往的珍贵史料。

(二)两国间早期的经贸往来

早在丝绸之路开通之际,也就是公元前2世纪末前后,如今阿富汗所在的地区是拥有肥沃的土地、完善的灌溉系统和丰富矿藏的地区,是处于希腊、波斯、印度和中华四大文明交汇的得天独厚的地区。当时巴尔赫^②以丝绸之路中途的国际丝绸交易市场而闻名于世。通过这条古"丝绸之路",中国的丝绸、铁器远销西亚、印度和欧洲,而西亚、印度和欧洲的玻璃、香料和珠宝则相应地销往中国。《汉书·西南夷传》记载,张骞"在大夏时见邛竹杖、蜀布,问曰:'安得此?'大夏国人曰:'吾贾人往市之身毒。'"^③可见当时四川一带的特产早已经云南、印度辗转到达当时的阿富汗。1969年至1976年间,阿富汗和苏联联合考古队发现阿富汗北部席巴尔甘东北约5千米处的帝亚拉·泰波

---

① 刘彦群、刘建甫、胡祖源:《新疆对外贸易概论》,乌鲁木齐:新疆人民出版社,1987年,第14页。

② 巴尔赫,今阿富汗北部重要城市。

③ 周振鹤、游汝杰:《方言与中国文化》,上海:上海人民出版社,1986年,第272页。

第十一章　中阿友好关系

（Tyalla-tepe）墓葬，该墓葬的年代约在公元前1世纪至公元1世纪期间。在这个墓葬中出土了来自中国、罗马、伊朗和印度等国的文物，其中有西方式的铜制带柄镜，有印度生产的象牙细工梳子，有罗马的玻璃小瓶，有中国西汉末年制的连弧文铜镜等。[①] 这些文物齐集于墓主人之一身，反映了东西文化在阿富汗的交融。此外，阿富汗的葡萄、胡桃、毛毡等通过"丝绸之路"也一起进入中国市场。因此，古代阿富汗地区不仅是古"丝绸之路"的主要枢纽，其本身就是中国的重要贸易伙伴。

约至公元100年，贵霜第三任皇帝伽腻色迦加冕称帝，贵霜帝国达到了鼎盛。在伽腻色迦的统治下，"丝绸之路"走向繁荣，从罗马帝国出口的贵金属、黄玉、珊瑚、波罗的海琥珀、玻璃制品、葡萄酒、羊毛和亚麻制衣，从印度出口的棉花、香料、象牙、克什米尔羊毛、铁剑，来自中国的丝绸、碧玉、陶器等，三大文明中心间的所有陆路贸易通道都聚集在阿富汗境内。伽腻色迦的夏都巴格拉姆坐落在"丝绸之路"的印度支线上。20世纪30年代至40年代，在此挖掘出公元2世纪的皇宫的两个房间时，发现了大约两千件非凡的世界级艺术珍品。其中有来自印度的精雕细刻的象牙嵌板、汉代中国的漆箱、希腊—罗马的浅浮雕塑和石膏铸大奖章、庞培风格的青铜塑像、埃及的银制器皿、腓尼基的玻璃器皿等等。[②] 这些都是阿富汗作为古代"丝绸之路"中转站的最有力的证据。除了作为中转站，贵霜王朝还积极参与"丝绸之路"的贸易。到达中国的第一批波斯马就是由贵霜王

[①] 彭树智主编：《阿富汗史》，西安：陕西旅游出版社，1993年，第56—58页。

[②] 沙伊斯塔·瓦哈卜、巴里·扬格曼：《阿富汗史》，杨军、马旭俊译，北京：中国大百科全书出版社，2010年，第47页。

朝送的。第一批到达的这种马在中国获得了一个"血汗马"的别名。①除此之外，玉石、白银、羊毛织物等也是中国传统进口的"西域"货物。值得注意的是，来自西域的商队要比来自中国的商队多得多。

(三) 两国间早期的文化往来

1. 佛教文化

在从事大规模贸易的同时，随着异域物质文化的传入，异域精神文化也随之传入，其中佛教文化就是典型代表。一说起佛教，大家往往都会溯源于印度，而忽略早期中亚佛教对中国佛教及佛教艺术的深远影响。贵霜帝国时期，阿富汗是仅次于印度比哈尔邦的第二大佛教中心。巴尔赫、哈达、巴格拉姆和巴米扬都是当时的佛教圣地。中亚佛教考古专家、北京大学考古系晁华山教授认为，中亚佛教对中国佛教及其艺术的影响要大于当时的印度佛教。尤其是中亚的犍陀罗艺术对我国西域和中原佛教艺术的影响最大。犍陀罗艺术得名于阿富汗东北部横跨巴基斯坦边界的犍陀罗地区。在这个地区已经发现了数千件雕塑、浮雕和建筑组件，时代为公元1世纪末至6世纪中期。②它们中大多描绘的是佛。犍陀罗风格的佛像为后来整个东亚地区的所有佛教艺术确立了模式，这在佛教史上是一次伟大的转折。其次，从历史上看，在贵霜王朝时期完成了佛经从口传到文字记录的第四次集结。有了佛经文本和佛像崇拜，才真正促成了佛教向世界各地的大传

---

① [法] 阿里·玛扎海里：《丝绸之路——中国—波斯文化交流史》，耿昇译，北京：中华书局，1993年，第24页。

② 沙伊斯塔·瓦哈卜、巴里·扬格曼：《阿富汗史》，杨军、马旭俊译，北京：中国大百科全书出版社，2010年，第49页。

播，而佛教艺术的产生使得抽象的佛教理论走向了通俗化和大众化的道路。①

贵霜王朝曾是阿富汗历史上最为辉煌的王朝之一，贵霜王朝的迦腻色迦王曾派使节来到汉朝，汉使也曾在今天的阿富汗首都喀布尔北部的巴格拉姆城拜谒迦腻色迦王。贵霜帝国以及大月氏人对佛教传往中国起到了极为关键的中介作用。佛教从巴尔赫的纳瓦巴哈尔寺庙通过丝绸之路，随同贸易物资传到了中国。据《三国志·魏志》记载，公元前2年（汉哀帝元寿元年），贵霜王朝派使者来中国向西汉博士弟子景卢口授佛经——《浮屠经》。这是正史中关于印度佛教最早经阿富汗传入中国的记载。支娄迦谶、支曜、支谦、昙摩难提此云法喜、华言寂友、佛陀摩者等，都是来自阿富汗的著名高僧，在翻译佛经、注经、传经上，都有很大贡献。有些佛经就是来自阿富汗。②

2. 青金石的传入

值得一提的是，阿富汗古老而名贵的青金石以其独特的价值搭建了古代中阿文化交流的桥梁。青金石著名产地为阿富汗的巴达赫尚，地处阿姆河上流的溪谷中。据说开采已有6000年的历史。中国至今未发现青金石矿，古代青金石主要来自阿富汗。大约在公元2世纪青金石传入中国。因其"色相如天"，很受帝王器重，作为宝石收藏和应用。最早一把越王剑的剑格一边为绿松石，另一边镶嵌青金石。③东汉以后的砚盒、屏风、饰品都用青

---

① 桑吉：《阿富汗佛教与巴米扬大佛——访北京大学考古学系晁华山教授》，载《法音》，2001年第4期，第25页。
② 彭树智主编：《阿富汗史》，西安：陕西旅游出版社，1993年，第372页。
③ 干福熹：《玻璃和玉石之路——兼论先秦前硅酸盐质文物的中、外文化和技术交流》，载《广西民族大学学报（自然科学版）》，2009年第4期，第12页。

金石做镶嵌物。青金石"以其色青，此以达升天之路"，在古代还被用来制作皇帝的葬器。1969年，考古工作者在徐州东汉彭城靖王刘恭墓出土一件鎏金镶嵌兽形铜盒砚，高10厘米，长25厘米，重3.85千克。砚盒作怪兽伏地状，通体鎏金，并镶嵌有红珊瑚、绿松石和青金石。

南北朝以后，随着中亚与中国文化交流的发展，青金石的传入不断增多。1975年，河北赞皇东魏李希宗墓出土一枚金戒指，重11.75克，上镶一块青金石，呈蓝灰色，刻一鹿，周有联珠纹。1957年，西安郊区隋李静训墓出土一件具波斯风格的金项链，上面也镶嵌有青金石。到了清代，据《清会典图考》所载，"皇帝朝珠杂饰，唯天坛用青金石，地坛用琥珀，日坛用珊瑚，月坛用绿松石。皇帝朝带，其饰天坛用青金石，地坛用黄玉，日坛用珊瑚，月坛用白玉"。故不论朝珠或朝带，尤重用青金石。此外，清代朝服顶戴器品也用青金石，如四品官阶为青金石顶。[①] 北京故宫珍宝馆内至今仍有不少青金石的展品和介绍。帝后们使用的日常用品中也不乏青金石的身影，如金錾云龙葫芦式执壶、乾隆金盖座白玉藏文碗、金螺丝九凤钿子等上面均镶嵌了青金石。在清宫遗存的最高最重的乾隆生母金发塔，其塔座和龛边也镶嵌了青金石。清代宫廷佛教用品也大量应用青金石，如金嵌珍珠宝石佛塔、金佛、金嵌珠石立佛像、大小不同的盒嵌珠石塔，以及清宫内佛堂供桌上的供器，如金镶嵌宝石炉、瓶、盒、金錾花如意式香炉、金质镶嵌珠宝藏经盒等，上面都镶嵌了青金石。[②]

---

① 孟宪松：《青金石与古代东西方文化交流》，载《中国宝玉石》，1998年第4期，第51页。

② 孟宪松：《青金石与古代东西方文化交流》，载《中国宝玉石》，1998年第4期，第51页。

第十一章　中阿友好关系

另一方面，由于青金石具有美丽的天蓝色，它还是古代洞穴和墓室壁画的著名蓝色颜料。在北魏甚至更早时期，青金石不仅作为颜料广泛应用于石窟壁画、彩塑和绢石上，而且在颜料的选择和加工方面已达到相当高的水平。中国最早在新疆克孜尔石窟被发现使用青金石颜料。1938年，美国哈佛大学的罗瑟福·盖特斯（Rutheford J. Gettent）博士对巴米扬石窟的壁画和新疆克孜尔石窟的壁画进行科学分析并发表报告，称两个石窟所用蓝色颜料为阿富汗特有之青金石。[①] 此外，甘肃敦煌石窟、敦煌西千佛洞自北朝到清代的壁画、彩塑上，从开始创建洞窟时就首先使用了青金石。

二、东晋南北朝时期

（一）政治、贸易往来

在中国的南北朝时期，当时阿富汗地区的嚈哒汗国[②]作为中国和波斯之间的中介环节，与中国的交往也十分频繁。在公元455—521年间，波斯使者10次来中国，其中有几次是同嚈哒汗国使者一起来的。在定县塔基发现的波斯银币中，就有一枚耶斯提泽德二世（438—457年）时期的银币，其边缘压印一行嚈哒文字的铭文。这反映了嚈哒、波斯和中国在当时的关系。[③] 与此同时，嚈哒汗国本身与中国的联系也十分密切。阿富汗自古以制造琉璃闻名，公元424—452年，阿富汗地区的商人来到北魏

[①] 王进玉：《中国古代彩绘艺术中应用青金石颜料的产地之谜》，载《文博》，2009年第6期，第398页。

[②] 印度和东罗马史学家称之为白匈奴。

[③] 彭树智主编：《阿富汗史》，西安：陕西旅游出版社，1993年，第76页。

京都平城①，向中国人传授制造琉璃精品的技术。北朝的北魏、西魏、北周时期，当时统治阿富汗的嚈哒汗国 14 次派使节来北朝都城平城、洛阳和长安访问，并馈赠礼品，也向南朝的梁武帝派遣过使节。直到隋朝末年（605 年），仍有关于双方互相往来的记载。

（二）宗教文化往来

1. 法显西游

公元 399 年，东晋著名僧人法显等人从长安出发，经西域至天竺，游历了 20 多个国家，收集大量梵文经文，其中一站便是阿富汗。公元 402 年，法显到了那揭国的醯罗城②。他在途中翻越的一座小雪山就是现在阿富汗的苏莱曼山。法显把自己的所见所闻记录在《佛国记》中，这部著作成为阿富汗、中亚、南亚各国与中国交往的珍贵史料。

2. 宋云西行求佛

北魏明帝的母亲胡太后为了表示对佛教的虔诚，于神龟元年（518 年）冬遣当时的高僧宋云去西域取经。作为北魏官方派出的国家代表，在西行寻求佛法的同时，宋云肩负有宣扬国威和华夏文化的使命。宋云出发时，胡太后敕付五色百尺幡千口、锦香袋五百枚、王公卿士幡二千口，从于阗开始，至乌苌国，分别供养于路上所有的佛迹处。宋云还先后为浮屠施舍奴婢四人，可见此行规模之宏大。③ 由此可见，此次西行不仅仅是单纯的中国僧

---

① 今山西大同。
② 今阿富汗贾拉拉巴德和喀布尔之间的地区。
③ 王冰：《宋云西行记》，载《丝绸之路》，2000 年第 2 期，第 56 页。

侣西行求法的活动，宋云在所到之处，积极宣扬华夏文明、努力扩展对外关系，这是其他求法僧侣所无法比拟的。

宋云不仅考察、记录了沿途地区佛教发展的状况，还详细描述了沿途各地区的自然地理、风土人情和生活习性。公元519年，宋云途经嚈哒汗国，见到了一位未提名的"凶慢无礼"、"多行杀戮"的嚈哒国王。他称该国受四十余国朝贡，其王大毡帐方40步，"王者锦衣，坐金床……四夷之中，最为强大。"[①] 此外，他还生动描写了当时嚈哒人的生活习俗：一般人都以毡为衣，王妃则穿锦衣，垂地3尺，使人托起。嚈哒的历法"年无盈闰，月无大小"，仅用12个月记1年。诸多情形皆不同于汉地中原，使人大开眼界。

宋云归国后曾撰述纪行，遗憾的是该书已佚失，仅在《洛阳伽蓝记》、《古今图书集成》、《海国图志》中有节录。但留存下来的这些文字不仅是了解当时佛教传播、发展状况的重要文献，而且还是研究当时中亚、南亚历史、地理和文化概况的宝贵资料。

三、隋唐时期

（一）政治、贸易往来

隋唐时期，中原同西域及外国贸易十分频繁，成为"丝绸之路"历史上最繁荣的时期。而唐朝是古代阿富汗和中国关系发展的高潮时期，主要表现在以下几个方面：第一，吐火罗（今阿富汗的昆都士）世代都忠赤于大唐，朝贡不断。从民族关系来看，朝贡的政治意义大于经济。朝贡次数的多少，标志着双方政治隶

---

① 彭树智主编：《阿富汗史》，西安：陕西旅游出版社，1993年，第76页。

属关系的松紧程度。太宗贞观十九年（645年），沙钵罗叶护贡方物；贞观二十年（646年），盛产玻璃的俱兰王忽提遣使献青金石；永徽元年（650年），吐火罗向唐高宗进献鸵鸟，高宗显庆年间献玛瑙镫树高3尺，显庆二年（657年）献狮子，以及咸亨二年（671年）、永隆二年（681年）献马及方物。玄宗开元年间，吐火罗有9次遣使献马、骡、胡药、瑞麦香药等方物；天宝年间有5次遣使来唐献马、红碧玻璃等方物。① 第二，吐火罗和大唐在军事外交上互相声援、互相帮助。开元十五年（727年），吐火罗因受大食②的侵扰，其王叶护上表请求援救："奴身今被大食重税欺苦实深，若不得天可汗救活，奴身自活不得，国土必遭破散，求防守天可汗西门不得。伏望天可汗慈悯，与奴身多少气力，使得活路。"③ 唐以安西兵助讨。而吐火罗则在安史之乱爆发后，"与西域九国发兵为天子讨贼"。第三，唐设置都督府，显庆中（656—660年），唐朝以吐火罗阿缓城为月氏都督府，析小城为二十四州，并将其国王封为阿史那都督。第四，有较高规格人物来唐。吐火罗叶护曾在显庆年间遣其子到长安朝拜。神龙元年（705年），吐火罗王那都泥利遣其弟仆罗朝拜唐中宗，仆罗在长安期间主动要求"留宿卫"。

（二）宗教交流

1. 佛教交流

到了唐朝，著名高僧玄奘是耳熟能详的中西方文化交流的使

---

① 彭树智主编：《阿富汗史》，西安：陕西旅游出版社，1993年，第377页。
② 大食是唐朝汉文文献中对7世纪兴起于中东地区的阿拉伯帝国的称呼。
③ 崔明德：《隋唐时期西域诸国的民族关系思想》，载《烟台大学学报（哲学社会科学版）》，2007年第4期，第73页。

第十一章 中阿友好关系

者。公元629年,玄奘从长安出发,经过玉门关,取道伊吾(今新疆哈密),沿天山南麓西行,经阿耆尼国(今新疆焉耆)、屈支国(今新疆库车)、跋禄迦国(今新疆阿克苏),翻越凌山(今天山穆素尔岭),来到碎叶城(今吉尔吉斯斯坦托克马克西南);后经飒秣建国(今撒马尔罕城东),翻越铁门(今乌兹别克斯坦南部布兹嘎拉山口)到达吐火罗(今阿富汗北境);由此南行,经大雪山(今兴都库什山),来到梵衍那国(今阿富汗巴米扬),东行至犍驮罗国(今巴基斯坦白沙瓦城),进入印度。玄奘一路跋山涉水、经历艰难险阻,行程5万里,历时17年,才到达印度取得真经。玄奘取经往返都经过阿富汗,先后到过如今阿富汗的巴达赫尚、昆都士、巴尔赫、巴米扬和喀布尔。玄奘将其西行的所见所闻都记录在《大唐西域记》中。当时的阿富汗地区诸小国林立,正如《大唐西域记》中所记载:"自数百年,王族绝嗣,酋豪力竞,各擅君长,依川据险,分为二十七国。"其卷一为"梵衍那国","梵衍那"又译为"范阳"(《魏书》)、"犯引"(《往五天竺国传》)、"帆延"(《隋书》)、"望衍"(《新唐书》)、"失范延"(《唐会要》)等。原从梵语 Bamiyana 及中世纪波斯语 Bamikan 演变而来,现作 Bamiyan。《大唐西域记》译为"梵衍那",实为 Bamiyana 的对音。据我国音韵学者的研究,"古无轻唇音",所以五代以前"梵"的声母不读 [f] 而读成 [b] 音。只是因为古今汉语语音的变化,现在人们可能觉得差距较大而已。① 但是毫无疑问,"梵衍那"就是如今的巴米扬。玄奘在巴米扬王国停留了15日,他到过三个地方:王城,城边山谷中的巨型三尊佛像,以及一座伽蓝——该王国主要遗存的保留之处。这

---

① 李乐毅:《巴米扬大佛与玄奘大师》,载《佛教文化》,2003年第1期,第22页。

在《大唐西域记》中有详尽而生动的记载:"王城东北山阿有立佛石像,高四百五十尺。金色晃耀,宝饰焕灿。东有伽蓝,此国先王之所建也。伽蓝东有鍮石释迦佛立像,高百余尺,分身别铸,总合成立。城东二三里伽蓝中有佛入涅盘卧像,长千余尺。其王每次设无遮大会,上自妻子,下至国珍,府库既倾,复以身施,群官僚佐就僧酬赎,若此者以为所务矣。"①《大唐西域记》全书共十二卷,不仅记载佛事,而且对中亚、南亚各国的地理位置、物产气候、风土习俗和历史遗迹等都有广泛的考察,弥补了该地区各国历史、宗教方面文献资料的不足,成为研究中古时期历史地理,中亚史、南亚史、中外关系史、边疆史、民族史、宗教史的重要典籍。

2. 基督教交流

提到中阿之间宗教往来时,人们通常能提及佛教的传播,而往往会忽略阿富汗传教士在中国传播基督教的事实。景教是我国唐代对基督教的一支聂斯托利派②的称呼,沿着丝绸之路,从叙利亚、波斯、阿富汗传到中国,并在公元 7—11 世纪在中国广为传播。

《大秦景教流行中国碑》③于明天启年间(1621—1627 年)发现。据碑上记载,大秦国上德阿罗本"占青云而载真经,望风

---

① (唐)玄奘口述、辩机撰文:《大唐西域记》,北京:中国戏剧出版社,1999 年,第 9 页。
② 聂斯托利派被看作是基督教的异端,认为耶稣的神性和人性分开。
③ 该碑质为黑色石灰岩,顶呈半圆形,上部较尖。石碑立于一石龟之上。碑全高 279 厘米,宽 86 厘米,厚 25 厘米,碑身高 197 厘米,碑头刻有"大秦景教流行中国碑"九字。

第十一章 中阿友好关系

律以驰艰险,贞观九祀,至于长安"①。可见,景教在唐代初期出现在中原。到元代景教再度壮大,但到了明朝,就鲜为人知了。至大秦国上德阿罗本来华之后,又有岵和、罗含、及烈、伊斯等僧众来华。冯承钧先生认为他们是"由大夏经行巴达克山(Badakshan)、葱岭(Pamirs)、蒲犁(Tash-Kurghan)而至和阗(Khotan)。遵玄奘之归途而至长安"②。而大夏、巴达克山、葱岭地区都在如今的阿富汗境内。此外,给《大秦景教流行中国碑》立碑的叶俟布锡德(Yesbusid)不是别人,他就是阿富汗的巴克特拉城景教主教米利斯之子。③ 而景教碑中序言末段浓墨重彩歌颂的"白衣景士伊斯"也来自阿富汗的巴克特拉城。碑文记载了伊斯等阿富汗景教徒协助郭子仪帮助大唐平息叛乱的事迹。安禄山于天宝十四年(755年)十一月叛乱,陷河北诸郡,朝廷迫切需要补充军事装备和人力物力。伊斯就是此时从家乡"王舍城"来到中土,"效节于丹庭,乃策名于王帐","中书令汾阳郡王郭公子仪,初总戎于朔方也,肃宗俾之从迈。虽见亲于卧内,不自异于行间。为公爪牙,作军耳目。"④ 伊斯作为同朔方节度副使,充当了郭子仪的智囊和谍报人员。十二月,肃宗大封蜀郡灵武功臣,即伊斯得赏"禄赐"之日,亦即伊斯得赐"金紫光禄大夫、同朔方节度副使、试殿中监、赐紫袈裟"之时。由此可知,景教在中国的传播和阿富汗有着密切的联系。

---

① (唐)景净:《景教流行中国碑颂并序》,收入朱谦之《中国景教》,北京:东方出版社,1993年,第224页。
② 冯承钧:《景教碑考》,台北:商务印书馆,1962年,第58页。
③ 彭树智主编:《阿富汗史》,西安:陕西旅游出版社,1993年,第375页。
④ 《大秦景教流行中国碑》碑文参照中国国家博物馆藏拓片原件进行校对,此拓片是目前国内最早最完整的版本。引自聂志军:《景教碑中"伊斯"也是景医考》,载《敦煌学辑刊》,2008年第3期,第120页。

四、元朝时期

公元1219年,成吉思汗以派往花剌子模的商人被杀害、货物被抢劫为由西征,西征的范围西抵里海以西,东达巴基斯坦拉合尔地区,最北到达伏尔加河,最南到达印度河流域,马蹄踏遍了今天的哈萨克斯坦、乌兹别克斯坦、吉尔吉斯斯坦、土库曼斯坦、塔吉克斯坦、伊拉克、伊朗、阿富汗、巴基斯坦等国家的大部分领土。其中在阿富汗征战过的地方有:塔里赛(今阿富汗穆尔加布河流域)、也里(今赫拉特)、巴达赫尚、巴尔赫、加兹尼、八鲁湾(今喀布尔北部的帕尔旺)诸城,每经过一个地方,蒙古军都要进行复仇和掠夺,给当地带来了深重的灾难。

公元1219年,远在中亚进行西征的成吉思汗遣侍臣刘温(字仲禄)不远万里来到中原,敦请道教全真教派首领丘处机前往中亚。出于种种原因,丘处机不顾自己已经72岁的高龄,经过两年多的长途跋涉,历经了常人难以想象的各种困难,于元太祖十七年(1222年)4月5日到达阿姆河南岸(今阿富汗北境)成吉思汗西征行营。其弟子李志常在随其师西游途中,详细记载了丘处机北上西域的历程、沿途地理状况和风土人情,最终整理成书《长春真人西游记》,其中不乏他们在阿富汗的所见所闻。同时还描述了当时阿富汗人民举兵反抗蒙古军的情况:当丘处机一行到达大雪山时,约定时间问道,但却因"回纥山贼指斥,上欲亲征"而推迟,后又有"回纥城东新叛者两千户,夜夜火光照城"等。

五、明朝时期

14世纪60、70年代,帖木儿王朝与明王朝几乎同时崛起。《明史》(卷167,第3303页)载:"洪武二十年(1387年),撒马儿罕国王帖木儿遣使贡驼,诏厚赐之。"这可能是双方正式建立友好往来关系的开始。1392年,帖木儿亲自向中国进贡,其中有织物、军械,尤其是马匹。1394年中国农历八月,帖木儿的使节把200匹马带到了中国并携致洪武皇帝的一封友好的表本。次年,深受感动的大明也复他一道同样也很友好的表章,由给事中傅安(字志道)率一千士卒携往[①]。1403年,明永乐皇帝登基。1405年,沙哈鲁继位,定都哈烈(今阿富汗的赫拉特)。两国维持着卓有成效的文化和经济关系。1408年,哈烈接待了永乐的第一个使节;1409年,沙哈鲁的使节入朝奉贡。永乐和沙哈鲁之间交换的国书都很好地保存在帖木儿王朝时期史学家阿伯特拉柴克的著作中。[②]自洪武年间至万历九年(1581年),帖木儿朝贡使团多达50余次,自永乐五年(1407年)傅安归国到英宗正统初(1436年)不到30年的时间里,哈烈遣使朝明达17次之多,尤以永乐朝为甚,几乎每年都有。双方使者往来频繁,其中外交家和旅行家陈诚是明朝派往哈烈的最著名使者。1414年2月3日(永乐十二年正月),陈诚一行从肃州出发,沿着古老的丝绸之路,经过近10个月的艰苦跋涉,于当年10月27日,到达了哈烈国首都哈烈。1415年11月,陈诚偕同哈

---

① [法]阿里·玛扎海里:《丝绸之路——中国—波斯文化交流史》,耿昇译,北京:中华书局,1993年,第27页。

② 该著作为国立图书馆手稿《双福星的升起处和双海之汇合处》,波斯文本第106号,第55页背面,第85页正面和第91页正面。

烈等国使臣返回北京。1416年,以哈烈为首的西域诸国使臣再次入贡,7月明成祖又派陈诚等人携带玺书及财物送还。1416年,哈烈使臣又随陈诚等来朝入贡。1420年,明成祖第三次派遣陈诚出使西域。陈诚还将自己在哈烈的所见所闻记录在《西域行程记》和《西域番国志》中。当时哈烈居民的住房大都为平顶方形,门扉绘雕花纹,屋内铺有地毯,席地而坐,严禁喝酒,以手取食;居民不奉祖宗,不祭鬼神;婚姻方面多以姊妹为妻妾,兄弟姐妹之间也互通婚;丧葬不用棺木,富家多在坟上筑高室;七日一集,称为"巴扎"。通过双方使者的外交活动,明王朝与西域之间在政治、经济和文化上的交流在永乐年间达到了高峰。

当时不仅有政府之间的贸易,民间的贸易也非常频繁。《明史》(卷332,百衲本第7939页)显示,波斯商队与使节在1387—1394年间来往非常频繁。由于双方政府之间交换外交文书,相互维持丝绸之路上各自所属一段的安全,所以骆驼队商人按季节往返于丝绸之路上。每年到了秋季前后,便有几支穆斯林骆驼商队经过玉门关而到达中国。每支商队各由数百名按国别和业务而以不同的密切程度联系起来的商人组成。

帖木儿王朝从明王朝进口的商品主要是大批丝织品,而明王朝从帖木儿帝国输入的商品主要是马、狮子等禽兽和玉石。永乐之后诸朝与帖木儿之后及整个西域的关系逐渐疏远。

第二节 近现代中阿友好关系

1747年7月,阿赫马德·沙赫称帝,建立了阿富汗杜兰尼王朝。其在位期间不断对外扩张,东至克什米尔、南达印度河流

第十一章 中阿友好关系

域、西至呼罗珊地区、北抵阿姆河流域,都是杜兰尼王国的领域。1751年前后,巴尔赫、巴达克山和兴都库什山以北其他省份纷纷降服,与同时期进入中亚的中国清政府迎面相遇。1760年,清政府将巴达克山等国纳入清朝的宗藩体系。另一方面,巴达克山又臣服于爱乌罕(即阿富汗)。清政府对于巴达克山的这一情况并非不知情。据清朝史料载:"乾隆二十四年大兵逐霍集占,将入爱乌罕境,为巴达克山酋素尔坦沙擒献,其属下有奔爱乌罕者,具以情告艾哈默特沙,以霍集占之见杀,将问罪于巴达克山,先遣使往。素尔坦沙惧,以御赐灯二盏及文绮往遣,并言霍集占负大皇帝恩,内地兵力甚盛,设不擒献则巴达克山为墟,凡诸不得已状。"从中可以看出清政府很清楚巴达克山向阿富汗屈服,甚至将清朝所赐之物贡献给艾哈迈德·沙赫的事实。[①] 一方面是由于阿富汗所处蛮荒之地,清朝不愿投入过多精力加以经营;另一方面通过各种渠道掌握情报,清朝已经认识到阿富汗的实力不可小觑。因此,清朝政府并没有与之建立并发展官方关系的强烈意愿,而是对阿富汗采取了承认其势力范围、避免起冲突的态度,小心翼翼地维护两国间的和平。

1762年(乾隆二十七年)九月,新柱等人向清廷报告:"初六日,拔达克山穆拉特伯克等前来贸易,告称起程以前,闻爱乌罕欲遣使入觐贡马,已至拔达克山。我等头目素勒坦沙,亦遣使随同入京。"[②] 巴达克山使臣随同阿富汗使臣入京,某种程度上

[①] 《清朝文献通考》卷299《四夷考七》。转引自李晶:《乾隆年间清朝与阿富汗关系新探》,载《云南师范大学学报(哲学社会科学版)》,2013年第1期,第122页。

[②] 《平定准噶尔方略》续编卷18,乾隆二十七年九月辛未。转引自李晶:《乾隆年间清朝与阿富汗关系新探》,载《云南师范大学学报(哲学社会科学版)》,2013年第1期,第123页。

表明了巴达克山臣属于阿富汗的政治含义。清政府对阿富汗使臣的"朝贡"高度重视。高宗特意指示:"爱乌罕系一大部落。其使人初次经行内地,天朝百技,俱所未睹。所有经过各省会,理宜豫备筵宴,陈设戏具,以示富丽严肃",并准备派遣专使随同阿富汗使团回访该国,表达了与对方建立稳定关系的意愿。[①] 从此,爱乌罕与巴达克山等被一并列为清朝的藩属国。据魏源《圣武记》记载:"爱乌汗(即阿富汗)亦闻中国之盛,未知其道里远近,遂遣使偕来,欲一睹中国广大。二十七年(乾隆二十七年,即1762年)入贡,为中国回疆最西之属国。"[②] 1763年(乾隆二十八年)第一次对《皇清职贡图》进行增补,增补了西北地区的爱乌罕等五图,前有乾隆皇帝的御识:"乾隆二十八年癸未,爱乌汗遣使奉表入贡,其霍罕及西哈萨克启齐玉苏、乌尔根齐诸部皆伻来牵驹以献,考爱乌罕距拔达克山尚三月余程,重四译始达,余亦去伊犁叶尔羌诸城数千里,缠头毡扇之饰为前图所未备,因敕补缋帧末,以志远服、昭来许。御识。"[③] 另据《皇清职贡图》记载,爱乌罕回人"俗以耕种为业,属人筑室散居,不计户籍丁口"。[④]

1944年3月2日,中国国民党政府和阿富汗哈希姆政府签订了《中阿友好条约》,并建立了外交关系。中国第一任驻阿富汗公使是邹尚友,阿富汗第一任驻中国代办是夏拉姆·穆罕默德。

---

① 李晶:《乾隆年间清朝与阿富汗关系新探》,载《云南师范大学学报(哲学社会科学版)》,2013年第1期,第123页。
② 魏源:《圣武记》(上),北京:中华书局,1984年,第175页。
③ 佟颖:《〈皇清职贡图〉研究》,硕士研究生学位论文,第14—15页。
④ 佟颖:《〈皇清职贡图〉研究》,硕士研究生学位论文,第69页。

第十一章　中阿友好关系

第三节　当代中阿友好关系

1949年中华人民共和国成立后不久，阿富汗便承认了新中国。1955年1月20日，两国建交，并相互在首都设立大使馆。自建交以来，中阿关系大体发展顺利，两国在文化、教育和民间往来等领域保持了较为频繁的交流。

一、文化领域

（一）2001年以前两国在文化领域的交流

2001年以前，中阿两国在文化领域的交流集中表现在庆祝对方的纪念日上。1956年8月23—25日，为庆祝阿富汗独立38周年，中国首次派出了中国文化艺术代表团去喀布尔参加庆祝活动，表演了京剧、歌舞和杂技等节目，受到了阿富汗人民的热烈欢迎。与此同时，代表团还参加了阿富汗第一届国际工业博览会。1957年8月，中国足球队访问阿富汗，并参加了阿富汗独立39周年庆典中的足球比赛。同年11月，阿富汗足球队也对中国进行了访问。1958年，为纪念阿富汗独立40周年，北京电台安排了特别节目，报道两国关系和阿富汗经济与文化的发展情况。阿富汗驻华大使阿卜杜尔·萨马德·汗举行国庆招待会，中华人民共和国副主席朱德元帅出席招待会并发表讲话。8月14日，由65名中国艺术家组成的代表团为参加阿富汗独立40周年系列文艺演出抵达喀布尔，代表团团长拜会了查希尔国王。1965年9月，由奥林匹克体育委员会主席率领的阿富汗体育代表团和文化代表团分别抵达北京，参加中华人民共和国成立

16周年庆祝活动。1966年8月13日，为庆祝阿富汗独立48周年，一个由48人组成的中国杂技团抵达喀布尔。

同时，中阿两国在宗教、艺术、体育上的交流也逐步加强。1957年10月，由加鲁尔丁率领的12人中国穆斯林代表团在访问一些伊斯兰国家后到阿富汗进行访问，这是两国宗教界之间的首次交往。1960年7月21日，波尔希纳先生率领阿富汗艺术代表团访问北京，周恩来总理接见了代表团，中国领导人观看了代表团的演出。1963年9月13日，阿富汗艺术家穆罕默德·胡茂庸·埃特马迪绘画作品展在中国美术馆开幕，中国对外文化联络委员会副主任周光主持开幕式。此次展览历时12天，有3万多人参观了展览。1971年10月31日，阿富汗教育部体育司司长穆罕默德·海达尔·米亚西尔率阿富汗乒乓代表团访华。

1962年9月25日，新闻署顾问记者协会主席阿卜杜尔·哈米德·马哈茂德先生、喀布尔大学法鲁克·埃特马迪教授抵达北京访问，受到中国副总理陆定一接见。1963、1964年，中阿友好协会和阿中友好协会分别在北京和喀布尔成立，标志着中阿友好关系的不断加深和发展。1972年10月18日，苏尔坦·马哈茂德·加齐率阿中友好协会代表团抵达北京。1975年11月30日，乔晓光率中阿友好协会代表团访问阿富汗。

（二）2001年以后两国在文化领域的交流

2001年，阿富汗临时政府成立，在经历了长年战乱之后，阿富汗国内百废待兴，中阿之间在文化领域的友好关系重新开启。2002年6月10日，阿富汗使馆代办阿卜杜尔·胡塔克与中国野生动物保护协会签署中国向阿赠送野生动物协定。根据协定，中方向喀布尔动物园赠送一对狮子、一对孔雀、一对鹿、一

第十一章 中阿友好关系

对狼和一对猪。2003年8月8日，中国民航部批准阿富汗阿利亚纳航空公司在新疆乌鲁木齐市设立常驻代表处。19日，喀布尔至乌鲁木齐市定期航班开航。9月，阿富汗巴赫塔尔通讯社代表团访问北京，与新华社签署了协定。2004年3月，阿富汗新闻文化部部长赛义德·拉辛应中国文化部邀请访华，就发展两国文化与中方进行了有益的会谈。2005年中阿建交50周年期间，中方为阿邮政局印制纪念邮票，举办了中阿友好图片展。

2011年10月19—26日，阿富汗信息文化部副部长拉希迪率阿新闻媒体代表团访问新疆。2012年6月阿总统卡尔扎伊访华期间，中阿双方表示将大力促进文化、教育、卫生、新闻媒体等领域交流与合作，开展形式多样的人文交流，进一步增进两国人民之间的了解和友谊。双方将为深化与拓展上述交流与合作创造一切有利条件。中方将继续为阿富汗提供专业技术人员培训，为更多阿青年来华留学提供包括政府奖学金在内的便利，支持阿国家发展。2013年9月，阿信息文化部副部长艾沙卡伊来华出席第三届中国—亚欧博览会新闻部长论坛。11月，阿富汗派遣艺术团及文化专家赴昆明参加第十三届亚洲艺术节。

在中阿友好交往中，中国国际广播电台普什图语广播为两国人民之间的文化传播架起了一座桥梁。1973年7月15日，中国国际广播电台普什图语广播正式开播。2010年，普什图语调频节目在阿富汗首都喀布尔和第二大城市坎大哈同时开播，标志着中国国际广播电台成为继美国之音和英国广播公司之后对阿富汗广播的第三大国际广播电台。同时，对阿富汗每天播出时长由以前的1.5小时增加到6.5小时。2011年6月27日，在中国国际广播电台即将迎来成立70周年之际，阿总统卡尔扎伊发来贺信，积极评价中国国际广播电台在阿富汗两大城市播出落地调频节目，高度赞扬中国国际广播电台在阿中友好交往中所发挥的重要作用。

二、教育领域

从1957年起，中国陆续向阿富汗的喀布尔大学派出留学生，学习普什图语、波斯语和阿富汗文学。从1962年起，阿富汗也向中国派出几批留学生，学习中文、医学、美术和农业。除了派遣留学生，中国还于1973年7月，聘请喀布尔大学教授阿里·穆罕默德·扎茂赴京教授达里语，聘请新闻文化部外文出版处处长穆罕默德·塔希尔·阿齐克希教授普什图语并协助播音。

2001年阿富汗临时政府成立后，中国政府积极为阿富汗提供专业技术人员培训，为更多阿富汗青年来华留学提供包括政府奖学金在内的便利，支持阿富汗国家发展。例如，2004年4月，阿富汗外交部派出15人小组到达北京，接受为期一个月的外交业务培训。

近年来，阿富汗有不少留学生赴华学习。2008年1月，阿富汗首家孔子学院在喀布尔大学成立。截至2013年10月，该院已招收5届共计174名阿富汗学生，其中50人先后获得中方奖学金赴华深造。自2007年起，中国每年为阿方提供30个政府奖学金名额。2010年3月阿总统卡尔扎伊访华期间，中方宣布自2011年起，每年为阿方提供100名政府奖学金名额。2013年9月阿总统卡尔扎伊访华期间，中国陕西师范大学与阿富汗喀布尔大学签署合作谅解备忘录。中方承诺将支持在阿汉语教学，鼓励两国高校开展校际交流。

同时，中国政府积极援建在阿富汗的教学设施和援赠教学用品。2011年3月，中阿签署援建阿科教中心项目的换文。4月，双方签署中国援建喀布尔大学中文系教学楼及招待所项目的换文。5月,双方签署中方向阿援赠救护车、教学物资和办公设备的换文。2012年1月,中阿签署援建阿富汗喀布尔大学中文系教学楼(孔子学院)及援赠招待所项目办公家具的确认书。5月,中阿签署援建阿富汗科教中心项目施工合同。中国援建阿喀布尔大学中文系教学楼及招待所项目开工。

三、民间商贸往来

阿富汗政府和民众对华友好,阿国内拥有丰富的能源矿产资源,中阿民间贸易合作具有很大潜力。尽管阿富汗的安全形势不是很好,投资环境较差,但中阿民间的商贸仍然活跃。

一方面,中国企业积极投资阿富汗重建进程,具体体现在通信领域和能源领域。

在通信投资方面,2007年8月3日,华为技术公司和中兴通信公司在喀布尔与阿富汗电信公司分别签署移动通信技术改造和固网扩容方面以设备供货为主要内容的4个合同,总计价值1000万美元。

在能源投资方面,中国冶金科工集团公司(简称中冶集团)和江西铜业联合投资的艾娜克铜矿项目和中国石油天然气集团(CNPC)的阿姆河盆地油田项目,是中国企业在阿富汗最大的投资。2009年6月,中阿签署矿业合作谅解备忘录。在艾娜克铜矿项目国际招标中由中冶集团和江西铜业联合投资中标。中冶集团计划在五年间投资40亿美元。此外,中方将为阿富汗修建铁路、开发煤矿、修建一个年产量为100万吨的钢铁加工厂、建设一个40万千瓦电厂,综合投资规模预计将超过100亿美元。中冶集团将为30年开采权支付总计8.08亿美元费用,并将每年向阿富汗政府上缴税款约 6000 万美元。7 月，阿富汗艾娜克铜矿正式开工。2011 年 12 月，中国石油天然气集团（CNPC）的阿姆河盆地油田项目正式签约，即中石油将在阿富汗北部的萨尔普勒省和法里亚布省开采石油和天然气。这是阿富汗政府首次以合同形式允许外国企业开采其油气资源。根据双方于 2011 年 12 月签订的协议，阿富汗政府可以获得 70% 的销售利润。中石油也将支付 15% 的专利税，还要支付公司税和地租。此外，中石油还承诺在未来三年内建立一座冶炼厂，这也将是阿富汗的第一座冶炼厂。据悉，通过这个项目，阿富汗在未来 25 年可有约 70 亿美元收入。2012 年 10 月，阿姆河盆地油田项目投产。

另一方面，无论在价格上还是在质量和款式上，中国产品在阿富汗都有明显的优势，大到冰箱、彩电，中到自行车、收音机，小到毛巾、肥皂，普遍受到阿富汗人民的青睐，尤其是日用百货和小家电在当地市场占有相当大的份额。目前，有大批阿富汗商人长年待在浙江、广东等地，根据市场行情的变化向阿富汗组织货源。这些阿富汗商人既熟悉当地需求情况，也了解中国的商情价格，再加上多年建立起来的跨国关系网，能够以较低廉的运输和税费将中国商品运进阿富汗市场。

第十二章　阿富汗社会问题

第一节　阿富汗毒品问题

一、阿富汗毒品的历史与现状

（一）阿富汗毒品的历史

阿富汗罂粟种植始于19世纪，尽管开始较早，但其规模一直不大，作用也很有限，通常都是当作药物来使用，并没有泛滥之势。因此，在相当长一段时间里，人们并没有把阿富汗看作是一个毒品生产国。这种状况在20世纪70年代末发生了变化。苏联入侵以及多年的内战使阿富汗陷入了空前的混乱，本来就十分落后的经济整体瘫痪，人民生活极度贫困，社会保障和服务体系完全失去作用。战乱使阿富汗整个国家处于无政府状态，正常的生产和生活秩序已经不可能存在。然而，战争的巨额消耗需要资金的支持，这就为毒品这种简单、低成本、高利润的生产提供了良好的内部环境。与此同时，近30年来，国际毒品生产和消费迅速增长，为阿富汗的毒品生产提供了极为有利的外部环境。

20世纪80—90年代初，阿富汗罂粟种植和鸦片生产剧增，1994年鸦片年产量达到3416公吨创历史高峰。从种植面积看，

1980年，阿富汗罂粟种植面积为10000公顷，到了1990年达到了41300公顷，翻了3倍多。从鸦片产量看，1980年阿富汗鸦片年产量为200公吨，占全球总产量的20%；1991年鸦片年产量为1980公吨，占全球总产量的50%，超过"金三角"；1994年则为3416公吨，占全球总产量的63%。① 从市场占有率看，20世纪70年代，阿富汗出产的鸦片主要销往周边国家，还没有进入西方国家的市场，到了80、90年代，越来越多的鸦片开始运往欧美地区，到了1988年，在欧美市场由阿富汗鸦片制成的海洛因的占有率已达50%。② 阿富汗毒品问题自此形成。

1995—2000年是罂粟种植在阿富汗全面扩散的重要时期③，而这一时期也正是塔利班政权逐渐掌控阿富汗大部分国土的时间。尽管《古兰经》禁止穆斯林生产或使用任何麻醉药物，塔利班严格禁止种植印度大麻，因为抽印度大麻的人是阿富汗人和穆斯林，但是塔利班允许种植罂粟，因为抽鸦片的是西方非穆斯林信徒。于是罂粟种植和鸦片生产便成了其"圣战"的工具。此外，塔利班允许农民种植罂粟还有其他原因，一位塔利班官员说："我们让人们种植罂粟，是因为农民因此收入不错。我们不能强迫人们种植小麦，否则他们会群起反抗塔利班政权。"④ 同

---

① United Nations Office for Drug Control and Crime Prevention, *Global Illicit Drug Trends*, New York, 1999, p.35.

② D. Macdonald, *Drugs in Afghanistan: Opium, outlaws and scorpion tales*, London: Pluto press, 2007, p.86.

③ UNODC and The Paris Pact Initiative, *Illicit Drug Trends in Afghanistan*, April 2008, pp.8-9.

④ 艾哈迈德·拉希德：《塔利班：中亚的伊斯兰、石油与新大角逐》，北京：军事谊文出版社，2002年，第196—197页。

第十二章 阿富汗社会问题

时，塔利班将毒品经济正规化，针对鸦片征收"天课"①，但是他们将征收份额提高到20%。

1996年，阿富汗鸦片年产量为2248公吨。1997年，随着塔利班的势力扩展到喀布尔并向北推进，阿富汗的鸦片产量大幅增长了25%，达2804公吨。根据联合国毒品管制计划署和美国的估计，阿富汗产的海洛因有96%来自塔利班占领区。塔利班不仅扩展鸦片产区，他们每攻陷一个地方，毒品贸易和运输的路线也相应扩展。1999年，阿富汗的罂粟种植面积和鸦片总产量超过1994年的历史高峰（分别为71000公顷和3416公吨），达到91000公顷和4565公吨，占世界鸦片总产量的79%，成为世界上最大的鸦片生产国，从而引起国际社会对塔利班政权的强烈谴责。

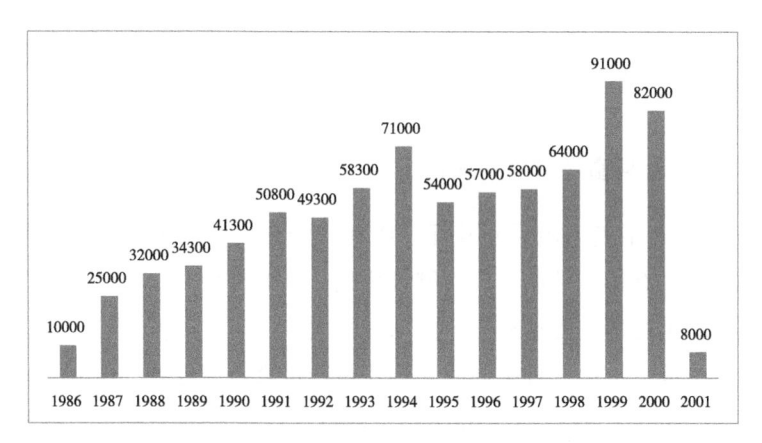

年份	面积（公顷）
1986	10000
1987	25000
1988	32000
1989	34300
1990	41300
1991	50800
1992	49300
1993	58300
1994	71000
1995	54000
1996	57000
1997	58000
1998	64000
1999	91000
2000	82000
2001	8000

图12-1　1986—2001年阿富汗罂粟种植面积（单位：公顷）

资料来源：UNDOC, *Word Drug Report* 2008/2013.

---

① 天课（zakat），根据《古兰经》，穆斯林应该捐出2.5%的可支配收入，捐献给穷人。

为谋求国际社会的援助和认可,穆罕默德·奥马尔定期向美国和联合国提出交换条件:如果塔利班获得国际承认,将会停止罂粟种植业[①];并在2000年发布罂粟种植禁令,结果2001年的罂粟种植面积和鸦片总产量急剧下降,分别为8000公顷和185公吨。

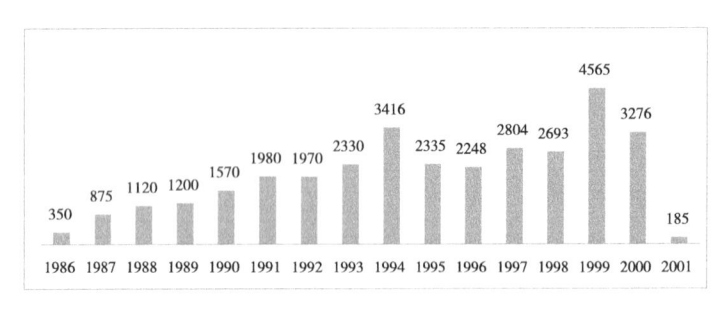

图 12-2　1986—2001 年阿富汗鸦片总产量(单位:公吨)

资料来源:UNDOC, *Word Drug Report* 1999/2008/2013.

(二)阿富汗毒品的现状

2001年美国出兵阿富汗、塔利班倒台之后,阿富汗毒品问题不但没有得到控制,反而继续恶化,罂粟种植开始从传统种植大省如东北部的巴达赫尚,南部的坎大哈、赫尔曼德等省份迅速向全国范围扩散,种植面积和鸦片总产量重新恢复到高位,并呈现出持续增长的趋势。2002年,阿富汗政府相继采取了一些禁毒措施:1月17日,正式发布禁止毒品生产、加工和走私的命令;4月3日,宣布关于罂粟种植的禁令;7月23日,国际援

---

① 艾哈迈德·拉希德:《塔利班:中亚的伊斯兰、石油与新大角逐》,北京:军事谊文出版社,2002年,第197页。

第十二章 阿富汗社会问题

助机构和阿富汗政府首次禁毒协调大会在喀布尔举行。阿富汗过渡政府总统卡尔扎伊在大会上表示，阿富汗政府决心加强禁毒斗争，增进与国际社会的禁毒合作。过渡政府宣布实施"铲除鸦片计划"，该计划由英国负责，以每英亩土地 500 美元的补偿鼓励农民种植非鸦片作物。但种植罂粟所获得的利润远远高于补偿金。更重要的是阿富汗政府执行不力，许多农民往往并没有获得补贴，导致了农民更多的负债。因此，2003 年阿富汗罂粟种植面积反而增加至 80000 公顷，鸦片年产量也达到 3600 公吨。2003 年 5 月，阿富汗过渡政府通过《国家禁毒策略》，6 月《毒品管制法条例》生效。尽管政府出台这些禁毒政策，但是由于美国将战略重心西移至伊拉克，塔利班获得了喘息的机会。塔利班在其活动区域内支持或强迫农民种植罂粟，通过向种植罂粟的农民征收税款、车船过境税，从事毒品贸易等方式筹集资金。2004 年，阿富汗以创纪录的 131000 公顷的种植面积，占到了当年世界罂粟总种植面积的 67%；鸦片、海洛因（吗啡）的出口金额高达 28 亿美元，约占当年阿富汗国内生产总值的 60%。

2004—2005 年，阿富汗第一个广泛铲除计划（Afghanistan's First Comprehensive Eradication Program）实施。2004 年，美国国际发展总署（USAID）开始在阿富汗实施"替代性生计规划项目"（Alternative Livelihoods Program）。同年 10 月，阿富汗政府要求全国各省省长及最高安全指挥官采取有效措施，禁止鸦片种植。铲除罂粟中央部队（Central Poppy Eradication Force，缩写 CPEF）和阿富汗国民军（ANP）共铲除罂粟 5100 公顷，约占种植总面积的 5%，其中 72% 是在楠格哈尔和赫尔曼德省进行的。同时，约 5 万名部落首领集体表示不再种植罂粟，2005 年有五分之一在 2004 年种植罂粟的土地上种上了合法的农作物。因此，2005年阿富汗罂粟种植面积有所下降，为104000公顷，比前一年下降了20.6%。尽管罂粟种植面积减少了，但由于适宜的天气和低病虫害，2005年阿富汗鸦片总产量却达到了4100公吨，仅比上一年减少了2.4%，占全球鸦片产量的87%。

但是2005年取得的成绩非常脆弱，很容易逆转。2006、2007年，由于阿富汗国内安全形势持续恶化，尤其是在安全形势较差的南部和东南部地区，罂粟种植出现大幅增长的趋势。2006年，南部地区的罂粟种植面积占当年种植总面积的91%，鸦片产量占鸦片总产量的70%。2007年的罂粟种植面积和鸦片年产量都达到了历史最高的水平，分别为193000公顷和7400公吨。同年，阿富汗政府出台缉毒战略，而且对违反政府禁令种植鸦片的农户处置也很严厉：先是广为宣传不得种植鸦片，一旦发现鸦片种植地后立即摧毁，如果遇有抵抗，立即逮捕，并直接送到喀布尔审判，判处半年到5年左右的监禁。2008年，由于恶劣的气候造成大面积的干旱，以及在北部和东部省份成功的禁毒努力，全国罂粟种植面积为157000公顷，比2007年减少19%。随后在阿富汗政府禁毒政策的实施下，形势有所好转，2009、2010年有20个省份基本清除了罂粟种植（Poppy-free）[①]。2010年阿富汗全国罂粟种植面积与2009年持平，但由于受病虫害影响，鸦片产量大大下降，平均每公顷才出产29.2千克，年产量为3600公吨，比2009年产量大幅下降。2011年，鸦片产量恢复到平常水平，大约每公顷出产44.5千克，鸦片年产量达到了5800公吨，与2010年相比增长了61%。

---

① 根据联合国毒品和犯罪问题办公室公布的报告，Poppy-free即每个省内的罂粟种植面积小于100公顷。

第十二章 阿富汗社会问题

2009年后,全球鸦片总产量持续走低,从而抬高了鸦片的价格,导致干鸦片的价格从2009年的64美元每千克增长到2010年的169美元每千克。在2010—2011年度的鸦片收获季节,干鸦片的最高价格飙升到241美元每千克。2011年,受鸦片价格上涨的影响,部分暂停种植罂粟的省份再度恢复种植,全国基本清除种植罂粟的省份数量降至17个。

2012年,阿富汗罂粟种植面积达到154000公顷,比2011年增加18%,联合国毒品与犯罪问题办公室估计,2012年阿富汗鸦片、海洛因(吗啡)的出口金额为20亿美元,占该国GDP的10%。2012年铲除的罂粟面积为9672公顷,尽管占总面积不到6.5%,但由于种植户的阻挠而产生的冲突导致了102人死亡、127人受伤。由于病虫害以及不利的天气因素(尤其是在东部、西部和南部地区),虽然2012年的种植面积较2011年多,但产量不如2011年高。2012年每公顷的鸦片产量仅为23.7千克,与2011年相比降低了47%。因此,2012年阿富汗鸦片年产量为3700公吨,比2011年减少了36%,占全球产量的74%。

2013年阿富汗罂粟种植面积超过2007年的最高值193000公顷,达到了史无前例的209000公顷,比2012年增加了36%,有两个之前宣布已经消除罂粟种植的省份法里亚布和巴尔赫又重新出现种植罂粟的情况。相应地,2013年阿富汗鸦片生产总量达到了5500公吨,超过2012年总量的49%。[①] 其中,89%的罂粟种植区集中在阿富汗南部和西部地区9省,按种植面积大小分依次是赫尔曼德省、坎大哈省、法拉省、尼姆鲁兹

---

① UNODC, *Afghan Opium Survey 2013*, p.3, http://www.unodc.org/documents/crop-monitoring/Afghanistan/Afghan_Opium_survey_2013_web_small.pdf

省、楠格哈尔省、乌鲁兹甘省、巴德吉斯省、巴达赫尚省、戴孔迪省，而这些地区也正是安全形势较差的省份。阿富汗毒品主要用于出口，2013年阿富汗鸦片、海洛因（吗啡）的出口金额为30亿美元，出口净值为29亿，占阿富汗GDP的14%。

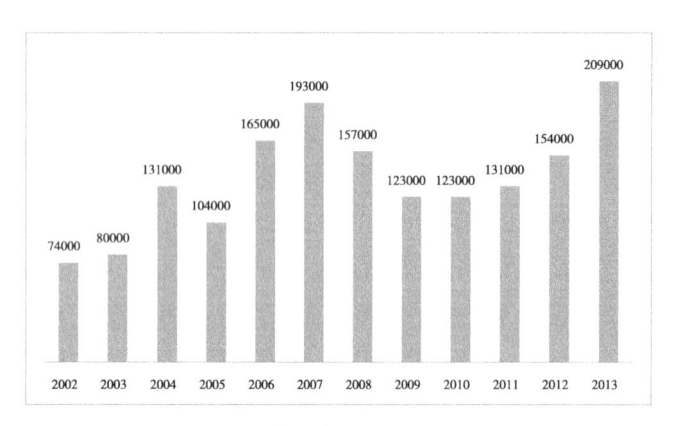

图12-3　2002—2013年阿富汗罂粟种植面积（单位：公顷）

资料来源：UNODC, *Word Drug Report 2013*.

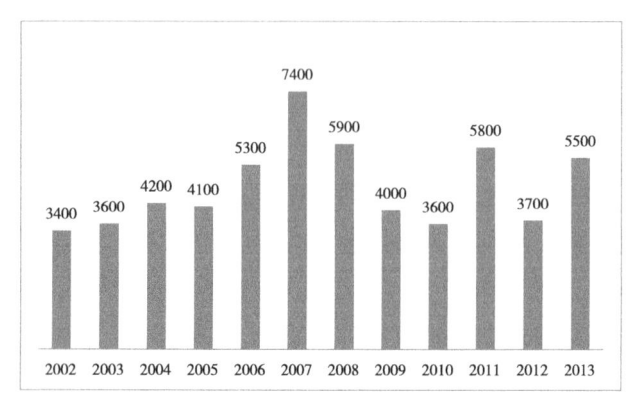

图12-4　2002—2013年阿富汗鸦片总产量（单位：公吨）

资料来源：UNODC, *Afghan Opium Survey 2013*（其中 2006—2009 年的鸦片总产量为修正后的数据）。

(三) 阿富汗毒品运输的线路[①]

阿富汗毒品贩运出境的路线主要有三条：南部路线、北部路线和西部路线。

1. 南部路线

经过阿巴边境到达巴基斯坦，再经陆路转运到伊朗、中国、印度，或通过巴基斯坦南部港口到达中东地区和非洲。经该路线贩运阿富汗生产的 32% 的鸦片和 48% 的海洛因与吗啡，向这条路线提供鸦片和提炼物的主要是阿富汗中东部、东北部和东部地区。

2. 西部路线

经过伊朗，再经过土耳其和阿塞拜疆到达欧洲，或者经过伊朗南部港口到达阿拉伯半岛。经该路线贩运阿富汗生产的 53% 的鸦片和 31% 的海洛因与吗啡，主要由阿富汗西部地区和南部地区供应。

3. 北部路线

经过中亚五国到达俄罗斯和高加索地区，另外经中亚国家到新疆的毒品贩运也呈上升趋势。经该路线贩运阿富汗生产的 15% 的鸦片和 21% 的海洛因与吗啡，主要由阿富汗东北部、北部和西部地区供应。

---

① UNODC and The Paris Pact Initiative, Illicit Drug Trends in Afghanistan, pp.26-27.

此外还有两条主要的延伸路线——"巴尔干路线"和"阿布哈兹路线"。

二、阿富汗毒品泛滥的原因

（一）持续的战乱是阿富汗毒品泛滥最主要、最根本的原因

第一，战乱造成国家处于无政府状态，即使是新成立的政府也特别孱弱，没有管控能力，这为罂粟种植、毒品生产和贩运提供了机会。第二，战乱造成灌溉体系、可耕种土地等农业基础设施严重破坏，战乱中大量人员或伤亡或逃往国外成为难民导致劳动力大量流失，使合法的农业生产无法正常开展。第三，战乱使原本就十分贫困的阿富汗更加贫困，而在阿富汗特定的自然地理条件下罂粟成为唯一获利最多的经济作物。鸦片的高获利性使罂粟种植成为阿富汗农民维持生计的主要手段。第四，战乱导致对毒品消费的社会规范和文化约束的弱化。过去在阿富汗，尤其在普什图人中间，由于严格的宗教戒律，除药用之外，鸦片是被禁止使用的。长期战乱造成的生存压力、身体和精神的痛苦导致部分人开始寻求毒品麻醉身体，缓解痛苦。

（二）阿富汗政府及国际社会缺乏一个明确、坚定的禁毒战略和政治意愿

从以下两个现象可以看出阿富汗政府禁毒执行力度不够。现象一：2010年10、11月，阿富汗在全国许多地区开展清剿罂粟的活动。清剿罂粟活动对于减少罂粟种植有较好的影响。然而，根据联合国禁毒署2011年的《阿富汗鸦片调查》：只有33%接受调查的地区表示有知晓的清剿行动，而这些有清剿行

第十二章 阿富汗社会问题

动的地区比没有进行清剿的地区种植罂粟的面积要少得多。① 由此可见,阿政府清剿罂粟的力度不够。现象二:根据联合国禁毒署 2012 年的《阿富汗鸦片调查》:在接受调查的村庄里,只有 30% 的人表示得到了政府的农业援助(援助形式包括提供种子、化肥和灌溉设施等)。2012 年 73% 种植罂粟的村庄在 2011 年没有得到政府的农业援助;另一方面,只有 27% 的村庄在得到政府的援助后继续种植罂粟。② 因此,可以看出,政府援助计划和农民种植罂粟之间有着直接的联系,即没有得到政府援助的村庄比得到援助的村庄更倾向于种植罂粟。但阿富汗罂粟种植面积逐年呈扩大趋势,由此可以看出阿政府并没有好好执行以作物换罂粟的计划。

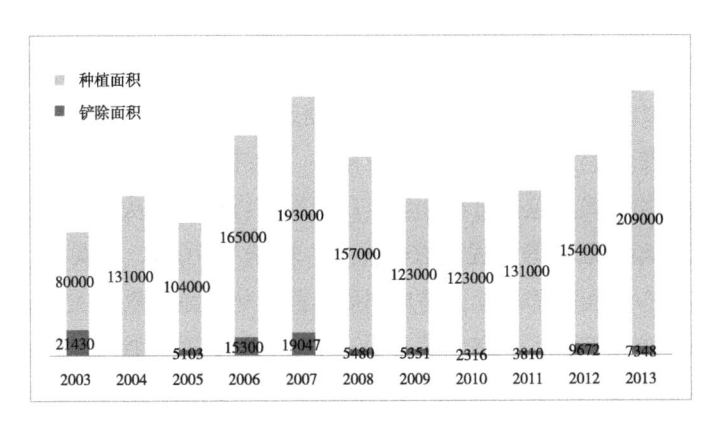

年份	种植面积	铲除面积
2003	80000	21430
2004	131000	—
2005	104000	5103
2006	165000	15300
2007	193000	19047
2008	157000	5480
2009	123000	5351
2010	123000	2316
2011	131000	3810
2012	154000	9672
2013	209000	7348

图 12-5　2003—2013 年阿富汗种植和铲除罂粟面积(单位:公顷)

资料来源:UNDOC, *Word Drug Report 2014*, p.22.

究其深层次的原因,阿富汗政府依赖地方军阀和部落势力,

---

① UNDOC, *Afghanistan Opium Survey 2011*, p.10.
② UNDOC, *Afghanistan Opium Survey 2012*, p.10.

而这些势力不愿意失去毒品这一重要经济来源，禁毒行动触及地方势力的利益并可能引起他们的反叛，甚至将他们推向塔利班、"基地"组织，可能导致阿富汗局势更加混乱。而美国等国际社会也深知在反恐斗争中，离不开阿富汗地方势力的配合，这使得美国在禁毒问题上显得有些投鼠忌器，为了换取这些势力在反恐问题上的合作，美国也做出了妥协和让步。综上，缺乏有效的禁毒措施和坚定的政治意愿，是阿富汗毒品问题迟迟不能解决的重要原因。

（三）地方军阀、部落首领与毒贩相互勾结

从 20 世纪 80 年代伊始，地方军阀开始从阿富汗的"鸦片经济"中获利。长年的战乱导致阿富汗各地军阀各自为政，在抗苏与内战的过程中为了筹集资金以换取武器和招募兵员，阿富汗地方势力长期与毒贩相互合作，鼓励或强迫当地农民种植罂粟，然后提炼成鸦片、生产海洛因等毒品，最终贩运出国。此外，他们获利的方式还包括对鸦片生产和交易进行征税，从保护海洛因加工、毒品贩运等过程收取保护费。根据 UNODC 的调查：在阿富汗东部和南部地区，鸦片制剂和前体化学品的贩运主要被当地部落首领控制；而在北部省份，主要由地方军阀控制。[1] 不论是否直接参与，他们都从"鸦片经济"中获得巨大的利益。因此，地方军阀、部落首领是阿富汗毒品活动的直接参与者与获益者。阿富汗伊斯兰共和国成立后，卡尔扎伊政府需要依赖这些军阀的军事力量和政治影响力以统治整个国家，因此各地军阀常常担任着政府中的高级职位，拥有很大权力，反过来又加剧了阿富

---

[1] UNODC, *Afghanistan Opium Survey 2007*, p.22.

第十二章 阿富汗社会问题

汗的"鸦片经济"。

（四）阿富汗政府部门的腐败是阿富汗毒品泛滥的重要原因

2013年2月7日，联合国毒品和犯罪问题办公室与阿富汗监督与反腐败办公室的报告显示，2012年，阿腐败金额高达39亿美元，较2009年的24亿美元多出62.5%，行贿总额达该国财政收入的2倍。阿半数公民曾给政府公职人员行贿。阿人年均行贿数额从2009年的158美元升至2012年的214美元，其中50%流向政府部门。而阿富汗政府部门的腐败也成为阿毒品泛滥的重要原因。

事实上在阿富汗，与毒品相关的腐败已经波及各个层面。受贿的官员可以分为低层政府职员和高级官员。低层政府职员通常是收受贿赂并为毒品贩运和交易提供便利和保护。正如列维斯警察机关的官员修卡特·海德·昌格所说："一个警察的收入大约是3500卢比，而他来自同一部落的堂兄弟，一次给他的贿赂就是他收入的十倍，只是要他睁一只眼闭一只眼而已，他怎么能拒绝呢？"[①] 由此可见，低层政府职员收受贿赂主要是由于贫困和微薄的薪水。而许多高级官员则通过庇护、参与和控制毒品贩运和交易，积累财富，扩展政治权力，巩固和提高自己的政治地位。阿富汗的一名禁毒官员说，官员释放毒贩的速度几乎和警察抓捕毒贩的速度是一样的。在阿富汗北部的昆都士市，当地缉毒队长尼玛特拉·尼玛特保留着一些逃犯的照片。其中一张照片上，一名毒贩身后的桌子上摆放着几大袋鸦片。这张照片是他在抓到这名毒贩时拍下的，但是数小时后这名毒贩就获得了自由。另一张

---

① 中新：《毒贩用火箭弹开路》，太原晚报，2005-01-05（A13）。

照片上，一名头戴帽子的男子戴着手铐，在他身边摆放着近30千克的鸦片。当地一位法官判了他十年监禁，但上级法院却改判，将其无罪释放。更具讽刺意味的是，尼玛特抓获的最大的一个毒贩（偷藏了50多千克海洛因）甚至都没有出现在法庭上。①

在阿富汗，腐败已经渗透至整个政府部门，从地方警察到中央政府部长、从禁毒执法人员到国民议会议员，使得毒品生产、贩运和交易与国家权力结合在一起，从而造成国家权力对公民社会的损害和公民社会对国家权力的强烈不信任的恶性循环。尤其是政府、执法和安全机构的高层官员参与毒品贩运和交易，严重破坏了政府的权威，侵蚀国家的合法性基础，成为社会不稳定的重要因素。

如果说恐怖主义对阿富汗的威胁是最直接的，毒品的威胁虽是相对间接的，但其危害却是长远的、根深蒂固并且不易解决的。无论是对阿富汗经济，还是对社会稳定，都是极不利因素。然而，阿富汗毒品问题已超越阿政府自身解决能力，它不仅是阿富汗自身的问题，而且已经成为一个国际问题，对国际安全造成严重的消极影响，特别是阿周边邻国。从目前情况看，由于上述各种复杂原因，阿富汗毒品问题仍难以在短时期内得到彻底解决，而一个和平稳定的阿富汗是根本解决阿毒品问题的前提条件。

第二节 阿富汗难民问题

难民分为两种，一种是境外难民，即离开了祖国逃亡到国外

---

① 范辉、江玮:《鸦片黄金路——阿富汗黑色经济尾大不掉》，新京报，2005-09-11。

第十二章 阿富汗社会问题

的难民；另一种是 IDP（Internally Displaced Persons），即国内流离失所人口，他们离开了原来居住的地方，但仍在国内避难。阿富汗难民问题由来已久。早在查希尔国王时期，因宫廷政变而引起社会动荡就曾产生难民。此后，由于长年战乱以及一些天灾，阿富汗难民源源不断地产生，是全世界难民问题最严重的国家之一。

一、阿富汗难民问题的历史与现状

阿富汗一直处于战乱之中，多年来既没有进行过人口普查，也没有进行过难民登记和统计；另一方面，难民本身就处于一种流动状态，很多难民曾经返回家园，后来又由于各种原因再次逃亡。因此，要得出一个较为确切的数字几乎是不可能的。尽管阿富汗难民的产生和发展比较复杂，但纵观历史，阿富汗主要出现以下三股难民潮：

（一）苏联入侵阿富汗后产生的第一股难民潮

1979年12月27日，苏联空降部队在喀布尔上空突然出现，在不到24小时内阿富汗就出现了汹涌的难民潮，阿富汗人民颠沛流离的生活自此开始。由于历史、地理、宗教、民族等方面的原因，他们大多逃亡至邻国巴基斯坦和伊朗。在此后的十年里，由于战乱产生的难民最多的时候将近630万，其中330万逃往巴基斯坦，300万逃往伊朗。以巴基斯坦为例，到1980年底，已有150万难民逃入巴基斯坦；到1981年底，这一数字达到了240万；到1983年，巴基斯坦的阿富汗难民增长到300万；到1985年，则增加至400万。难民们大多数集中在巴阿交界地区巴方一侧，主要聚集在巴西北边境省和俾路支省，当时这里断断续续地分布着350座难民营。其中，位于开伯尔山脚下、距白沙瓦以西15千米的纳赛尔巴格难民营最大，收留了大约27000名难民。难民们往往是赶着羊群，带着交易用的日用杂货浩浩荡荡地来到难民营，规模壮观。

（二）阿内战及塔利班统治期间的第二股难民潮

1989年2月15日，苏联撤离最后一批军队，有部分难民回国。据联合国难民署（UNHCR）的资料，在1992年一年内约有150万难民返回国内，但随之而来的各武装势力间的权力争夺使阿难民们的返回进程戛然而止，又有一些难民被迫选择离开。1995年塔利班上台后，为躲避极端宗教统治和迫害，大量学者、教师、医生等社会精英逃离阿富汗。尽管如此，塔利班管理区内相对安全的治安环境又导致一股难民返回潮产生，到1996年，大概有一半的难民返回国内。但是，阿富汗人民并没有迎来期盼已久的和平，随着内战的逐渐升级，一批又一批阿富汗人无助地离开家园沦为难民或再次沦为难民，而那些在国外希望回国重建家园的阿难民们只能望而却步。到90年代末，逃亡到巴基斯坦和伊朗的人数又超过了500万。2000年，阿富汗遭遇了30多年来罕见的旱灾，庄稼枯死，河流干涸，无数牲口因缺水而死。同时，大量牲畜死后腐烂，污染了环境和水源，导致传染病肆虐。为了躲避旱灾以及不断恶化的疫情，又有大批阿富汗人背井离乡。截至2001年"9·11"事件前，约有370万阿富汗难民生活在国外，其中200万在巴基斯坦，150万在伊朗，另外还有13万在阿富汗周边其他国家，占全球难民总数的1/3，阿富汗成为当年最大的难民来源国。

（三）阿富汗反恐战争后出现的第三股难民潮

"9·11"事件后，在美国对阿富汗的打击还停留在筹划与威胁阶段时，就有大批阿富汗民众纷纷涌向邻国，新一轮难民潮由此形成。但是在边界地带，满怀最后一丝希望逃离家园的阿富汗难民遇到了更加残酷的现实。许多阿富汗周边国家对汹涌而来的难民潮唯恐避之不及，纷纷做出了拒绝收留阿富汗难民的决定。尽管巴基斯坦和伊朗为防备阿富汗难民涌入在边界采取了诸如关闭边界通道等措施，但仍有二三十万难民进入巴境内，数万人进入伊朗境内。而阿三个北方邻国（塔吉克斯坦、乌兹别克斯坦和土库曼斯坦）则采取了更加强硬的态度拒绝阿难民入境。以乌兹别克斯坦为例，当局规定，不允许阿难民入境，一旦发现，必须在72小时内驱逐出境。截至2001年12月初，据伊朗官方统计，在伊朗的阿富汗难民人数约为200万，但实际数字要大于200万，因为这一数据只包括取得伊朗政府颁发"身份证"的难民，而不包括大量未获得"身份证"的"非法难民"。截至2002年，阿富汗外逃的难民总数已达600万人，其中有300万人在巴基斯坦。[①]

二、阿富汗难民问题的影响

无论是对本国，还是对难民收容国，阿富汗难民问题产生的影响都是多方面的。

---

① 转引自石宏远：《浅议巴基斯坦境内的阿富汗难民问题》，载《世界民族》，2010年第2期，第48页。

（一）阿富汗难民问题对本国的影响

首先，阿富汗难民问题直接影响阿富汗的重建。由于长年战乱，阿富汗人力资源原本就十分匮乏，截至2013年底仍有约占全国总人口10%的难民流亡在外，其中包括大批社会精英，这就使得这一问题雪上加霜，严重影响了阿富汗重建。其次，阿富汗难民问题影响阿的安全。贫穷、绝望和仇恨是极端主义思想得以传播以及恐怖主义得以滋生的源泉，难民营里恶劣的生存条件使其成了恐怖主义的滋生地，大量滞留在阿巴边境地区的阿富汗难民成为恐怖分子招募新成员的重要来源；同时由于缺乏有效的管理和控制，难民营也成了恐怖分子的栖息地和避难所。

（二）阿富汗难民问题对收容国的影响

大量阿富汗难民的长期存在给收容国带来了许多问题，其中巴基斯坦是承担阿难民压力最沉重的国家。第一，难民给收容国带来巨大的经济压力。20世纪70年代末到90年代初，为了对抗苏联，西方国家或通过收容国政府，或直接向阿富汗难民提供了大量援助。冷战结束之后，捐赠国对援助难民的项目失去了政治兴趣，对阿难民的援助大大减少了。国际援助的减少就意味着收容国经济压力的增加，而收容阿富汗难民的巴基斯坦和伊朗等国自身的国力有限，难以挑起安置阿富汗难民的重担。第二，安全隐患不断增多。难民人员混杂，还有不少是携带枪支的武装暴力分子，给收容国的国内治安造成极大威胁。第三，毒品问题。随着难民的增加和流动，毒贩掺杂在难民中间，导致毒品走私日渐猖獗。第四，就业竞争。一些身强力壮的难民抢走了当地人的就业机会，双方经常产生小摩擦。第五，资源竞争。除了大量的

第十二章 阿富汗社会问题

难民，连同跟随他们而来的羊群，给当地的环境带来了一些威胁。难民们经常靠砍伐当地的木材来做饭、取暖，使本来就草木稀少的半沙漠地带环境更加恶化，让当地居民感到了一种极大的潜在威胁。

三、阿富汗难民问题的解决及其前景

无论是巴基斯坦还是伊朗，都普遍认为阿富汗难民是一种社会包袱、经济负担，并试图通过各种方法减少难民人数。例如，2002年伊朗政府就曾以没有许可证为由，驱逐数百名阿富汗人（大多数是单身男子）。从2007年4月起，伊朗开始大规模遣返阿富汗人，据联合国公布的数字，2007年共有36.5万名非法居住在伊朗的阿富汗人被遣返回国，另有7000名难民自愿返回。类似地，在巴基斯坦，如果没有有效的许可证，会被视为非法入境者而遭到拘留或遣送回国。以2002年为界，联合国难民署在阿富汗难民问题上的工作可以划分为两个阶段：2002年之前，难民署主要对阿富汗难民给予援助和支持；2002年之后，难民署的工作重点转变为鼓励阿富汗难民自愿遣返。2012年5月2日，联合国阿富汗难民问题国际会议在日内瓦召开。联合国难民署向大会提交了阿富汗、巴基斯坦和伊朗三国政府共同批准的难民地区合作战略规划，以便更好地解决阿难民问题。通常，解决难民问题有以下三种方法：

（一）自愿遣返

自愿遣返是目前解决难民问题最主要，也是持久解决难民问题的最佳办法。2001年12月临时政府成立以后，2002年总共有180万阿富汗难民在联合国难民署的帮助下，从伊朗、巴基

斯坦和其他中东国家返回自己的家园。2002年至2004年出现了阿富汗难民重返家园高峰。2002—2013年，共有580万难民返回阿富汗，其中有470万得到了联合国难民署和政府的援助，返回难民人数占全国总人数的25%。[①] 但是从2005年开始，由于阿国内治安环境的恶化、缺乏就业机会、没有住房、缺乏医疗和教育方面的设施、长期背井离乡以及对国外的适应等原因，自愿遣送回国的难民数减少。2013年返回阿国内的难民人数为39600人（其中31200人来自巴基斯坦，8200人来自伊朗，200人来自其他国家），较2012年的98500人减少60%。[②]

（二）就地融合

这种办法在巴基斯坦较为普遍，巴基斯坦政府对待阿富汗难民的政策比较宽容，尤其是从20世纪70年代末到90年代中期。他们没有把难民们关在固定的难民营，而是允许他们四处活动，甚至奖励他们在难民营以外就业。在这种政策下，有一些难民离开难民营，或凭借自己带来的财产，或投奔亲戚朋友，去巴基斯坦的其他地方开创新的生活，实现了就地融合。

（三）第三国安置

第三国安置主要是在发达国家中安置，这一办法涉及的问题较为复杂，因此，能够得到第三国安置的难民数量较少。

目前，阿富汗仍有300多万难民留在巴基斯坦和伊朗（其中巴基斯坦210万，伊朗90万），此外还有数十万在中亚各国

[①] UNHCR, *Global Report 2013* (Afghanistan), p.1.
[②] UNHCR, *Global Report 2013* (Afghanistan), p.1.

和欧洲。[①]2014年对阿富汗来说是一个过渡的年份,将举行阿富汗反恐战争后的第一次权力移交,而且驻阿国际安全部队也将要在这一年年底撤离,阿国内安全形势持续恶化,以上安全因素使大多在国外的阿难民采取观望态度而不愿被遣返回国。另外,有限的基础设施和就业机会,也是在国外的难民们不愿被遣返的原因之一。

此外,2013年底,阿富汗IDP人数激增至63万,主要集中在阿南部地区。由于持续的冲突、自然灾害和生活物资的缺乏,有明显的迹象显示回国难民的再次迁徙正在形成,他们正从家乡迁往城市,继而重新回到邻国。阿富汗难民问题积重难返。

第三节 塔利班运动

一、塔利班的出现及其背景

1989年2月15日,最后一批苏联军队撤离阿富汗,标志着历时将近10年的阿富汗抗苏战争结束。然而,抗苏战争的胜利并没有给阿富汗带来和平,阿富汗内部各武装派别为争夺权力和地盘大打出手。1992年4月16日,时任总统纳吉布拉突然宣布辞职,把权力移交给由4名副总统和4位高级将领组成的联合委员会,自己则躲进联合国驻喀布尔的一个办事处避难。游击队接管了政权并于4月24日达成了接管政权的《白沙瓦协议》。该协议规定:成立一个51人组成的临时委员会,西卜加图拉·穆贾迪迪任临时总统,两个月后,由布尔汉努丁·拉巴尼

[①] Islamic Republic of Afghanistan, *Afghanistan National Development Strategy (2008-2013)*, p.129.

接任总统一职,并在四个月内组织大选。该协议事实上是游击队组织对政权的分享,然而,希克马蒂亚尔对未能担任总统十分不满。自6月28日拉巴尼担任临时总统之后,希克马蒂亚尔便对喀布尔发起了攻势,阿富汗内战由此开始。

在阿富汗内战过程中,由于地方分权的自然过程,实际上形成了代表当地利益的军事政治派别。从纳吉布拉政府倒台的那一刻起,各军事政治派别便拥兵自重,更偏重于在自己的管辖范围内部完全自治,而不是为了统一的阿富汗国家而斗争,出现了军阀割据并相互混战的局面。其实,军阀割据可以说是阿富汗的传统。历史上,没有任何一个王朝、任何一届政府能够完全铲除军阀。可以说,阿富汗历史上从来就没有建立过真正强大的中央政府。当时,拉巴尼的"阿富汗政府"控制着首都喀布尔及与塔吉克斯坦毗邻的东北部各省,什叶派哈扎拉人阿里·马扎里(伊斯兰统一党)控制着中部巴米扬省,杜斯塔姆将军的力量控制着北方六省,伊斯玛仪尔·汗控制着西北部以赫拉特为中心的5个省,而部分普什图人指挥官们则继续占据着阿富汗东南部大城市——贾拉拉巴德。军阀混战期间,尽管联合国多方调停,有时即使相互间签订了协议,但转眼间便会撕毁和约,继续交火,抢占地盘,置老百姓的生死于不顾。而各武装派别游击队员则军纪涣散,入室抢劫,在大街上明目张胆地抢劫过往汽车,强抢年幼的男孩[①],欺凌女孩。

塔利班就是在这样的背景之下异军突起的。关于塔利班运动兴起的说法众说纷纭,但较为可信的是,1994年春天,一个军阀在坎大哈省迈万德县的辛格萨尔村里强抢了2名年轻女子,

---

① 阿富汗有个陋习,让年幼的男孩穿上女孩的衣服,脚上戴上脚链,打扮成女孩的样子,为有权势、有钱的人唱歌、跳舞等。

第十二章 阿富汗社会问题

毛拉维·穆罕默德·奥马尔率领30名塔利班成员，带着16支来复枪，直闯军营，解救了女子，处决了这个军阀；并收缴了该军营的一些武器，开始武装自己。几个月后，另外两个军阀为了争夺一个男孩在坎大哈出动坦克，进行混战，结果导致无数的普通百姓被当场打死。奥马尔和他的学生军出现了，解救了这名男孩，结束了这场闹剧。从此之后，附近的居民遇上胡作非为的军阀就来找塔利班求救，而塔利班则扮演着类似罗宾汉的角色，帮助普通百姓对抗军阀。此外，他们不求任何回报，只希望能建立一个公正的伊斯兰社会，于是，塔利班迅速得到了当地老百姓的拥护。1994年10月12日，一支巴基斯坦的商队在阿巴边境小镇斯宾布尔达克遭到当地军阀希克马蒂亚尔的抢劫，200多名来自巴基斯坦和坎大哈的塔利班兵分三路，袭击驻军要塞，从军阀手中夺取了该镇，并获得了那里的一座大型军火库，以此武装了自己。几周后，塔利班以极少的代价攻占了阿富汗第二大城市坎大哈，并在坎大哈建立了自己的大本营。此后，塔利班每到一处，便开始惩治军阀，收缴枪支，恢复治安和秩序，赢得了饱受战乱之苦的老百姓的欢迎，塔利班的队伍迅速壮大，阿富汗在巴基斯坦难民营的大批宗教学生和几百名巴基斯坦的宗教学生跨越边境，蜂拥至坎大哈，投靠塔利班，这也促使了他们在战场上节节胜利。

1995年1月，塔利班开始在全国开展军事行动。向东，塔利班没有费一枪一弹便拿下了乌鲁兹甘省和查布尔省。到了2月，塔利班占领了瓦尔达克省，兵临首都喀布尔城下。5—6月，塔利班发动了代号为"进军喀布尔"的战役，但被马苏德的政府军赶出了城外，遭遇失败。直到当年10月，塔利班再次把首都围困起来，继续对拉巴尼政府施压。向西，他们打败了赫尔曼德省的罂粟种植大王法尔·阿洪扎达。接着，他们继续向西，向赫拉特方向推进，并一举击败了当地的军阀。2月底，他们又顺利地从伊斯玛仪尔·汗手中夺取了尼姆鲁兹省和法拉省，直逼军事战略要地欣丹德机场。此时，拉巴尼的政府军从喀布尔调来了战斗机和2000名增援部队，从塔利班手里夺回了失地。于是，交战双方于6月达成临时停火协议。8月5日，塔利班截获了俄罗斯援助拉巴尼政府的一批武器，塔利班的实力有所加强。而这时，由于伊斯玛仪尔·汗对形势的错误判断，贸然出兵赫尔曼德省，企图一举夺取塔利班的大本营——坎大哈，遭到塔利班的竭力反击，伊斯玛仪尔·汗的部队被打得狼狈逃窜，使得塔利班在一周之内向前推进了450千米。这时，乌兹别克族军阀杜斯塔姆倒戈，向塔利班派出技术人员，帮助塔利班修复米格战斗机和直升机，于是，塔利班便掌握了对政府军的制空权。9月3日，塔利班未经任何抵抗，占领了欣丹德机场，接着向赫拉特挺进，伊斯玛仪尔·汗和其部下则慌乱逃入伊朗境内。此时，塔利班大约控制了阿富汗领土的40%。

二、塔利班夺取政权

1996年，塔利班调整了军事部署，绕开了易守难攻的喀布尔南部和西部地区，从防守较为薄弱的东部地区下手，在较短的时间内攻下了喀布尔东部的楠格哈尔省、拉格曼省和库纳尔省，切断了政府军的后勤运输线，使其粮食、燃料等无法及时得到供应。9月26日，塔利班占领了电台、电视台、总统府，全面控制了首都喀布尔。第二天，他们便成立了以塔利班第二号人物毛拉·穆罕默德·拉巴尼为首的6人委员会作为临时政府接管政权，原政府军向北方撤退。在塔利班攻占喀布尔的第二天，他们

第十二章　阿富汗社会问题

便开始惩办旧政权、政要。他们冲进联合国驻阿富汗办事处，将在那里避难了四年半的前总统纳吉布拉及其兄弟处以绞刑，并暴尸街头。但对于其他原政府的人员，奥马尔宣布，将以"宽恕、宽容和和平"的伊斯兰精神来对待，并对原政府的行政官员和武装部队官兵实行"大赦"。此时，塔利班已经控制了全国70%以上的国土。塔利班在自己统治的区域内，收缴了流失在民间的武器，改善了治安状况，开通了道路，使物价迅速下降，受到了饱受战争之苦的普通百姓的欢迎。

与此同时，塔利班对内实施严苛的伊斯兰教法规。但同军阀们的凶残比起来，饱尝战火的阿富汗普通老百姓更愿意接受塔利班严苛的法规。总体上看，喀布尔市民对塔利班新政权怀着既欢迎又恐惧的心理。

在对外政策方面，塔利班表示希望与所有邻国和全世界爱好和平的国家建立良好的关系，并积极呼吁恢复阿富汗在联合国的合法席位，呼吁国际社会承认自己的政权。

此时，尽管游击队各个派别之间内部矛盾不断，但为了对付共同的敌人——塔利班，1996年10月10日，拉巴尼政府、杜斯塔姆的伊斯兰民族运动和什叶派的伊斯兰统一党以及其他几个小的派别，组成了"阿富汗最高防御委员会"，从而组成反对塔利班的北方联盟，外界通常简称为"反塔联盟"。到1997年5月，塔利班已控制了当时阿富汗30个省中的26个，它强烈呼吁国际社会承认"塔利班"政府的合法性。当时只有巴基斯坦、沙特阿拉伯和阿联酋三个国家承认了塔利班政权，并与其建立了外交关系。联合国仍然以拉巴尼的流亡政府为阿富汗的合法政府。

三、阿富汗战争及塔利班的垮台

2001年9月11日,恐怖分子劫持客机对美国纽约的世界贸易中心双塔楼、国防部所在的五角大楼等地实施了自杀性的袭击,彻底摧毁了被视为美国资本主义象征的建筑——世贸大厦,造成了总计3000多平民的死亡。这是美国建国以来在本土受到的最大袭击,立即被美国政府宣布为战争行为。美国政府迅速将"9·11"事件的元凶锁定在沙特富翁、"基地"头目本·拉登身上,而本·拉登受到塔利班政府的庇护,匿藏于阿富汗的崇山峻岭之中。在战争爆发大约一周之前,美国总统布什向塔利班政府发出最后通牒,要求交出本·拉登。塔利班要求美国提供证据让他们自行在伊斯兰法庭起诉拉登,后来他们提出把拉登移送到中立国,但乔治·布什拒绝这些条款。10月7日晚20点57分,美英以塔利班包庇和窝藏"9·11"恐怖袭击的幕后凶手为由,对阿富汗发动了大规模空袭。10月20日,美特种部队开始对塔利班发动地面进攻。在猛烈的地毯式轰炸和阿富汗反塔联盟的大力配合下,塔利班军队节节败退。11月9日,在美军战机长达6周的猛烈轰炸后,反塔联盟进驻北方重镇马扎里沙里夫。11月12日,塔利班在夜色的保护下,撤离首都,即日,北方联盟进驻首都。11月14日,北方联盟军队占领阿富汗东部主要城市贾拉拉巴德,塔利班在阿富汗的统治呈现崩溃之势。11月30日夜到12月1日早晨,美军战机开始对坎大哈周围被认为是塔利班和"基地"组织据点的可疑目标,进行了最为猛烈的地毯式轰炸。此后,随着美军战机日益猛烈的轰炸和北方盟军对坎大哈包围圈的日益收紧,12月6日,塔利班最高领导人奥马尔向外表示为了避免在坎大哈发生更多的流血冲突和平民伤亡,决定让分布在坎大哈、赫尔曼德和查布尔等省的塔利班武装向当地的普什图部落缴械。12月7日,塔利班交出了大本营坎大哈,标志着塔利班在阿富汗统治的结束。在阿富汗战事几近结束时,联合国和国际社会积极推动阿富汗政权重建进程,促成阿富汗四大政治派别于2001年11月27日至12月5日在德国波恩举行会议,协商建立一个"基础广泛"、有普遍代表性的阿富汗新政府。12月5日,各方签署《波恩协议》,阿富汗政权重建进程取得重要进展。12月22日,阿富汗临时政府正式成立,哈米德·卡尔扎伊被任命为阿富汗临时政府主席。

四、塔利班垮台后至今

塔利班垮台后,相关国家非常担心后塔利班时代会出现权力真空,甚至是重蹈军阀混战的局面,于是纷纷根据自己的利益提出了种种重建阿富汗的计划。包括美国、法国、俄罗斯以及阿富汗的几个邻国在内的至少10个国家,争取影响塔利班后的新秩序,每个国家都认为,这与本国安全和政治利益息息相关,每个国家都在培养自己在阿富汗的代言人,而阿富汗前军阀、部落首领和各个反对派军事领袖则在努力争取得到他国的信任,企图扩大自己的势力范围。在塔利班政权倒台后的两三年内,卡尔扎伊政府的建设逐渐步入正轨,阿富汗境内局势一度相对稳定,暴力恐怖事件也相对较少,阿富汗经济、社会重建进程在缓慢前进。

事实上,早在塔利班垮台后不久,阿富汗总统哈米德·卡尔扎伊为恢复国内秩序,曾通过招安的方式,宽大处理归顺政府的塔利班中下层成员。2005年,卡尔扎伊多次呼吁包括塔利班在内的反对派加入国家统一和平进程,认为这是改善阿富汗安全局势、实现阿富汗和平与稳定的根本途径。但这一时期,美国及其北约盟友对卡尔扎伊提出的和解方案一直持保留态度。由于缺乏西方国家的支持,塔利班也不合作,和谈只停留在卡尔扎伊的一厢情愿之中。

也是从2005年起,塔利班武装的袭击行动日益增多,阿富汗安全形势不断恶化。从2006年开始,塔利班"借鉴"伊拉克反政府武装组织的"经验",结合游击战术和恐怖战术,使用自杀性炸弹、路边炸弹等方式,袭击非军事目标。特别是进入2008年以后,塔利班武装的军事能力和活动范围大增,其控制区域也不断扩大,呈现出卷土重来之势。

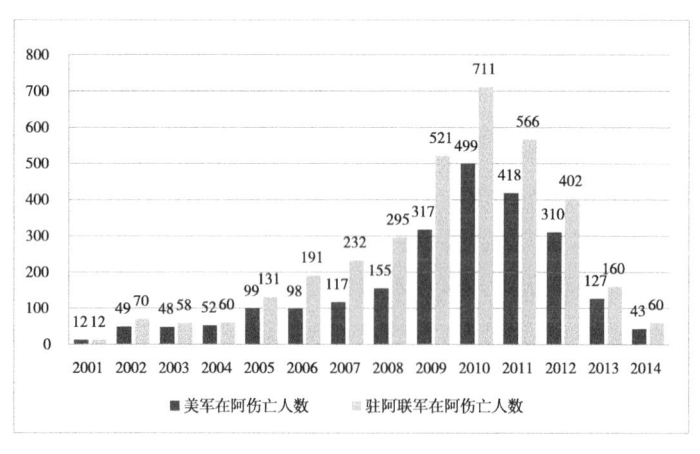

图 12-6 2001—2014 年[①] 美军和联军在阿死亡人数

资料来源:http://icasualties.org/OEF/ByYear.aspx。

从图中我们可以看出,从2005年开始,美军以及以美国为

---

① 2014年的数据截至9月4日。

第十二章 阿富汗社会问题

首的驻阿联军的伤亡呈现出急剧上升的趋势。2005年，塔利班领导人奥马尔重组指挥委员会，吸收原抗苏"圣战"猛将哈卡尼等加入，将10人领导委员会扩大到18人，并在阿富汗东南部一带成立了由14人组成的军事委员会，独立指挥一线的军事行动。从那以后，塔利班武装开始发动疯狂反扑，主动发动各种袭击，对政府军和外国军队造成了巨大威胁。2005年是阿富汗经历了塔利班政权倒台以来最血腥的一年，全国共有超过1600人死于各类袭击事件，比上一年增加了一倍多。2006年阿富汗发生的自杀式爆炸袭击139起，比2005年增加了4倍，路边炸弹袭击1600多起，比2005年翻了一番。① 其暴力活动席卷阿富汗全国34个省中的32个。2007年，阿境内各类暴力袭击事件造成的死亡人数超过8000人，创6年来的最高纪录，而且还有加速增长的趋势，其中，驻阿富汗北约部队士兵死亡人数已达232人。2008年上半年，塔利班武装发动了约140次自杀式爆炸袭击，造成至少4000人丧生。塔利班武装的反扑也给以美国为首的联军带来巨大伤亡。自2008年5月以来，美国在阿富汗丧生的士兵人数已经超过伊拉克。5月至10月，美国驻阿富汗部队每月平均死亡21人，是美国发动阿富汗战争以来伤亡最惨重的六个月。2008年，阿富汗路边炸弹数量和绑架事件的次数与2007年相比都翻了一番，其中，仅被发现和引爆的路边炸弹总数就超过2000多枚。2009年3月底，美国的阿富汗新战略出炉，其中，"大量向阿富汗增兵"是一大重点。随着增援部队的不断进驻，以美国为首的北约部队和塔利班、"基地"组织的斗争也越来越激烈。据估计，阿境内的塔利班武装截至2009年已

---

① 张海波、余智晓：《塔利班武装何以再度活跃》，新华网，2007年2月6日，http://news.xinhuanet.com/world/2007-02/06/content_5703522.htm。

经发展到3万人左右,并从南部渗透至首都喀布尔及其周边省份,甚至把触角伸向平静的北部地区。2009年以来,北部的昆都士、巴格兰等省的塔利班活动也都呈上升趋势。2009年7月,北约部队在阿富汗的死亡士兵人数达到47人,这是北约军队8年前向塔利班武装发动军事行动以来,死亡人数最多的一个月;然而到了8月,这一数字激增至77人,再一次刷新2001年以来单月死亡人数最高纪录。据驻阿美军司令部统计,2009年前4个月,路边炸弹或自杀式炸弹袭击次数较上一年同期上升25%,预计全年将多达5700起,较前一年的3800起增加50%。Icasualties网站统计数据显示,2009年北约驻阿部队死亡人数高达521人,2010年则为711人,是阿富汗战争以来北约伤亡最为惨重的一年。其中有一点需要说明的是,上面的数据都只记录这些年在阿富汗发生恐怖事件的总和,并不是说每一件恐怖事件都是由塔利班实施的。但不可否认的是,塔利班经过10年变脸,采取化整为零的手段,实施恐怖袭击,并且袭击手段更趋灵活,活动方式更加"基地"化,使得阿富汗国家安全部队和北约驻阿富汗国际安全援助部队防不胜防。[①] 关于塔利班的兵力,目前并没有确切的数据,据联合国估计,截至2010年3月,"约有25000至36000名塔利班武装分子在阿富汗活动。"[②]

2009年11月,卡尔扎伊连任阿富汗总统,再次向塔利班伸出橄榄枝,推出"和解与再融合计划"。具体措施有与塔利班高层和谈和招安塔利班中下层成员。久拖的战事也使美国及其北

[①] 闫亮:《撕裂的天堂——聚焦阿富汗战争10周年》,北京:人民日报出版社,2012年,第12页。

[②] 朱永彪:《阿富汗塔利班的现状和困境》,载《东南亚南亚研究》,2013年第4期,第35页。

第十二章 阿富汗社会问题

约盟友越来越认识到，仅靠军事手段难以赢得阿富汗战争，因而在加大打击塔利班力度的同时，转而支持阿政府寻求政治解决方案。2010年6月，在卡尔扎伊政府的推动下，阿富汗和平支尔格会议召开，会议确立了阿富汗政府愿意与塔利班和解的基调，但塔利班继续坚持和谈必须以外国驻军撤离阿富汗为前提条件，拒绝派代表参加和谈。2010年10月，阿富汗"高级和平委员会"在卡尔扎伊总统的倡导和支持下成立，由前总统拉巴尼担任主席、众多前圣战领导人参加，卡尔扎伊希望通过这个由阿富汗富有声望的元老级人物组成的委员会，实现与塔利班等武装组织的接触，从而推动塔利班与阿政府和谈。但塔利班一直以外国部队撤军为前提条件，拒绝阿政府的和谈提议，并称组建和平委员会是美国为欺骗阿富汗民众而采取的政治手段。2011年9月，阿"高级和平委员会"主席拉巴尼遇刺身亡，阿富汗和解进程严重受挫。2012年1月3日，阿富汗塔利班表示，同意在卡塔尔设立办公室，以便同美国进行谈判。这是阿富汗塔利班方面首次确认在海外设立和谈办公室。3月15日，阿富汗塔利班在其网站发表声明称，决定自当日起中断正在卡塔尔与美国进行的和谈，以抗议美国未能明确在释放塔利班囚犯等问题上的立场。塔利班在声明中指责美国政府谈判立场多变，认为美在关键问题上采取拖延战术，对和谈增加了许多额外条件，违反了此前达成的共识。塔利班要求美国应尽快释放关押在关塔那摩监狱的塔利班囚犯，同时强调除非外国部队全部撤出阿富汗，否则不会与阿富汗政府进行任何形式的谈判。4月，卡尔扎伊任命萨拉胡丁·拉巴尼为高级和平委员会新主席，继续推动和解进程。

2013年6月18日，阿富汗塔利班发言人向媒体确认，塔利班已于当天在卡塔尔首都多哈开设和谈办事处，表示准备与阿富汗政府和美国就阿富汗的未来展开直接的和平对话。同一天，塔利班官员发布了一份声明，反对使用阿富汗土地攻击其他国家。这一声明被认为是该组织与"基地"组织划清界限、支持阿富汗和平进程的重要一步。但是由于塔利班在多哈的和谈办事处里摆放塔利班掌权时的国旗，遭到卡尔扎伊政府的强烈反抗，最终塔利班撤掉了旗子，但是该办事处的工作人员也再没出现。

2013年8月6日，奥马尔表示，塔利班不寻求恢复过去那样绝对权威的垄断地位。"塔利班主张在遵守伊斯兰教义的基础上，就构建一个包含范围广泛的政府与各界人士达成共识。"奥马尔的这一表态为阿富汗结束12年内战实现和平带来了希望。"为保护自己，扬长避短，年轻人应该用宗教与现代教育同时武装自己，因为现代教育是每个社会的基本需要。"这一说法显示出与此前塔利班宣扬的极端主义思想有了部分改变。同时，奥马尔表示，塔利班在卡塔尔设置和谈办事处，证明了塔利班解决阿富汗问题的诚意与承诺，但是"侵略军"及其同盟正在制造障碍。这一表述也可能是塔利班的宣传策略，但至少可以从侧面反映和谈并不是完全不可能的。

第四节 阿富汗妇女问题

在阿富汗，自古以来女性和男性就不平等。蒙面、幽居、性别隔离、没有接受教育的权利、没有婚姻自由的权利等等，都是阿富汗妇女问题的具体体现。随着社会的进步，阿富汗妇女地位也有一些起起伏伏，大致可以分为以下三个时期：塔利班统治前时期（1747—1996年）、塔利班统治时期（1996—2001年）、后

第十二章 阿富汗社会问题

塔利班时期（2001年至今）。

一、塔利班统治前时期（1747—1996年）

在阿富汗，以普什图族为例，存在一些陋习一直在摧残着阿富汗妇女的身心。普什图族属于部落社会，每一个部落都几乎是一个独立的、自给自足的小社会，有着一套自己的管理系统，很少与外界联系，并保存有较为独特的风俗习惯。也正是这些部落传统风俗，压迫并残害着阿富汗妇女。例如，当部落、部族之间产生仇恨、难以解决的分歧时，部族长老经常会把妇女或一些年轻女子当作牺牲品，通过赠予对方来解决问题。此外，阿富汗有句谚语："阿富汗的荣誉，取决于妇女的节操。"而所谓妇女的"节操"，无非是对男人俯首帖耳。在家里，妻子完全处在丈夫的控制之下，一切听从丈夫的支配，没有走出家门参加社会活动的权利。妇女根本不能去那些受普什图人尊敬的机构，如支尔格、胡吉拉以及人们议事的地方。普什图语中有句谚语："对于妇女，不是家庭（Koor），便是坟墓（Goor）。"正恰如其分地说明了这一点。需要指出的是，在农村和少数民族中，妇女的权利相对多一些。如哈扎拉妇女不实行隔离制；卡菲尔妇女在皈依伊斯兰教前既不隔离，也不戴面纱。在战争期间，为保卫家园，阿富汗妇女走出家门为男人们运送弹药、给养，梅旺德战场上的马拉莱就用自己嘹亮的嗓音鼓舞士气，最终取得了战斗的胜利，是阿富汗勇敢女性的象征。但是在绝大多数情况下，在阿富汗，无论是在城市，还是在农村，男性永远处于绝对控制地位，妇女作为财产的一部分，依附于男人。她们屈从于男人之下，幽禁于家庭之中。

这种情况在19世纪末20世纪初开始有所改变。"铁腕国王"

阿卜杜尔·拉赫曼在提高妇女地位方面做了一些努力。这些努力主要集中在婚姻方面：（1）拉赫曼下令女孩成年后有权退掉父母之前给她们安排的婚约；（2）按照阿富汗的习俗，寡妇必须与前夫的兄弟或近亲再婚，1883年拉赫曼下令允许寡妇自由再婚；（3）1884年拉赫曼要求降低并固定彩礼数额，因为许多阿富汗男人因为高昂的彩礼和婚礼花费而结不起婚。由于封建势力和宗教势力的阻挠，这些努力未能得到推行。此后，阿富汗民族主义的奠基人、青年阿富汗派的思想家——马赫穆德·塔尔齐也特别强调提高妇女地位，支持妇女接受教育的权利。1919年2月，在塔尔齐的协助下，阿马努拉登基称王，开始实行现代化改革。其中，在女子教育方面，政府规定6—11岁儿童实行男女合校，此后分校；建立了第一座女子学校——马斯图拉特女子中学，王后苏莱娅亲自在该校执教，一些女子还被送往国外留学。在涉及妇女和婚姻方面，政府颁布婚姻法，禁止买卖婚姻和多妻制，保证妇女的婚姻自主权和平等的财产继承。在服装穿着方面，阿马努拉提出废除妇女的面纱。然而，阿马努拉的这些改革遭到宗教保守势力的极力阻挠，现代化改革失败。虽然改革失败了，但这对阿富汗妇女的觉醒起到了推动作用。1930年9月，纳第尔召开大国民会议，确定了自己的国王地位，他希望以渐进的方式建立现代阿富汗。继位之初，纳第尔废除了阿马努拉的一些措施，如关闭女校、妇女恢复戴面纱等。30年代后期，部分女校重新开放。

达乌德第一次执政（1953—1963年）后，加快了妇女解放的步伐。第一，废弃妇女面纱运动取得成功，至1962年，大多数喀布尔妇女上街已不戴面纱。美国学者杜普雷把它描述为阿富

第十二章　阿富汗社会问题

汗"本世纪最重要的社会、政治和经济事件"①，足以证明面纱对于阿富汗妇女解放的意义。但在喀布尔以外的地方，大多数妇女还是选择戴面纱。第二，大力发展女子教育。到1957年，阿富汗国内已有22所女子小学和2所女子学院（喀布尔大学的女子理学院和女子医学院）。1960年，中小学生中女生占12%。第三，在女子就业方面，1958年大批妇女成为播音员、歌手、秘书、护士、教师和记者。1963年，全国大工厂的女工达2万人。②第四，在婚姻方面，政府明令禁止为婴幼儿订婚，要求结婚必须登记。第五，在对外交流方面，1957年，第一个阿富汗妇女代表团到锡兰参加亚洲妇女大会。1958年，政府派遣一位女代表进入联合国。1959年8月，阿富汗妇女慈善协会（1960年改名为"妇女协会"）第一次派代表团参加在爱尔兰召开的第十九届国际妇女联盟大会。

在查希尔国王的十年"宪政"期间（1963—1973年），阿富汗妇女的地位得到了进一步提高。1963年后，新的妇女组织不断出现，如阿富汗妇女志愿组织（1964年）、阿富汗家庭指导协会（1968年）和阿富汗女童子军组织。它们的主要任务在于发展女子教育、帮助妇女求职、提供医疗服务及促进妇女的一般福利。③1964年，国王颁布的宪法第一次授予妇女以选举权和被选举权。1964年，宪法草案起草委员会中就有6名妇女参加。1965年7—8月，阿富汗各地进行第十二届议会选举，城市妇女第一次参加选举，最终人民院和长老院各有4名和2名女议员。

---

① 彭树智主编：《阿富汗史》，西安：陕西旅游出版社，1993年，第291页。
② 彭树智主编：《阿富汗史》，西安：陕西旅游出版社，1993年，第291页。
③ 黄民兴主编：《阿富汗问题的历史嬗变》，北京：中国社会科学出版社，2013年，第143页。

十年中先后执政的6届政府中4届有女阁员,[①] 为阿富汗妇女参政迈出了重要一步。

1973年7月,"红色亲王"达乌德发动政变,推翻了查希尔王朝,建立阿富汗共和国。1977年,阿富汗通过了一部新的共和国宪法,规定实行男女平等。同年,政府颁布了民法,涉及婚姻、继承和财产等领域,根据法令,禁止童婚,结婚必须登记,妇女嫁妆的所有权归妻子所有。同时,保障女权,实行男女同工同酬。在此后大国民议会选举产生及总统任命的代表中也包括一些女性。

1978年4月,阿富汗发生"四月革命",塔拉基上台。为吸收妇女参加有益的社会工作,政府特别注意在妇女当中的扫盲工作。政府提出妇女要享受同男子平等的权利,消除男女不平等现象和买卖婚姻的旧风俗。政府决定每年庆祝3月8日国际劳动妇女节,纪念争取妇女平等斗争的胜利,使更多的妇女当上教师、医务工作者和机关雇员。但是政府的这些行为遭到保守势力的反抗。1979年3月19日至23日,赫拉特爆发起义,其导火线是政府强迫妇女参加扫盲文化班。[②] 1979年12月,苏联入侵阿富汗;28日,由苏联扶植的卡尔迈勒政权上台,开始全盘苏化,尤其在教育方面,阿富汗几乎成了苏联教育体制和内容的翻版。1980年,阿富汗签署了联合国通过的《消除对妇女一切形式歧视公约》。根据1991年世界教育报告,1980年阿富汗女子在初等、中等教育阶段的入学率分别为12%和4%,到1988

---

① 黄民兴主编:《阿富汗问题的历史嬗变》,北京:中国社会科学出版社,2013年,第143页。

② 张敏:《阿富汗文化和社会》,北京:昆仑出版社,2007年,第424、428页。

年，分别上升到17%和7%，但高等教育的入学率则由1980年的0.5%降至1988年的0.3%。[1] 1989年，苏联撤军，阿富汗进入内战。在连年战乱中，妇女受害尤甚。1992年，当穆斯林游击队进入喀布尔时，伊斯兰政府开始宣布实施对女性的限制。女性被要求在公共场合遮住头部，更糟糕的是，她们开始成为民族复仇和政治攻击者的袭击目标。1992—1996年，阿富汗女性受到的迫害更加严重，很多人被绑架、强奸、拷打，并在敌对派别的强迫下结婚。[2]

二、塔利班统治时期（1996—2001年）

1996年9月，塔利班攻占喀布尔的第二天，就通过广播宣布毛拉穆罕默德·奥马尔的命令，不允许女性离开家门。自此，开始实行伊斯兰原教旨主义统治，女性成为塔利班法律歧视的主要对象。随后，塔利班公布了一系列关于阿富汗妇女问题的法令。由于自身学识的限制，一些保守而激进的毛拉会断章取义解读《古兰经》中不利于妇女解放的、属于特殊条件下有针对性的一些法规，曲解原经文的含义，从而剥夺妇女作为人的最基本的权利，留下的只是面纱和深闺，以及生育的工具。在塔利班严苛法令的统治下，阿富汗成为妇女的人间地狱。通过将近一个世纪的努力，阿富汗妇女所获得的少许权利再次被剥夺殆尽，跌入了黑暗的谷底。

第一，剥夺了女性接受教育的权利。教育能够增强个人的人

---

[1] 熊郁：《面对21世纪的选择——当代妇女研究最新理论概览》，北京：人民出版社，1993年，第185、194、202页。

[2] 沙伊斯塔·瓦哈卜、巴里·扬格曼：《阿富汗史》，杨军、马旭俊译，北京：中国大百科全书出版社，2010年，第262页。

权观念，使单独的个体做出有效的选择、参与社会、保护和实现自身价值与利益，帮助形成一个和谐融洽的社会关系。一个民族的文明与进步与该民族的女性素质有着密切的关系。因为母亲对于子女后代的影响是深远的。因此，女性教育不仅关系到个人的精神心理健康，还关系到社会和谐以及民族进步。塔利班上台后随即关闭女校，禁止女孩上学，直接剥夺了阿富汗女性接受教育的权利，给阿富汗整体长远发展带来十分恶劣的影响。尽管如此，阿富汗妇女渴求知识的信念并没有泯灭，她们悄悄地办起了"地下教育"。据国际救援机构估计，在塔利班统治时期，有大约45000名儿童就读于类似的"地下学校"，其中大多数是女童。[①]

第二，剥夺女性就业的权利。在塔利班统治时期，几乎所有女性都从工作岗位上被解雇了。塔利班不仅禁止国内的商店、政府部门雇用妇女工作，而且规定对阿富汗进行援助的联合国非政府组织也不允许出现阿富汗妇女的身影。由于妇女是阿富汗教育系统的中流砥柱，同时也是卫生保健行业的重要组成部分，塔利班的禁令使上述两个行业陷入瘫痪。以教育系统为例，当时，阿富汗70%的教师是妇女，塔利班的这一禁令导致80%男校的老师奇缺。其结果是整整一代阿富汗人都陷入了无知的深渊。由于无法工作，妇女难以维持生计，有的只好乞讨为生，有的则沦为暗娼。

第三，剥夺了妇女自由穿着的权利。塔利班推行一套严厉的服装规范，强制女性穿着一种从头到脚的外衣——"布尔卡"（Burqa）。布尔卡是由一种多褶的材料制作而成的，穿上之后只

[①] 陈静：《论阿富汗妇女地位的历史演变》，载《重庆大学学报》，2002年第4期，第53页。

第十二章　阿富汗社会问题

能通过 2 英寸 ×4 英寸大的网眼看外面的世界。长期穿着沉重的"布尔卡"会让人胸闷气短，导致头疼和幽闭恐惧症。此外，穿戴"布尔卡"时无法戴眼镜，因此视力较差的女性自然被囚禁在家中。同时，塔利班禁止穿白袜子，禁止梳妆打扮和修饰指甲。

第四，限制和剥夺妇女接受医疗卫生保健的权利。塔利班禁止女性外出工作的禁令颁布后，塔利班卫生部依据伊斯兰法颁布了国立医院与民营诊所工作守则，详细规定并限制女病人和男医师之间的治疗方式，如女病员须由女性医师诊治，万一女病员需要接受男医师治疗时，必须由其至亲陪伴；女病员在接受男医师检查时，双方都需要穿着伊斯兰罩袍；男医师为女病员治疗时，除了接受治疗的部位，不得触碰或观察身体其他部位；照顾女病员翻身的人必须是女性等等。这些禁令使得女病人不能及时、很好地得到男医师的治疗，严重危害到阿富汗妇女的健康。1997年9月，在喀布尔的22家医院中只有一家医院可以接受女病人。很多患有急性精神和肉体疾病的女性都没有机会得到医治。据世界卫生组织资料，2001年阿富汗妇女平均寿命为44岁，每10万名妇女中有1700人死于分娩，这个比率在世界上高居第二。[①]

第五，限制了女性的行动自由。塔利班禁止女性在没有男性家庭成员的陪伴下出门，年轻女子不得在溪边洗涤衣裳。塔利班还禁止妇女大声说笑。一些曾受过教育的妇女，由于长期在家，整日郁郁寡欢，患上抑郁症。据一份国际人权组织的医生提供的1998年报告统计，97%的阿富汗妇女精神极度压抑，而有的妇女则无法忍受这种限制，选择了自杀的道路。[②]

[①] 陈静：《论阿富汗妇女地位的历史演变》，载《重庆大学学报》，2002年第4期，第53页。

[②] 陈静：《论阿富汗妇女地位的历史演变》，载《重庆大学学报》，2002年第

塔利班严惩违反伊斯兰道德法规的妇女，尤其是犯有所谓"通奸罪"的妇女。一旦妇女被控通奸，就会被石头投掷至死。妇女遭强奸，除了必须提供通常所需的证据外，还必须提供4个证人做旁证，否则一律以通奸论处。被强奸者如果说不清遭强奸的地点，也以通奸罪处置。"据报道，一位妇女仅仅因为在路边当众给孩子喂奶，就被活活打死。"①

塔利班统治期间的阿富汗是女性的人间地狱，是历史的倒退。

三、后塔利班时期（2001年至今）

2001年12月，塔利班垮台，阿富汗妇女权益受到高度关注。国际社会和阿临时政府为改善阿妇女处境做了一定努力，并取得了一定成果。阿富汗妇女开始逐步走出家门，走向社会，妇女地位也逐步得到了恢复和提高，主要表现在以下几方面：

（一）法律层面上的保障

2002年1月，阿富汗临时政府主席哈米德·卡尔扎伊为支持妇女权利，签署了《阿富汗妇女基本权利宣言》，其中确认了男女两性的平等权利，恢复阿富汗妇女在社会中的合法地位。2004年宪法第22条规定：所有阿富汗公民，不论男女，在法律面前拥有同等的权利和义务。第44条规定国家有义务为妇女提供均等的教育机会。此外，根据2004年宪法，阿富汗妇女不仅有选举权，而且有被选举权；第83、84条宪法规定每个省至

4期，第53页。

① 孙美菊：《苦难的阿富汗妇女》，载《当代世界》，2004年第1期，第45页。

少平均拥有两名女性人民院议员,在长老院中总统指定的议员中妇女占50%。

(二)教育方面

2001年11月13日,反塔联盟军队进入喀布尔。20日,喀布尔大学就重新向女生开放。这是自1996年塔利班掌权以来,该校首次招收女生。到2002年3月,阿富汗已有3000所学校对将近200万女孩和男孩开放。2007年,大约有500万孩子上了初级或中级学校,其中35%是女孩。[①]2007年阿富汗学校的数量增至9062所,其中1337所为女子学校,4325所为男女混合学校。[②]值得一提的是,国际非政府组织(INGO)在改善女童受教育方面做出了不懈努力。在INGO开办的学校里,女生所占比例远高于35%的全国平均水平。如孟加拉农村促进委员会在阿富汗的10.2万学生约80%为女生,关怀协会(CARE)在阿富汗的6.5万学生约60%为女生,阿富汗瑞典委员会(SCA)在校的11万学生中约50%的学生为女生。非政府组织通过识字教育、技能培训让很多待在家中的妇女走出家庭,凭借自己的一技之长立足于社会。2012—2013年度,在普及教育(包括小学、中学和高中)中女生占的比率达到了39%。

(三)就业方面

2001年11月13日凌晨,反塔联盟军队进入喀布尔市之后,

[①] 沙伊斯塔·瓦哈卜、巴里·扬格曼:《阿富汗史》,杨军、马旭俊译,北京:中国大百科全书出版社,2010年,第278页。

[②] Islamic Republic of Afghanistan, *Afghanistan National Development Strategy (2008–2013)*, p.114.

启用女性播音员播放广播。塔利班垮台后,许多妇女走出家门,投身于新闻、艺术和商界,寻求发展机会、实现自身的价值。据资料(NRVA, 2007/08 & Baseline Statistics, 2008)显示,阿富汗妇女的就业率从 2003 年的 38%,增加至 2007 年的 47%,主要从事农活、园艺、饲养家畜、收集木头燃料、编织地毯及其他手工艺品等工作。2002 年,共有 36851 名女性在阿富汗政府的各个部门工作,占总数的 19%。2012 年,这一数字为 21%,共有 81589 名女性在阿政府部门工作。[1]在基础教育系统中,2002 年女教师人数为 29611 人,占总人数的 32%;2012 年,女教师人数增至 53636 人,占总人数的 31%。[2]

(四)参政方面

阿富汗妇女非常关心国家的发展,积极参与政治。2002 年,马苏达·贾拉勒(Masooda Jalal)参加竞选临时政府总统,这是阿富汗历史上第一位参加国家领导人竞选的女候选人。2004 年末,她再次参加总统大选,并获得了 90000 张选票,虽然这个数字仅占全部选票的 1%,但她和两位副总统候选人的行动使焦点聚集在女性权益问题上。[3]2003 年 12 月,少数阿富汗女性当选为制宪支尔格会议成员。在 2004 年举行的阿富汗总统选举中,登记的女性选民超过 40%,其中一部分甚至来自阿富汗南部深受塔利班影响的省份,还有些地方女性选民甚至超过男性选

---

[1] 数据来源:阿富汗统计局,*Afghanistan Statistical Yearbook 2012-2013*, p.25.

[2] 数据来源:阿富汗统计局,*Number of Current Employees Male and Female by Ministries and Departments Year 2002–2012.*

[3] 沙伊斯塔·瓦哈卜、巴里·扬格曼:《阿富汗史》,杨军、马旭俊译,北京:中国大百科全书出版社,2010 年,第 279—280 页。

民。2005年，贾拉勒被任命为女性事务部部长，西迪卡·巴尔希（Sediqa Balkhi）被任命为烈士及残疾人事务部长。两个月后，哈比巴·苏拉比（Habiba Surabi）被任命为巴米扬省省长，成为阿富汗历史上第一位女省长。2005年9月议会选举时，有592名女性竞争68个专门为妇女保留的议席。这个名额占249名议员总数的27%，阿富汗成了世界各国议会中女议员比例最高的国家之一。

(五) 妇女组织活跃

2001年的波恩会议给了在塔利班严酷统治下的阿富汗妇女一个在公共生活领域寻找并参与阿富汗未来建设、发展的良机。与此同时，阿富汗妇女出现在布鲁塞尔和白沙瓦召开的圆桌会议上，呼吁国际社会支持她们的权利和在国家重建中的作用。由于工作领域的不同，在阿富汗形成了不同的妇女组织。阿富汗妇女网络（AWN）包括24个组织，成员数量达1000人。具有代表性的有阿富汗妇女教育中心（AWEC）、阿富汗妇女组织（AWO）、阿富汗难民妇女发展组织（REFWID）等。上述组织活跃于教育、公共卫生、妇女技能及政治地位等领域。这些妇女组织在国际社会的政府和非政府组织的不懈努力与资金、技术的支持下，致力于"建立一个相互理解并且广泛支持的阿富汗妇女角色的长期目标"。[1]

然而，在取得以上成就的同时，还应该看到由于塔利班势力和宗教保守派的存在，阿富汗妇女权益的提高仍受到阻挠。在喀布尔以外的很多地方，阿富汗妇女至今仍不能自由地上学、享受

---

[1] 黄民兴主编：《阿富汗问题的历史嬗变》，北京：中国社会科学出版社，2013年，第331页。

医疗服务，特别是在东南部和南部地区，男性占统治地位的观念根深蒂固。第一，在穿着方面。虽然塔利班政权已经垮台，但许多阿富汗妇女们却迟迟不愿摘下头巾，她们宁愿躲在布尔卡后面小心翼翼地生存，也不愿意冒着生命危险展示自己的面容。第二，在接受教育方面。2005年，在喀布尔仍有大约50所"秘密女校"在运营，由于塔利班势力和保守派的存在，很多家长怕遭到报复而更愿意将他们的女儿送往这些学校接受教育。此外，在教学资源方面，到了中学阶段，目前阿富汗全国只有216所女子中学，而且集中在城市里。女性教师在所有教师中占的比率为28%，80%也集中在城市。由于缺乏教学设备、配套课本，尤其是缺乏女性教师，80%的广大农村地区的女孩得不到中学阶段的教育。[1] 第三，在妇女参政方面。阿保守势力竭力反对阿富汗妇女参与政治。根据2004年亚洲基金会的一项调查，87%的妇女参加选举必须有丈夫的同意，而只有18%的丈夫同意妻子参加投票。而在选举大会结束后，一些妇女代表遭到了保守势力的打击报复。第四，在阿富汗普遍存在的社会陋习对妇女的摧残。在阿富汗，买卖妇女和女童，强制性婚姻，焚烧女校，虐待、奸杀妇女，利用妇女贩毒等丑恶现象至今仍比较常见。以买卖妇女为例，"在喀布尔一家非政府组织工作的一个女孩，16岁时被父母卖给一个30岁的男子做老婆，为他洗衣、做饭、生儿育女。她生的女儿14岁，又被买卖。她说：'没有任何法律禁止人们这样做。'"[2]

---

[1] Islamic Republic of Afghanistan, *Afghanistan National Development Strategy (2008-2013)*, p.115.

[2] 孙美菊：《苦难的阿富汗妇女》，载《当代世界》，2004年第1期，第47页。

第十二章　阿富汗社会问题

正如流亡国外多年的阿富汗女歌手沙基拉·扎姆扎玛所说："帽子虽然代替了布尔卡，但多年形成的对妇女的看法和观念依然根深蒂固，我们离自由还很远。"[①]

[①] 孙美菊：《苦难的阿富汗妇女》，载《当代世界》，2004年第1期，第46页。

参考文献

一、中文文献

[1][哈]C.M.阿基姆别科夫:《阿富汗焦点和中亚安全问题》,杨恕、汪金国译,兰州:兰州大学出版社,2002年。

[2][法]阿里·玛扎海里:《丝绸之路——中国—波斯文化交流史》,耿昇译,北京:中华书局,1993年。

[3][巴]艾哈迈德·拉希德:《塔利班:中亚的伊斯兰、石油与新大角逐》,北京:军事谊文出版社,2002年。

[4]邓兵主编:《亚洲国家历史与政治制度》,北京:军事谊文出版社,2009年。

[5]何明:《塔利班政权的兴亡及其对世界的影响》,上海:华东师范大学出版社,2005年。

[6]黄民兴主编:《阿富汗问题的历史嬗变》,北京:中国社会科学出版社,2013年。

[7]黄心川主编:《当代亚太地区宗教》,北京:宗教文化出版社,2003年。

[8]金宜久主编:《伊斯兰教史》,北京:中国社会科学出版社,1990年。

[9] 李群英：《全球化背景下的伊斯兰极端主义》，北京：中国政法大学出版社，2007年。

[10] 刘宏煊主编：《中国睦邻史——中国与周边国家关系》，北京：世界知识出版社，2001年。

[11] 刘温国、郭辉：《强弩之末——前苏联入侵阿富汗秘闻》，北京：社会科学文献出版社，2001年。

[12] 刘彦群、刘建甫、胡祖源：《新疆对外贸易概论》，乌鲁木齐：新疆人民出版社，1987年。

[13] 邱永峥、郝洲：《跟着美军上战场——零距离解码战地美军》，北京：人民日报出版社，2011年。

[14] 彭树智主编：《阿富汗史》，西安：陕西旅游出版社，1993年。

[15] 彭树智、黄杨文：《中东国家通史·阿富汗卷》，北京：商务印书馆，2000年。

[16] 沙伊斯塔·瓦哈卜、巴里·扬格曼：《阿富汗史》，杨军、马旭俊译，北京：中国大百科全书出版社，2010年。

[17] 王凤编著：《列国志·阿富汗》，北京：社会科学文献出版社，2007年。

[18] 闫亮：《撕裂的天堂——聚焦阿富汗战争10周年》，北京：人民日报出版社，2012年。

[19] 余太山、李锦绣主编：《丝瓷之路——古代中外关系史研究》，北京：商务印书馆，2012年。

[20] 张敏：《阿富汗文化和社会》，北京：昆仑出版社，2007年。

二、外文文献

[1] Asta Olsen, *Islam and Politics in Afghanistan*, London: Curzon Press, 1995.

[2] Hafizullah Emadi, *Culture and Customs of Afghanistan*, London: Greenwood Press, 2005.

[3] M. J. Gohari, *The Taliban Ascent to Power*, Karachi: Oxford University Press, 2001.

[4][阿]阿卜杜尔·哈伊·哈比比：《普什图文学史》，喀布尔：普什图语协会，1963年。

عبدالحی حبیبی . د پښتو ادبیاتو تاریخ . کابل : پښتو ټولنه ، ۱۳۴۲

[5][阿]阿卜杜尔·拉乌夫·贝纳瓦：《阿富汗现代作家》，喀布尔：普什图语协会，1961年。

عبدالروف بینوا . اوسنی لیکوال .کابل:پښتو ټولنه ، ۱۳۴۰

[6][阿]乌尔尼格欣卜·阿尔沙德：《阿富汗概况》，白沙瓦：知识传播出版社，2006年。

اورنگزېب ارشاد . افغانستان پېژندنه . پېښور : دانش خپرندویه ټولنه ، ۲۰۰۶

[7][阿]马哈穆德·艾斯哈克·艾尔寇：《达乌德》，喀布尔：迈旺德出版社，2008年。

محمود اسحق الکو . داود خان ـ د کی جی بی په لومو کی . کابل : میوند خپرندویه ټولنه ، ۲۰۰۸

[8]罗迪克·阿达迈克：《20世纪后半期的阿富汗对外关系史》，[阿]纳萨尔·阿赫马德·萨玛德译，白沙瓦：知识传播出版社，2004年。

لوډویک اډامیک ، ډاکټر نثار احمد صمد . د شلمې پیړۍ تر نیمایی د افغانستان د بهرنیو اړیکو تاریخ . پېښور : دانش خپرندویه ټولنه ،۲۰۰۴

［9］［阿］谢尔·沙赫·阿兹兹、赛义德·纳吉布拉·哈希米：《遗忘的文化及其发展的挑战》，喀布尔：新城光明出版社，2007年。

شیر شاه عزیزی او سید نجیب الله هاشمی . هېر شوی کلتور و چالشهای پیش روی . کابل : نوی بڼار د چراغ چاپخونه ، ۱۳۸۶

［10］南希·杜普瑞：《阿富汗文化遗产介绍》，喀布尔：元文化出版社，2008年。

نینسی دوپړی . د افغانستان فرهنګی میراثونو ته یوه کتنه . یون کلتوری یون ، ۲۰۰۸ م

［11］阿拉玛·阿卜杜尔西·哈比比：《二十世纪的阿富汗艺术》，喀布尔：阿拉玛·哈比比研究中心出版社，2004年。

علامه عبدالحی حبیبی . په شلمه سدی کې د افغانستان هنر . د علامه حبیبی د څېړنو مرکز ، ۲۰۰۴ م

三、网站

［1］阿富汗伊斯兰共和国财政部预算司网站：http://www.budgetmof.gov.af/index.php/en/

［2］阿富汗伊斯兰共和国投资促进局网站：http://www.aisa.org.af/index.php

［3］阿富汗伊斯兰共和国中央统计局网站：http://cso.gov.af/ps

［4］阿富汗伊斯兰共和国内务部网站：http://moi.gov.af/ps

［5］阿富汗伊斯兰共和国矿业和石油部网站：http://mom.gov.af/ps

［6］阿富汗伊斯兰共和国国家军队网站：http://www.mod.gov.af/

［7］阿富汗伊斯兰共和国通信和信息技术部网站：http://mcit.gov.af

［8］阿富汗伊斯兰共和国教育部网站：http://moe.gov.af

［9］阿富汗基利德传媒集团网站：http://www.tkg.af

［10］美国中央情报局网站：https://www.cia.gov

［11］美国国防部网站：http://www.defense.gov/

［12］联合国难民署网站：http://www.unhcr.org/

［13］联合国禁毒署网站：http://www.unodc.org/

［14］中华人民共和国驻阿富汗伊斯兰共和国大使馆网站：http://af.china-embassy.org/chn/

后 记

本书是解放军外国语学院亚非语系策划编写的《"一带一路"国情文化丛书》之一。"9·11"事件后,阿富汗成为世界的焦点。然而,人们对于这一山国知之甚少。编写此书的目的是揭开它神秘的面纱,使读者对阿富汗有一个基本的总体了解。在编写的过程中,我们坚持实事求是的科学精神,客观反映对象国情况,体例严谨、资料新颖,内容涵盖阿富汗自然地理、历史简况、民族与习俗、宗教信仰、文学艺术、政治制度、国民经济、军事与国防、对外关系、中阿友好关系、阿富汗社会问题等,对阿富汗国情与社会文化进行了较系统的阐述。

本书由缪敏、王静、何杰共同编写,其中,缪敏负责全书的统稿和修改工作,并编写了引言、第七章、第十章、第十一章、第十二章;王静编写了第二章、第三章、第五章和第六章;何杰编写了第一章、第四章、第八章、第九章。本书作为阿富汗国情知识类读物,适合大学生一年级使用,也可供对阿富汗感兴趣的读者学习阿富汗国情和社会文化知识时使用。

本书在策划和编撰过程中,得到了解放军外国语学院亚非语系主任、博士生导师钟智翔教授悉心的指导和帮助,在收集资料时得到了我校波斯语老师赵晓玲的大力协助,在此谨致以诚挚的谢意！

　　本书的编写组成员均为我院普什图语教师，精通普什图语，熟悉达里语和英语，在平时的教学和工作中积累了大量阿富汗相关材料。在编写过程中我们采用第一手资料，客观、系统、全面地介绍了阿富汗的相关情况。但由于水平有限，资料不足，本书难免有疏漏和不足之处，欢迎读者批评指正。

编　者
2016 年 6 月于解放军外国语学院